1981 年，TTK 家庭电器有限公司成立

1983 年，李东生（前排左一）与 TTK 同事合影

20世纪90年代初，上海卖场里的TCL王牌彩电

1995年12月18日，"TCL-郎平中国女排专项基金"签约仪式

1997年5月12日,TCL集团与惠州市政府签订《TCL集团公司国有资产授权经营试点责任书》

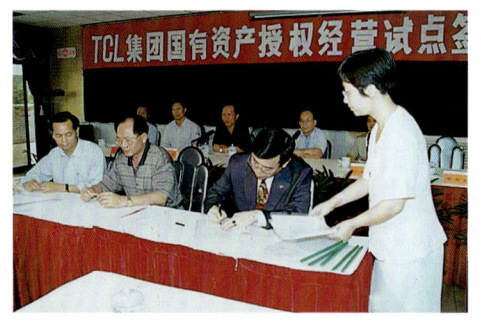

1997年8月29日,TCL王牌惠州基地第一台彩电生产成功

1999年,TCL进军越南市场,成立第一个海外分公司

2004年4月26日,李东生与阿尔卡特集团董事长谢瑞克签署谅解备忘录,组建合资公司

2009年11月20日,TCL"快乐亚运新视界"全国巡演活动在广州启动

2012年7月12日,TCL公益基金会在深圳正式挂牌成立

2013年1月11日,TCL冠名好莱坞中国大剧院

2017年4月12日,李东生做了题为《逆水行舟不进则退,改变自己才能把握未来》的讲话,正式开启新一轮变革

2018年6月28日，TCL签约成为国际篮联全球合作伙伴

2018年9月3日，TCL欧洲研发中心在波兰华沙揭牌成立

2018年12月18日,庆祝改革开放40周年大会在京召开,李东生作为"电子产业打开国际市场的开拓者",被授予"改革先锋"称号

2018年12月20日,TCL印度模组整机一体化智能制造产业园开工

2019年1月8日，TCL亮相拉斯韦加斯国际消费类电子产品展览会（CES）

2019年4月17日，TCL实业控股股份有限公司揭牌

2019年7月1日,TCL美洲杯发布会在巴西圣保罗举行,李东生、巴西球星卡福(右一)和SEMP创始人阿方索(中)出席

2019年8月16日,中环半导体发布全球首款210mm尺寸的光伏硅片G12

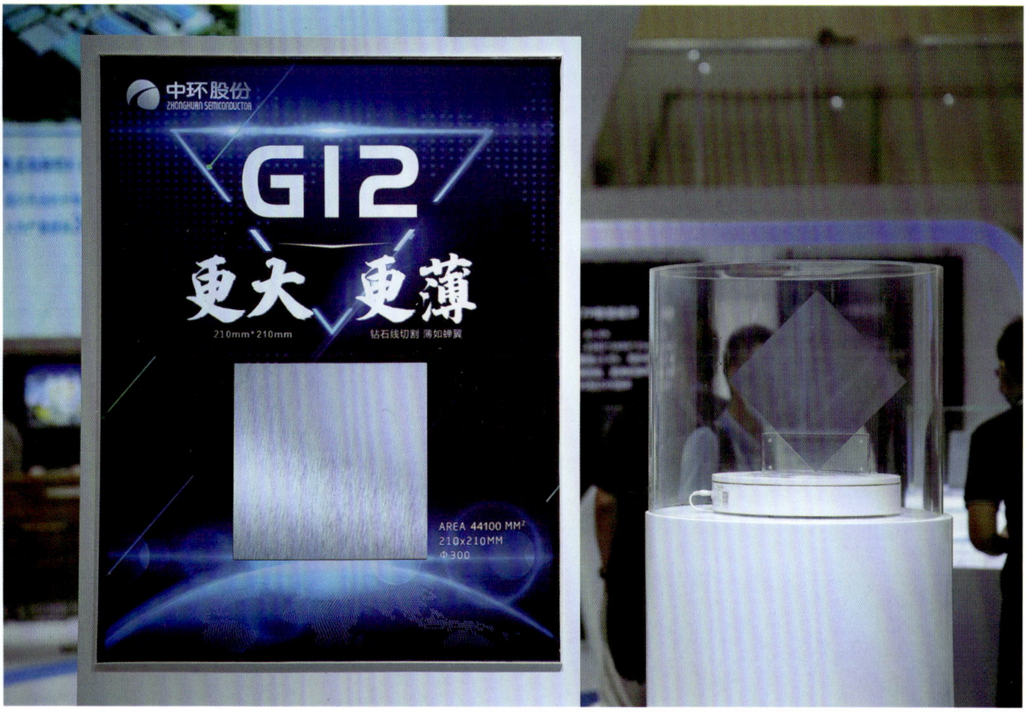

2019年12月6日,TCL企业文化升级,正式发布"全球领先之道"

2020年1月7日,广东聚华和TCL华星联手发布全球首台31英寸印刷可卷绕柔性OLED样机

2020年6月5日,TCL华星光电与三安光电共同投资成立联合实验室,重点攻克Micro-LED显示技术

2020年6月19日,TCL与日本JOLED签订合作协议,双方将在印刷OLED领域开展深度合作

2020年8月17日,TCL新动能战略发布会在天津举行,TCL参与中环集团混改项目正式落定

2021年4月22日,李东生视察苏州华星,并与管理团队合影留念

TCL 波兰工厂

TCL 华星武汉 t3 工厂

TCL 华星深圳 t2 研发中心

TCL 惠州总部大厦

TCL 墨西哥工厂

TCL 惠州液晶产业园

天津中环半导体园区

中环半导体在张家口投资建设的光伏电站

中环环鑫 GPP 芯片

万物生生

TCL敢为40年 1981—2021

秦朔 / 戚德志 著

中信出版集团 | 北京

图书在版编目（CIP）数据

万物生生：TCL 敢为 40 年 / 秦朔，戚德志著. -- 北京：中信出版社，2021.9
ISBN 978-7-5217-3467-6

Ⅰ.①万… Ⅱ.①秦… ②戚… Ⅲ.①日用电气器具－工业企业－经济史－惠州市 Ⅳ.① F426.6

中国版本图书馆 CIP 数据核字（2021）第 162220 号

万物生生——TCL 敢为 40 年
著者：秦朔 戚德志
出版发行：中信出版集团股份有限公司
（北京市朝阳区惠新东街甲 4 号富盛大厦 2 座 邮编 100029）
承印者：天津丰富彩艺印刷有限公司

开本：787mm×1092mm 1/16	插页：8
印张：27.5	字数：400 千字
版次：2021 年 9 月第 1 版	印次：2021 年 9 月第 1 次印刷
书号：ISBN 978-7-5217-3467-6	
定价：78.00 元	

版权所有·侵权必究
如有印刷、装订问题，本公司负责调换。
服务热线：400-600-8099
投稿邮箱：author@citicpub.com

生生之谓易。
　　——《周易·系辞》

二气交感，化生万物。万物生生，而变化无穷焉。
惟人也得其秀而最灵。
　　——周敦颐《太极图说》

目录

推荐序一　百战不息，创新向前 / 白重恩 _ VII
推荐序二　中国制造业的一个榜样 / 宋志平 _ XI
序篇　　极简大国制造史 / 秦朔 _ XV

第一部分　出发　001

第一章　先行一步 _ 003

个人与时代　004
首批中外合资企业　009
在通信公司的宝贵一课　012
飞利浦纪念品带来的梦想　016
构建全国自主销售网络　019
电子集团起步，王牌彩电出击　022
兼并陆氏，首度导入文化变革　028
所有制改革的典范　033

第二章　穿越至暗 _ 040

"世界500强情结"　041
全球第一的炫目烟花　044
开集团整体上市先河　048

冬天来了　051

在技术分岔口走错路的代价　054

企业家要跟企业共存亡　060

鹰的重生　064

第二部分　攀登　069

第三章　争上游 _ 071

从"学生"到"新领军者"　072

从下游到上游　076

后来者可以居上　081

华星必须上，"是搏不是赌"　085

来之不易的启动　090

人谋天意各居半　095

t1 开局：当年达产，当年盈利　098

把根扎得更深　101

第四章　读懂华星 _ 103

选择 CEO 的逻辑　104

群星闪耀，穿越周期　108

效率效益领先背后的 X　114

产品领先、技术领先与生态领先　121

以智能制造提升工业能力　129

布局下一代印刷显示　133

第三部分 全球化 _139

第五章　走向世界 _ 141

第一阶梯：从来料加工、产品出口起步　142
第二阶梯：加入 WTO 之后的国际并购　150
第三阶梯：扎实推动全球化经营　156
第四阶梯：建立全球产业供应链　163
以"全球化"破"逆全球化"　169

第六章　征战全球 _ 171

上篇：逐鹿战略高地——美国　172
下篇：在每一片土地上生长　193

第四部分 再造 _211

第七章　冲破魔咒 _ 213

不是每一次变革都能成功　214
陷入千亿魔咒　220
"4·12讲话"，不换思想就换人　225
杜娟的剖解：问题究竟在哪里？　230
变革转型之一：减员降本增效　233
变革转型之二：极致成本效率　238
变革转型之三：扭转 TCL 通讯命运　242
变革转型之四：把华星的长板进一步加长　247

第八章 重构与聚焦 _ 251

有舍才有得,先做减法再做加法　252
鲲鹏展翅,比翼双飞　256
经营责任下沉,战略管理能力提升　263
创新驱动发展　268
产业金融的核心能力　272
在高质量发展的轨道上前进　276

第五部分 领先之战 / 281

第九章 上坡加油 _ 283

从"3074"战略到"9205"战略　284
坚决不下调经营指标　289
疫情突袭,武汉华星勇于当责　292
智能终端逆风飞扬　295
半导体显示积极扩张　297
收购苏州三星台前幕后　301
站在全球液晶面板制高点上　306
为新型显示产业和集成电路鼓与呼　309

第十章 第二曲线 _ 314

开辟产业新赛道　315
从历史深处走来的中环半导体　320
启动新动能引擎　324
"不断刷新中环速度"　328
终局思维下的三大战略　330

开启数字化 1.0 时代　333
雷鸟科技为硬件赋能　337
让硬件变软的鸿鹄之志　339

第十一章　企业家跃变 _ 343

"改革先锋"　344
不为人知的跃变　348
长周期、多赛道、全球化　350
TCL 跃变背后，是企业家的跃变　353
性情中人，至情至性　355
信念、责任、品格　359
"每一次变革，都让我们走得更远"　362

结语 _ 367

附录　李东生：我和我的 40 年 _ 369

参考文献 _ 395

推荐序一

百战不息，创新向前

清华大学经管学院院长　白重恩

2021年是TCL创立40周年。这家当年像一只小舢板一样的企业，今天已经成长为一艘巨轮，在世界经济的汪洋大海中劈波斩浪，勇敢向前。

TCL的发展，折射出改革开放年代中国企业的成长历程。作为TCL的船长，李东生是改革开放后成长起来的中国制造业企业家群体的代表性人物之一。"四十不惑"，《万物生生》真实记录了TCL走过的路；"一叶知秋"，《万物生生》有助于我们更好地认知到，在充分竞争的市场环境中，中国企业是怎样一步步成长、经受各种挑战、自我变革与超越的。

东生也是清华大学的校友，就读经济管理学院，他在忙碌的工作之余，百战归来再读书。这既是他学习型人生的体现，也从一个侧面反映了TCL永不满足、不断向上的精神。

我长期研究中国经济的变化趋势，感到近十年来，国家对于高质量发展的强调和推动是空前的。2012年党的十八大报告提出，"把推动发展的立足点转到提高质量和效益上来"。当时我提出，这一战略抉择非常必要，标志着中国经济的增长动力，将更为依赖改善效率，而不仅是增加要素投入。

经济增长可分解成几个不同来源，包括人力资本的积累、资本产出比的增加，还有全要素生产率的提升，也就是劳动力、资本和效率的贡献。

我通过研究发现，2008年之后，基于人口红利的下降和对冲国际金融危机的需要，中国经济增长更加依赖投资拉动，效率改善大大减速。而这种提高投资率的方式并不能带来经济持续稳定增长，还是要改善投资效率，提高全要素生产率。从宏观讲，我们要改善资源配置的效率，增加居民可支配收入占GDP（国内生产总值）的比重；从微观讲，就需要企业在创新驱动、提升核心竞争力等方面下功夫，而不是满足于加工组装式的增长模式。

2017年党的十九大报告中，提到经济发展的三个变革——质量变革、效率变革、动力变革。我认为这三者是高度统一的，最终的动力是效率的提升，效率改善是可持续增长的唯一来源。从宏观讲，我们的经济体制改革必须以完善产权制度和要素市场化配置为重点，公平竞争、优胜劣汰对提高市场效率特别重要。从微观看，企业自身只有努力提升创新能力和人力资本的积累，在战略、组织、研发、生产、供应链、营销与服务等方面不断变革，才能在竞争中实现领先。

通过《万物生生》这本书，我欣慰地看到，TCL的发展方向正是创新驱动、效率提升和变革图强。例如，在A股上市的原"TCL集团"（后更名为"TCL科技"）通过资产重组和业务重组，剥离了终端业务及配套业务，聚焦半导体显示这样的高科技、重资产、长周期产业。虽然营收规模下降了很多，但净利润和市值却提升了很多。终端业务剥离出来后，也可以按照自身的规律，利用产业链上下游的协同关系，更好地发展。没有这些深刻的变革，TCL不可能在最近几年焕发出惊人的活力，重塑自己。

企业的发展离不开企业家的作用。全书对东生作为一位优秀企业家的特质给予了充分肯定，但也没有回避他在TCL国际并购时出现过的某些决策和管理上的失误，同时对他一次次痛苦的自我解剖和艰难重生，也有客观翔实的描写。企业家不是神，是活生生的人，但更要成为不断超越自我的企业领导人。企业家自身的成长潜力，决定了企业的发展空间。在阅读中，这一点给我留下了很深印象。

清华经管学院的使命是"创造知识、培育领袖、贡献中国、影响世界"，我们也一直通过案例的方式，把中国企业成功的诀窍传播给整个产业界和社会。由富有研究气质的资深媒体人秦朔牵头创作的这部作品，就是关于企业创新、核心能力提升、第二曲线开辟、领导力与变革，以及企业家自我修炼的丰满案例。

展望未来，我始终认为，中国经济要持续增长，必须依靠创新。创新有两个方面：一是科学技术方面的创新，科学技术能给我们带来新产品、新流程，让更多事情变得有可能；另外就是管理方面的创新，既包括整个国家的宏观管理，也包括企业家驱动的管理。这两方面的创新缺一不可，如果有效结合，中国经济就能够得到高效的增长。

路漫漫其修远兮，吾将上下而求索。最后，谨向以TCL和李东生为代表的中国企业和中国企业家数十年的成就表示祝贺，祝他们百尺竿头更进一步，也向广大读者推荐这本《万物生生》。

推荐序二

中国制造业的一个榜样

中国上市公司协会会长　宋志平

这是一部企业创业史，也是一部企业家的奋斗史，正像李东生先生所希望的那样，这本书没有写成企业和企业家的成功史，而是再现了企业成长过程中企业家所经历的磨难和痛苦，描述了一位企业家如何在屡败屡战的境况下百折不挠，再现了企业的凤凰涅槃和卓绝再造。通过这本书，再次验证了这样的道理，任何成功都不能只靠运气，也从来没有什么常胜将军，失败是成功之母，只有经得住困难的考验，只有能在挫折中奋起，才能获得成功。过去40年，TCL的成长就是在无数失败和成功中交错行进，而李东生先生也是在这些艰难挑战的煎熬中慢慢升华。我们要感谢秦朔先生写出这本不同寻常的书，我们也要感谢李东生先生愿意把TCL历史上成功和挫折的经历以及自己的所思所想和盘托出。

TCL历经了40年的发展，差不多和我国改革开放的时间重合。TCL的成长，映射出我国企业在改革开放岁月中所经历的坎坷和荣光，而在 TCL 的成长过程中，李东生先生又是企业穿越惊涛骇浪的掌舵者。这家企业经历了初创、改制、合资、海外并购，经历过产品多元化、规模扩张、整合优化，也经历了企业在制造技术领域的跟跑、并跑、局部领跑，这本书真实再现了 TCL 发展过程中的重要事件和原委。其实，任何一个企业成长过程中都有两个因素，就是外因和内因，任何企业都会受到外因的影响，而内因又往往是企业能主动自我修正的原因。万物生生，过去的 40 年间，我国企业汇成波涛汹涌的黄河长江，成千上万个企业家就像水面上的万千朵浪花生生不息。TCL 的成长经历是我国众多企业中的一个缩影，李东生先生也是我国优秀企业家中的一位典型代表。

制造业于中国是至关重要的，中国是个有 14 亿人口的大消费市场，没有哪个经济体能满足我们的需求，而只有中国的强大制造业才能满足世界的需求。但制造业也是最艰苦的一个行业，是那种吃的是草挤的是奶的行业。在这本书中，我们看到 TCL 从事制造业的艰辛，他们从普通电子产品一直做到高世代液晶显示面板，从一个低端制造业企业进化成高端的先进制造业代表，从当年惠州起家的一家小企业即将成为一家世界 500 强企业，在一次次惊险的跳跃中，TCL 不光成就了自我，也成为中国制造业企业的一个榜样。

《万物生生》这本书里多次出现李东生先生面临一次次挫折勇于负责的描述，无论是海外收购的挫折还是企业多元化的问题，李东生先生都说"其实责任主要在我"。这句话在书中反复出现，让我印象极其深刻。企业和人哪里能从不犯错？常言道，"知错能改善莫大焉"，考验企业家的往往是面对挫折的"逆商"，只有生聚教训才能反败为胜。李东生先生勇担责任、深刻反思的特质是多么可贵，这应该是值得我们大家学习的。

TCL 的发展充满了辩证法，记得几年前，我曾经问过李东生先生，怎么看待 TCL 收购法国汤姆逊这件事，他和我说，收购汤姆逊虽然有不少挫折，但TCL恰恰是通过收购汤姆逊而实现海外发展，使TCL成为一家跨国公司。是啊，天下没有不付代价的午餐，这本书如实地讲述了TCL收购汤姆逊和阿尔卡特的前前后后，让我们看到了李东生先生这位中国企业家的家国情怀和赴汤蹈火的精神，也正是这种精神铸成中国企业家的苦难与辉煌。

我还想说，TCL和李东生先生的成长与深圳这块改革热土有关。深圳有着浓厚的创新创业文化，深圳市政府的"无事不扰，有事服务"的宽松环境对企业和企业家的成长十分重要。2019年我曾去TCL深圳的工厂参观过，我知道深圳市政府对TCL大规模投资高世代液晶面板的项目给予了大力支持。从这本书中我了解到了这个艰难的决策过程。中国企业的成长，实际上也来自当地政府和民间大众的支持，中国人要自立于世界之林，也只有上下同欲、万众一心。从这个角度来说，TCL和李东生先生的故事也是我们重拾自信的一个楷模。

秦朔团队在书的开场采用极简大国制造史的写法也别具匠心，这个简史由远及近，由大及小，展示了当年工业发展的逻辑，也揭示了为什么是中国、为什么是TCL、为什么是李东生的必然。我喜欢书中夹叙夹议的写法，这本书也是一部商业案例抑或一部长篇报告文学，也会成为商学院教企业实战课的教科书。改革开放这些年，我们是读着别人的企业传记走过来的，《勇敢的人——哈默传》《反败为胜》《杰克·韦尔奇自传》，以及松下幸之助、盛田昭夫、稻盛和夫等的自传和经营心得，这些企业家的创业精神和经营思想曾深深地影响过我们。时至今日，我国的企业和企业家正在走向世界舞台的中央，我们也希望更多像《万物生生》这样的好书出版，激励我们年轻一代的企业家，也把我国企业家的思想传递到全世界，因为有思想才会被尊重。

我们正经历百年未有之大变局时代，新冠疫情也还在全球肆虐，而《万物生生》这本书让我们洞悉了生于忧患的辩证哲学，让我们增添了敢打必胜的信心。在危机中寻新机，于变局中开新局，这不正是TCL和李东生先生40年创新创业的真实写照吗？此刻，在我们的视线中，TCL和李东生先生依然行走在前方的路上，依然还在不停地攀登，让我们衷心祝愿他们行稳致远……

序篇

极简大国制造史

秦朔

《万物生生》一书，通过介绍 TCL 40 年的发展史，试图为读者呈现改革开放后中国工业赶上西方工业大国的历程。中国已经成为经济大国，正在迈向经济强国。中国已经向世界展示了其过去 40 多年高速增长的经济竞争力，这种竞争力的基础是制造业竞争力和科技能力的不断提高。

作为本书的序篇，在此回溯整个近现代全球制造业的发展史，从英国工业革命肇始的历次世界经济格局重构，及其对中国工业发展的影响，看改革开放 40 多年中国经济在全球经济格局中的提升，以及今天中国如何应对"百年未有之大变局"的挑战。以此，给读者提供一个新的视角。

一

1784 年，英国国王乔治三世来到詹姆斯·瓦特及其合伙人马修·博尔顿的工厂参观。博尔顿报告:"陛下,我正忙于制造一种君主们梦寐以求的商品。"

乔治三世不解:"到底是什么?"

博尔顿回答:"是力量,陛下。"

蒸汽机的大规模应用,让世界从手工时代进入机器时代。瓦特去世后,讣文中写道:"它武装了人类,使虚弱无力的双手变得力大无穷。"

"一个国家要生活得好,就必须生产得好。"回顾世界历史,没有任何一个大国可以不经成为制造强国而走向繁荣富强。

1960年10月22日,毛泽东在会见老朋友埃德加·斯诺时说:"我们的基本情况就是一穷二白。所谓穷就是生活水平低。为什么生活水平低呢?因为生产力水平低。什么是生产力呢?除人力以外就是机器。工业、农业都要机械化,工业、农业要同时发展。"①

毛泽东对机器、机械化和工业的透彻认识,和中国近代史上被列强的坚船利炮打开国门、"落后就要挨打"的惨痛教训是分不开的。

2020年,在实现"两个一百年"奋斗目标的历史交会点,中国已是世界唯一拥有联合国产业分类中全部41个工业大类、207个工业中类、666个工业小类的国家。中国制造业增加值2010年成为世界第一,到2020年占世界的28%。

然而,从制造大国到制造强国,中国追赶世界先进水平的紧迫感依然强烈。这种紧迫感深植在民族记忆里,并因"百年未有之大变局"的外部变化继续加强。

二

在英国,工业革命首先发生在棉纺织业。1733年,机械师约

---

① 《毛泽东文集》(第八卷),人民出版社,1999年。

翰·凯伊发明了"飞梭";1765 年,詹姆斯·哈格里夫斯发明了可以同时纺出 8 个纱锭的"珍妮纺纱机";1769 年,理查德·阿克莱特发明了水力纺纱机;1779 年,塞缪尔·克朗普顿发明了骡机;1785 年,埃德蒙·卡特莱特发明了水力织布机……

机器生产的增多,需要强大的动力,瓦特的蒸汽机生逢其时。到 19 世纪初,英国基本完成了棉纺织业的机械化、动力化。

机器的使用还改变了家庭手工生产的组织方式。1771 年,阿克莱特在一条河边建立了新式工厂。其本质不在于使用机器,而在于创造新的工作场所——不同工种的工人在不同场地通过分工合作,进行生产;工人要听机器的指挥,遵守纪律,按固定时间上下班,假如一个人不按时工作就会延误整个工序。

1828 年,棉织品出口占英国出口总值的一半,棉布成为第一个全球化经营的商品,在全球获得原料,为全球生产,在全球销售。1840 年前后,英国率先完成工业革命,成为"世界工厂"。

詹姆斯·瓦特和马修·博尔顿的形象被印在面值 50 英镑的钞票上,以纪念他们对工业革命做出的贡献。直到 2019 年 7 月英格兰银行发布公告,"计算机科学之父"阿兰·图灵才取代他们,登上 2021 年年底发行的面值 50 英镑的新钞。

博尔顿最初是伯明翰的一位工厂主,他和瓦特合作了几十年,他们的孩子依然是合伙人。他不仅为蒸汽机的研发和规模化应用提供了资金,还帮助瓦特将其专利在英国议会延长了 15 年。最重要的是,他一直为瓦特指引市场方向,比如市场更需要大功率、旋转式运动的蒸汽机。

技术发明无疑是工业革命的重要驱动因素,但只有当技术发明和生产实践、专利保护、新的工厂组织、投资家与企业家相结合,这场革命才能真正发生。

三

1776年，博尔顿·瓦特蒸汽机在波罗姆菲尔德煤矿首次向公众展示其工作状态，这被认为是蒸汽机投入实际生产的开端。

这一年，亚当·斯密出版了《国富论》，序言第一句话开宗明义，"一国国民每年的劳动，本来就是供给他们每年消费的一切生活必需品和便利品的源泉"。也就是说，劳动是价值创造的根本。他还强调了"看不见的手"以及分工的重要性。所谓"看不见的手"，是指每个人都不断努力，为资本找到最有利的用途，"他受着一只看不见的手的指导"，"他追求自己的利益，往往使他能比在真正出于本意的情况下更有效地促进社会的利益"。这段写在《国富论》第四篇第二章中的话，被认为是关于市场经济原理的最早也最经典的论述。

1776年，在一个新大陆上，美国建国。《独立宣言》对人的权利的肯定，是其立国之基。

在1776年这个时点上，几种不约而同的力量的交会，勾勒了人类实现经济发展所需的一个基本结构：人的自由权利＋用市场配置资源＋技术创新。而技术创新是由发明家和企业家共同完成的。

经济学家和历史学家的研究还表明，一个社会的价值观和创业精神，对工业化和经济发展会产生重要影响。

哈佛大学教授戴维·S.兰德斯指出，从历史经验看，新教商人在贸易、银行业和工业中扮演着领先者的角色，他们遵循勤奋、诚实、严肃、节约时间和追求金钱的价值观。据统计，18世纪在英国的发明家和企业家中，清教徒占的比例接近一半，而清教徒在总人口中只占5%。瓦特以及焦炭炼铁法的发明者亚伯拉罕·达比等都是清教徒，英国各行业最大的企业也多由清教徒创办。兰德斯说："英国最早发生工业革命是一种成就，不是偶发事件，而是艰苦努力、敢于创新、发挥想象力和企业家精神的结果。"

19世纪中期，英国工业产量占全世界的一半，但从19世纪70年代起，英国逐渐丧失了工业霸主地位。1870年到1913年，英国工业产值增长了1倍多，同期美国增长了8倍多，德国增长了4倍多。以电力的广泛应用为标志的第二次工业革命，最先发生在德国。

这是为什么？

美国学者马丁·威纳在《英国文化与工业精神的衰落：1850—1980》中指出，19世纪中期以后，英国出现了一股强劲的"反工业文化"。这一方面是由于工业化对社会和环境产生了一定的负面影响，工业城市被作家和报纸描写成丑陋的怪物，而乡村静谧、安适的环境被讴歌；另一方面，英国的贵族制度和贵族精神影响巨大，实业家们在积累财富后追求贵族的"典雅"生活，"向上流社会看齐"，开始"绅士化"的过程。他们羡慕贵族绅士不事生产、流连社交的田园生活，不惜重金购买乡村地产，建造宅邸，或热衷从政为官。

在乡绅文化影响下，银行业宁愿把资本输出国外，也不愿向工业投资，以致在第二次工业革命浪潮到来时，工业投资不足，技术更新迟缓，设备相对陈旧。后发的美、德等国则率先采用新技术，在合成化工、电力和电子、内燃机和汽车等新兴领域迅速崛起。

四

当英国的企业家精神渐渐弱化时，在北美新大陆，企业家精神正蓬勃发展。美国的企业家精神也和清教伦理相关，但更加持久，并因一轮又一轮的移民潮得到持续补充，也更具"冲破旧规则的束缚、创立新规则"的创新性。

理查德·S.泰德罗在《创新者：影响历史的商业七巨头》中说，"近250年以来，我们可以很公平地宣称：美国在创办和培育新企业方面是最出色的"，美国的企业家们不是向贵族绅士看齐，而是"对未来下注",他们的心理取向是"追求未来的财富和繁荣"。

1848年,13岁的苏格兰移民安德鲁·卡内基还在匹兹堡过着白天做童工、晚上读夜校的日子,迟至1870年,英国的钢铁产量仍超过世界其他地区钢铁的总和。但到1900年,"钢铁大王"卡内基退休的前一年,美国的钢铁产量已经是英国的两倍,其中很多都来自卡内基的钢铁厂。

卡内基说过:"世上一些古老的民族像蜗牛一样在爬行,而合众国却像快车一样风驰电掣般疾驰而过。"

从钢铁时代到电力时代,再到半导体、互联网和智能化时代,美国的创新从未止步。英特尔公司创始人罗伯特·诺伊斯说,历史是关于这样一些人的——他们尽一切努力不受历史的束缚,这样才能走出去,做一些精彩的事情。

美国制造史上有无数灿若群星的企业家和发明家的名字,但在这些名字之前有一个绕不开的名字,他就是美国立国后首任财政部长、美国"国父"之一的亚历山大·汉密尔顿。

1791年,汉密尔顿向美国国会提交了《关于制造业的报告》。当时美国90%以上的人口都在从事农业,但他提出,"不仅一个国家的富足,而且一个国家的独立与安全都是极大地与制造业的繁荣联系在一起的",未来的美国一定是一个由制造业、贸易和城镇化共同驱动的商业共和国。他主张政府对制造业给予关税保护,对创办新企业补助奖励;协助国内道路、运河之改善;吸引商人投资于制造业的冒险事业,而不是"完全停留在商品交换和运输这样既舒服又容易获利的领域"。

如果说第一次工业革命时美国还是英国的学徒,要从英国"进口"技术,到第二次工业革命时,美国在钢铁、石油、电力、机械制造等方面已经和英国、德国不相上下。1894年,美国工业产值跃居世界第一,美国成为世界制造业的龙头老大。

五

对于美国制造业的强大,全世界感受最强烈的是在第二次世界大战期间。这场战争强化了美国的"世界兵工厂"地位。

历史学家阿瑟·赫尔曼在《拼实业:美国是怎样赢得二战的》一书中指出,战场的背后是实业的较量,"私营企业在战时爆发巨大的生产力,迅速将美国军队装备成世界上最强大的武装力量。正是那些被战争动员起来的民用工业,以及在军工生产中得到锻炼的普通男女,让美国在战争中唱响了凯歌,并为战后长达30年的繁荣打下了坚实的基础"。

美国强大制造业的背后有四根支柱,分别是发明家、企业家、以直接融资为主的资本市场,以及开放的移民文化。

美国是发明家的乐园。作家哈罗德·埃文斯等人在《他们创造了美国》一书中介绍了美国两个世纪以来最著名的53位创新者,从世界上第一艘蒸汽机轮船"克莱蒙特号"的发明者富尔顿到搜索引擎时代的拉里·佩奇和谢尔盖·布林。爱迪生被看作美国最重要的发明家,名下专利多达1093项,但他最重要的工作是"通过研发和商业推广的漫长过程把发明的理论转化成创新的现实"。他告诫助手:"我们必须拿出成果,不能像有些德国教授那样,毕生研究蜜蜂身上的绒毛。"爱迪生是发明家,还是进行融资、处理法务和培育市场的创业者。

美国也是企业家的摇篮。亨利·福特没有发明汽车,但他发明了汽车的生意。1999年,《财富》杂志将他评选为"20世纪最伟大的企业家",原因是他把汽车变成实实在在的、牢固的、便宜的日常用品。在T型车问世前,制造业的生产都是由工匠完成的,一次只制作一件产品。但是,当福特把新兴的"规模生产原则"改用在汽车上,蓝领中产阶层诞生了,日薪5美元使他们买得起房、养得起家,还买得起自己造的汽车。

然而，并不是只有企业的所有者才能成为企业家，职业化的经理阶层在美国也占有重要地位。从20世纪早期通用汽车的艾尔弗雷德·斯隆，到20世纪末期通用电气的杰克·韦尔奇，都是职业经理人的典范。

20世纪是企业家的世纪，也是管理的世纪、经理人的世纪。1909年，弗雷德里克·泰勒出版了《科学管理原理》，他的信念——"合理的、以事实为依据的管理能够提高生产力"——成为20世纪管理的奠基石。

美国不是没有过挑战，但依靠科学发明家、企业家和强大的研发、技术与制造基础，总能够创造性地回应挑战。在以原子能、空间技术、计算机、信息化为代表的第三次工业革命中，美国曾一度落后于苏联。在刺激之下，美国在1961年到1972年组织实施了阿波罗登月计划，历时11年，耗资255亿美元，在工程高峰时有2万家企业、200多所大学和80多个科研机构参加，总人数超过30万。1969年，终于实现了人类登月的梦想。

1965年之前，美国对日本和欧洲的贸易都是顺差，但1965年日本对美国实现了顺差，1966年联邦德国对美国实现了顺差，1971年美国整个对外贸易出现了逆差。20世纪七八十年代，美国的钢铁、汽车和芯片等制造业支柱产业都落在了德日之后。里根担任总统后，力主改善美国制造业的国际竞争力，推出"经济复兴税法"，缩短大部分固定资产的折旧年限，促进工业企业加速技术开发。20世纪90年代，美国在半导体、计算机等方面重新夺回优势，接着又开启了互联网新时代的大繁荣。

在此过程中，与其说是政府的对内对外政策发挥了作用，不如说是企业家的创新精神把美国带到了新的高峰。这里最具代表性的就是硅谷。

今天，美国仍是世界上最具创新能力的国家，也没有放弃在高端制造领域的创新投入。2015年，美国制造业占GDP之比为12%，但制造业的研发投入占美国国内研发投入的2/3以上。在芯片、医药、生物工程、人工智能、先进材料、化工、航空航天、军工、能源等方面，美国依然领先于世界。

2021年4月21日，美国参议院推出《无尽前沿法案》的新版本，以增强美国的科技创新和重建美国的制造业。其核心是，将发展关键产业科技上升到国家战略高度。该法案如果最终获得通过，接下来的5年里，将为美国基础和先进技术研究提供1100亿美元的资助。

基于成本与收益的考虑，过去几十年美国不断将制造业外包，"去工业化"，这是事实。但在高端制造业和技术高地上，美国从未放弃。软硬件合一的苹果公司就是美国和全球制造业的"珠穆朗玛峰"。《财富》杂志"2020年全球最赚钱的公司排行榜"，苹果公司以574.11亿美元的利润排名第三，前面只有沙特阿美石油公司和巴菲特的多元化投资集团伯克希尔·哈撒韦。

六

"蒸汽机在前一世纪中翻转了整个世界，现在它的统治已到末日，另外一种更大无比的革命力量——电力的火花将取而代之。"这是马克思在19世纪50年代的预言。他的祖国德国，在从19世纪60年代开始的以电气化为标志的第二次工业革命中，扮演了重要角色，尽管这个分散的邦国体系1871年才在普鲁士首相俾斯麦的努力下，变成统一的帝国。

德国的工业化比英国晚半个世纪，1887年英国议会甚至通过商标法条款规定，所有从德国进口的产品都须注明"Made in Germany"（德国制造），用以和"英国制造"区别，那时的德国产品是劣质的象征。

但英国人显然低估了德意志民族的力量。马克斯·韦伯在《新教伦理与资本主义精神》中高度肯定了德国新教徒"以严格的核算为基础"的理性化精神和"富有天职"的责任感，歌德的《浮士德》则表达了"我要用我的精神抓住最高和最深的东西"的追求和不屈不挠，海涅说"德意志不是一个轻举妄动的民族，当它一旦走上任何一条道路，那么它就会坚韧不拔地把这条路走到底"。这些精神的力量，在深层次上构筑了德国前进的不息动力。

在德国的工业化过程中，政府干预不可小觑。普鲁士利用"开明专制制度"，通过政府鼓励，促进工业发展。从19世纪70年代上半期开始，德意志帝国相继颁布商业法、营业自由法、民法、迁徙自由法、度量衡法、保护国外商业法，以及对邮政、交通、金融机构的管理法，1873年统一了全国货币、邮政和度量衡体系，1879年起实行保护关税政策，保护国内工商业。一个统一大市场开始形成。

德国高度重视教育，是近代西方国家中最早普及义务教育的。德国政府强力支持科学研究，大力发展高等教育、技术教育、职业教育，大型公司都有独立的研究部门，把科学引入生产。德国在苯胺染料、电动机制造等方面，从理论到应用的速度，比英、法快三年到五年，许多发明都是"英法开花，德国结果"。

在这些背景下，一批有着鲜明的工程师、发明家气质的德国企业脱颖而出，奠定了德国制造傲然于世的基础。西门子、博世、戴姆勒、奔驰，这些品牌都以其创始人的名字命名。

1866年，维尔纳·冯·西门子在法拉第电磁感应原理的基础上，造出了第一架大功率直流发电机，将机械能转变为电能；1879年又发明了电动机，将电能再转变为机械能。电梯、电力机车、有轨电车、无轨电车都是西门子公司最先投入市场的。

在内燃机方面，戈特利布·戴姆勒、卡尔·本茨（奔驰汽车的创始人）、威廉·迈巴赫这批"为机械而生"的德国理工男，开发出了被称为"祖父钟"的内燃发动机和"搭载汽油发动机的汽车"。他们是这个产业的奠基人。

在化工方面，1861年曼海姆一家煤气公司老板恩格霍恩意识到煤焦油的商机，开始生产品红（一种红色染料）和苯胺（从煤焦油中提炼的一种原料）。巴斯夫公司就是从这里起源的。

这些德国制造企业的灵魂似乎是相通的：以发明家或工程师作为创始人，以某个细分领域的发明专利或技术诀窍作为起点，不断提升核心能力，创新迭代，最后成为行业标准。这是典型的"专家化＋家族化＋专业化＋全球化"的路径。

德国的中小企业也都是这种专精气质。德国有一大批在细分市场默默耕耘、异常专注，并成为全球领袖的中小企业，技术遥遥领先但又隐身大众之外，它们被称为"隐形冠军"。

如果说美国公司更多代表了随时跳跃的创新性，那么德国公司更多代表了穿越时间的坚韧性。

七

19世纪，西方列强在相继完成工业革命后，为扩大市场，势必进入人口最多的亚洲。1853年7月8日，美国海军准将马修·佩里率领的船队，带着总统亲笔信，在日本浦贺入港，提出贸易要求，史称"黑船事件"。

1868年10月23日，日本新政府改年号为"明治"，决心"破除从来之陋习，一秉天地之公道；求知识于世界，以大振皇基"。

日本脱亚入欧、"文明开化"的成果十分明显，它成为亚洲第一个工业化国家。表面看，日本狂热地模仿西方，穿西装、办舞会，将西方戏剧元素也引入东京剧院的舞台。但实际上，日本的发展有其内源性的基础。在江户时代，日本武士入藩校学习，平民百姓也到寺子屋（寺院设立的以庶民子弟为对象的初等教育机构）学习读写，初等教育很发达。1854年《日美亲善条约》签署时，佩里向日本赠送了美国的武器、电报机和蒸汽机车模型。一年后，日本的佐贺藩便成功研制出了蒸汽机车，设置了大炮制造所，仿制出英国最新式的阿姆斯特朗炮。佩里说："如果日本打开国门，恐怕会成为美国强劲的对手。"

日本在第二次世界大战后的经济复苏，也是拜坚实的社会资本所赐。1946年，日本制造业生产能力不到战前最高水平的40%，用经济学家有泽广巳在《日本产业百年史》中的描述，"简直是人造沙漠"，但在美国援助、朝鲜战争爆发带动的制造需求以及战后重建需求的刺激下，日本工业迅速振兴。更重要的是，日本新一代企业家的崛起，奠定了经济振兴的微观基础。

二战前，日本财阀林立，企业高管岗位都被有钱有势的财阀和大股东把持。1945年9月到1950年3月，美国占领军在日本实行解散财阀的多项措施；1950年，日本修改旧商法，取消了担任企业董事要有资格股份的规定，保证有能力的企业家可以登上领导岗位。这些新一代企业家大都是凭借经营企业的专长和能力登上领导岗位的，他们很多来自基层，不仅有较高的学历、坚实的理论基础，也有丰富的实践经验，他们中相当一部分是技术人员出身。

当时从基层走出来的企业家包括：日立制作所的仓田主税（战争结束时是该所的笠户工场长）、东洋人造丝公司的袖山喜久雄（原为滋贺工场的兵器部长）、日本石油公司的佐佐木弥市（原为普通董事）、小野田水泥公司的安藤丰禄（原为普通董事）、住友金属工业公司的广田寿一（原为技术部企划科长）等等。

技术人员出身的新一代企业家更加重视技术革新的作用，一方面大胆吸收外国的先进技术，一方面建立独立的研究体制，把研究和经营相结合。川崎制铁公司的西山弥太郎最先引进美国的现代化黑色冶金技术，建设了日本第一个沿海钢铁联合企业。本田技研公司的本田宗一郎、索尼公司的井深大、三洋电机公司的井植岁男，都是推动日本制造业现代化的技术型企业家。

除了造物，日本企业家还注重"造人"。松下幸之助开创了"终生雇用制""年功序列"等管理制度；东芝强调把"职工的独创性与一丝不苟的作风结合起来"；东京电气化学工业公司经理素野提出企业经营的"修、破、离"，"修"是首先要学习，"破"是由模仿走向创新，"离"是更上一层楼、开辟新世界；盛田昭夫更加注重产品创新，"最重要的不是去夺得市场，而是善于创造市场"，这是索尼的基因。

日本企业的质量管理和质量控制，最初深受美国影响。1950年，美国质量管理专家戴明到日本传授如何提高军工品的生产效率，"使生产成为系统"。1955年到1965年，日本生产力委员会向美国派遣了6600名研究生产力的产业界代表，其中就有"丰田生产方式"的创始人大野耐一，他在福特汽车的流水线边仔细观摩，洞察出了大规模生产的缺陷，后来在丰田开创了包括"多品种小批量"、实时存货（JIT）、自动化、看板方式、标准作业、精益化等内涵的丰田生产方式。

"日本就是有这种把别人的东西转化成自己的东西的能力，甚至还发展成了文化。"一位美国作家曾这样评论。如同大野耐一用丰田生产方式超越了福特主义，20世纪50年代，石津谦介创立的服装品牌VAN和所倡导的IVY LOOK（常春藤造型），将美国常春藤盟校的学生穿衣风格发挥得淋漓尽致，甚至让美国人感到日本人更了解"常春藤"。1978年，时尚巨人VAN破产，其诸多代理商被迫转型，其中的一位代理商叫柳井等，他的儿子柳井正继承父业并发扬光大，创办了优衣库。

二战后日本曾大量"山寨"美国产品，再从"模仿创新"走向"自主创新"。20世纪80年代，日本提出"科技立国"的战略口号，将重心向知识密集型产业倾斜，发展原子能、先进材料、电子信息、计算机、纳米技术等。2019年夏天日韩纷争时，日本宣布对出口韩国的半导体材料加强审查与管控，包括"氟聚酰亚胺"、"光刻胶"和"高纯度氟化氢"，都是半导体制造中的关键材料，日本在世界市场占据70%~90%的压倒性份额。在硅晶圆、光掩膜以及封装材料等核心材料领域，日本也占世界市场的50%。

日本制造也存在一定问题。曾在日立工作16年的汤之上隆在《失去的制造业：日本制造业的败北》一书中说，日本企业在面对十年一轮的新技术浪潮时，对市场机会缺乏敏感性，因循守旧，企业制度过于僵化，不能适应技术变革的趋势。日本制造的"技术过剩"会降低产品的性价比。为了让产品提高1%的性能，日本企业往往会不惜增加投入30%的成本，久而久之便导致日本制造的成本急剧提升，在价格上失去国际竞争力。

八

根据世界银行公布的数据，以制造业增加值计算，全球排名前十位的分别是中国、美国、日本、德国、韩国、印度、意大利、法国、英国、墨西哥。排名第五的韩国也是"亚洲四小龙"之首。

二战后，韩国的经济比朝鲜还落后，因为在之前的日本统治期间，工业集中在北方，南方主要是农业。但从20世纪60年代起，韩国实行出口导向和重化工业驱动的政策，创造出"汉江奇迹"。目前，在电子信息、造船、轮胎、合成纤维生产及纺织业、汽车、钢铁等领域，韩国都在世界占据一席之地。在LNG船（液化天然气船）制造领域，韩国占全球70%的市场份额。在电子信息产业领域，三星早已超越日本企业，直逼苹果公司。全球前五大半导体厂商中有两家韩国企业——三星电子和SK海力士。三星电子更在2017年超越英特尔成为全球第一大半导体厂商。

韩国经济的一个重要特征是高度依赖大型企业集团，如三星电子、现代、LG、SK海力士等。这些大集团所引发的"财阀资本主义"的争论一直没有停止过，曾任总统的朴正熙在《我们国家的道路》中指出："现代经济的本质之一是它的强烈的集中倾向。巨大的企业——此刻对我们国家是绝对不可缺少的——不仅充当发展经济和提高生活水平的决定性角色，还能带来社会和经济结构的改变。"

为了扶持企业发展，韩国政府早在1969年就通过《电子制造业扶持法》，通过提供优惠贷款、减税、外汇贷款打包以及限制新企业进入等政策，保护本土电子制造业的发展；1973年宣布了"重工业促进计划"；1975年公布了扶持半导体产业的六年计划，强调实现电子配件及半导体生产的本土化……各种各样的支持政策与时俱进，直到今天。

但仅有政府支持也是不够的。韩国制造业崛起的关键还是有一批抱负远大、死打硬拼的企业，其中最典型的是有"双子星"之称的LG和三星电子。

1958年10月1日，前身是一家雪花膏和家用塑料制品生产商的LG集团，成立了韩国最早的电子工业会社"金星舍"，即后来的LG电子。他们从联邦德国收集收音机组件，聘请其技术人员到韩国现场指导，只用了10个月就生产出韩国第一台真空管调幅收音机；之后又派员到日本日立学习，并在韩国率先推出电风扇、冰箱、黑白电视机、空调、洗衣机等产品。到20世纪60年代末，韩国的电子公司已有145家，物美价廉的韩国电器逐渐走向欧美市场。

1938年，李秉喆成立了三星集团的前身"三星商会"，1969年成立了三星电子。三星电子创立之初，起点并不高，比如从日本索尼进口黑白电视机的成套散件和基本组装技术，生产低档产品，再贴上日本三洋的品牌销往海外低端市场。

三星电子了不起的地方，是其罕见的跃升能力。根据其官网信息，三星电子迄今经历了七个发展阶段，1969—1979年为"在电子领域实现多元化发展的阶段"，此后的六个阶段分别是：进入全球市场（1980—1989年），在变化的科技世界中角逐（1990—1993年），成为一支全球力量（1994—1996年），推进数字前沿（1997—1999年），开数字时代的先河（2000—2004年），位列《财富》世界500强优秀企业（2005年至今）。纵观这七个阶段，三星电子的三大特征一目了然，即纵向一体化、全球化、抢占先进技术制高点。

以三星电视为例，从1970年生产第一台黑白电视到2006年市场占有率全球第一，三星电子用了36年。其中的一个重要节点是1991年，三星电子在半导体事业部设立了专攻TFT（薄膜晶体管）液晶技术的部门，进入LCD（液晶显示）领域。三星在日本的研发机构利用液晶面板产业的衰退期，雇用失业的日本工程师，获得原始技术。1991年，三星建成300mm×300mm的试生产线，1992年研发在300mm×400mm玻璃基板上一次生产2片10.4英寸液晶显示器的新技术，1993年开工建设第一条采用370mm×470mm玻璃基板的二代线，该生产线于1995年2月建成投产。1997年，三星开发了首个完整的30英寸TFT-LCD（薄膜晶体管液晶显示器），1998年居全球TFT-LCD市场占有率首位，2003年与索尼成立S-LCD公司，生产TFT-LCD面板，2004年在唐井设立液晶面板工厂，2011年开始在中国苏州建设液晶面板工厂，2015年收购美国LED显示器制造商YESCO……

在上游液晶面板领域的突破，增加了下游的电视终端产业的竞争力，这是三星彩电成为世界王者的一个重要原因。

三星电子在创业五年后就进入了半导体产业。1974年12月，三星电子收购韩国半导体公司一半的股份。1979年，三星电子收购韩国半导体公司剩余股份，改名三星半导体，1980年三星半导体和三星电子合并。

三星进入半导体领域，是李秉喆的小儿子李健熙的建议。当时高管都反对，李秉喆也很犹豫，但曾在美国留学的李健熙认为，韩国资源匮乏，未来将是一个信息科技世界，应该发展附加值高的尖端产业。所以，他先用个人的资金买下韩国半导体公司的股份。

1983年5月三星正式开始研发首款量产产品64K DRAM（动态随机存取存储器），有开发组成员说，以三星的技术和装备条件，等于"要求自行车生产厂商制造超音速飞机一样"，美日半导体公司也极为排斥，工程开发过程充满了困难。但1983年11月，三星电子成功自主开发出64K DRAM的工程、检查、组装等半导体全线工程技术，韩国成为世界上第三个VLSI半导体（超大规模集成电路）生产国。

2020年《财富》世界500强中，三星电子排名第19，在电子消费领域仅次于苹果公司（排名第12）。

九

中国早在上古时期就有了一定规模的制造业，传统制造的优势一直保持到清代前期。1585年，西班牙人撰写的《中华大帝国史》，称赞中国是"全世界最富饶的国家"，"他们产大宗的丝，质量优等，色彩完美，大大超过格林纳达的丝，是该国的一宗最大的贸易"。

洋枪洋炮的冲击，让清政府中一批"开眼看世界"的官员看到，在近代科学原理的指引下，他们原以为的"蛮夷之国"早已在工业化进程中脱胎换骨。1840年鸦片战争中，英国铁壳战舰"复仇女神号"的马力为120匹、铁皮厚11.4厘米，清军的火炮无法将其击沉，而它还可以拖起英国的主力帆船，在合适的地点对清军炮台展开攻击。战场较量的背后，也是工业化能力的较量。

这些觉醒之士发起了"洋务运动"，这是中国近代工业化的原点。民国时期，民族工商业也有过一段短暂的黄金岁月，但半殖民地半封建的状态以及连绵的战火让中国缺乏一个适合的环境，像历史上的英国、美国、德国、日本、韩国那样，实现国家的工业化。

然而，人们不会忘记中国工业化早期的那些名字。1956年2月，毛泽东在接见黄炎培时说，提起民族工业，在中国近代史上有四个人不能忘记，重工业不能忘记张之洞，轻工业不能忘记张謇，化学工业不能忘记范旭东，交通运输业不能忘记卢作孚。①

新中国成立后，由于落后太多，有一种急迫的追赶意识。毛泽东曾说："我们不能走世界各国技术发展的老路，跟在别人后面一步一步地爬行。我们必须打破常规，尽量采用先进技术，在一个不太长的历史时期内，把我国建设成为一个社会主义的现代化的强国。"②

中国工业化的道路并非坦途。1958年的"大跃进"以"基本工业五年赶上英国，十年赶上美国"为指针，"以钢为纲"，出现了大量超负荷的蛮干问题。1961年，中国开始"调整、巩固、充实、提高"，在工业领域调整的重要方向就是收缩。

由于西方封锁、中苏关系破裂，在相当长时间里，中国只能在相对封闭、备战性、指令性的状态下，自力更生推进工业化。其间既有"两弹一星"、石油大会战等可歌可泣的成就，也有单一所有制、指令性计划所必然导致的不注重民生产品、僵化与低效，酸甜苦辣，冷暖自知。

1978年，中国代表团出访西欧后才发现，联邦德国一个年产5000万吨褐煤的露天煤矿只有2000名工人，中国生产相同数量的煤需要16万名工人；瑞士伯尔尼一个装机容量2.5万千瓦的发电站只有12名员工，中国江西的江口水电站装机容量2.6万千瓦、职工298

---

① http://www.xinhuanet.com/2018-11/21/c_1123746039.htm.

② http://dangshi.people.com.cn/n1/2018/0322/c85037-29882176.html?utm_source=UfqiNews.

人；法国戴高乐机场一分钟起落一架飞机，北京首都国际机场半小时起落一架飞机。

1979年春，陈云在《计划与市场问题》[①]中指出："忽视了市场调节部分的另一后果是，同志们对价值规律的忽视，即思想上没有'利润'这个概念。这是大少爷办经济，不是企业家办经济。"这位经济领导人点透了当时中国经济的两大问题，缺少市场调节，不是企业家办经济。

40多年过去，从产能看，中国已是世界第一制造大国，并正在迈向制造强国。这是人类历史上大国实现工业化的最新版本。

中国的工业化，是具有世界意义的工业化，是关系到十几亿人的工业化。

中国的工业化，是"压缩型的工业化"，用几十年时间走过了发达国家二三百年的工业化道路。

中国的工业化，是开放环境下的工业化。世界范围的产业转移与中国的人口红利、奋斗资本相遇，迎来了经济腾飞的重大机遇。从改革开放一开始，中国就大力引进外资和鼓励出口，2001年加入世界贸易组织后，外商直接投资形成新高潮；2013年起中国大力推进"一带一路"建设，更深地融入全球化，进一步释放比较优势，中国工业化从以"产品外溢"为主进入到"产品外溢与产业外溢相结合"的新阶段。

中国的工业化，是市场和政府握手的工业化。从基础设施投入、建立现代企业治理制度、提供优惠政策，到优化营商环境、鼓励实体经济、形成特色产业带和"簇群经济"，政府对制造业的支持是明确而持久的。

中国的工业化，是企业家不断创新的工业化。从改革开放起，一

[①]《计划与市场问题》，出自《陈云文选》（第3卷），人民出版社，1995年。

代代创业者、企业家，在全球产业的分工体系中，抓住机会、奋力拼搏，在一个个产业上追赶、并跑，甚至局部领跑。他们的努力，极大地改变了中国的生产和消费形态，也改变了中国经济的命运和世界经济的格局。

十

21世纪20年代，展望下一个30年、40年，谁主沉浮？

无论需求侧还是供给侧，中国制造业仍将是世界制造业的基石和最重要的组成部分。中国故事可能是有史以来最为宏阔和壮丽的制造业诗篇。

宏阔代表体量，这个故事已经成立。壮丽代表高度，代表对人类的贡献，特别是创新方面的贡献，这个故事也已拉开帷幕。

在中国、美国、日本、德国、韩国这五大制造业国家之后，一批新兴经济体印度、越南、墨西哥也跃跃欲试。但从国家综合能力和制造业的先进性来看，后者与前者还有巨大的差距。

2014年印度莫迪政府上台后一直重视"印度制造"的发展，印度市场有潜力，劳动力成本有优势，国际产业转移对印度的改革有预期，所以印度吸引了包括中国在内不少制造业外资的流入。印度是全球第三大产药国，最大的仿制药制造国、出口国和疫苗生产国，纺织业也有很大规模，2018年还成为仅次于中国的第二大手机制造国。

不过，印度的仿制药高度依赖中国的原料药，70%的原料药从中国进口，扑热息痛、阿莫西林等对中国进口的依赖几乎达到100%。印度手机制造的元器件、零配件基本也从中国进口，产业链很不完整。至于印度各邦的文化差异大、政策执行效率和连续性不够，以及基础设施薄弱，劳动力虽然年轻但知识、技能和组织化程度落后，更是看似不难解决但始终难以解决的问题。

越南有9600多万人口，从1985年到2019年年均经济增长6.4%。越南劳动力成本较低，美国也一直希望把在中国的供应链转移到印度和越南。但越南过度依赖为外资代工，三星在越南的所有工厂的总产值相当于越南GDP的1/4，越南对外出口的1/3来自三星。靠外资打天下，使得本土企业的成长环境受到抑制，缺乏国际竞争力和影响力。此外，越南电力发展主要依靠水电，接近极限，不利于制造业发展。

墨西哥有1.3亿人口，十多年来在《北美自由贸易协定》助力下，借助劳动力成本优势和国际产业链的转移，制造业有了明显进步，特别是汽车和电子产业。墨西哥总出口额的80%左右面向美国，市场稳定。墨西哥的问题也是对外资高度依赖，没有发展出强大的本土制造体系。

印度、越南、墨西哥将在全球制造业的未来版图中占据更多份额，应该没有太大悬念。这是产业分工的规律决定的。但撼山易，撼中国制造难，中国就像世界，规模世罕其匹，从简单组装到复杂制造、创造智造，均有广阔空间。中国制造业的生命力将源远流长，有转移，更有转型、升级和创新。

从二战结束后的过往半个多世纪，以美国为代表的欧美国家将大量制造业转移，全球制造业格局重写，给了新兴经济体巨大的发展机会，但美国也在不断反思。

2012年美国哈佛商业评论出版社出版的《制造繁荣：美国为什么需要制造业复兴》中指出，从20世纪70年代起，以半导体行业为主的美国企业开始采用"无厂设计"的生产模式，把大部分或全部制造业务外包至亚洲，由此导致对精密制造的需求量减少，从事此类业务的企业锐减，精密制造能力衰退，进而造成航空航天、精密仪表等行业发展出现问题。

美国贝尔实验室发明了光伏电池，但美国在全球光伏电池市场早已被边缘化。一个重要原因就是，光伏电池产业中的许多技术是与其他产业共享的，如半导体、平板显示器、LED 和固态照明、光学镀膜等产品的制造，而它们大部分已迁出美国。

显然，制造业的失去不仅关乎就业，更关乎产业能力。很多创新都是需要以产品开发和制造过程中形成的知识和经验体系为基础的。把制造统统外包，短期可以让公司的财务回报变得靓丽，提升资本回报，但对一个国家来说，很可能是"把自己的创新土壤送给别人"。

如何看待制造业、发展制造业，对不同的国家、不同的历史阶段来说，并没有一个标准答案。但回顾历史，我们相信，生产性创新是大国经济走向繁荣、人民生活走向富裕的关键所在。善造物者天助之，有坚强的制造业，我们无论走到哪里都心里不慌。

中国制造业和世界最先进水平相比还有差距。行百里者半九十，路漫漫其修远兮。制造业依然是关乎国家民族命运的基石。

"亦余心之所善兮，虽九死其犹未悔。"改革开放 40 多年，中国制造业是怎么一步一步走到今天的？又将走向一个怎样的未来？

一叶知秋。答案装在每一个有理想的中国制造业企业家心里。

而这本书，将通过对一家穿越了 40 年风云变化，参与了改革开放后中国制造业发展的每个历史阶段，有起有伏，走向全球、走上产业创新高地的大型企业集团的解剖，帮助人们找到一些真实的回答，让历史告诉未来，也让那种不屈不挠、生生不息的精神永远陪伴我们前进。

第一部分 出 发

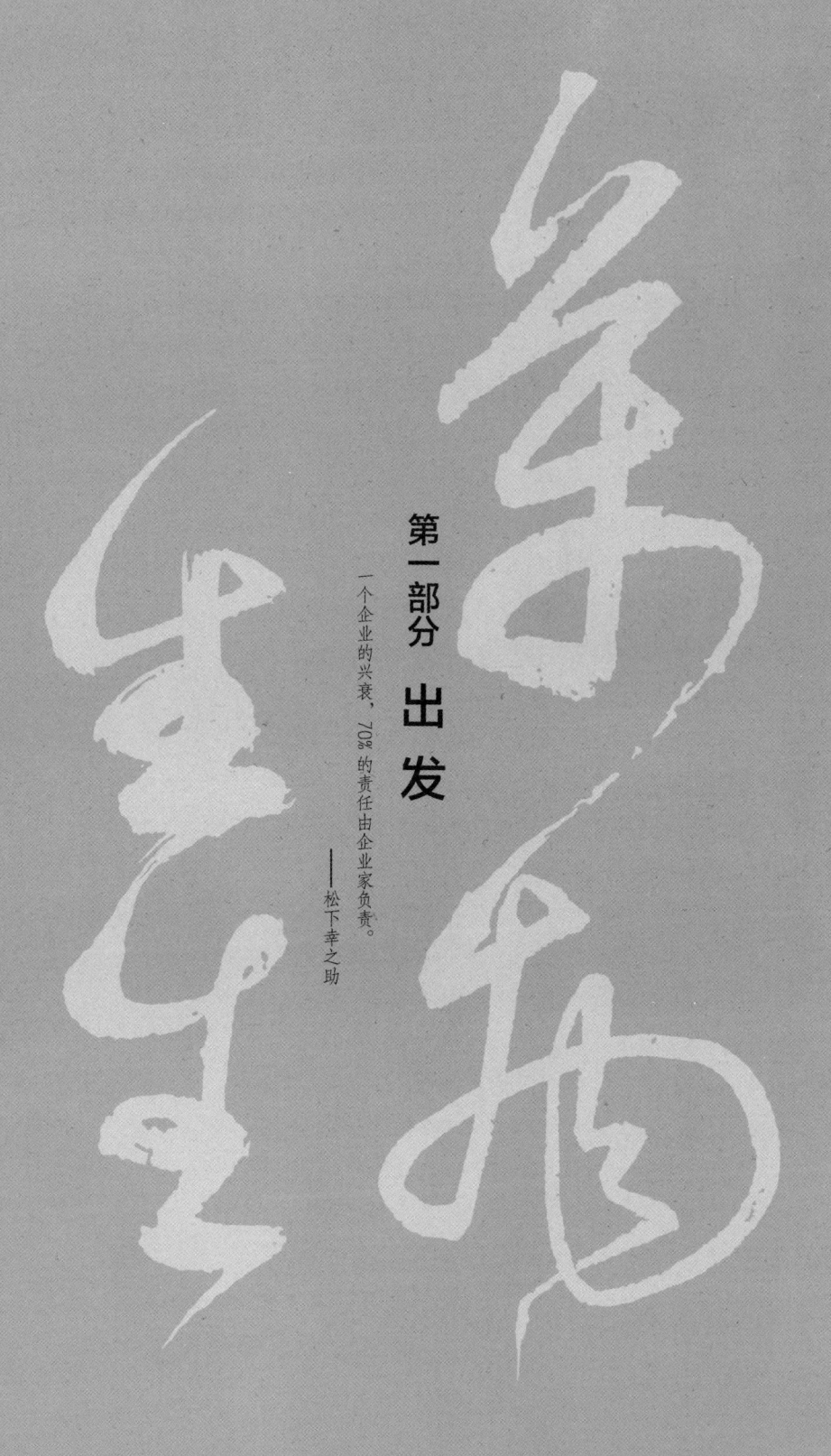

> 一个企业的兴衰，70%的责任由企业家负责。
> ——松下幸之助

第一章　先行一步

每个时代都有自己的主题。20世纪初，中国的主题是"革命"；20世纪中期开始，中国的主题是"建设"；从20世纪最后20多年起，中国的主题是"以经济建设为中心，实现现代化"。

邓小平说："我们穷了几千年了，是时候了，不能再等了。"[①] 他还说："改革是中国的第二次革命。这是一件很重要的必须做的事，尽管是有风险的事。"[②]

TCL就诞生在这样的时代。历经40年风雨，它始终聚焦于实体经济和制造业，已经形成智能终端、半导体显示、半导体光伏及半导体材料三大产业群，以及为它们服务的产业金融平台。这三大产业集群的经营主体分别是TCL实业、TCL科技（000100.SZ）和中环股份（002129.SZ），TCL实业旗下的上市平台为TCL电子（01070.HK），以及在2021年取得实际控制权的奥马电器（002668.SZ）。

机会来自变革。在改革开放的前沿广东，商品经济和外向型经济

[①] https://news.cctv.com/2013/06/17/VIDE1371456480546660.shtml.
[②] 《改革是中国的第二次革命》（一九八五年三月二十八日），出自《邓小平文选》（第三卷），人民出版社，2001年。

率先发轫,大潮涌珠江,激起千重浪,谱写了一曲曲奔腾不息的华彩乐章。

TCL是时代大潮中最早激起的浪花之一,而且在40年后的今天,更加闪亮。

个人与时代

"没有改革开放,就没有TCL,也没有我的今天。"李东生常说。

简单回顾一下历史,当知其所言非虚。

1957年7月,李东生出生于广东省东南部的惠州。惠州市是惠阳专区的首府,专区当年下辖13个县市,包括现在的东莞、河源、汕尾等。

"生在新中国,长在红旗下",是李东生这一代人的写照。

新中国成立伊始,制定了"稳步地变农业国为工业国"的蓝图。刘少奇曾说,中国劳动人民为什么很穷困,他们的生活水平为什么很低呢?答案之一就是"中国近代化的机器工业、运输业和农业还很少"。①

毛泽东更是形象地说:"现在我们能造什么?能造桌子椅子,能造茶碗茶壶,能种粮食,还能磨成面粉,还能造纸,但是,一辆汽车、一架飞机、一辆坦克、一辆拖拉机都不能造。"②

基于对国情的认识,中国第一个五年计划(1953—1957年,1951年春试编,1955年7月30日通过)所确定的基本任务是,"集中主要力量进行以苏联帮助我国设计的156个建设项目为中心、由694个大中型建设项目组成的工业建设,建立我国的社会主义工业化

---

① 《国家的工业化和人民生活水平的提高》(一九五〇年),出自《刘少奇选集》(下卷),人民出版社,1985年。
② 《毛泽东文集》(第六卷),人民出版社,1999年。

的初步基础"。

此外的一个任务是对私营工商业进行社会主义改造。1956年年底，全国私营工业户数的99%被纳入公私合营或合作社。

苏联援建中国的156项重点工程，最后投入施工的共150个，其中包括位于北京酒仙桥的北京电子管厂和位于四川绵阳的国营长虹机器厂。

1956年1月，在"向科学进军"的号召下，国务院制定了科技发展12年规划，将电子工业列为重点发展目标。1956年10月15日，总投资1亿元、年产1220万只电子管的北京电子管厂举行开工典礼，这是亚洲当时最大的电子管厂。

1957年6月，天津无线电厂接受了研制电视机的任务。新中国第一台电视机于1958年3月在这里试制成功，品牌被命名为"北京"。

1958年，作为当时国内唯一的机载火控雷达生产基地，国营长虹机器厂创立。同年，天津市半导体材料厂开始组建。

这些李东生出生前后诞生的电子企业和材料企业，多年之后和他产生了各种关联。北京电子管厂演变为京东方科技集团股份有限公司，国营长虹机器厂改制为四川长虹电器股份有限公司。中环半导体公司可追溯的前身，是天津市半导体技术研究所材料实验厂和天津市第三半导体器件厂。

新中国电子工业筚路蓝缕起步之时，一场深刻的技术变革在美国发生。1958年9月12日，一位名叫杰克·基尔比（Jack Kilby）的年轻工程师，在美国得州仪器公司的实验室里，成功地把电子器件集成在一块半导体材料上。这一天被视为集成电路的诞生日，时年35岁的杰克·基尔比被誉为"芯片之父"。

集成电路的诞生，不仅开创了硅时代，更发出了信息化时代的先声。

一个人的命运总会以某种方式折射出时代的影子。李东生的父

第一章　先行一步

亲在"反右倾"中受到波及，从惠阳中心车站站长任上被发配到西枝江水库工程当供应科长，年幼的他也和父母一起到了工地生活。1974年，他高中毕业，到惠阳县马安镇的鱼苗场插队，劳动很辛苦，但工余得闲，他就如饥似渴地读书，读了当时能找到的不少文学、历史、哲学书籍，还写了诗歌、散文、日记和读书笔记。

"我的文字功底，对世界、对人生的看法，是那个时候开始成形的。"李东生说。

1977年秋天，李东生的高中语文老师文吉禄，带着一套"文革"前的高中课本，骑了15公里的自行车来到农场，连水都来不及喝一口，激动地对李东生说："要高考了，你赶紧准备吧！"

当时农场正在搞冬季水利建设会战，禁止知青请假回家复习。身为农场民兵排长的李东生，和另一位知青主动申请晚上留守工地，这样白天就能有半天的休息时间用来学习。晚上，茅棚里四处漏风，李东生点着昏暗的煤油灯看书。

1977年冬天，迎来了恢复高考后第一次也是唯一一次在冬天举行的考试。十年积压之下，报考人数多达570万，而录取人数只有27.297万，录取比例为29∶1，是竞争最激烈的一届高考。如果算上1978年夏季的考生，共有1160万人报名参加高考，是截至当时世界考试史上人数最多的一次。

千万莘莘学子的命运因此改变。填报志愿时，李东生放弃了酷爱的文史哲，因为高中班主任高老师告诉他，学文科很容易成为"右派"。他选择了理科，并以惠阳县理化第一名的成绩，考取了华南工学院（今华南理工大学）无线电技术专业，这是他的第一志愿。

那年同时考取这一专业的，还有广东罗定人陈伟荣和海南临高人黄宏生。陈伟荣后来掌舵过康佳电视，黄宏生则是创维电视的创始人。三位同学被外界誉为"华工三剑客"。他们的年级同学中还走出了德生收音机创始人梁伟、京信通信董事局主席霍东龄、七喜电脑创始人易贤忠等，堪称"中国理工男"的一个传奇。

1978年春天，木棉花绽放的时节，李东生前往广州报到。

他和同学们无比珍惜来之不易的学习机会，每天都是宿舍、课堂、图书馆、食堂四点一线。学生宿舍规定晚上11点关灯，他们有时会悄悄接上公共照明用电，学到深夜甚至黎明，也不管后勤骂他们"偷电"。当时为组装一台收音机，要花1角3分钱坐22路公交车到广州市中心去买材料，他们就从小小收音机开始，走进了科创的世界。

对整个中国来说，改革的春天已到，温润的气息吹过，万物生长正当其时。

广州是鱼米之乡，但在计划经济束缚下，"四季常青吃老菜，鱼米之乡没鱼吃"，在很长时间里，每个市民每月只有二两鱼票，有的人家攒一个月也不够买一斤鱼。为了买到供应有限的鱼吃，广州人凌晨三四点就要排队，用砖头占位，早上7点开市，排在后面的人只能买到鱼渣。

当时的广东省委领导曾收到广州一位市民来信，里面装着一张无法兑换的五角钱鱼票。为什么吃鱼这么难？因为供给少。为什么供给少？因为水产品实行三级分配，国家给省里指标，省里给市里指标，产区的渔民按计划生产，全是政府定价，没有生产积极性。

广州的物价改革就以水产品为突破口启动，允许河鲜产品的买卖双方自由贸易、自由议价，卖者叫价，价高者得。商品经济、自由贸易激发了生产积极性，市民很快吃上了河鱼。

"街边仔，街边女，我开个鱼档来做生意，雅马哈鱼档真威风，这里的鲩鱼又大又生猛。"20世纪80年代的电影《雅马哈鱼档》，反映的就是广州人通过水产品价格改革吃上鲜美河鲜、生猛海鲜的场景。

青年李东生在广州见证了从计划经济到市场经济的改革，潜移默化中形成了"用市场的力量满足人民的需求"的意识。

李东生学的是无线电,中国电子工业也是在计划经济到市场经济的变革中,成为中国制造的突出代表。

电子工业在中国最初和国防工业紧密相连。1950年10月,国务院决定在重工业部设立电信工业局。1963年成立了第四机械工业部,专属国防工业序列。这一背景使得电子工业从建立起,长期坚持"以军为主",不生产或很少生产民用产品。20世纪60年代初,生产民用电子产品被批评为"不务正业","文革"时期甚至要求"四机部只管军用",严厉限制部属的电子企业发展民品。到70年代,尽管有了"军民结合,以军为主,平战结合,寓军于民"的口号,但因对过去搞民品备受批评心有余悸,部属企业还是迈不开步子,民品产值长期徘徊在占电子工业总产值的20%。

十一届三中全会后,"四机部"做出加快向民用转移,大力发展民品的决策。由于长期不重视民品,当时民用电子产品的水平和国际相比,就像小学生和大学生的差距。20世纪80年代黑白电视机开始进入家庭,消费者在惊喜之余,也用几部电影的片名——《看不见的战线》《多瑙河之波》《今天我休息》讽刺电视机有声无像、不稳定和不显像等质量问题。

通过市场化改革和对外开放,中国电子工业得到了迅速发展。1990年酝酿"八五计划"时,电子工业被提到"促进我国产业结构现代化的带头产业"的高度,国家要求"把发展电子工业放到突出位置"。

在中国电子工业的民用化、市场化变革中,先行一步的广东自然也走在全国前面。一批香港商人闻风而动,前来寻找投资建厂的机会,这批中外合资企业和港资独资企业,最早将内地的生产和境外的市场连接到了一起。

1979年7月,《中华人民共和国中外合资经营企业法》通过,为发展外向型经济奠定了制度基础。

首批中外合资企业

1981年7月28日，广东省对外经济工作委员会批复，同意惠阳地区电子工业公司与香港耀和洋行在惠州合资经营"TTK家庭电器有限公司"，生产销售录音磁带。在当时国家工商总局核发的全国合资企业经营执照中，TTK的编号为0012，是最早成立的13家中外合资企业之一。

合资企业的一方惠阳地区电子工业公司，听起来名头很大，事实上，这家由惠阳地区机械局电子科开办的公司既无资金也无编制，用厂房作为股本入股，厂房也是向一家兄弟公司——农业机械公司租来的，是他们的仓库。合资的另一方是一家在香港卖电器的港商，也没有实际出资，而是以生产磁带的二手设备作价出资。

今天来看这种合资，中方相当于"空手套白狼"，并没有真正投入资本金，外商胆子也很大，对着中方租来的仓库也敢去试。双方都觉得自己不吃亏，就一起合作，等赚钱后合资公司再陆续添置新设备。

"TTK是一个白手起家、敢为人先的案例。它不是计划经济下的国家定点项目，其产品从磁带到后来的电话机，都不能通过国家正规渠道分配和销售，唯一的出路就是捕捉市场机会，从市场上找饭吃，快速决策，一旦打开局面就快速扩张。当时的发展动力就是赚钱，TTK总经理张济时有句名言，'只要能赚钱，棺材我都做'。可见大家真的穷怕了，感谢改革开放，才有了赚钱改善生活的机会。赚了钱，企业就能活下来。所以我一开始的目标，就是赚钱过好的生活。"李东生说。

1982年李东生大学毕业，有两个选项，一是惠阳地区科学技术委员会，二是惠阳地区公安局通信科。他都没有去，而是走上了第三条道路——主动选择加入刚开办不久的 TTK 公司，工号 43 号。

回忆当初，李东生的想法极为纯朴："我是学工科的，想实实在在干点事。TTK 那时候刚开办，很需要人，也有干事的机会，而且外资企业工资也高一些。"

初到 TTK，李东生在车间当技术员，要向线长报告，线长是一个比他小几岁的姑娘。港方老板叫翁耀明，不是做工业出身，但他派到厂里的代表蔡润标是做工业出身的，他带来了香港的工业管理经验，对工作和员工的要求很严格，说话也很刻薄，他的英文名叫波比（Bob）。

TTK 一起步就引进香港式管理，上班用打卡机打卡，迟到扣薪，迟到一次一个红字，迟到三次扣一天工资，如果一次迟到超过 15 分钟也扣一天工资。当时很多国有企业、集体企业人浮于事，能做到按时上班的都很少。TTK 采取流水线作业，各道工序紧密衔接，谁做慢了，东西就积在谁的工位上。在计件工资下，谁做得慢，工资就少。这种利益机制驱使大家努力工作。"如此一来，TTK 的效率很高，和其他企业竞争，没有道理输。"

李东生对工作认真负责，又充满好奇心、爱学习，所以 TTK 董事长范品魁、总经理张济时放手让他去干。范品魁是惠阳地区机械局局长，张济时是机械局电子科的干部。当时的大学毕业生很少，愿意主动到企业工作的更少，所以他们很器重李东生。他们充满信任的授权，反过来又强化了李东生的自觉担责。如此循环往复，从车间技术员到车间主任，到派驻香港的业务经理，李东生如鱼得水。

20 世纪 80 年代，日本 TDK 公司是世界首屈一指的电子组件与记录媒体制造商，TTK 的名字便是仿其而来，这为 TTK 迅速打开国内市场提供了便利。当时什么都缺，磁带业务一上市就供不应求，TTK 很快掘到了第一桶金。

比李东生稍早一点进入TTK的杨利记得，1983年，张济时带他去广西桂林参加全国电子产品订货会，"就是摆地摊，把塑料纸往地上一铺，产品往上面一摆，就像卖老鼠药"。张济时负责吃喝，一个同事负责写合同，杨利负责搞后勤，"全国各地的广播公司、器材公司，上来就疯抢，就跟不用花钱一样。圆珠笔的笔芯平时用一个星期都没问题，那次因为写的合同太多，一天就用光了"。

1983年秋天，TTK作为首批中外合资企业到北京参加中国首届中外合资合作企业成果展。负责供销的负责人临时有事去不了，张济时安排李东生前往，还叮嘱他，"不用太紧张，主要是去开开眼界"。那是李东生第一次去北京，第一次坐飞机。

没想到李东生第一次外出就玩出了新花样。他花钱做了一个很漂亮的招牌，又买了彩带、射灯等装饰品，流光溢彩的TTK展位分外抢眼，甚至吸引了时任国务院副总理陈慕华在展台前驻足了许久。

展会结束，按惯例，展品要打包运回去。李东生算了一笔账，运展品要多花一笔钱，不如就地卖掉，既增加销售收入，又节省运输成本。当时打电话极不方便，没法及时请示，他就自作主张，将展品全部折价出售。回来后，他不但没有因擅自做主被批评，张济时还夸他干得好。这种贴近市场、灵活务实的经营路子，从此在李东生脑海里生根发芽。

最初，TTK做的是磁带产业链中最末端的后续装配环节，有了原始积累后，张济时萌发了引进上游磁带涂覆设备的想法。这个决定，对李东生产生了直接而深远的影响。

直接的影响是，李东生在1984年夏天当上了车间主任，带着20多个年轻人，冒着酷暑经过大半年奋战，让这一涉及化学、电子、机械等多个专业的项目，顺利投产。进口设备金额高达50万美元，是当时惠阳地区电子行业投资最大的项目。经此一役，李东生给人们留下敢啃和能啃"硬骨头"的印象。

第一章　先行一步

而更加深远的影响，则是让李东生意识到，"风险越大，收益越大"，越往产业链上游挺进难度越大，但相应的利润空间也越大。就像吃鱼，刚开始吃，觉得鱼尾巴还不错，天天吃就没什么味道了，要争取吃到鱼肚子上的肉，那里的肉肥嫩鲜美。

正当TTK业务蒸蒸日上之时，1984年12月19日，中英签署《关于香港问题的联合声明》，宣布香港将于1997年7月1日回归中国。整个谈判波澜起伏，一些香港商人感到未来的不确定性增大。1985年初，TTK港方投资人决定退出合作。

看似与企业经营无甚关联的事件，可能对企业未来产生巨大影响。TTK的中方领导被上了一课：企业发展必须尽可能掌握主动，要把命运握在自己手里。

改革开放初期，很多广东企业凭借毗邻香港的地利，基本都是靠"三来一补"（来料加工、来样加工、来件装配及补偿贸易）起步，"借鸡生蛋"，在资金、设备、技术、原料、外销等方面都重度依赖外来合作者，一旦合作者有变，往往就会"鸡飞蛋打"。

范品魁和张济时决定，派自己人到香港开设代表处，全权负责原料采购和产品外销等业务，以弥补合作者单方面撤出导致的业务空白和收入损失，同时努力借助香港这个平台寻找新商机。

两人商量来商量去，最终决定把李东生派往香港。

在通信公司的宝贵一课

1985年初夏，李东生穿了一双凉鞋，前往"东方之珠"香港。先前已到香港的张济时见到他，二话不说，带他去商店买了一双皮鞋，让他立刻换上。

原来，在香港，只有做苦力的人才穿凉鞋，生意人是不穿凉鞋的。这个细节，让李东生意识到尊重当地文化习惯的重要性——要进入境外市场，必须从方方面面本地化。

1985年，香港人均GDP已达6542美元，而当时广东仅有349美元。李东生一开始就住在小宾馆没有窗户的"黑房"里，因为价钱最便宜。他后来在香港旺角新镇地街租了一个办公室，白天接待，晚上就住在里面。如果人来得多了，他就打地铺。

李东生在香港的最大开支，是买西装、衬衫和领带，因为这会让他看上去像大公司的代理人。这一习惯，李东生保持至今，凡是参加正式场合，不管酷暑六月，还是三九严寒，必定西装革履，因为"是对对方的尊重"。

处理完翁耀明退出TTK的事件后，李东生想方设法找到香港长城电子国际有限公司的创始人蒋志基，说服他为TTK提供了2万台康力牌进口录音电话机，这些电话机很快销售一空，双方都大赚一笔。

而比赚钱更重要的是，TTK发现电话机市场广阔，决定做电话机。

TTK和蒋志基在第一次成功合作的基础上，合资组建了电话机厂。注册资本90万美元，TTK占70%，蒋志基一方占30%。时任惠阳地区行署党组副书记、主管工业的副专员对此非常支持，不但牵线帮助解决了电话机厂的生产经营许可问题，还带着李东生到香港南洋商业银行申请美元贷款。银行要求惠阳行署担保，副专员说政府不能担保，"但可以给你们签字"。就这样，他们借了63万美元，注册了"TCL通讯设备有限公司"。

经过紧锣密鼓的筹备，新公司成立在即，可是取个什么名字，却让大家颇费周章。TTK由于和日本的TDK相似，已被国家工商总局停止使用，而张济时要求新公司无论如何要以"T"字母打头。讨论了半天，李东生灵机一动，新公司要做通信①设备，而通信设备有限

---

① 通信旧称通讯，本书中除公司名称中仍保留"通讯"的说法外，其余均称"通信"。——编者注

公司的英文是"Telephone Communication Limited"，何不采用英文名称的缩写作为商标呢？

几个人反复念叨了几遍，都觉得这个名字朗朗上口，于是新公司正式定名TCL。李东生一鼓作气，自己动手设计了一个代表钻石的菱形商标图案，大家也一致认可。

1985年9月，中外合资的TCL通讯设备有限公司（简称"TCL通讯"）成立。

万事俱备，只欠东风。谁来当电话机厂的首任总经理呢？经验丰富的张济时是最合适人选，但他身为惠阳地区电子工业公司副总经理，又是TTK总经理，按规定，一个合资公司的总经理不能兼任另一个合资公司的总经理。考虑来考虑去，张济时推荐李东生担任TCL通讯总经理。

年仅28岁的李东生本人对这一任命大感意外，他对自己的能力和资历还缺乏信心。犹豫不决时，上级领导给了他鼓励和信任。就这样，在TTK的新厂房内，TCL通讯做了简单装修，搬入设备仪器，年轻的总经理李东生走马上任。

李东生是技术出身，在成为TCL通讯首任总经理之前，已经取得了电子工程师资质，对产品设计和产品质量有极高要求。他上任伊始就带领团队，参考香港一家企业的设计方案，经过反复试验和不断改进，鏖战了多个通宵，成功研制出不需要电源的免提电话机。

这款内地最早的扬声免提按键式电话机被命名为TCL-HA868，后来成为中国电话机市场上单个型号销量最大的产品。

创新产品，为消费者提供更好的体验，TCL-HA868标志着李东生和TCL开始走上了一条生产性创新之路。

虽然李东生对产品很在行，但迟迟打不开销售局面。当时邮电部有好几家部属企业，还有一批指定企业，它们的市场地位很难撼动。1985年年底，李东生带队去西安参加了一次邮电行业订货会，结果只收获了零零星星几张订单，收入还不够大家的差旅费。更郁闷的是，他回来后发现那寥寥几张订单根本无法执行。

除了销售问题，在与外商合作方面，李东生也与蒋志基产生了一些冲突。李东生想掌控原料采购和产品外销等业务，而按照合同约定，这些业务由外方负责，外方可以从中收取佣金。由于当时合资企业鱼龙混杂，确实发生过外商坑蒙拐骗的事情，李东生非常担心企业资产被外方骗走，因此在货款支付方面处处设防，让蒋志基很不愉快。蒋志基直接找到政府告状："李东生再这样搞下去，我就退股！"

最大的压力还是经营压力。大家每个月都辛苦工作，但无法打开市场，空有那么好的产品，企业却在不断亏钱，李东生几乎有一种犯罪的感觉。

内外交困，李东生萌生退意，向分管工业的领导表达了想法。领导看到他确实还欠缺能力和经验，同意他从 TCL 通讯总经理的位子上退下，并请张济时亲自出马，尽快打开局面。张济时后来带着 TCL 的电话机业务脱离了 TTK 的母体——惠阳地区电子工业总公司，成立了惠阳地区电子通讯工业总公司。

9 个月的总经理生涯以挫折告终，这是李东生职业生涯中的第一个教训。他说："当过厂长、总经理，跟没有当过是完全不一样的。你要自己做决定，并承担最终责任。没有人可以依靠，没有人给你拍板背书。压力之大，让人焦躁，甚至晚上会做噩梦。这个阶段对我的心态是一次极大的历练。"

李东生是学工科的，当总经理时除了损益表、资产负债表、现金流量表等都看不太懂。下来后，他主动去读了两个非学位课程，一个是涉外经济法律，一个是工业会计，就在惠州，每个课程一年左右，大都是周末或晚上上课。这些学习对他弥补弱项有很大作用。

前来救火的张济时，的确身手不凡。他首先指明，TCL 电话机没有被用户接受，不是用户的错，是自己没有做好宣传推广。接着，他请求政府支持，撬开了进入惠阳地区本地邮电系统的通道，并借此打开了进入整个邮电系统的大门。最后，他身先士卒，带着销售人员，到全国各地直接向客户推销。

1990 年入职 TCL 的黄晖，曾被张济时安排去开拓山东市场。有一次在潍坊出差，正是中秋节，他和潍坊邮电系统的科长一起吃饭，两人喝下足足两瓶白酒。酒后黄晖对着房间里的卡拉 OK，唱了一首《故乡的云》，一开口就泣不成声，眼泪稀里哗啦往下流。

靠着一批像黄晖这样撒向全国各地的销售尖刀的努力，电话机的营销局面迅速打开。1989 年，TCL 电话机荣获"国优产品"称号，实现了惠州市电子产品获国家级质量奖零的突破。1990 年秋季全国通信产品订货会上，TCL 通讯订单总量达 500 万台，成交额超过 7 亿元，占了订货会总成交量的半数以上。1993 年，TCL 通讯在深圳证券交易所挂牌上市，是国内第一家上市的通信终端产品生产企业。TCL 成为家喻户晓的"中国电话大王"。

TCL 通讯的成功，带动了当地通信业的蓬勃发展。当时整个惠州市的电话机产销量达到五六千万台，是全国电话机产业最重要的基地之一。

飞利浦纪念品带来的梦想

20 世纪 80 年代中期，惠阳地区行署的领导颇有远见地提出，惠阳经济要实现超越，必须跳出"三来一补"的藩篱，"办实业、打基础"，大力引进外资企业，建立外向型工业体系，培养工业基础能力。

1986 年 7 月，离开 TCL 通讯总经理岗位的李东生，被招进惠阳地区工业发展总公司，负责在港工业项目的招商引资。电子工业是香港当时的第二大产业，仅次于服装及纺织业。1989 年 3 月的统计数据显示，全港共有电子生产厂 1337 家，从业人数 84803 人。从 20 世纪60年代开始，西方国家进行工业转型，香港不失时机地抓住机遇，集中力量发展包括电子工业在内的轻工业，成为亚洲的制造业中心之一。到60年代末，香港制造工业产值已占本地生产总值的30%，产品出口比重高达80%。

内地改革开放吸引了很多港商投资，但也有不少香港实业家对到内地直接投资顾虑重重。为打开局面，行署领导带着李东生，主动上门拜访金山实业集团的罗氏兄弟。

"金山"是香港名气很响的一家上市公司，主营业务是汽车音响、高能电池等。罗氏兄弟接待了他们，很严谨地提出了数十条与政策相关的问题，他们一一坦诚作答，并分析了改革开放带来的巨大市场前景，以及在内地办厂的优势。

罗氏兄弟答应到惠阳地区看看。金山实业集团由此成为第一家到惠阳地区投资的大型外企。

在招商引资过程中，李东生受益匪浅。他常驻香港，领导经常上午从惠州打电话布置工作，晚上再追过来了解当天进展，一旦没做好，少不了被批评一顿。很多和外商的谈判，领导抓总，他负责把谈判共识执行落地，具体去筹建合资企业。两年多时间，他先后筹建了十多家合资企业。从生产多层线路板和通信器材的王氏电子到美国唐德电子厂，从飞利浦在中国投产的第一个项目汽车音响到与全球最大录音机芯厂商合资的信华精机……李东生都在其中担任中方董事。

李东生更重要的收获，是学会了通过换位思考，平衡外商与本地经济的利益关系，并探寻最大公约数，发现共同点。他变得更加务实，即便面对外商要求的过度保护条款，也不再动辄冲动急躁，而是尽量从全局出发，寻找大家都能接受的平衡点。

当时惠阳地区引入的企业都是外商占大股。政府的逻辑是，惠阳自身的工业基础太薄弱，像TCL通讯、TCL电子（TTK）那套模式很难走得太远，因为起点太低。引入外资让其控股，一方面能推动地方经济发展，另外也可以借此培养自己的管理人才，培养当地的工业能力。

李东生说："不比不知道，和外商特别是大企业接触后才发现，它们都建立了现代企业的管理体系。比如20世纪90年代初金山集团就开始建设数字化管理体系，用服务器、数据来管理业务。与飞利浦的合资也让我学到了很多。我对企业经营管理的最初领悟，大都是在这个过程中培养起来的。"

1988年，惠阳地区分设为惠州、东莞、河源和汕尾四个地级市。此时的惠州，已经成为中国最早具备较大规模、较高技术管理水平、以外商投资为主的电子工业重镇。1987年，全国工业经济会议安排在惠州举行，充分表明了对惠州电子工业的认可。

根据复旦大学经济学院张军教授的研究，由于内地的工业承接能力不断增强，1985—1995年，香港每年在珠三角投资于制造业的资金，由5亿美元增至58亿美元，年均增长达到27.5%，劳动密集型生产加工工序和生产线转移比例高达70%~90%。香港将生产迁到内地，同时依然保留并扩大了为工业提供的各类服务功能，逐渐形成独具特色的"前店-后厂"分工模式。

今天香港以金融见长，但李东生认为，在中国电子工业发展史上，尤其在广东电子工业的起步发展阶段，香港扮演了不可替代的重要角色。

在与外商代表及高级经理人的接触和谈判中，李东生不仅逐渐掌握了合资合作的真谛，也学习了大公司的经营管理理念和方法。1987年前后，他先后参观了日本信和株式会社和荷兰皇家飞利浦公司，其震撼至今仍无法忘记。

洗手间打扫得一尘不染，地板拖得光亮，信和这种从小事做起、关注细节的文化，让李东生理解了日本企业精细化管理的精髓。而在飞利浦研发中心，他第一次接触到CD（compact disc，激光唱片）技术，在四五年之后国内市场才出现了CD唱片。飞利浦对产业趋势和前沿技术的把握，给他留下了深刻印记——不管后来TCL遇到怎样的艰难，李东生唯一没有砍过预算的部门，就是技术研发部门。

离开飞利浦时，李东生获赠一件雕塑纪念品，主人公是一个做灯泡的小女孩。1891年，飞利浦从一家做灯泡的小作坊起步，100年栉风沐雨。这件寓意丰富的礼物，李东生珍藏至今。也是从那时起，他也有了一个梦想：打造一家像飞利浦那样的全球化公司，在国际舞台绽放自己。

在参观中，李东生逐步意识到，让外资占大股的合资方式，起步时发展迅速，但未来成长是受限的，因为整个管理权由外资掌控，中方只是配角，外商也不会把所有鸡蛋放在一个篮子里。于是，1989年，李东生亲自组建了通力公司，生产组合音响，品牌为Technoly。很快，通力的天王星、霸王星组合音响就在市场上打响了知名度。李东生告诉同事："自己掌勺做菜，才能掌握决策主动权，才能走得远。"

构建全国自主销售网络

1988年年底，惠州市政府在考虑未来的工业发展方向时提出，要重视培育本土企业和品牌。

1989年夏天，李东生随惠州市政府代表团赴日本，参观访问在惠州投资的多家日本企业的总部。这些企业基本都是李东生引进的，由他来负责行程安排。他们见证了日本企业对管理的精益求精和对技术的孜孜以求，充分认识到，只有一大批企业和企业家涌现出来，经济才能复兴，国家才能强大。

访问日本之后回到惠州，市政府领导多次和李东生交流，认为沿海地区通过引进外资，已经具备了一定的现代工业基础，到了加大力度进行整合、做大自己的企业和品牌的阶段。中国企业的发展一定要自己掌控命运，虽然现在还很弱小，但发展方向是建立品牌、走向国际。

根据重新梳理后的惠州市工业发展思路，发展和培育本土企业被作为主要任务。而两年多前分家的惠州电子工业总公司和惠州电子通讯工业总公司，则被作为重组整合发展的试验田。

此时的通讯工业总公司，电话机业务红红火火做到中国第一，但电子工业总公司下属的多项业务，包括 TTK 磁带，日渐衰落。政府决定将两家企业进行整合，由张济时任总经理，打造 TCL 品牌，李东生也从惠州市工业发展总公司负责招商引资的岗位上回来，充实班子力量。

1989 年年底，李东生回到了阔别三年的 TCL，担任重组后的惠州市电子通讯工业总公司第一副总，通力公司也被他带了回来。

李东生回来后的第一件事，是让当时作为自主品牌建设和经营试点的通力电子，将其生产的所有家庭音响产品都换上 TCL 商标，录音磁带也同时更名为 TCL，总公司的所有产品统一使用 TCL 商标。他提出，"市场是企业的生命，营销是企业的先导"，希望用崭新而又统一的 TCL 品牌，引领方方面面的业务向前发展。

1990 年年初，李东生带着几位同事前往美国拉斯韦加斯，第一次参加国际消费电子展（CES）。这是全球最大的消费技术产业盛会，从 1967 年开始举办，以展示高科技水平及倡导未来生活方式著称。夹杂在拥挤的人流中，33 岁的李东生看着国际名牌展台上琳琅满目的电子产品，深感差距。从第二年起，TCL 加入香港展团，到 CES 上推广产品，从最初只有一个摊位，慢慢积累客户，把代工出口的订单越做越大。

眼见外销业务渐有起色，李东生决定在国内市场发力。一天，他骑着单车上班，遇到同样骑着单车的同事杨利，两人聊了一路市场和营销,快到办公室时,李东生问:"杨利,你负责公司的销售怎么样?"

杨利吃了一惊:"我行吗?"李东生说:"不试怎么知道行不行?"

不久,杨利被任命为TCL电器销售公司总经理。杨利是部队转业干部,执行力强,立刻带着业务员和产品奔赴全国各地。品尝了许多冷嘲热讽,杨利才在杭州照明器材百货公司签下了40多万元的订单,这是TCL电器在广东省外接下的第一笔大单。

在逐步打开国内市场后,货款的回收问题日渐紧迫。当时涉及异地业务的结算方式只有两种,一种是供货方直接在客户所在地拿支票,一种是发货后通过银行向客户托收承付,由客户异地汇款给供货方。20世纪80年代末90年代初,由于走私等问题导致商业信用坍塌,买家和卖家很难建立信任,大家纷纷选择一手交钱一手交货,否则很容易出现收到钱不发货,或者发了货收不到钱的情况。

怎么办?李东生提出了一个大胆的想法:在异地设一个点,开个账户,同城结算。这不但能解决货款的大问题,还能解决少量供货等小问题。在考察了上海市场后,杨利建议,仅仅设办事处或仓库还不够,一定要办分公司。

李东生问:"在上海办分公司,成功的概率有多大?"

杨利回答说:"50%。"

李东生沉思片刻:"那就先干一个试试看。"

1991年9月28日,TCL第一家分公司——上海分公司揭幕。上海分公司正常运转了大半年后,李东生安排黄万全奔赴哈尔滨开设东北分公司,赵忠尧前往西安筹建西北分公司,四川人石碧光回成都筹备西南分公司,并把业务从这些核心城市快速扩展到周边地区。

这张遍布全国的自主销售网络,极大地促进了TCL的销量增长,提升了TCL的品牌地位,也被其他家电同行争相效仿。

电子集团起步，王牌彩电出击

1992年1月18日至2月21日，邓小平在南方发表了一系列影响深远的谈话。他明确强调，千万不要贻误时机，改革开放胆子要大，"没有一点闯的精神，没有一点'冒'的精神，没有一股气呀、劲呀，就走不出一条好路，走不出一条新路，就干不出新的事业"。[①]

在全国学习贯彻南方谈话的热潮中，惠州加快了体制改革的步伐。惠州市领导找张济时和李东生商量，把政企合一的惠州市电子通讯工业总公司改造成完全企业化的TCL集团公司，彻底走市场化道路，完全和政府脱钩，撤销原来政企合一的总公司，其行政管理职能交给惠州市经委。

张济时和李东生是总公司当时唯有的两个正处级干部，总公司改造后就从政府序列里"离表"了，但他们都愿意接受，放弃干部身份，变成纯粹的企业人。

企业化重组后的TCL集团，张济时任董事长，李东生任总经理。集团共有下属企业20多家，按照业务性质又组成了三个集团：通力电子、TTK、东茗电子、升华工业等10多家企业组成TCL电子集团，由李东生任总经理；TCL通讯、东讯、NEC传呼机等组成TCL通讯集团，另外还注册了TCL云天集团，将大部分土地和物业资产注入，这两块都由张济时直接负责。

为什么一个统一的TCL集团又要分成两大块，张济时和李东生各管一块呢？原因是他们作为集团的董事长和总经理，在经营决策上有一定的分歧。张济时对李东生有信任培养之功，过去是上下级、正副手时，关系处理得很好，但在同一个层面上决策，关系就变得

[①] 《在武昌、深圳、珠海、上海等地的谈话要点（一九九二年一月十八日—二月二十一日）》，出自《邓小平文选》（第三卷），人民出版社，2001年。

微妙起来。

张济时市场经营能力突出，做事魄力大，敢决策、敢担当，在TCL一言九鼎，久而久之也习惯了"一言堂"，决策没有什么流程和制度约束，基本是怎么想就怎么定，他也不习惯和下属商量。所有大小事项都是他亲自决定，甚至每一单业务的客户合同，他都亲自盯。这在企业规模较小时效率很高，但规模大了就容易顾此失彼。

张济时的风格其实是那个年代很多雷厉风行的企业家的风格——个人英雄主义突出，人治重于法治，现代企业制度建设相对薄弱，很难可持续发展。

回顾20世纪八九十年代一批市场化、改革型企业家的命运，从"承包大王"、石家庄造纸厂厂长马胜利，到打破"大锅饭""铁饭碗"的浙江海盐衬衫总厂厂长步鑫生，再到把一个穷村子改造成"首富村"的天津市静海县大邱庄的禹作敏，以及组织整合了500个车皮的积压商品与苏联的4架图-154飞机进行置换的牟其中，都曾风光一时，但没过多久，又被雨打风吹去。究其原因，和企业对个人的依赖度过高，而个人在成功之后又过于自信、头脑发热，摊子一下子铺得太开有关；也和整个企业组织存在着山寨化、草莽化弊端，制度和流程浮于表面，缺乏风险控制有关。

在某种程度上，张济时和很多改革人物一样，他们推动了改革，但没有及时补上自身变革这一课。

对张济时的优缺点，惠州市政府是了解的，所以产生了张济时为董事长、李东生为总经理的新结构，希望李东生能在建立比较规范的企业制度方面发挥作用，推动企业升级。但这一初衷在实践中很难磨合，于是两人各管一摊，张济时管TCL通讯，李东生管TCL电子，总公司则相对虚化。

两人分立之时，李东生领导的TCL电子集团，盈利不到张济时领导的TCL通讯集团的1/10。TCL电子集团企业多、规模大，但负债高、效益差。不过，经过一番思想斗争，他接下了这个担子。

1993年年初，36岁的李东生带领电子集团的5000多名员工，开始了新的创业。尽管他从未管理过如此规模的团队，但过往几年的历练特别是和国际企业打交道的耳濡目染，让他从一开始就决心要把创业精神和制度、团队、网络建设等结合起来。

TCL重视市场化营销，但过去的市场化更多是客户感情营销，每次参加展览会推广产品，张济时总是带着不少礼物，甚至有金戒指，和客户打成一片，回来就能带回很多音响和其他电子产品的订单。但李东生发现，这些订单的落实往往有问题，因为产品主要通过国有的五交化系统等销售，都是赊账销售，表面看订单不少，但这个系统的效率很低、亏损很大，甚至会拿客户的货款去填窟窿，导致了很多烂账。他痛定思痛，下决心建立自己的营销网络，这就有了1991年在上海的第一家分公司和之后的全国营销网络布局。通过直接控制终端网点，把市场的主动权握在自己手里。

为了建立明确的形象识别，李东生花了40万元，请广州一家专业公司"新境界"设计了TCL的企业视觉形象识别系统（corporate identity system，CIS），这是TCL的第一代标志：红色的椭圆，寓意旋转的电子轨迹；椭圆左下方，嵌入一组黑色往上冲的星星图案；椭圆下方是方正坚实的TCL黑体字母。

在企业普遍缺乏品牌意识和形象系统的时候，TCL率先尝试引入CIS，显得与众不同，也有效提升了品牌的辨识度。

财务数字是企业真正的语言，财务管理是企业的基础能力。为了加强TCL电子集团的财务能力，李东生力邀当时惠州的一家大型日本合资企业SPG的财务主管吕忠丽加盟。他是SPG的中方董事，对吕忠丽的能力非常了解。

1945年出生的吕忠丽，原来是武钢钢铁研究所的财务科长，1988年从《羊城晚报》看到一则SPG招聘工业会计师的广告，毅然放弃了在武钢390多元的月工资，应聘到SPG担任会计主任。她在一个月之内实现了日方董事长"半年内把成本核算到每一个零部件"的要求，还为SPG设计了各项规章制度。

李东生力劝吕忠丽加盟TCL电子集团，多次说服无效，遂专门请她到比较高端的丰湖大酒店吃饭。他说："大姐，你要把眼光放长远一点，SPG那边我去跟他们解释。"说完这话，菜还没上来，他接着说："我还有个接待，先过去了。"

吕忠丽眼见李东生忙得不可开交还硬是挤时间请她吃饭，最后下决心放弃了SPG给的4000多元月工资和各种待遇，担任了TCL电子集团财务部长。当时李东生的工资是680元，吕忠丽的工资是600元，而公司扫地阿姨的工资是580元。

为了留住吕忠丽，SPG承诺给她分房子、加工资，但吕忠丽给出的理由是："TCL是我们国家自己的企业，他们更需要我。"

当时TCL电子集团的大部分公司都是亏损的，账上仅有一点有限的资金。吕忠丽大刀阔斧地将10多家公司的账户全部收上来，统一调度资金，"10口缸，只有9个盖子，只能让有限的盖子发挥最大效用，不停调拨，确保每口需要盖子的缸，都始终能盖上"。经过努力，TCL的财务管理系统变得井井有条，成为公司的重要竞争力。

像吕忠丽这样，被李东生的远见和诚恳打动，加入TCL大家庭的人才，在20世纪八九十年代比比皆是。比如后来担任过TCL集团副董事长的袁信成，1982年他就是湖南省邵阳市无线电二厂厂长，1985年获"全国五一劳动奖章"，1991年到惠州加入通力电子任总经理，1996年任TCL电器销售有限公司总经理，为TCL营销网络的建立做出了重要贡献。这些"孔雀东南飞"的新移民，优化了一个地方企业的人才结构，也助推了TCL以人为本、不论背景、不讲关系、论功行赏的人力资源管理文化的水到渠成。

在管理上台阶的同时，李东生花了更多精力寻找产品突破口。他选择了彩电。

1982年大学毕业时，李东生最大的愿望就是能买一台彩电。当时随便一台电视机都要两三千元，而他的工资只有100多元，这还是在收入相对较高的合资企业。他父亲当时是一名科长，每月工资72元。

到1991年前后，全国已引进了100多条彩电生产线，北京、熊猫、金星、牡丹、飞跃、凯歌、长虹等品牌蔚为大观。

中国电视机行业肇始于20世纪50年代末期。1958年，天津无线电子厂将几台从苏联带回的电视，先拆再造，造出中国第一台黑白电视机，取名"北京"牌。20多年后，1979年，上海金星电视机厂从日本日立公司引进了彩色电视机生产线，中国彩电业大幕开启。

TCL选择进入彩电业时，国内市场如"春秋时代"，品牌众多，但从彩电普及率来看依然很低，且大都是21英寸以下的产品。李东生觉得大屏幕彩电有巨大增长空间，决定从这个市场切入。国家当时已经不再审批新的彩电项目，但李东生觉得机不可失，于是再次选择对外合作，和当初创立TCL通讯设备有限公司时的合作伙伴、香港长城电子公司的蒋志基联手。长城电子生产的彩电，成本低、性能好，TCL则能解决显像管和电子零件进口等问题。双方成立了合资的TCL电器销售有限公司，负责市场销售。

一开始，TCL先以ODM（原始设计制造商）方式，为牡丹、熊猫和北京贴牌生产彩电。业务成熟后，李东生进一步和这些厂商商议，有偿租用它们的生产许可证，自己生产并在国内销售TCL品牌彩电。

于广辉1993年硕士毕业，跟同学陈武一起到惠州找工作。他们跑到在当地大名鼎鼎的TCL大厦，不管三七二十一，直接往最里边奔，见到总经理办公室出来了一个人，就上前接洽，被带到企划部交流。直到被录用，于广辉才知道，接待他们的正是李东生本人。

TCL跟香港长城合作后，在李东生安排下，于广辉和陈武成为合作工厂里最早的四名内地员工中的两个。于广辉很快表现出管理才能，李东生就把彩电总装这块交给他管理，整个工厂差不多1000人，700多人由他管理。

1993年，第一台TCL 28英寸大屏幕彩电下线，这个寄托了TCL团队希望的新产品，首批1万台很快被抢购一空。准确切入蓝海市场、销售网络遍布全国、局部创新产品技术，是TCL彩电项目成功的主要原因。TCL的销售没有走大代理商的路子，而是紧贴终端，深度分销。大代理商为了争取厂家的返点，进货量大，但离终端远，很多产品都积存在渠道里。而TCL紧贴终端，加强服务，资金周转快，一年基本上能转6次，所以很多经销商都愿意跟着干。

说到局部创新产品技术，还有一段小故事。当时国内市场的大屏幕彩电市场，主要被日本松下的"画王"、东芝的"火箭炮"、索尼的"低音炮"等控制。TCL对几个日本品牌拆解分析后，决定基于长城电子外销机型的单芯片方案，开发国内市场的产品。这一方案线路结构简单、可靠性高，性能指标能达到客户要求，成本也有竞争力。沿着这一方向，TCL以用户实际感知为标杆，简化了某些功能，加强了某些功能。日本的产品设计要三个芯片，大都使用色彩补偿电路，但该指标只能在特殊测试信号图像上才会看到差异，用户实际观看电视时没有什么差别。当时国内电视机厂商基本都购买日本的设计方案，成本较高，TCL的单芯片方案不仅大幅降低了成本，而且在设计中额外增加了宽电压设计，并提高接收灵敏度，以解决国内大部分地区电压不稳、广播电视接收信号不好等问题。

但用单芯片做大屏幕彩电，遭到了一些媒体的质疑。李东生一边请权威技术监督机构对TCL产品做性能指标测试，证明指标没有问题；一边和媒体沟通，"小马能够拉大车，因为它是一匹宝马"。TCL指出，这种单芯片简化方案已在美国大量使用，是一种趋势，国外彩

第一章　先行一步

电企业也在向性价比更优异的单芯片方案转移。

李东生在回溯"小马拉大车"的故事时说，TCL追求极致成本效率，不只是一般意义上的"节支降耗减费"，而是要回到产品设计之始，在保证质量的前提下，从结构上做出根本性改进，而不是简单移植国外方案。他称之为"结构性的降本增效"。

随着销量迅速增加，李东生迫切需要解决彩电经营资质的问题。踏破铁鞋无觅处，他听说国内最大的显像管生产厂家彩虹电子集团公司有一条彩电生产线和许可证，但生产线已经停产。

李东生迅速向市领导汇报，领导牵线，找到彩虹集团董事长张文义。李东生专程前去拜访，张文义同意将闲置的生产线搬到惠州，双方成立合资公司，将彩电生产许可证转给新公司并采购彩虹显像管。合作一段后，彩虹方面又把股份转让给TCL电子集团，获得了50%以上的投资回报。

20世纪90年代中期，企业喜欢用夸张、富有激情和煽动性的词语作为品牌名称，应和整个社会涌动的野心和欲望。长虹有"红太阳"，康佳有"彩霸"，日资有"火箭炮"和"画王"，TCL电子集团的彩电产品，该取一个什么名，才能既响亮又符合中国消费者的口味呢？

讨论了很多次之后，TCL最终选择了"王牌"这个名字。"王牌彩电，彩电王牌"，在座的人念了几遍，精神都为之一振。李东生决定立刻注册"王牌"商标，并请广告公司设计了一个有特色的图案。

日后登顶国产彩电冠军宝座的TCL王牌，就此得名。

兼并陆氏，首度导入文化变革

1995年初秋，著名影星刘晓庆代言的TCL王牌彩电广告，在中央电视台播出。刘晓庆是那个时代的"带货女王"，这则广告引爆了王牌彩电的销量。1995年8月前，TCL王牌彩电每月销售收入在5000万~8000万元，9月播出广告后，10月回笼资金突破1亿元大关，11月达到1.5亿元，12月超过1.8亿元，在不少地方王牌彩电供不应求。

正当王牌彩电突飞猛进之际，1996年元旦后，李东生在参加电子工业部组织的企业代表团访问台湾行程中，惊悉合作伙伴蒋志基在广东中山遭遇车祸不幸身亡的噩耗，他立刻终止在台湾的活动，赶到香港善后。

蒋太太遭遇变故，打算出售蒋家拥有的长城电子股权。李东生帮助处理好后事，也与蒋太太谈妥了股权收购事宜。没想到，一家贸易起家并生产电视机的香港企业高路华半路杀出，也来争夺长城电子股权。李东生尝试跟高路华谈合作，但对方要求全面控股，他只能眼睁睁地看着TCL王牌彩电的命运被别人扼住。

"那段时间人很恍惚，一个早上可能要刷两遍牙，做梦都在想出路。"李东生说，自己失眠的毛病，就是从那之后落下的。

天无绝人之路。在李东生几近崩溃之时，TCL王牌的销售人员从前线得到消息，经营不佳的港商佳丽彩公司准备退出市场，有意卖掉位于深圳蛇口的彩电生产基地。经金山集团的罗氏兄弟牵线，李东生到香港拜会了佳丽彩的老板、港商陆擎天。双方都极为坦诚，陆擎天明确表示，可以按照企业的净资产1亿多元，出让蛇口陆氏实业公司。

李东生仔细研究了蛇口陆氏实业公司的经营材料和财务资料，并通过曾在陆氏工作多年的大学同学胡秋生了解运作详情。这是一个很有价值的工厂，李东生认可对方的报价，但如果全价收购，TCL将面临经营流动资金枯竭的压力。

第二次见面，李东生提出新的解决方案。他将公司的情况如实告知，希望对方将蛇口陆氏工厂折算成股份，TCL增资1.5亿元成为大股东，由 TCL 来操盘，将本来用于收购的资金，拿来扩建新的产能并开拓市场，共同把蛋糕做大。

陆擎天委婉地表示，他要考虑一下。他在业界多方走访，打听李东生和 TCL 的实力与信誉。证实李东生所言非虚后，他们再次会晤，达成共识。

1996 年 4 月 19 日，双方在香港草签协议，TCL 以在港注册 1.5 亿港元的 TCL 电子（香港）有限公司，增发 1 亿港元股份，兼并陆氏实业（蛇口）有限公司的彩电业务和资产，同时，TCL 全面接收陆氏的彩电研发机构及员工。合资公司总资本 2.5 亿港元，TCL 电子集团占 60%，陆氏占 40%。

塞翁失马，焉知非福。遗憾错过长城电子，一度陷入无米下锅的困境，却绝处逢生，意外收获了陆氏蛇口工厂，还开了内地企业兼并港资企业同时使用内地企业品牌的先河，TCL 终于柳暗花明。经过这些波折，李东生心神俱疲、劳累过度，在谈判签约的关键时刻，肝炎复发，硬撑到最后，一签完协议就住进了医院。

这是 TCL 历史上一个重要的战略转折点，TCL 由此拥有了完整的彩电生产和产品设计能力，在激烈的彩电价格战中站稳了脚跟。随后，李东生启动了惠州王牌基地建设，以建立更加牢固的竞争优势。

收购陆氏蛇口工厂之后，李东生委任胡秋生担任总经理，顺利完成了整合，于广辉到陆氏下面的宝安工厂做厂长，派陈武负责供应链和采购。在于广辉带领下，宝安厂的业绩一直名列前茅。1998 年筹建惠州王牌基地，刚刚 30 岁的他又被任命为王牌电视副总经理，负责惠州工厂建设和生产运营。

"TCL 投资的工厂生产出第一台彩电后，我成了'超级导游'，亲历了多位国家领导人以及广东省、惠州市的领导前来视察，深深感到政府对中国制造的全力支持。"于广辉在接受采访时说。

为了建设惠州王牌基地，李东生还到长虹虚心求教。颇有大家风范的倪润峰不仅亲自接待,还派出当时专门负责长虹生产制造的赵勇,陪同参观工厂。李东生问倪润峰,新工厂究竟该全部采用还是部分采用自动插件机?倪润峰建议全部采用,因为自动插件机生产出的产品质量好,人工插件的产品质量很难控制。李东生听后,在惠州工厂全部采用了自动插件机。

1997年,TCL彩电全年实现净利润2.5亿元。

对于成功并购陆氏,李东生的总结是:"合作产生共赢。从投资角度看,当时双方投的1块钱变成了3块钱,甚至超过了3块钱。我们赚钱,陆老板赚钱,更重要的是,这次合作奠定了TCL彩电的竞争优势。"

从磁带到电话到彩电,李东生不断为企业开辟新的增长曲线。这源于他对市场机会的敏锐嗅觉,对行业发展趋势的战略判断,同时也是深藏于他内心的焦虑与压力使然——在瞬息万变的市场竞争中,只有少数做出了正确决策的企业有机会笑到最后,大多数企业注定被残酷淘汰。

哈罗德·罗森堡在《荒漠之死》中说:"一个时代的人们,不是担起属于他们时代的变革的重负,便是在它的压力之下死于荒野。"一个时代的企业家也是如此,不是从机会与陷阱的丛林里越过,便是在丛林里迷失,或因心力衰竭而倒下。

对于TCL发展早期的这一系列成功,李东生归因为,"市场驱动,敢为人先,抢抓机会"。"先建市场,有计划地进行市场推广,然后再建工厂,逐步强化工业制造能力,在效率、速度、成本控制方面追求极致,不断提升自身竞争力以获取竞争优势。"

在大屏幕彩电的拉动下,从1992年到1996年,TCL电子集团在最初的700万元资金及下属企业资产投入的基础上,销量增长了35倍,收入增长了25倍,利润增长了17倍。无论经营规模还是盈利能力,都远远超过TCL通讯集团。

1996年年底,张济时已届退休年龄,李东生凭借过往几年的出色表现,顺理成章接任了TCL集团董事长兼党委书记。他一上任,就把电子集团和通讯集团这一层级拆掉,由TCL集团直接管理通讯和彩电,组织扁平化,步调一致化。

1997年9月,TCL集团财务结算中心正式成立。由于下属企业都是独立法人,一开始谁也不甘心把管钱的权力交出来,但李东生强力推动,吕忠丽也想了一招,叫"集中力量打歼灭战"。具体就是去跟下属企业沟通,"如果你从银行借不到钱,我来帮你借;如果你把钱存在我这里,我比银行利率高1个点,这些钱集中调配后,统一存在银行;一旦发生困难,我们马上把钱借给你,利率比银行低1个点,还不需要抵押担保"。

通过这个为下属企业谋利益的办法,吕忠丽快速打通了集团内部的融资和资金拆借调拨功能,也避免了成员企业发生任何信贷违约行为,进而影响整个集团的信用。吕忠丽说:"财务集中的本质不是压服,而是提供有价值的服务。"

从1981年创立到1998年,TCL集团在没有国家资本金投入的情况下发展壮大为中国电子信息产业的一个开路先锋。但李东生意识到,国家的经济体制改革正在深化,企业发展要有长远目标,要注重外延增长和内涵增长的统一,而TCL还存在着不少与现代企业制度和管理并不匹配的问题,制约着其发展。

只有主动求变,才能建立起竞争新优势。1998年2月17日,李东生在《推动经营变革、管理创新,建立竞争新优势》的讲话中,系统分析了TCL的现状:我们在干什么?接下来该怎样干?为什么要变?要如何变?

这是TCL成立以来,第一次系统性的变革创新活动。李东生借鉴时任美国通用电气董事长兼CEO(首席执行官)杰克·韦尔奇"在被迫改革之前就进行改革"的思想,首次在TCL导入文化变革。通过变革，确立了 TCL 企业文化的基本架构，明确了企业存在的三点基本价值，即"为顾客创造价值、为员工创造机会、为社会创造效益"。

在讲话中，李东生把自己与 TCL 的命运、国家的命运紧紧绑定在一起。他将企业经营目标确定为"创中国名牌、建一流企业"，"创中国名牌，就是创立一个驰名全球市场的中国品牌，只有首先成为中国名牌，才能争创世界名牌。建一流企业，就是建立一个具有国际竞争力的综合企业，一流企业的标准有两方面含义：一个是综合企业，另一个是具有国际竞争力"。

1998 年，在天津市半导体材料厂，也发生了一件重要的事，沈浩平出任该厂的新厂长。作为厂里最年轻的技术带头人，他发现身边绝大多数人，是缺少跳槽谋生能力的。如果有能力的人走了，这些大哥、大姐就要饿肚子。所以他被提拔为厂长时，发了一个愿："一定要把 300 个大哥、大姐全部安全送到退休。"

1998 年，在惠州的李东生发愿建一流企业，在天津的沈浩平发愿把老员工送到退休，他们都是诚笃之人，发了愿，就一直践行。

所有制改革的典范

创中国名牌、建一流企业，TCL 的产品边界不断延伸。在主攻彩电的几年间，TCL 还孵化了多项业务，其中最具影响的是电工和手机。

TCL 国际电工（惠州）有限公司 1993 年成立，从事高档低压电器、开关插座、综合布线、安防产品等的研发、生产和经营。其领导人温尚霖，1991 年还是奇胜电器的一名普通工程师，但很有抱负。1993 年，他听说 TCL 电子集团总经理李东生有魄力、干实事，就托朋友引见。在惠州西湖大酒店咖啡厅，经过两个小时的谈话，李东生决定投资 200 万元进入电工领域，并让温尚霖担任总经理。2005 年，当 TCL 集团将国际电工转给法国罗格朗公司时，转让价为 14.57 亿元，而国际电工 2004 年年底的净资产为 1.36 亿元，市净率接近 11 倍。22 年时间，当初 200 万元的投资获得了 720 多倍的回报。

李东生感慨地说："2005 年，当 TCL 因为并购两家法国公司的业务（汤姆逊彩电业务、阿尔卡特手机业务）陷入困境、生死未卜之时，我们把国际电工出售给了另一家法国公司，让自己喘了一口气。直到今天 TCL 还在向罗格朗收取品牌使用费，一年大概有 1500 万元。我内心很感谢当初打造了电工业务的 TCL 人，他们在行业做了很多创新，比如在消费者大量使用黑色拉线开关时，他们推出了墙壁开关，后来又推出了大面板琴键式开关。他们的创业之举会永远留在 TCL 的历史上。"

1998 年，TCL 进入手机业务，1999 年 7 月获得手机牌照，是中国最早的 12 家手机厂商之一。在年轻博士万明坚的领导下，TCL 手机先苦后甜，风生水起，2002 年做到国产品牌销量第一。TCL 的钻石手机、宝石手机、翻盖设计，以及 2001 年韩国影星金喜善的广告，都在市场上引起了轰动。

在 20 世纪 90 年代中期到 21 世纪的前几年，TCL 的业务处处开花结果，引起国内诸多经济学家和管理学家的关注。"以速度冲击规模"就是中国人民大学的黄卫伟、包政等教授在研究后的总结。他们发现，TCL 彩电通过加快新产品上市速度，提高库存周转速度，提高应收账款回收速度，提高人均效率，建立快速反应、高效运作的组织等做法，在短短几年中超越了不少曾是"庞然大物"的对手。

这一切能够达成，和 TCL 在 1997 年开启了一场旨在激发企业活力、为可持续发展奠定制度基础的改制，休戚相关。

改革开放后，国有企业在政府推动下不断改革。清华大学访问教授文一在《伟大的中国工业革命》中总结说，一个有为的、权力高度集中而治理结构分散化的重商主义政府，是中国继 18 世纪的英国、

19世纪的美国和20世纪的日本之后，走自己的道路、实现工业化的重要原因。政府推动了1978—1992年以放权让利为切口对国有企业进行的改革试点，推动了1993—2003年以制度创新为抓手、探索建立现代企业制度的改革，推动了2004年之后国有资产管理方式的变化和资本市场的改革。经过改革，不少国企的内生动力和市场竞争力得到了加强。

在企业制度改革方面，李东生也一直在探索。早在1993年出任TCL电子集团总经理后，他就通过增加注册资本的方式，在旗下华通工贸公司进行了改制试点，让经营者和员工参股认购公司49%的股份，既保证集团的控股地位，又将企业利益与员工利益绑定在一起。随后，李东生又把员工持股试点推广到了TCL电器销售有限公司、升华工业有限公司、TCL国际电工有限公司等企业。

1996年，惠州市政府开始认真考虑在惠州推进企业体制改革试点。市分管领导找到接任TCL集团董事长的李东生，谈了对下一步改革的设想，提出体制和机制是企业成功最重要的因素，企业体制改革对未来发展、长期发展至关重要。

政府还明确了TCL产权改革的原则和要求：首先，改制方案要合法合规，当时有些相关法律法规不健全，要敢于创新和突破，但不能碰"红线"，要确保改革过程不可逆；其次，改制要有利于促进企业发展，能在发展中实现各方多赢，具体目标是"企业实力和竞争力快速提升，对当地经济贡献增大，国有资产保值增值，管理团队激励和约束机制到位"；最后，改制方案要有实际承担责任的主体，激励措施和风险承担对应平衡。

李东生花了四个多月时间，调研了广东企业普遍采用的利润分红权方式（即红股），还当面向柳传志讨教了联想集团以存量资产作为股权激励的改制模式，但他没有照搬别人的经验，而是根据市政府确定的三条原则和要求，在多次研讨、数易其稿之后，提出了"授权经

第一章　先行一步

营、增量奖股"的改制方案。

这个方案的核心，在于明确定义了"存量资产"和"增量资产"。TCL对企业资产做了一次彻底清核，将3亿多元净资产（不包括职工宿舍等已分配的福利资产）界定为国有资产，虽然政府并没有出过资本金，但存量资产100%界定为国有资产，一点也不动。在界定存量资产的基础上，TCL与惠州市政府签订为期五年的《授权经营考核奖惩责任书》，考核每年的资产增量，考核基数环比递增。超额增量部分进行二次分配，国家得大头，团队得小头。

根据授权经营实施方案，TCL未来五年的资产回报率在10%以内的部分，100%归政府；在10%~25%的部分，企业得15%，政府得85%；达到25%~40%，企业得30%，政府得70%；超过40%的，企业得40%，政府得60%。

1996年全国有3.6万家工业企业，净资产利润率水平，大企业为2.7%，中小企业为1.6%。1997年，沪深两市上市公司上半年的平均净资产收益率仅有4.39%。TCL集团公司的奖励基准点，一上来就确定为相对较高的10%，所以政府高度认同。

1997年4月11日，惠州市政府以"惠府函（1997）36号"文件，批准了TCL集团公司作为国有资产授权经营试点及国有资产授权经营实施方案。李东生作为改制后风险承担的责任主体，个人要提交50万元风险保证金。当时，李东生每月的工资只有几千元，手上的积蓄只有30万元。为了凑齐50万元风险保证金，他不得不将自己的房子以及父母的房子拿去银行作为抵押，才解了燃眉之急。

当时的惠州市领导说，李东生个人承担了改制风险，可以考虑在超额收益中占一半份额。李东生说，大家一起干才有意义。所以最后定的规则是，李东生得1/3，团队得2/3，在实际执行中他又把自己的一部分让出来。由于团队拿小头，李东生拿更小的小头，所以尽管他一直在增持公司股票，每次定增都参加，但至今他在TCL的持股不到10%，其中包括个人持股6%多一点，加上在高管持股平台中的约3%。

TCL的改制方案，决定了企业无论达到多高的资本收益，政府都得大头。但这其实有违政府改制的初衷，所以惠州市政府选择每年把自己那部分利润分走，团队不分红，放到企业折算为股权，这样国有股权的比例逐年下降，团队的股权逐年上升。

2001年年底，五年授权经营到期之日，TCL销售收入从五年前的56亿元增加到211亿元，国有资产增值率高达261.7%，等于再造了两个TCL。地方政府除每年分红1亿多元外，每年获得的税收从1亿元增加到7亿多元（2001年TCL完成税收近11亿元，其中惠州当地实现7亿多元）。此时TCL的股权结构变为：国有58%，管理层和员工42%，其中李东生个人持股10.02%。

值得一提的是，团队将分红转为股份时的缴税问题。1998年，授权经营一年后，TCL集团国有资产保值增值率为63.75%，奖励责任人及经营班子4200多万元，李东生等14名主要管理人员还按照1∶1.8345的溢价比例，对公司进行增资。这些奖励不兑现现金，而是直接转成股份。于是一个很现实的问题凸显出来：奖励要不要缴税？

根据广东省当时的文件，只有红股才可以不纳税，可TCL的改制并没有采用企业利润分红的方式。李东生拿不定主意，找市领导征求意见。领导明确，要改制就不能搞红股，要体现实股的合法性，要从税收环节体现。他要求，一定要在这个环节上完全合法合规，才能确保改制成果不可逆转。

按照市领导的要求，李东生写报告给惠州市税务局，市税务局不敢定，汇报到广东省税务局。广东省税务局也不敢定，请示国家税务总局。最后，国家税务总局专门为TCL转增收益的扣税问题下发了一个文件。这笔给管理层的奖金先按标准扣税，比例是20%；扣税之后，再转成公司的股份。如此之后，包括李东生在内的管理层才能拿到公司增资认购的凭据。在授权经营那几年，李东生是惠州缴纳个税最多的人。而国家税务总局的这个文件，后来也成为他和管理层拥有的企业资产具有合法性的最重要依据。

TCL 的改制方案，无懈可击，却难以模仿。主要原因是，TCL 在授权经营期间增长速度非常快，赶上了中国经济快速发展的阶段，通过改制又给企业注入了强大动力。李东生说："我们敢改制，是相信随着中国向市场经济体制转型，企业将迎来更好的发展机遇。我们愿意尝试，也有信心尝试。"

1997 年后，在亚洲金融危机影响和国内经济增速向下调整的影响下，不少企业一蹶不振。而从 1997 年到 2001 年，在 TCL 进行授权经营的五年期限内，公司实现了年化 30% 以上的超常规增长。

TCL 的机制吸引了更多人才的加入。当时的武汉电视机总厂厂长兼武汉 JVC 电子产业有限公司董事长黄伟，是武汉电子行业最年轻的厂长，被 TCL 所感召，辞职到惠州，"决定到 TCL 闯一闯"。他先是担任 TCL 王牌电器（惠州）有限公司总经理助理兼总经办主任，没过多久被安排到河南新乡担任 760 厂（后改为美乐电子集团）总经理，一显身手。

1997 年至 2000 年，围绕彩电业务，TCL 先后收购了河南美乐、内蒙古彩虹、无锡虹美三家国企，进一步扩充了产能。而传统的地方国有企业因为活力和竞争力不足渐渐沉寂。熊猫、金星、飞跃、凯歌、牡丹、北京等品牌，均慢慢退出了彩电舞台。

回顾 TCL 的这段历史，李东生体会最深的，是从草莽时代到现代企业制度的变迁。现代企业制度的建立，涉及治理结构、董事会建设、战略、经营管理、风控等。企业一定要有长远规划，不能只看眼前。企业要努力建设核心能力，从"一招鲜吃遍天"、靠某个机会打天下，到提升系统化的能力，包括工业能力、产业链组织能力、产品技术能力、品牌和营销能力、战略管理能力、团队建设能力、企业文化能力等等。

"从1997年开始改制到2004年集团整体上市，TCL在政府支持下，建立了一个比较好的体制机制。1998年我们自己又主动地推进文化变革。这一硬一软的改革，奠定了TCL的可持续发展基础。"李东生总结。

五年授权经营结束后，惠州市政府支持TCL引进荷兰飞利浦、香港金山实业集团、美国南太电子、日本东芝和住友商事五家外资企业，并出售了TCL集团20%的股权，放弃了在充分竞争领域的控股地位，从管资产过渡到管资本。这也让TCL成为一家真正市场化的股份制企业。之后TCL集团开始推动上市，力求使自己更加社会化、公众化、透明化。

"现在回头看，当时没有改制的地方国有企业，大都消失了。所以在我心中，变革就是生产力。变则通，通则久。"李东生如是说。

第二章　穿越至暗

位于惠州的 TCL 电视博物馆里，静静地摆放着一台世界上第一代黑白电视机，巨大而笨重。

这台电视机是美国无线电公司（Radio Corporation of America，RCA）于 1939 年推出的。1954 年，RCA 推出彩色电视机。RCA 远渡重洋出现在惠州，是因为全球化浪潮中的一条国际并购链：1986 年 6 月，美国通用电气（GE）与 RCA 合并；1988 年，法国汤姆逊公司收购了 GE 旗下的消费电子业务，包括 RCA 品牌彩电；2004 年，TCL 收购汤姆逊彩电业务，RCA 就这样与李东生、TCL、惠州发生了连接。

年轻的中国电子企业收购生产电视机的鼻祖，是一种荣光。但正是这次并购，让李东生一度陷入职业生涯的低谷。

RCA 电视静静摆在那里，它是一种象征——哪怕是产业鼻祖，如果没有跟上技术变革的趋势，也会被淘汰。

2004 年 TCL 对汤姆逊彩电业务和阿尔卡特手机业务的两次并购，充分展示了中国企业国际化的雄心。但企业的边界是机会和能力的乘数，此时的 TCL，尚未具备成为世界级企业的核心能力，并购不久就遭遇了重创。这也是 TCL 40 年历史上最惊心动魄的一幕，几乎逼近万劫不复的境地。

通过深刻反思和"鹰的重生"的系列变革，TCL 重获新生。其间的教训与经验，直到今天仍在深刻影响李东生与 TCL。

"世界 500 强情结"

21 世纪来临前后，一种兴奋乃至亢奋的情绪充塞于中国商界。

1999 年 9 月 27 日至 29 日，《财富》全球论坛在上海举行。尽管当年《财富》世界 500 强榜单上中国企业仅有 5 家，但在中华人民共和国成立 50 周年前夕召开以"中国：未来的五十年"为主题的全球商界领袖论坛，预示着"中国概念"将在 21 世纪大放异彩。

这次论坛也让中国企业的"世界 500 强情结"空前高涨。论坛举办前后，有近 30 家中国企业提出了进入《财富》世界 500 强"的时间表。

李东生也不例外。1999 年 8 月，他在 TCL 集团高级管理干部会上发表讲话，题目是《我们的目标——创建世界级的中国企业》。规划提出，"争取在未来 10 年内，经过我们不断地勤奋努力和变革创新，使 TCL 挤入世界 500 强的行列，预计届时 TCL 的年销售额将达到 1500 亿元"。

2000 年 3 月，纳斯达克指数到达峰值 5132 点后一路下挫，最低跌至 2002 年 10 月的 1108 点，跌幅高达 78%，美国科技股泡沫破灭。2001 年 9 月 11 日，纽约世界贸易中心大厦和华盛顿五角大楼遭到恐怖袭击，美国本土安全的神话被打破。与之相比，中国发生的大事则是：2001 年 7 月北京获得 2008 年奥运会的主办权；2001 年 11 月 10 日，在卡塔尔首都多哈召开的世界贸易组织第四届部长级会议上，中国被接纳为世贸组织成员，12 月 11 日正式"入世"。

乘长风破万里浪。信心满满的TCL明显加速了多元化进程：进入手机市场，开启电脑业务，收购开思软件、金科、翰林汇等互联网相关企业，布局新IT（internet technology，互联网技术），从影音电器等黑电领域向空调等白电领域进军……

在遍地开花的多元化征程中，TCL不时发布宏大构想，如2000年4月提出"天地人家"发展战略，希望将互联网终端接入产品和提供增值信息服务融为一体，为广大中国家庭的信息新生活服务。TCL也有一些局部的阶段性成果，如借助英特尔发布奔腾4之机，TCL电脑在1999年进入国内PC（个人电脑）市场前五名，成为"黑马"。不少项目的方向本身也是正确的，如"TCL教育互联"、网上网下互动的"亿家家商城"等。

但几年下来，TCL在IT和互联网方面的发展，总体并不成功。客观上，当时中国在互联网用户规模、应用场景和商业模式等方面的条件并不成熟。主观上，一个公司的资源总是有限的，聚焦点太多会变得没有聚焦，而没有聚焦，也就难以在每个细分的竞争性市场建立优势。

TCL的不少多元化业务，都是以轰轰烈烈始，以大起大落终。在这一过程中，企业文化也出现了不少问题。如有的干部员工思想松懈、斗志衰退；一些企业主管对变革不以为然、我行我素，身居要职却不承担相应的责任义务；企业内部围墙高筑、山头林立，形成"诸侯文化"；上下信息不畅，报喜不报忧；等等。

2001年2月，华为公司创始人任正非发表《华为的冬天》一文，大谈危机和失败，引发业内外震动。"华为公司老喊'狼来了'，喊多了，大家有些不信了。但狼真的会来。"任正非说，"眼前的繁荣是前几年网络股大涨的惯性结果。记住一句话：物极必反。这一场网络设备供应的冬天，也会像它热得人们不理解一样，冷得出奇。没有预见，没有预防，就会冻死。那时，谁有棉衣，谁就活下来了。"

这恰好也是李东生在思考的问题。2002年7月，距离1998年第一轮变革过去4年之后，TCL启动了新一轮变革创新。

在集团召开的企业文化创新千人大会上，李东生发表了《创建具有国际竞争力的新企业文化》的讲话。"加入WTO给我们带来了机遇和挑战，中国已成为全球经济发展最快的国家，但这并不意味着中国企业理所应当就成为全球增长最快的企业。我们的市场开放了，我们的产业开放了，国外企业进来一样可以利用这些条件。我们如果不能跑快一些，根本就没有机会去超越。"

杰克·韦尔奇在其自传中曾说，前几年全球IT网络热，通用电气在做了认真研究后，并没有盲目投入。他说自己并不是先知先觉看到了网络经济的泡沫，而是他认为这个产业的文化和通用电气的文化不相同，既然不相同，通用电气宁可不赚这个钱。

这个故事给了李东生很大震动，他借此反思TCL的多元化战略，"很多中国企业，包括TCL，就没有这种意识。我本人作为总裁，要对此负主要责任"。

在重点分析了充分授权与承担责任的矛盾、大团队与"小圈子"现象、规范管理与保持速度和效率优势的关系、如何创建创新学习型企业文化等四方面问题后，李东生将TCL的多元化战略调整为国际化战略，即提升核心业务的国际竞争能力。

李东生说："中国要强大，首先经济要强大。中国现在是一个经济大国而不是一个经济强国，就是因为我们还缺乏具有国际竞争力的世界级企业。我相信，未来中国一定会成长出一批具有国际竞争力的世界级企业，我们TCL一定要成为当中的一员！"

TCL的主导产业已经有很强的基础。2002年、2003年，TCL彩电和手机的国内市场占有率都位居第一，两轮驱动，顺风顺水。

1999年，《财富》全球论坛的主办方制作了一段15秒的广告片，广告词铿锵有力，"欲独霸世界，先逐鹿中国"。在现场参加论坛的李东生，看到了跨国企业正虎视眈眈涌入中国，也看到了中国即将"入世"、全球市场将对中国企业开放的前景。他胸中燃起了国际化之火。

全球第一的炫目烟花

对于 TCL 的国际化，李东生最初发声是在 1997 年。

1997 年 1 月，他在集团公司工作会议上要求，着手开拓国际市场，实施国际化经营战略。3 月，他以"培育民族品牌、参与国际竞争"为题阐述了自己的观点。6 月，中国恢复对香港行使主权前夕，李东生提出，要借助香港这一"桥头堡"走向海外市场，参与国际经济舞台的竞争。

1999 年年初，TCL 收购了香港陆氏集团 1990 年在越南投资的彩电工厂——陆氏同奈电子公司，以此为基础建设彩电生产基地，正式迈出国际化的第一步。尽管不熟悉当地市场，难以把握当地政策，团队之间面临文化冲突，国际供应链尚未建立，品牌知名度太低，但产品团队根据越南多雷雨天气的特点，推出了具有防雷电等独特功能的产品，销售团队选择了国际品牌不愿去、不屑去的边远市场作为突破口，李东生也几次到越南一线了解市场机会与经营挑战，在集体努力下，进入越南市场亏损了 18 个月之后，TCL 触底反弹，两年后跃居越南彩电市场第二。

在越南实现盈利的当月，李东生以《屡败屡战、百折不挠》为题，总结了 TCL 开拓国际市场第一站的得失："一个企业的员工队伍，若具备一种屡败屡战、百折不挠的精神，就能令它的竞争对手望而生畏；一个企业具有了这种精神，就能够从每一次失败和挫折当中得到经验和教益，就能不断地开拓前进，就能在长期的市场竞争中立于不败之地。"

在李东生看来，中国正式加入 WTO 是融入经济全球化的新阶段，意味着除了一些在过渡期受到保护的领域，如金融、电信、汽车等之外，中国大部分产业和市场会完全开放，TCL 所在的产业就属于在很短时间内全面开放的产业。"我们在中国的竞争，就是全球的竞争，同时全球的市场也会对我们开放。所以，TCL 也要往外走，不能只是内线作战，否则这个仗是很难打的。我们一定要开辟海外市场，内线和外线作战相结合，才有可能在未来经济全球化的竞争中建立优势。"

"走出去"不仅是一种主观愿望，也是客观形势的倒逼。中国"入世"后，欧美国家援引世贸规则，在商言商，相继加大对中国出口商品的反倾销力度，中国彩电不时被课以高额反倾销税。这使得中国彩电企业无法再按传统的出口方式"走出去"，而需要通过在国外投资或并购，在国外拥有生产基地，主动参与产业链的整合，如此就能比较便捷地穿越欧美的贸易壁垒。

TCL 在越南市场站稳脚跟后，李东生将目光投向欧美市场。

2003 年 7 月，李东生在香港与飞利浦公司的高管洽谈业务合作。无巧不成书，法国汤姆逊公司 CEO 查尔斯·达哈利正好在香港，他发来邀约，希望与李东生进行一次会谈。

李东生本以为这不过是一次礼节性的会面，谁料两人刚刚坐定，达哈利开门见山："TCL 有没有兴趣收购汤姆逊的彩电业务？"

成立于 1893 年的汤姆逊公司，是法国最大的电子产品制造商，堪称"彩电鼻祖"。1988 年汤姆逊收购通用电气旗下的消费电子业务，其中包括美国无线电公司的 RCA 品牌彩电，成为全球最大的彩电厂商。

彼时，汤姆逊具备年产 740 万台电视机的能力，占有 12% 的美国市场和 8% 的欧洲市场，而且在彩电、彩管、数字技术、影像显示技术等方面拥有 3.4 万种专利，在全球专利数量上仅次于 IBM（国际商业机器公司）。

2002年，汤姆逊公司销售额达102亿欧元（约合1056亿元人民币），而当年TCL集团的销售额为319亿元人民币，汤姆逊是TCL的3倍多。并购是不折不扣的"蛇吞象"。两家公司的彩电产量相加，将产生一家全球第一的彩电制造企业，销售额之和逼近1500亿元，正是李东生在1999年规划的10年内进入世界500强的门槛。

李东生用"五岳之尊"的泰山作为代号来命名此次并购，其内心的登顶念头可见一斑。他在内部阐发说："泰山项目的长远目标，是创建一个全球领先的彩电及多媒体电子产品企业。它的即时效应是双方公司合作后，彩电年产销量将达到1800万台，从而成为全球最大的彩电企业……泰山项目的成功实施，将创造一个中国企业的奇迹，为中国经济的发展谱写新的一页。"

通过合并重组、优化资源配置、提高规模和效率，是国际电子产业发展的一般趋势。在TCL与汤姆逊接洽前后，索尼与爱立信合并移动通信设备业务，飞利浦与LG集团成立LCD（liquid crystal display，液晶显示）、CRT（cathode ray tube，阴极射线管）合资公司，惠普和康柏全球产业合并重组，东芝与松下LCD和CRT业务重组，索尼和三星LCD业务重组。李东生为TCL能够成为国际电子产业浪潮中的一股力量兴奋不已，认为"这不是简单的合作，而是全球电子产业重组的一部分"。

尽管意识到并购面临着经营风险和管理风险，李东生依然豪情满怀："这个机会对我们几乎是唯一的。全球性的电视企业屈指可数，如果我们不做，今后很难再有以这样的条件来形成全球产业第一的机会。"此外，"从中央政府到地方政府，都鼓励中国企业走出去，这个项目将得到政府和社会各界的大力支持"。

强烈的先入之见，几乎注定这场并购无论如何都会完成。当时负责TCL集团战略和投资业务的严勇，是北京大学计算机科学与美国斯坦福大学工商管理的双硕士，加入TCL前在多家外企工作过。他在分析研究了基本财务数据之后，提醒李东生并购风险很大。李东生也意识到风险，提出了排除现金收购的选项，改为以在香港上市的彩电业务经营主体——TCL多媒体（01070.HK）[①]增发股权的方式完成收购的方案。

一个月后，达哈利再次回到香港，同意以TCL提出的交易结构和估值方式为基础进行谈判，并购正式启动。这是中国公司首次兼并世界500强企业。TCL聘请摩根士丹利为财务顾问，波士顿咨询公司为管理咨询顾问，汤姆逊邀请高盛为财务顾问，麦肯锡为咨询顾问。

经过近半年的谈判拉锯，双方咨询公司设计出了一个能够顺利推进重组的交易结构：TCL多媒体和汤姆逊将各自的彩电业务和相关资源，放在一起成立一家新的合资公司——TCL-汤姆逊电子有限公司（TTE）。在李东生的强烈要求下，依据未来36个月的盈利能力和现金流折现，对双方资产进行重新评估。

2003年11月3日，李东生与达哈利在广州签署了关于并购的谅解备忘录，双方约定于2004年1月签署正式的并购协议；李东生记得当时正值"神舟"号上天，和达哈利一起看"神舟"上天的新闻，对方很感慨中国的快速崛起。

然而，刚刚签署谅解备忘录一个月，汤姆逊递交给TCL的最新财务报告显示，预计全年彩电业务亏损1.24亿欧元（约合12.84亿元人民币）。当年TCL彩电在国内的盈利约为5.3亿元人民币，加上8000万元人民币的海外盈利，合计6.1亿元人民币，填不了汤姆逊彩电业务一半的亏损额。李东生和严勇及摩根士丹利商议后，决定紧急刹车，推迟草签协议。

汤姆逊驻香港代表第一时间赶到惠州，达哈利很快打来越洋电

[①] 2018年6月，为更好反映战略转型及业务多元化发展的决心，"TCL多媒体"更改为"TCL电子"。

话。焦急万分的他们表示，有什么要求都可以提，他们会积极配合。

2004年1月23日，李东生带着摩根士丹利草拟的"让汤姆逊主动拒绝"的方案亲赴巴黎。经过几天沟通，最后双方从27日下午谈到28日凌晨3点多，汤姆逊几乎全部接受了前期谈判中坚决拒绝的内容。

最终的方案出炉。汤姆逊投入总价值超过3亿欧元的资源，持有TTE 33%的股份，TCL在没有支付任何现金的情况下，以彩电业务作价占股67%。

2004年是中法建交40周年。1月26—29日，当时中国国家主席胡锦涛对法国进行国事访问。1月28日晚，在胡锦涛主席和法国总理拉法兰的见证下，李东生与达哈利在法国总理府正式签署合资协议。

并购完成当年，TCL全球彩电业务共实现销售2259万台，超过三星，雄踞全球第一；这年7月，上海汽车斥资5.6亿美元收购韩国双龙；12月，联想集团用17.5亿美元收购IBM的个人计算机业务。这三家企业被全球多家媒体视为中国企业国际化的先行者。《时代周刊》称，"他（李东生）是中国企业崛起于国际市场的旗帜性人物"。

也是在2004年，李东生再次被评选为"CCTV中国经济年度人物"。之前两年，他刚刚因为手机业务的优异表现当选。此次获奖，是因为TCL收购了法国汤姆逊彩电业务与阿尔卡特手机业务。李东生的获奖感言是："中国要成为世界强国，必须要有自己的跨国公司，我们要成为第一个敢于吃螃蟹的人。没有敢于成为先烈的勇气，就不可能成为先驱！"

开集团整体上市先河

对李东生和TCL而言，2004年是一个非常重要的年份。并购汤姆逊彩电业务两天之后，1月30日，TCL集团在深圳证券交易所挂牌交易。这是国内资本市场第一家集团整体上市的公司，完全是摸着石头过河，殊为不易。

2001年年底，五年授权经营到期之后，惠州市对TCL集团的进一步改革提出了更高要求，提出应该考虑引入外部战略投资者以解决股权结构单一的问题，争取上市融资加快发展，同时政府持有的股份可向战略投资者出让。

李东生随即选定松下、东芝、LG、飞利浦等对TCL业务发展有帮助、在经营方面值得学习的世界级巨头作为战略投资者。为了增加对投资者的吸引力，TCL表示愿意将自己的销售网络开放给投资者，而此渠道优势一直是中国企业的"秘密武器"。

巨头们纷纷响应，但几家都想控股。多次谈判沟通中，李东生坚持"保持中国企业性质、保持中国资本控股地位、保持企业经营自主权"三个基本原则，最后在4个月内，荷兰飞利浦、香港金山实业集团、美国南太电子、日本东芝和住友商事五家战略投资者顺利入局。TCL的股权结构变更为：惠州市政府41%，管理层25%，员工14%，五家战略投资者共20%。

2002年4月16日，改制重组后的TCL集团选举产生了第一届董事会，董事会由13名董事组成，李东生当选为董事长、总裁。会上TCL正式发布"阿波罗计划"，宣布将在未来一到两年内实现整体上市。

阿波罗计划（Apollo Program）是美国在1961年到1972年组织实施的一系列载人登月飞行任务，在世界航天史上具有划时代意义。TCL此举，开创了大企业集团特别是国有控股大企业集团整体上市的先河，对国有控股企业集团充分利用资本市场发展，具有很强的示范作用。

但TCL的整体上市方案最初没有得到中国证监会的支持，原因是在内地资本市场已有一家上市公司（TCL通讯）的情况下，没有母公司整体上市或者重组的先例，当时的政策法规也不支持这种做法。

"阿波罗计划"即将搁浅之际，转机出现了。李东生向主管工业的国务院领导汇报了整体上市的意义，领导亲自批示，将方案转交给时任中国证监会领导。在详细了解了TCL的上市方案后，证监会领导批示TCL可以进行整体上市的尝试，但具体方案必须符合相关法律法规的规定。

如何处理TCL集团与旗下已经在A股上市的TCL通讯设备股份有限公司的关系？TCL委托中国国际金融有限公司制订了四套不同的方案：吸并上市、先上后下、反向收购、要约收购。

看似没有太大差异的四道选择题，各有利弊。先上后下，会出现在一段时间内一块资产两层上市的问题；反向收购，容易导致TCL通讯的流通股占总股本比例过低；要约收购，很难干净地解决各种遗留问题。当这三个选项都不符合法律法规的时候，吸并上市就成为最后的也是唯一的选择。

只是，这条路并不好走。当时国内尚无先例，很多法规都存在空白，TCL和券商、律师一起边走边摸索。最终，在充分借鉴历史上海外市场的并购处理方法，前后修改了21次整体上市方案后，极富创造性地运用了权益结合法，即合并双方都以账面历史成本计价，保证双方同一块业务的资产以同一个标准入账。

值得一提的是，根据TCL吸收合并的实践，财政部此后进一步补充完善了会计准则，规定"同一控制人下的吸收合并"采用"权益结合法"。这一创新方案，不但解决了TCL整体上市的难题，还为中国会计准则的修订做出了贡献。

2003年12月30日，中国证监会以"证监发行字（2004）1号"文，核准TCL集团股份有限公司首次公开发行股票的申请。

2004年1月30日，TCL集团股票在深交所挂牌交易，证券代码000100，每股发行价4.26元，共发行5.9亿股，募集资金25亿元人民币。上市首日以6.88元开盘，报收于7.59元，股价比发行价飙升78.18%。

李东生之前估算，上市募集资金在20亿元左右，用以启动TCL集团20多个新技术项目，包括高清彩电、高清显示器、PDA（个人数字助理）手机、信息终端、宽带接入、网络接入，以及物流和远程教育等，也为TCL并购汤姆逊彩电业务提供资源保障。资本市场为TCL的融资提供了便捷高效的渠道，让TCL可以大展拳脚。

冬天来了

没有遇到汤姆逊之前，为了实现国际化的愿景，李东生就一直在寻找合适的并购对象。而机会往往是来了第一个，就会接着来第二个。他在巴黎与汤姆逊谈判期间，汤姆逊公司前任董事长、时任法国电讯董事长布顿，给李东生介绍了另外一桩生意：阿尔卡特的手机业务。

阿尔卡特创建于1898年，与汤姆逊有着同样悠久的历史，是电信系统和设备以及相关电缆和部件领域的世界领导者，业务遍及全球130多个国家和地区，拥有12万名员工。5年前阿尔卡特拓展了手机业务，但表现始终不尽如人意，董事会决定将这一业务出售。

当时，TCL的手机业务正处在前所未有的顶峰。通过产品创新以及强力营销，加上TCL原本具备的直销渠道加持，截至2003年年底，TCL手机以9.31%的市场综合占有率稳居国产手机第一，位列全球第八，年利润超过10亿元。

面对阿尔卡特这个送上门的"猎物"，TCL内部似乎没有多大分歧。李东生忙于处理并购汤姆逊事宜，授权TCL通讯的股东王道源和郭爱平与阿尔卡特谈判。

王道源是香港最早的电子工业家之一，与李东生相交20多年。郭爱平毕业于成都电子科技大学，后在美国斯坦福大学学习投资和企业管理，在美国企业工作多年，2001年回国后加入TCL移动通讯公司。郭爱平说："1999年到2003年，TCL有点站在山峰上的感觉，一览众山小。当时华为还没有爆发，家电行业也看不到谁比我们布局更好。国内市场已经做到顶了，怎么办？根据李董的思维和判断，我们一定要跨出去，开启国际化。"

由于双方都有强烈合作意愿，加上还有伺机进入的竞争对手，TCL没有委托咨询公司开展尽职调查，只派出自己的团队进行了业务调查，并同样聘请摩根士丹利和安永协助谈判。

谈判进展顺利，在TCL并购汤姆逊之后仅仅3个月，2004年4月底，TCL与阿尔卡特签订合作备忘录，筹建手机合资公司TCL-阿尔卡特（T&A）。TCL通讯入股5500万欧元，占55%的股份；阿尔卡特付出现金及全部手机业务作价4500万欧元，占45%的股份。阿尔卡特手机部门的雇员全部转入合资公司，5个月后合资公司正式成立运行，总部设在香港。

2004年9月，T&A如约正式投入运营。交易双方都很乐观，新公司计划当年达到盈亏平衡，2005年实现盈利。

但危机常常会以某种无法预料的方式降临。2004年11月底，李东生和郭爱平一行到巴黎阿尔卡特总部开会，本应是销售旺季的第四季度，阿尔卡特的销量却远低于预定目标，加上竞争对手诺基亚在全球市场大幅降价，阿尔卡特雪上加霜，预计将产生3000万欧元亏损。

在国内，2003年中国加入全球信息产品贸易协议（Information Technology Agreement，ITA）后，将手机进口关税降到零，外资品牌借机长驱直入，国产手机品牌业绩大幅下滑，作为领头羊的TCL首当其冲。

如果阿尔卡特的亏损无法止血，国内手机业务又跳水，极有可能导致 TCL 整体亏损，这是自 TCL 创办以来从未有过的事情。周日的阿尔卡特总部办公室没有暖气，一阵阵寒意向李东生袭来。

在诺基亚、摩托罗拉、爱立信等外资手机品牌杀入国内时，山寨手机又横空出世，给了 TCL 当头一棒。以低成本手机芯片为主要产品的台湾联发科（Media Tek Inc., MTK），遭到品牌厂商冷遇后，转而为山寨手机提供基带（手机的通信模块）集成解决方案，令高性价比的山寨手机迅速泛滥，抢占了不小的市场份额。

而当此腹背受敌之际，2004 年 8 月，TCL 新推出的一款彩屏机，甫一上市便有诸多性能和质量问题，不得不紧急叫停并全部收回。类似情况不久后又出现在另外一款力推的新产品身上。

制定的库存价保政策的刚性兑付，最终压垮了 TCL 通讯。为了刺激经销商大胆进货，库存价保政策承诺，如因推出新款手机或市场价格变化导致旧款手机降价，TCL 会补贴经销商库存的旧款手机差价。

这是一柄双刃剑，用得好可以"杀敌一千"，用得不好只会"自损八百"。在产品滞销时，TCL 通讯管理层如热锅上的蚂蚁，经销商却一点都不着急，他们可以坐等库存价保政策补贴差价。

对手猛招迭出，自己昏招连连，2004 年下半年 TCL 通讯中国业务亏损超过 3 亿元，全年亏损 2000 万元，国内市场销量同比下降 30.2%。

海外市场与国内市场的冬天一样寒冷刺骨。从 2004 年下半年到整个 2005 年，T&A 表面是一家公司，事实上 TCL 通讯与阿尔卡特手机部门各行其是，资源难以共享，技术优势无法整合，财务负担日益加重，团队文化冲突随处可见。

根据合资协议，700 多名阿尔卡特技术和管理人员整体转入T&A，人力成本之高大大超出预算，按平均每人每月 1 万欧元计算，每月光人力成本就超过700万欧元。并购时，TCL准备了5400万欧元的欧洲业务营运资金，照此推算，不用说开展业务和投入研发，仅仅支付薪酬福利，这些营运资金都不足以维持8个月的时间。最关键的是，这些人员签署的都是长期劳动合同，无法通过裁员来解决问题。

这些前所未有的困难，让李东生和TCL管理层难以在短时间内找到解决办法。2005年4月14日，TCL集团业绩快报显示，2004年全年，T&A亏损约2.89亿港元，2005年第一季度亏损额达到3.09亿港元。

纵然中国彩电业务表现尚好，仍无法遏制整体颓势，2005年全年TCL集团亏损了9亿元。

在技术分岔口走错路的代价

比起收购阿尔卡特手机业务导致的亏损，并购汤姆逊彩电业务让李东生和TCL陷入了一场艰难困苦的持久战。

并购汤姆逊彩电业务之后，李东生派出得力干将赵忠尧担任TTE的CEO，将主要力量投入北美市场。管理团队调研之后发现，成本过高是汤姆逊彩电亏损的主要原因，而控制成本恰恰是中国企业的优势。

李东生认为，中国企业的优势是"极致运营效率"，即用速度、成本、效率，提供性价比更高的产品。

TTE将TCL设计的电视机机芯用在RCA的产品上，仅用四个多月就完成了从研发到认证再到投产的整个流程，产品上市5个月内售出100万台，增加收益七八百万美元。墨西哥工厂经过调整，每条生产线的操作员工从80人减少到40人，运营成本从2003年的9200万美元降低至2005年的4567万美元。凡此种种，让李东生和TCL一度看到了胜利的曙光。

但在历史的分岔口，选择比努力更重要。TCL并购汤姆逊前后，一场重大技术变革正在悄然发生，整个电视产业迎来转折时刻。

1997年亚洲金融危机后，日本消费电子工业固守CRT技术之时，"韩国双雄"三星和LG大举进军LCD（液晶显示）领域。1998年，日本LCD厂商为了制衡来势凶猛的韩国对手，刻意高调地将技术转让给中国台湾企业，中华映管（CPT）、达基（ADT）、奇美（CMO）、联友光电（Unipac）、瀚宇彩晶（HannStar）、广辉电子（QDI）等六家企业先后进军大尺寸LCD制造，这一年成为台湾地区的"液晶产业元年"。

2003年至2005年，"韩国双雄"以及台湾地区"面板五虎"友达、奇美、中华映管、瀚宇彩晶、广辉电子，全部进行了逆周期投资，纷纷跨上7代线的台阶，生产37英寸和42英寸LCD屏。

英特尔创始人之一戈登·摩尔发现，集成电路上可以容纳的晶体管数目，大约每经过18个月便会增加1倍。这一"摩尔定律"不仅适用于集成电路，同样适用于面板行业。

经过六七年的发育，LCD技术已经完全成熟，在充分量产之后价格大幅下跌。与当时市场上主流的CRT显示器相比，LCD显示器体积小、重量轻，而且画面稳定、背光独立、亮度低，对眼睛的损伤更小。尤其应用于大尺寸彩电时，LCD显示器的轻量化优势难以抗拒，而CRT显示器达到37英寸时，需要四个成年男子才能搬得动。

事后来看，LCD的优势如此明显，李东生和TCL绝无可能没有考虑过这个方向。但在当时，至少有PDP（等离子显示）、DLP（微显背投）和LCD等不同的技术路径可供选择，经过比较，TTE选择了DLP技术，光在产品开发和推广上就投入超过1亿美元。在2004年美国消费电子展上，TTE研发的RCA 60英寸微显背投产品，甚至获得了代表最高荣誉的"美国影音产品大奖"和艾美奖。

第二章　穿越至暗

可这丝毫无济于事。一个时代在抛弃你的时候，连声招呼都不会打。液晶显示的时代呼啸而来，选择其他技术路径的企业只能成为匆匆过客。

作为显像管技术的鼻祖和主要生产商，汤姆逊拥有模拟彩电技术80%的专利。但当崭新的替代技术成为主流，原来的技术优势有多大，如今的尾大不掉就有多难。

"我们并购的时候，有一样东西没看准，那就是未来电视会往哪个方向走。"李东生说，"当时更多人看好PDP，我们认为汤姆逊的DLP更胜一筹，然后一脑门子扎了下去。"

2005年，TTE欧洲亏损8000万美元。2006年上半年，亏损额进一步扩大至9600万美元。亏损以每天50万欧元的速度累积，压得李东生喘不过气。

液晶面板替代CRT，对一大批中国企业产生了剧烈冲击。包括TCL在内的中国彩电企业原来的优势被加速蚕食。

中环半导体当时赖以生存的高压硅堆、硅整流二极管、硅桥式整流器三大类高压器件，主要用于CRT电视机和显示器。初任中环半导体总经理的沈浩平被迎头痛击，好在后来把握住太阳能光伏行业崛起的机会，并在2004年开始的光伏大爆发中大放异彩。而王东升率领京东方在2001年后把主攻方向转为液晶面板，这是京东方历史上最重要的决策之一。2003年1月，京东方收购韩国现代集团的液晶显示器业务，随即在北京上马建设5代线。

技术变迁带来的沉重打击，让李东生刻骨铭心。2009年，他冒着巨大风险坚持上马华星光电，押注液晶显示，其最初的动机或可追溯至此。当然这是后话。而当时，李东生在一波一波的打击下，变得沉默寡言，时常暴躁无比，每天的状态像是梦游，"连什么是真正的错误都搞不清"。

"每次接到电话、收到邮件，都是坏消息，就像走不出的噩梦一样。有一次，严勇在欧洲打电话给我，汇报欧洲业务重组的事情，我越听越窝火，直接把手机往桌子上一拍，啪就摔碎了。"李东生说，那阵子他摔坏了五六部手机。"火是对着严勇发的，实际上我知道，严勇是在救火，对此没责任的。"

时隔多年，李东生在回忆这一至暗时刻时说，对两大风险估计不足，是导致并购出现重大挫折的主要原因，一个是经营管理的风险，一个是资源能力的风险。

关于管理，严勇一开始就说，TCL并购汤姆逊彩电业务风险太大，因为自己的团队不具备管理能力，管理中国企业和管理全球企业是完全不同的。李东生问："你来管如何？"他很认真地说："我没有这个能力。"而且严勇认为当时TCL没有人具备这个能力。所以李东生实际依靠的是汤姆逊原执行副总裁艾瑞克（Eric Meurice），由他出任TTE总裁，实际管理原汤姆逊的业务。最初的高管团队，李东生任TTE董事会主席，赵忠尧出任首席执行官，严勇任首席财务官，艾瑞克任公司总裁，首席运营官由原LG Philips显示器公司（LG和飞利浦的合资公司，LPL）的首席运营官赵淇松担任。这是来自三个国家不同文化背景的核心团队（中国本土、海归、美国、韩国），注定难以协调。

"既然汤姆逊是因为没能把彩电业务做好才要出售，我们还要再依靠他们的人来管理，这个逻辑本身就是不对的。"接受采访时，李东生这样反思。

"关于人的问题，当时我对艾瑞克确实寄予了比较高的期望，通过几次交谈认为他能够胜任。艾瑞克是美国人，曾在半导体行业工作过，在英特尔的微处理器事业部工作过，也在戴尔计算机公司当过副总裁，负责过中东、非洲的新兴市场业务。他有IT背景，思维比较新，不是传统的汤姆逊管理者，所以我对他有信心。但并购后汤姆逊的业绩继续大幅下滑，他不到一年就辞职了，去了生产光刻机的阿斯麦（ASML）担任一把手。当时我还找过曾在飞利浦担任AV事业部总经理的梁耀荣,找过韩国人赵淇松当 TTE 的 COO(首席运营官)。赵淇松是 LG 出身,在 LPL 当 COO,是 LG 方面派出的级别最高的领导人,已经退休了,被我请来管 TTE。他锐气不太足,又不懂中文,沟通上也有问题,不过还是做出了不少有价值的贡献。整个经历让我体会到,把命运交到别人手上是风险很大的。"

李东生多次在内部讲过他的一个切身体会。他跟欧洲的高管开会,国外的业务主管汇报业绩时,如果是亏损,感觉若无其事;国内高管如果汇报亏损,战战兢兢,不敢抬头。在周末如果打电话找人开会,国外的高管基本不开机。这种管理文化是他不曾预料到的。

除了管理的风险,对资源估计不足也是一大教训。

"严勇提醒过我,说并购整合后的亏损可能会很大,要有足够的资金准备。我认为这个判断有道理,但不至于那么严重,我很自信能解决问题。因为 2004 年我们整体上市,TCL 集团体制改革完成,当时募集了 25 亿元资金。我想,有这 25 亿元就能把并购做下来。而且交易结构设计得很好,没有给汤姆逊 1 分钱现金,是换股,拿在香港上市的 TCL 多媒体增发 1/3 的股份支付对价,组建新的合资公司。也就是说,并购没有导致 TCL 的现金流出。所以我觉得我打这个仗很有底气,并购时资本市场也一片叫好,TCL 多媒体的股价大幅上升。当时是可以再增发股票筹措资金的,联想并购 IBM PC 就是这样,我们也有机会,但没有做,这是一个错误。我们对并购后的经营业绩判断太过自信,结果出现经营亏损时,资金就出问题了。"

亏损连连,却无力回天,李东生身陷前所未有的灾难,人显得非常憔悴,给人魂不守舍的印象,回到家就少言寡语。父母也感到儿子遇到了天塌的大事。李东生的妹妹平时在家里伺候父母,为他分担了不少责任,发现李东生像被什么紧箍咒罩住了一样,精气神都被耗掉了,却也劝不了什么,最多是劝他多吃一点。

李东生的妻子魏雪原来常住北京,成功地经营着一家公司,因为担心他出事，就从北京到深圳，一直跟在他身边照顾饮食起居，瞅着他脸色好一点，就说点开导的话。

"我知道说那些也没用，但我要让他感受到亲人的陪伴。他经常会咬牙，咯噔咯噔地发狠，有时又很恍惚，吃安眠药才能入睡，这段时间持续了差不多两年。他对着外界还要强打精神，显不出什么异常，但一回到办公室，不用示人的时候，就像一座冰雕。他回到家，有时我们觉得空气都凝结了。"魏雪说。

魏雪最终放下了自己公司的业务，全职陪伴李东生。之后，她卖掉了一手创办的公司加入TCL，发挥自身专长，帮助李东生负责品牌工作至今。

那段时间，魏雪不敢离开，不过李东生对她的话也少有反应，就像石头扔进水里，却没有激起什么水花。

李东生告诉我们，2005年下半年是他最痛苦的时候，因为他没有兑现当初"18个月扭亏"的承诺，还要面临一系列违约风险。他特别看重诚信的价值，但TCL就是走不出困局，"似乎已经超出了我的能力以外"。那段时间媒体也是一片质疑，不少报道连基本情况都没有弄明白就乱发议论，李东生也无可奈何。

魏雪不止一次宽慰李东生："你要放下，用出世之心，做入世之事。我们都年轻，可以从头来过。"但被一个接一个坏消息压得疲惫不堪的李东生，非常机械地处于一种疲于应对的状态。魏雪陪着他漫无目的地散步，他常常紧紧抓住魏雪的手，潜意识里也许把那当成若隐若现的希望。他越抓越紧，魏雪的手被抓得生疼，但也不敢发出一丝声响，唯恐惊吓到他。

苦战最酣的2005年，李东生的体重足足掉了20斤，原本2尺8寸的裤腰，到那年11月变成了2尺5寸。李东生说："我以前一直想减肥却没有成功，那几个月下来不知不觉瘦了一大圈，裤子全部要重新买。"

企业家要跟企业共存亡

面对TCL创立25年来第一次严重的经营性巨亏，最无助的时候，李东生也想到过放弃。"当时我就想，等这个事情搞完之后，我就归隐。"但他很清楚，不会有人替他接盘。

"我一直有一个比喻，企业家就像船长，当船遇到危险的时候，船长是不能离船的。就算船要沉下去，你也必须是最后一个离开的人，甚至干脆跟船一起沉没。"李东生在几部电影中都看到过类似场景，船长静静地站在指挥室，随着船一起往下沉。"我特别理解船长那种与船共存亡的心态。"

2019年12月6日，TCL将核心价值观升级为"当责、创新、卓越"。被放在首位的"当责"，其源起，正是李东生作为"船长"的责任感。

世上没有救世主，只能自己救自己。

2005年1月，针对陷入绝境的T&A，李东生决定缩小规模，锁定大运营商，生产自救，手机业务不再追求进入"第一方阵"，确保现金为王，盈利第一。他随即组建了一个由他、王道源、严勇和刘飞组成的谈判小组，明确将阿尔卡特是否同意重新安置其欧洲部分员工作为谈判关键点。

谈判小组做好了不成功就让T&A破产的最坏打算，这种置之死地而后生的策略，最终迫使阿尔卡特妥协，同意在未来一年内分批接收合资公司中来自阿尔卡特的欧洲员工，并同意将45%的T&A股权转换为TCL通讯4.8%的股权，从最初的合资方变身为战略投资者。

将500名欧洲员工"还给"阿尔卡特后，TCL通讯每年可以节省5000万欧元左右的费用，同时研发成本大幅下降。在T&A阶段，阿尔卡特研发一款手机需要1.3亿元，重组之后只要3000万元。更重要的是，TCL从此可以按照自己的思路，重组和经营海外阿尔卡特品牌业务。

郭爱平被任命为重组后的 T&A 总经理。他具有丰富的海外工作经验，保留和组织了一支很有能力的海外业务团队，为阿尔卡特手机业务的复兴打下了基础。

理顺了阿尔卡特业务后，李东生转身扑到汤姆逊上。原任 CEO 的赵忠尧因身体原因无法继续高强度工作，李东生换上了胡秋生，他临危受命，但半年后不堪重负也主动请辞。2006 年 5 月，李东生决定自己兼任 TTE 的 CEO。

他安排严勇前往欧洲，进一步摸清情况，并邀请麦肯锡派出项目小组协助，自己也在两个月内三次前往欧洲，寻求突围之路。当时，摆在他面前的有三种解决方案：持续经营、协商重组、破产清盘。据估计，每种方案需要投入的资金分别为 1.7 亿欧元、9000 万欧元、4000 万欧元。

持续经营的风险最大，而破产清盘则意味着就此停止国际化之旅，这是李东生所不甘心的。他和严勇反复商议，决定推动协商重组。2006 年 7 月，李东生撤换 TTE 欧洲业务总经理，安排严勇接手，启动重组。

为了得到汤姆逊公司对重组的支持，李东生以破产裁员为筹码进行谈判，艰难取得了汤姆逊公司的配合。

为了取得 TCL 多媒体债权银行的支持，李东生诚恳地向他们分析各种方案的利弊，又以当时闹得沸沸扬扬的台湾明基宣布西门子手机破产导致德国工人游行一事为例，说明破产清算的危害。最终，银团同意有条件支持欧洲重组方案，但要求现金支付不得超过 2000 万欧元，严格限制经营财务指标，并提前归还部分银团贷款。

TCL 多媒体通过向特定对象非公开发行可换股债券，募集了 10.5 亿港元资金，其中约 6.5 亿港元用于提前归还银团贷款。

从 2006 年 10 月开始，TTE 欧洲正式重组，主要包括终止 OEM

（original equipment manufacturer，原始设备制造商，俗称代工）业务外的所有电视机销售和营销，对大部分现有员工及六家销售公司进行重组，并"择机变现"TTE欧洲的资产及库存。

与阿尔卡特手机业务类似，汤姆逊彩电业务的重组焦点同样与欧洲员工的处置有关。汤姆逊在布伦和昂热两地办事处分别有150名和50名雇员，昂热工厂也有250名雇员。为了最大限度安置好这450名雇员，TCL请麦肯锡出面，以第三方角色代表TTE管理层制订并提出裁员方案。

经过不停地沟通谈判，截至2006年12月1日，90%的雇员被遣散，裁员计划基本实现。

一轮迅猛操作后，TTE的大失血终于被遏制。但为了保证TCL集团业务的正常开展，还必须输入足够的新鲜血液。可当时，各大银行眼看TCL业绩越来越差，要么收紧给TCL的授信额度，要么准备开始收紧。李东生带着时任TCL集团财务公司总经理黄旭斌，一家一家拜访，恳请他们不要收紧授信，至少不要全部收回。

黄旭斌是2001年从中国建设银行广东省分行信贷部处长的位子上，被吕忠丽面试进入TCL的。吕忠丽告诉他："我们要创建一家世界级企业，有很多技术专家和工程师，但缺少金融和财务专家，非常欢迎你跟我们一起，开创世界级的财务管理制度。"

还没来得及创建世界级的财务管理制度，就得先解决世界级的财务管理难题。"我的头发，就是2005年、2006年那两年掉光的。"2021年1月接受采访时，黄旭斌摸了摸自己稀疏的头发，哈哈大笑。

可在当时，黄旭斌无论如何笑不出来。每到一家银行，李东生就红脸白脸地跟他们讲TCL的发展规划，"最近三年的财务数据我都可以告诉你，你看我的表现，每个阶段给你汇报一次。如果我说到没做到，你不给我增加贷款，我没有话说；如果我说到做到了，你就得给我增加贷款"。

万物生生

末了，李东生还不忘撂下一两句狠话："我们遇到的是暂时的困难，是发展过程中的困难，我们未来一定能够做大做强。这次如果你收了我的贷款，TCL 会跟你永远'一刀两断'。"

陪李东生跑东跑西的黄旭斌，都替他鸣不平："我觉得老板是真的苦。那时他总是随叫随到，哪怕是支行、分行也得出面。就连某个支行的客户经理，都可以凶巴巴地问他：你们到底怎么回事？老板不但不气恼，还很耐心地跟他们解释。"

确实有两家银行十分短视，完全收回了给 TCL 的授信额度，TCL 也确实如李东生所说，此后再也没有跟他们做过生意。"其中一家银行，后来见我们做大了，专门跑到惠州开了一家很大的分行，几次找上门要跟我们做生意，我们很客气地回绝了。"黄旭斌说，作为惠州市最大的企业，TCL 具有很强的示范效应，"TCL 不跟他们做生意，其他企业也就很难跟他们做生意。后来开业没多久，那家分行就关门了。"

就这样，前线止血，后方输血，TCL 集团的元气逐渐恢复。到 2007 年 10 月，TTE 欧洲业务首次实现盈利，李东生卸下担任了 18 个月的 CEO 职务——与其说他是 CEO，不如说他是"救火队长"。

回顾两大国际并购，李东生说，在操作层面的一个重要教训是"业务重组不坚决、不果断"。"不要指望拿别人的旧系统，小修小补、加加油就能运转好。不要幻想老机器可能转出高效率。他们已经花了多年时间修修补补都无济于事，才被迫把业务卖给你，所以从一开始就要下定决心坚决重组。而我们初期觉得，大手术代价太大。实践证明，如果一开始就重新再造，付出的代价一定没有这么大。T&A 更快扭亏为盈，就是因为系统再造的决心下得早。而 TTE 的欧洲业务想花少一点代价维持原状，结果后来的代价更为惨重。"

李东生是两个并购的主导者。不是没有人提醒风险，但他没有真正听进去。他由此反思公司的治理结构。2000 年前，TCL 董事会全部由内部人掌控。2004 年 1 月集团整体上市前，内部人占一半以上。

进行并购时，12 名董事中 9 名是外部董事，从比例上看外部董事占主导，但董事会的实际决策效能并非如此。他承认："在我们的董事会里，一些外部董事在业界非常资深且颇有威望，比如飞利浦全球消费电子总裁、香港前工业会长等，还有一些权威专家当独立董事。但我没有找到一个很好的方法，让他们愿意花更多时间在董事会发挥更大的决策作用，让他们真正发挥价值。"

等到将企业从危机中解脱出来，李东生反而没有了隐退的想法。"那么艰难的时刻都熬过来了，还有什么困难是不能克服的？"2020 年 12 月 9 日接受采访时，李东生显得云淡风轻："经历了那段至暗时刻，我再也没有动过放弃的念头。"

艾伦·格林斯潘在《繁荣与衰退》中说："伟大的企业家从不休息，他们需要通过不停地建设与创新，确保自己的存活。"格林斯潘从 1987 年到 2006 年担任美联储主席。这 20 年间，正是李东生从出发点到最高峰再到九死一生的最低谷，格林斯潘概括的企业家精神，也是李东生的真实写照。

鹰的重生

从 2005 年第四季度开始，李东生组织了高管团队，开了很多次战略务虚会，他强调："我们必须深刻反思，但不是给 TCL 国际化开追悼会，而是要通过反思、重整活下去。"国际化是持久战，试图一蹴而就、一战而胜、18 个月扭亏的激进目标是不切实际的。但国际化战略的大方向没有错，虽然亏损主要来自国际并购，根源却是 TCL 自身的系统能力出了大问题。

李东生说，"我们过去赖以生存的机制和支持我们成功的因素，已经不够用了"。他一连数出很多问题，如引以为豪的市场销售组织不再持续创新，产品研发不再有功能和外观设计的领先优势，供应链不再是最有效率和成本竞争优势的体系，组织结构变得臃肿庞大且经营成本不断提高，对市场和顾客需求反应迟钝，企业组织的激情和活力在减退。他认为，TCL应该在内部推进文化变革，推进一场触及灵魂的彻底变革，建立新的企业文化和组织架构，以支持国际化进程。高管团队就此达成了共识。

2006年5月，李东生召集了20多个少壮派高管，在深圳美仑山庄进行头脑风暴。当时在TTE担任执行副总的薄连明也参加会议。会议从当天早上8点半开到下午2点多，分析当前的问题在哪里，怎么造成的，如何解决，但大家在多个问题上仍莫衷一是。薄连明建议回到一个基础模型展开讨论，即"全息管理钻石模型"，分为政治、经济、文化三个方面九个要素，中间是一个大大的"人"字。按模型，一项项分析问题到底出在哪里。

李东生安排薄连明作为主持人，带领大家讨论。

企业治理、激励机制、战略判断、发展方向，一项项讨论下来，都没有什么问题。但到了企业文化和价值观这块，问题出来了。薄连明问："TCL的愿景是什么？"找了五六个人回答，每个人的答案都不一样，气得李东生骂了脏话、拍了桌子："怎么跟我说的都不一样？"薄连明说："这就对了。这说明我们没有真正形成共同的愿景，那怎么能靠这个来凝聚人心呢？"经营好一个全球化企业和经营一个中国企业，是完全不一样的，能力和目标不匹配是并购遭到挫折的主要原因。

找到问题的根源后，团队形成共识，制订了为期18个月的变革计划，从2006年6月到2007年年底。

采取一系列的行动，止血扭亏再图发展。方向明确了，李东生也摆脱了困惑、彷徨的状态。2006年6月14日凌晨，在蛇口的公寓里，李东生一直睡不着，索性起来在书桌前梳理思路，在信纸上边写边改。魏雪醒来后，坐在床上，盘腿抱着电脑，在早上5点多钟把文章草稿打了出来。这就是著名的《鹰的重生》。

就像追求重生的老鹰那样，李东生也将身上的羽毛一根根拔掉，鲜血洒落，但却畅快淋漓：

> 我深深感到我本人应该为此承担主要责任。我没能在推进企业文化变革创新方面做出最正确的判断和决策；没有勇气去完全揭开内部存在的问题，特别是在这些问题与创业的高管和一些关键岗位主管、小团体的利益绞在一起的时候，我没有勇气去捅破它；明知道一些管理者能力、人品或价值观不能胜任他所承担的责任，而我没有果断进行调整……久而久之，使公司内部风气变坏，员工激情减退、信心丧失，一些满怀激情的员工报效无门，许多员工也因此而离开了我们的企业。回想这些，我感到无比痛心和负疚。

这篇2000多字的文章，被首先张贴在TCL的内部网站上，很快引来超过2万条跟帖。不少员工彻夜回帖、热泪盈眶，有的回帖甚至长达万字。

几天之后，这篇文章在社会各界广泛流传，被评价为改革开放以来，"自我反思最为深刻，叙事抒情最为真诚，遣词造句最为考究"的企业家文章之一。

在员工强烈共鸣的感召下，李东生又在随后的10多天时间，连续写出了《组织流程再造》《管理者必须为变革承担责任》《员工的参与是企业文化变革创新的动力》《国际化是中国企业发展的必由之路》4篇文章。

以此为标志，李东生主导了TCL历史上第三次重大变革，从管理理念到组织结构，再到企业文化，大刀阔斧，全面变革。

李东生一直认为，国际化本身没有错，企业文化和管理能力出现问题才是TCL危机的根源所在。

万物生生

在《管理者必须为变革承担责任》中，他反思："在以往的企业管理中，我更多地强调感性和人性的一面。真要处理一个不称职的企业主管，往往撕不下这个脸。大家多年来像兄弟一样，让他下岗的决定真的很难做。但现在企业到了生死关头，不称职就下岗，坚决而清楚地处理。企业必须从感性的管理向理性的管理转变。"

在《员工的参与是企业文化变革创新的动力》中，他认为，戊戌变法失败源于几位君子在金字塔塔尖试图推动整个金字塔，而孙中山革命成功是因为得到草根群众的支持和参与。"我们没有完全得到员工对于组织的基本信任。"

随后，李东生组织150多名TCL中高层管理干部，到黄帝陵祭祖，到壶口瀑布寻源，到延安感受在逆境中奋起。他说："共产党到延安时不到3万人，抗日战争时期发展到100多万人，离开延安后不到3年就夺取了政权。在延安13年中，共产党完成了自身组织的变革创新。"

通过文化变革，李东生和整个团队意识到，"我们以前对500强的理解就是500大，但其实，大跟强完全不是一回事。不大一定不强，但大了也不一定强。并购汤姆逊彩电业务之后，我们确实很大了，彩电销量都世界第一了，可是缺乏核心竞争力，那就不能做强"。

"鹰的重生"的自省自咎、自我变革精神，从此融入TCL的企业文化。

2006年8月12日，TCL集团企业文化变革创新誓师大会上，千人齐唱"从头再来"，不少在一线打拼过的将士热泪盈眶。

"看成败人生豪迈，只不过是从头再来，心若在梦就在。"由陈涛作词、王晓峰作曲的这首歌曲，创作于1997年，原本是在国有企业改革全面展开之际，为了鼓励下岗工人重新树立信心、鼓起勇气再就业而创作的。哪里想到，歌曲中描绘的斯情斯景，竟与此时此刻的TCL不期而遇。

李东生回忆:"通过'鹰的重生'变革,我们想清楚了方向,整个团队建立了共识。所有变革一定要6~12个月才能见效,最快6个月,一般要12个月。所以虽然2006年TCL依然有严重亏损,但是是在预料中的。找到了问题,有了明确的工作目标,心中就有底了,心里的压力已经放下了。"

2005年4月,TCL在结算中心的基础上筹备成立财务公司,于2006年11月获中国证监会批准,成为第一家拿到财务公司牌照的合资企业。长期担任TCL集团首席财务官的吕忠丽,和时任TCL集团财务公司总经理的黄旭斌,严格遵守"要么消灭亏损,要么消灭亏损企业"的原则,以效益为中心,逐个清理那些只能带来规模、不能带来利润的项目。

2005年亏损9亿元,2006年巨亏19亿元,A股上市的TCL集团被戴上*ST——退市预警的"帽子",银行总信贷规模从120亿元骤降至40亿元。但通过收缩业务、止血扭亏,TCL的经营保持了稳定,没有发生任何金融违约,经营现金流也不断改善。财务公司通过垂直管控和协调集团二级企业的营运资金,调度各种信贷资源,支持主业渡过难关。吕忠丽2007年5月30日退休,她向李东生建言:"谁你都可以放走,但黄旭斌你要留。"

经过国际化"生死轮回",TCL一改以往规模扩张的发展模式,比任何时候都更强调"有效率地运营"和"关注盈利的可持续性",2007年实现整体扭亏为盈,开启新的生命周期。

2008年3月14日,在北京参加全国两会间隙,李东生表示,TCL整体经营开始出现拐点。当天,TCL发布了3年来第一份盈利年报,摘掉ST帽子,保住上市公司资格。2009年3月26日发布的年报显示,2008年,TCL实现营业收入384.14亿元,净利润5.01亿元,经营性现金净流入5.04亿元。

漫长的蜕变之后,新的羽毛长出来了,鹰可以重新飞翔了!

第二部分 攀 登

古之人，有犯其至难而图其至远者，彼独何术也？
——苏轼《思治论》

第三章 争上游

TCL自身的严寒刚过，春天刚来，世界却陷入了一场由美国次贷危机引发的金融危机。

2008年，美国金融海啸进入断崖时刻。和世界经济深度融合的中国，一度也面临经济硬着陆的风险。为应对危局，政府迅速反应，在一揽子政策的作用下，中国经济增长从2009年一季度的6.2%，快速拉升到四季度的10.7%。

2010年，中国GDP总量超越日本，成为世界第二大经济体。

跌宕起伏中，很多人因恐惧而无为，李东生却看到了新的机会。

李东生认为，国际金融危机可能是世界经济格局重构的一个转折点，美国、欧盟、日本等发达经济体在全球经济中的占比和对全球经济增长的贡献度会逐渐下移，以中国为代表的新兴经济体会成为主要的增长引擎。"中国力量不可低估，这将为企业升级发展提供独特机遇。"

而从产业角度看，随着整个中国经济竞争力的提高以及加快全球化拓展，中国企业必须向产业链上游攀登，以增强产业的主导权。TCL从终端产品制造商进入高科技核心基础技术领域，是艰难的攀登,更是难得的机遇。

华星光电就在这样的背景下,登上了中国高科技产业的历史舞台,并成为中国制造业转型升级的代表之一。

从"学生"到"新领军者"

自第二次世界大战后,布雷顿森林体系建立,以美国为代表的发达经济体就占据了世界经济的主导权。苏联解体后,"历史的终结"一说更是风靡一时。在这种理论看来,苏联解体、东欧剧变和冷战结束"标志着共产主义的终结",历史的发展只有"西方的市场经济和民主政治"这一条路。

然而,在古老的东方,中国特色社会主义道路的探索、社会主义市场经济体制的确立,激发了亿万人民的积极性、主动性、创造性,中国以全新面貌走出了充满生机活力的新道路。

历史并未终结,只是在分化、在分流。正如世界经济论坛在中国举办的夏季达沃斯论坛有一个别称——"新领军者年会",事实上,从2008年国际金融危机到2020年新冠肺炎疫情冲击,中国由世界经济的追随者向着"新领军者",迈出了扎实的一步。

作为改革开放后第一代大学生,毕业就加入中国第一批合资企业,长期和外商打交道,最早参与国际化并购和全球化布局,李东生见证了中国经济对外开放的全过程。他真切体会到,中国没有在开放中被冲垮,而是一边学习消化,一边自强自新。

改革开放之初,在发达经济体面前,中国确实是"学生"。

1978年10月,邓小平访问日本。根据美国学者傅高义在《邓小平时代》中的记录,邓小平对欢迎他的日本东道主说,他到日本有三个目的:一是互换和平友好条约的批准文件,二是向几十年来致力于改善中日关系的日本友人表达中方的感谢,三是像徐福一样来寻找

"仙草"。①

徐福是秦始皇年代的方士，受命寻找长生不老之药。邓小平所说的"仙草"，是指如何实现现代化的秘密。他说，他要来学习现代技术和管理。

参观完新日铁公司、君津制铁所，邓小平深感中日在生产力方面的巨大差距，当时仅君津制铁所一家公司的钢铁产量，就相当于中国全部钢铁厂总产量的一半。中国很快决定，引进日本的全套生产设备、技术和管理经验，在中国也建一座这样的钢铁厂。此即后来的上海宝钢。

2018年5月，李东生访问日本时，见到时任新日铁住金公司社长进藤孝生，当年他参与接待过邓小平，后来又代表日方参加过宝钢建设。他深为邓小平的睿智和胆略所折服。

邓小平那次访日还去了松下，看到了大规模生产的彩色电视机，以及尚未进入中国的传真和微波设备。他对时年83岁的松下幸之助说："您在日本被称作'经营之神'，能不能为中国的现代化帮点忙？"松下幸之助回答："现在美国是世界的文化、工业中心。21世纪是东方的时代。为了世界的文化发展、和平和繁荣，中国和日本应该共同努力。松下电器作为一个企业，愿为中国现代化提供协作。"

在日产公司的神奈川工厂，邓小平对着机器人工作的生产线，说"我懂得什么是现代化了"。他乘坐新干线的"子弹头"列车从东京前往京都，有记者问他有什么感受，他简单说了一句："快，真快！"

从读大学起，松下幸之助就是李东生的偶像。1997年4月，广东省组织部考察，准备提名让他担任副市长，他纠结了一周，决定放弃，他更喜欢和擅长的是做企业。他说："在战后的日本，大阪市换了多少任市长，没有人记住。然而日本大阪有一个松下幸之助，全世

---

① 《邓小平时代》，傅高义，生活·读书·新知三联书店，2013年。

界的人都知道。所以我要做中国的松下幸之助。"

1979年1月28日到2月5日，中美刚刚建交，邓小平就出访了美国。他参观了福特汽车公司和波音公司的现代化工厂，看了石油钻探设备和休斯敦的太空中心，乘坐了造型流畅的直升机和气垫船。

包括日本和美国在内，邓小平在13个月里五次出访国外，为中国的现代化争取帮助。这一轮访问结束后，直到他逝世，18年间邓小平再也没有迈出过国门。在结束访美时，他曾对翻译施燕华说，他已经完成了自己的使命，履行了自己的职责。

中国对外开放的大门就此打开。在消费电子领域，20世纪70年代末至80年代初，中国从日本东芝引进成套技术，建设了陕西咸阳彩色显像管厂（后来的彩虹集团）。三条从日本引进的彩电生产线，分别在北京电视机厂、天津无线电厂和上海电视一厂安装。1987年，北京松下彩色显像管有限公司建立，是松下集团在华最大的工厂。

对外引进设备、技术和管理，让中国企业从一开始就站上了比较高的起点，和国际接轨。虽然还是"学生"，但学的课本是一样的，只要学得好，就能在国际市场上一争高下。

1992年，中国工业增加值突破1万亿元大关，2007年突破10万亿元大关，2012年突破20万亿元大关，2018年突破30万亿元大关。

按照美国和日本经济学家的说法，产业结构在不同经济体之间的转移，遵循所谓"雁行模式"：在西太平洋地区，美国向日本转移，日本是领头雁；"亚洲四小龙"是第二梯队；泰国、菲律宾、马来西亚、印度尼西亚等是第三梯队。

而在李东生看来，中国故事的特殊性在于，依托不断成长的巨大市场，中国制造在劳动力供给、供应链的完整性、全品类制造能力、成本效率、灵活反应等方面都有无可比拟的优势。中国发展制造业得天独厚，制造业在中国的根很深，不会像"雁行模式"那样轻易移走，制造业在中国还有远大前景。

万物生生

举例来说，深圳有一家做无人机起家的公司叫大疆创新。十几年前，美国也有不少风险投资基金投资美国的无人机企业，但最终大疆胜出，占据了美国90%多的市场份额。《福布斯》杂志的采访指出，美国无人机企业的一个设计要变成成品，需要在多个地方采购零部件，最少要三个星期才能完成，而大疆在深圳可以一天之内把所有零部件采购完成。美国企业无法和大疆竞争，只能退出。

今天回看2008年的国际金融危机，正如李东生所判断的，确是一个转折点。

据世界银行统计，2007年美国制造业增加值占GDP比重为12.8%，金融危机过了10年，直到2017年，美国制造业增加值比重才超过2007年的水平。2008年至2015年，美国制造业增加值占GDP之比始终在12.0%~12.3%波动，2019年二季度更跌至11%。

李东生给我们提供了这样两组数据，以资比较。

2010年至2020年的10年间，中国GDP占全球比重从9.5%上升到17%，中国GDP对美国GDP比重从40.2%上升到70.4%，中国制造占全球的比例从19.8%上升到28%。

2010年，中国企业申请PCT国际专利数量为12337件，排名世界第四位。2020年，中国企业申请PCT（专利合作协定）国际专利数量达68720件，超过美国，排名世界第一。

"过去10年中美经济实力的此消彼长，大国博弈的天平开始向中国倾斜，导致全球政治经济格局加速重构，世界局势发生了'百年未有之大变局'。看今天的中国制造，比如高铁动车组、第三代核电'华龙一号'、C919大型客机、龙门五轴机床、8万吨模锻压力机、北斗三号全球卫星导航系统、'天问一号'火星探测器、F级50MW（兆瓦）重型燃气轮机等，我们会发现，过去10年，中国制造已经有了大国筋骨。"

"TCL很幸运，10多年前做出了创立华星光电、挺进上游、进入

第三章　争上游

液晶面板等核心基础技术领域的战略选择，成功实现产业转型升级，培育发展新动能。我们为这个时代付出了应有的努力，做出了应有的贡献。"李东生说。

从下游到上游

20世纪80年代末，中国就成为彩电生产大国，但外资企业占了大头。虽然90年代和21世纪初，中国彩电产量先后超过日本、韩国，但在关键器件如显像管等领域，从80年代彩虹最先引进东芝生产线开始，中国都没有形成自身的竞争优势，在一些关键部件上一直不能自主。2004年前后，彩电行业开始从显像管（CRT）彩电向液晶（LCD）彩电的历史性转型，中国彩电业陷入空前的压力。通俗地说，彩电的本质就是用电的方式在一个显示器上传送视像，而液晶面板作为显示器的核心，中国企业恰恰不能自主生产。所谓中国"缺芯少屏"，"屏"指的就是这块面板。

为什么在液晶电视时代，对上游关键部件的需求强度比显像管时代更强了呢？

李东生提到2007年的一份关于中国平板电视上游显示器件建设的调研报告。该报告是国务院领导提出要求，由当时的信息产业部、国家发改委、国务院发展研究中心三部委完成的。调研结果显示，虽然我国的彩电、计算机和手机产量均居世界首位，但由于平板显示产业发展滞后，所需配套器件绝大部分依赖进口，随着显示器件技术的迅速发展，产品价值明显"上移"，我国信息技术终端产业的竞争优势显著下降。

"在彩电领域，显示器件占整机成本的比重已从显像管的40%，大幅上升到液晶显示模组（含驱动电路）的80%。整机产品的增值空间被大大压缩，本土彩电企业多已处于微利甚至亏损状态。"

"平板显示器件领域,缺乏完善的产业链和具有较强实力的大企业,导致整机乃至全行业面临较大的发展瓶颈。核心材料及设备等行业仍处在起步阶段,对完善产业链的支撑作用也有待加强。"

李东生回顾说:"经过多年努力,中国企业在 CRT 彩电领域建立了完整的产业链,走过了一条引进、消化、吸收,到完整配套的产业历程,让中国彩电业崛起于世界。但从 2000 年开始,液晶、等离子电视开始兴起。到 2004 年,液晶、等离子新型显示技术彩电取代 CRT 彩电的趋势加快,中国彩电又处于被动局面。液晶、等离子面板都要从国外进口,而国外品牌以面板为武器,不断对中国彩电进行打压,不但挤压中国彩电的国际市场,在中国国内市场也咄咄逼人。严峻的时候,国内大城市的液晶彩电销售前五名,全是国外品牌,中国彩电企业接连失地。我们在 CRT 彩电时代占据市场优势,现在国外品牌卷土重来……每每想到中国彩电'缺芯少屏'的现状,我就寝食难安。"

2007 年 6 月 18 日,中国新闻社发布了一条消息,指出"曾经一度辉煌的中国彩电制造业,现在由于不具备液晶、等离子等核心技术,正在经历着一个惨淡经营的时期","作为彩电制造大国,中国彩电制造商们却只能依靠价格战获取微薄的利润"。消息还援引"业内人士"的介绍指出,全球五大液晶面板制造商在技术研发和创新上投入的资金已超过 3000 亿美元,液晶面板生产线也已研发到 7.5 代甚至 8 代线。相比而言,中国的液晶显示器技术才刚刚到达 5 代线,而生产大屏幕液晶显示器需要使用 6 代线技术,因而目前最现实的选择就是自主突破 6 代线技术。产业界希望,通过掌握核心技术,缩短差距,去寻找久违了的自信。

那是一段中国彩电企业的沮丧期。"对国内彩电制造商来说,平板电视上游核心技术已经掌握在别人手里了,剩下少得可怜的利润还要在终端零售市场上大打价格战进行消耗,出现亏损不足为奇。"一家彩电企业的负责人说。

正是这样严峻的挑战，激发了李东生向上游出击的决心。

这里，我们要稍微回溯一下整个液晶面板产业的发展历史。

与全球产业"雁行模式"的转移次序类似，液晶面板行业的发展同样经历了从美国到日本，再到韩国和台湾地区，又到中国大陆的演变过程。

1877年，德国物理学家奥托·雷曼（Otto Lehmann）运用偏光显微镜，首次观察到了液晶化现象。20世纪60年代，由于半导体集成电路技术的发展，电子设备实现了进一步的小型化，对液晶显示装置提出了更高要求。伴随材料科学和材料加工技术的不断发展，以及新型显示模式和驱动技术的开发，液晶显示作为一种新技术，获得了快速发展。

美国几乎发明了关于液晶显示的所有基本技术，如TFT-LCD，就包含了TFT（薄膜晶体管）和LCD（液晶显示）两种技术。作为彩电的发明者，RCA公司的研发人员在1960年前后最早产生了研发挂在墙上的电视的想法。1968年5月28日，RCA公司在其中央实验室研发出了最早的液晶平板电视，并曾在记者发布会上展示过跟实物同样大小的液晶平板电视模型。

但RCA自身却没有沿着这条道路继续前行，将液晶电视真正推向市场。一个主要原因是RCA的管理层认为，液晶不是硅，液晶材料和半导体相比也不纯，没有太大出路，于是他们转向了计算机的赛道。

学者路风在《光变———一个企业及其工业史》中写道，包括RCA在内，美国的罗克韦尔、西屋电气、摩托罗拉、AT&T（美国电话电报公司）、通用电气、施乐公司和惠普公司等，都曾涉足过液晶显示。要么在短暂突破后没有乘胜追击，要么在实现产业化的漫长探索中失去了信心，它们在20世纪70年代基本放弃了平板显示技术的

万物生生

开发，没有任何一家成为后来全球液晶面板市场的领导者。

历史的螺旋颇有深意——因为 RCA 放弃了液晶产业，失去了领先机会，先是被通用电气收购，后又被汤姆逊收购，到 2004 年再被 TCL 收购。李东生和 TCL 经历了两年多的至暗时刻后，实现了"鹰的重生"，进而自主建立了华星光电，开启中国液晶面板工业的新征程。RCA 半个多世纪前失去的机会，在 TCL 身上失而复得。

20 世纪 60 年代，RCA 公布了液晶显示器之后，日本企业表现出浓厚兴趣，以须羽精工和夏普为代表，最终实现了液晶显示技术的产业化。

须羽精工是一家制表企业，最先将液晶显示技术应用于手表生产，1973 年 10 月推出第一块数字液晶显示手表。1975 年，日本市场迎来数字手表热潮大爆发。1983 年 5 月，须羽精工发布了 2 英寸微型彩色液晶电视，在电子产业界引发风潮。须羽精工一度试图量产液晶电视，但 1989 年日本股市泡沫破裂，此前几年扩张过度的须羽精工，不得不收缩战线归还贷款，在液晶电视上功亏一篑。

松下、日立、东芝等大企业，受到须羽精工的启发，纷纷行动起来。而真正把液晶电视做成的，却是夏普。

夏普的前身是早川电气，1912 年由日本企业家早川德治创办，1952 年成为日本第一家从 RCA 获得基本电视专利转让的企业。1951 年，夏普生产出日本第一台电视机——比中国第一台电视机"北京牌"早了 7 年，并于 1953 年迅速量产。1955 年，以终端组装为主的早川电气，占有日本大约 1/4 的电视市场。

1960 年，在 RCA 推出彩色电视机 6 年后，早川电气推出了彩色电视机。1970 年，已经领导早川电气 58 年的早川德治升为总裁，由佐佐木担任总经理，公司更名为夏普。

1972 年年初，佐佐木花费了大约 300 万美元从 RCA 购买了一项专利，决定自力更生开发和生产液晶电视。20 世纪 70 年代，夏普在液晶电视生产设备方面投资超过2亿美元，而RCA则随后关闭了液晶显示工厂，一心一意去计算机市场挑战IBM了。

1973年4月，夏普研制成功世界上第一台利用液晶显示的全功能一体化电子计算器，型号为EL-805。随后，夏普将经营重点转移至液晶电视。1987年，夏普3英寸液晶电视终于投产。1988年10月，夏普在日本电子展览会上展示了14英寸液晶显示屏，引起轰动。

没有对新技术的市场需求，企业就无法持续推进技术研发。哪怕这个市场再小，只要有效切入了，就有机会从小到大。RCA放弃了自己的发明，而日本企业通过产业化实践，将TFT-LCD（薄膜晶体管液晶显示器）做成了可以推向市场的产品，从最初的计算器、手表等边缘端应用入手，最终杀入电视机等大尺寸液晶显示器。液晶显示技术需要长期的发展、改进，才能应用在电视机等主流应用产品上。在此过程中，来自计算器、手表等边缘产品的现金收入，为持续改进液晶显示技术提供了资金来源，同时也为核心技术的研发与生产工艺的测试，提供了不断实践探索的机会。

经过漫长的积累发展，平板显示产业终于迎来起飞时刻。1990年和1991年，日本NEC公司、IBM和东芝的合资企业DTI，以及夏普，先后开动了各自的第一条大尺寸彩色TFT-LCD量产线——这是TFT-LCD产业化的重要开端。

以夏普为先行者，从1991年到1996年，全球至少有25条TFT-LCD大批量生产线建成，其中21条建在日本。

在液晶面板发展早期，夏普几乎以一己之力，推动了液晶的普及。正因如此，拥有最多液晶显示专利技术的夏普，被誉为"液晶鼻祖"。2000年，夏普推出第一台液晶电视，并于2001年正式推出液晶电视品牌"AQUOS"。

后来者可以居上

中国是消费电子领域的后来者，但李东生从韩国消费电子产业的崛起，以及韩国和中国台湾地区液晶面板产业的发展中看到，后来者不会永远落后，也可以后来居上。

任何产业都有自身的发展规律。对TFT-LCD产业而言，一条是代际变化，一条是液晶周期。

所谓代际变化，就是从1代线到2代线、2.5代线、3代线，根据所加工玻璃基板的面积来划分，代数越高，玻璃基板的尺寸越大，所需的投资也越大。

所谓液晶周期（the crystal cycle），就是当某一种基于市场需求的液晶面板进入市场后，企业利润会猛增，发现机会后，其他企业会纷纷跟进投资。随着供过于求，企业会利润骤减，甚至亏损。但面板价格的下跌，导致液晶显示的应用范围迅速扩大，更多的应用需求被创造出来，这又导致产能不足、价格上涨，然后企业再次投资扩大生产，如此周而复始。

这两个规律，一个考验企业的技术能力，一个考验企业的经营能力，尤其是市场判断能力。

日本液晶面板企业凭借先发优势，一度占据高达95%以上的全球市场份额。但在1993年到1994年液晶周期的第一次下行期，面板价格下跌、利润大减，一大批工程师失业。1995年到1996年，行业继续衰退，领军的夏普也公开承认，3代线遇到了一个"重大的技术挑战"，进展缓慢。

这时，后起的韩国企业来了。

早在20世纪80年代，韩国企业就开始了对平板显示技术的研发。三星电子的子公司三星显示设备公司在1984年设立了TFT-LCD研究小组，LG电子从1987年开始研发液晶显示器，现代集团1988年成立了液晶显示事业部。

在日本企业严格把持液晶显示技术的情况下，韩国企业通过在日本设立研发机构等方式进行学习。第一次液晶衰退周期，三星将失业的日本液晶工程师邀请到自己的研发机构讲课，或者包机邀请这些"周末兼职工程师"到韩国指教。韩国企业还通过与日本企业的技术合作、战略结盟等方式寻求技术突破。1995 年，三星与日本 NEC 签订专利交叉许可协议，富士通提供宽视角技术，以交换三星的高孔径比率技术。

1993 年，三星和 LG 几乎同时开启 2 代线建设，两年后投产。在 1995 年到 1996 年的液晶衰退周期，它们采取了激进的投资策略，逆周期大举投资，扩张产能。这一策略改写了液晶面板行业的游戏规则，从以前更加注重研发到更加注重投资，走资本密集型之路。

1997 年亚洲金融危机爆发，全球液晶市场再次陷入衰退。在大部分日本厂商面临亏损的情况下，三星电子和 LG 果断在液晶显示领域投入数十亿美元，建设大尺寸液晶面板生产线。1997 年 1 月，LG 率先建成 3.5 代线。1998 年秋，三星 3.5 代线量产。而当时，日本企业只有 3 代线，这标志着韩国企业反超日本企业，开始掌握新世代的玻璃基板规格。

1999 年，三星在全球平板显示器市场的份额达到 18.8%，排名第一，紧随其后的是份额为 16.2% 的 LG，都超过了原来的龙头老大日本夏普。

当然，韩国企业为此付出的代价，也是常人无法想象的。三星的液晶业务，从 1990 年到 1997 年连续亏损 7 年，1991 年到 1994 年平均每年亏损 1 亿美元。LG 的液晶业务，从 1987 年到 1994 年平均每年亏损 5300 万美元，持续了 8 年。

2001 年 8 月，LG 建成世界上第一条 5 代线。三星则在那年一口气连续建设了三条 5 代线。此后，日本企业在这一领域，再也没有赶上韩国企业。

在日韩竞争的过程中，中国台湾的面板企业获得了一个特殊的机遇，即日本企业在深思熟虑后，一改过去拒绝转让技术的做法，高调地把 TFT-LCD 技术转让给台湾企业。这样一方面可以借此收取数额不菲的技术转让费，另一方面可以弥补日本在投资和产能上的不足，反击韩国企业。

彼时的台湾地区，在液晶面板方面，除了技术能力不足，其他条件几乎一应俱全：工业技术研究院（ITRI）一直在构建大尺寸 TFT-LCD 技术基础，台湾企业跃跃欲试，而在半导体行业台湾更是积累了很强的工业基础。无论从哪个角度看，由台湾地区来承接日本的液晶面板产业，可谓水到渠成。

1998 年 3 月，三菱集团成员企业 ADI 为获得财务收入，在日本企业中率先选择与台湾地区的中华映管合作，援建其 3 代线，由此培养了很多操作工人和工程师。ADI 带头之后，东芝、IBM 日本、夏普、松下等纷纷向台湾的合作伙伴转移技术，开始在台湾本地化生产。

成立于 1970 年的中华映管，早在 1973 年就与美国 RCA 合作，涉足黑白电视机显像管生产——这样看，中华映管与 TCL 也颇有渊源。在中华映管从三菱 ADI 获得技术转移的同一个月，达基科技获得 IBM 日本的技术转移。随后，奇美电子从富士通，联友光电从松下，瀚宇彩晶从东芝和日立，广辉电子从夏普，接连获得技术转移。

1998 年，台湾地区同时有六家企业得到日本技术授权，进入 TFT-LCD 产业，这一年被称为"台湾液晶面板产业元年"。

作为后来者的台湾企业，技术上得益于日本企业，投资策略上则借鉴了韩国企业。2001 年到 2002 年的第四次液晶衰退期，台湾企业加大投资，后来被称为台湾"面板五虎"的友达光电（达基科技与联友光电 2001 年合并而成）、奇美电子、中华映管、瀚宇彩晶和广辉电子，全部跨上了 5 代线。

其中，友达光电在2003年到2005年连续建设三条5代线和一条6代线，奇美电子在同一时期建成两条5代线和一条5.5代线，中华映管则越过5代线于2003年年底直接建了一条6代线，瀚宇彩晶和广辉电子也各建了一条5代线、一条6代线。

2001年2002年前后，台湾企业的液晶显示市场份额超过日本企业，并在2003年、2004年前后超过韩国企业，友达光电和奇美电子一度排名世界前二。

台湾液晶面板产业在21世纪初的骄人业绩，在很大程度上得益于广袤的大陆市场。2004年台湾地区液晶产业销售额140亿美元，将近70%来自大陆。

但台湾液晶产业也有其难以克服的短板。李东生在为华星光电做项目调研时，曾经拜访过友达光电和奇美电子，两家企业当时信心满满，宣称要打败三星和LG，但后来又日渐式微。李东生认为："一是投入强度不够，像这种高科技、重资产、长周期的产业，投入不够容易导致后续发展乏力；二是没有一个像大陆这样的市场容量和经济体量，当台湾企业的产品主要依靠出口进行消化的时候，就会更多地受到贸易局势和两岸关系的影响和冲击。"

李东生的判断源于事实。在6代线之后，台湾企业的发展步伐大为减缓。中华映管和瀚宇彩晶止步于6代线，只有友达光电和奇美电子继续扩张。2008年2月，友达光电宣布同时启动第二条7.5代线和第一条8.5代线，之前一个月，奇美电子恢复了已经停工的8.5代线的土建工程，预计2009年第三季度量产。

在这期间，美国次贷危机爆发，全球市场不振。夏普虽然还在高世代线上坚持投入，但在截至2009年3月底的2008财年，出现了从1956年在东京证交所挂牌以来的首次亏损，亏损额高达13亿美元。三星和LG也放慢了脚步，三星的第二条8.5代线和LG的8.5代线相继暂停建设。

2008年8月，受市场疲软的影响，索尼、三星、LG等日韩企业取消了对台湾面板企业的采购订单，极度依赖外部市场的台湾企业开工率一度降至四成，濒临死亡线。

"从2010年之后，台湾企业的新投产能很小。它们的投资强度之所以不大，原因很复杂，既有产业结构、市场容量等方面的因素，也有政策等方面的影响。"李东生推进华星光电时，友达光电董事长李焜耀曾专门赴深圳洽谈合作，最后因台湾的产业管制而不了了之。

当时，国务院的电子信息产业规划提出"重点加强海峡两岸产业合作"，但规划公布后不久，2009年6月，台湾当局发布对大陆投资政策，依然明确禁止关键面板制造企业到大陆设厂。这些限制，决定了台湾企业的天花板。

南山工业书院发起人、学者林雪萍在对面板产业历史变迁的研究中指出，在液晶显示产业中，液晶技术的创立者美国可谓第1代，液晶技术产业化的鼻祖日本是第2代，液晶技术产业化的集大成者韩国是第3代，曾经有过很大机会但也有难以克服的"先天不足"的台湾地区只能算是第3.5代。

华星必须上，"是搏不是赌"

次贷危机爆发后，全球只有一个主要市场对液晶面板的需求仍在持续增长，这就是中国市场。2008年，中国彩电企业生产的液晶电视出货量超过日本，也超过CRT电视的出货量。

液晶电视的规模如此庞大，却缺乏本土的液晶面板供应来源，饱受经常缺货，以及采购成本高、受制于人之困，李东生说他"时时心痛"。

作为中国电子信息产业发展的最前沿，深圳市政府早在2005年年底就制订了平面显示产业发展规划，此后大力支持"聚龙计划"，希望由 TCL、创维、康佳、长虹等彩电企业组成联盟，与掌握先进技术的液晶面板外企合资，在深圳建立液晶面板生产线。深圳国资委下属的深超科技有限公司也准备参与投资。

也就是从 2005 年起，TCL 开始着手进入当时平面显示和两种技术方向：LCD（液晶显示）和 PDP（等离子显示）。韩国三星、LG 重点在 LCD，日本企业除夏普外，重点都放在 PDP，李东生带队先后访问了韩国、日本和台湾地区，经反复比较论证，决定选择 LCD 技术方向。2007 年，TCL 建设 LCD 模组工厂，并择机进入 LCD 显示面板。TCL 在面板产业的准备上，探讨过与国内和国外企业的合作项目，也探讨过引进液晶面板技术，但总是遇到各种障碍和技术封锁。加上当时李东生的主要精力用于国际并购的艰难突围，一心很难二用，TCL 也缺乏财力和能力独立支持液晶面板项目的发展。

但是，"建立中国自己的液晶面板产业，摆脱受制于人的局面"，这一想法在李东生心中已经牢牢建立，只是看何时用何种方式真正破局。

李东生力争上游，并不只是为了争一口气，也是进行了仔细的产业观察和判断的结果。

李东生发现，从全球彩电业务竞争格局来看，在 2000 年至 2010 年这 10 年，日系电视品牌相对于韩系品牌的竞争力下降很快，三星逐渐超过日本东芝、索尼、夏普和松下，成为全球彩电销量第一品牌。而三星能够超过日系企业，最关键的一点就是三星拥有上游的半导体显示和半导体芯片产业。事实证明，这一将上游核心部件和下游整机生产结合在一起的纵向一体化战略，成功的可能性更高。而日本原来比较领先的索尼、松下、日立等，要么方向错了（如松下投了等离子平板显示的方向），要么没有进行大的投资，如索尼、日立、东芝。夏普的方向是对的，但投入强度也不够。

李东生认为，TCL 彩电业务要做到全球领先，就必须在上游核心技术领域有根本性突破。慎重权衡各方面因素后，他决定进军半导体显示。

"当时为何要做出这个重大战略抉择？对我来说，一是受韩国三星成功超越日本企业的启发；二是当时国内'缺芯少屏'的瓶颈问题已成为制约产业发展的重大困扰，在'缺芯'和'少屏'两大要害中，TCL选择突破'少屏'问题的成功概率更高，如果选择进入芯片产业，在客观上不具备相关条件；三是国际金融危机之后，日、韩以及台湾等国家和地区企业的投资能力都受到很大限制，2010年至2015年间，日本夏普只新增一条液晶显示产线，韩国三星和LG各新增一条液晶显示产线，且设在中国大陆。台湾地区的企业只投了半条产线，而同期中国大陆的京东方、华星光电、天马共投了12条面板产线，这一时期全球显示产品的市场需求仍在快速增长。进入半导体显示产业，既是TCL产业发展的自身需求，也符合中国企业战略转型升级的发展方向。"李东生在接受采访时说。

从多方面分析评估后，李东生下决心投资建设华星光电。

2008年国际金融危机爆发后，彩电和液晶面板行业发生的一场商战，让李东生更加意识到，上马液晶面板生产线时不我待。

前文提到，2008年8月，日韩彩电企业取消了对台湾地区液晶面板企业的订单，令其濒临绝境。2009年1月16日，九家大陆电视企业在关键时刻站出来，与台湾地区液晶面板企业签署战略合作协议，采购量超过1200万片，订单价值高达22亿美元。未曾想，不到一个月，韩国彩电企业突然又从取消订单改为购买台湾地区的库存面板，并且都是现金交易。此时，已和大陆企业签署协议的奇美电子、友达光电，不但拒绝履行供货合同，而且任由韩国企业买断库存面板。大陆彩电企业毫无还手之力，只能将2009年的面板采购金额提高至44亿美元，无奈接受涨价的现实。2009年3—8月，进口面板涨幅超过30%，大陆彩电企业不但没有利润可赚，甚至不得不亏损生产。

"不掌握上游,永远要仰人鼻息,存不得继续依赖的幻想。"李东生说。

2009年4月15日,国务院公布《电子信息产业调整和振兴规划》,开宗明义将电子信息产业定位为国民经济的战略性、基础性和先导性支柱产业,并第一次将"新型显示器件"列入国家政策支持范围,"以面板生产为重点,完善新型显示产业体系。充分利用全球产业资源,重点加强海峡两岸产业合作,努力在新型显示面板生产、整机模组一体化设计、玻璃基板制造等领域实现关键技术突破"。

2009年11月华星项目签约启动,2010年1月,生逢其时、承担重要使命的TCL,正式开工建设华星光电。

从终端产品到液晶面板,TCL进入了半导体显示这一高新科技产业。这一核心基础技术产业领域,特点是投资大、周期长、资产重,对企业整体竞争力的要求很高,和TCL之前的产业有很大不同。TCL的底气究竟从何而来?

李东生的战略判断来自以下几方面。

第一,当时显示技术的门槛已相对降低。显示技术从日本扩散到韩国、台湾地区,中国大陆企业也已开始进入显示产业领域。虽然中国大陆显示企业的崛起经历过几番波折,如京东方在经营从韩国现代收购的3.5代线的过程中遭遇过挫折,上广电、昆山龙腾光电面板产线项目没有成功,但大陆毕竟已经建设了京东方、上广电、昆山龙腾光电三条液晶面板5代线,京东方还在建6代线,并筹建8.5代线。可以说,大陆企业尝试建设显示产线的道路已经蹚出来了。

第二,深圳"聚龙计划"搁浅后,TCL在2007年投资建设了自己的液晶模组工厂,组建了30多人的经营团队,已具有一定的基础。从工序来说,模组技术工艺是从OLB(外引脚结合)开始,通过驱动线路与液晶面板连接。虽然面板是外购的,但在做模组的高精密过程中，积累了一定的液晶面板的能力。

第三，TCL 拥有产业链垂直整合的优势。在 2010 年前，TCL 的业务集中在彩电、手机、家电、音响等智能终端产品领域，其中彩电是核心业务，2010 年 TCL 彩电销售 1300 万台（含 CRT），份额是中国最大的，液晶电视销量排名全球第 7 位。即便在"无人光顾"的最坏情况下，也足以消化掉一座面板工厂的产能。

第四，当时国家对显示产业有明确的战略规划以及政策扶持。虽然 TCL 单独投资面板产线的资金不够，但可以争取到深圳市政府的投资，资金问题也可以解决。像京东方、天马等企业都得到了政府的资源投入。

李东生说，他是在"有七成把握"的情况下决定进军显示产业的。风险首先是项目投资数额巨大，将 TCL 所有资源都押上去了，可谓"砸锅卖铁"，只许成功不许失败。京东方在上市后的 10 年间，扣除非经常性损益，总共亏损 75 亿元。华星投产后必须尽快突破瓶颈，提升产品良率，量产爬坡期不能太久，否则会陷入持续烧钱的困境，"TCL 扛不起"。

其次是技术储备不足。显示产业具有高技术门槛，而且当时整个产业都缺乏技术和管理人员，在项目建设前期走弯路、付代价在所难免。之前国内投资的上广电、昆山龙腾光电两个 5 代线面板项目，就是由于经营不善、持续亏损，最终不得不关闭。

任何决定都是权衡的结果。李东生想清楚了，进军显示产业会有风险，但不做的话，风险会更大。"不解决企业长期发展的方向问题，就是维持现状、耗下去，这个风险是我不愿意承担的。的确，华星失败的风险我们承受不起，但我们为什么要失败呢？此战不是完全没有胜算。"

虽然外界有人质疑，李东生又是一场"豪赌"，TCL 进入液晶面板的成功率不到 50%，也有不少老朋友对他发出善意的提醒。但李东生坚持认为，这不是"赌"而是"搏"，是计算风险之后的拼搏。"这一仗有七成胜算，只要能坚持不倒，拿下第一个工厂，TCL 有很大机会在液晶产业取得成功。而且 TCL 彩电销量就能够消化一个 8.5 代 LCD 工厂产能，市场风险是可控的。"

管理学家彼得·德鲁克说："战略不是研究我们未来要做什么，而是研究我们今天做什么才有未来。"李东生相信，尽管投入巨大，也有风险，但不进入液晶面板产业，TCL 绝对没有未来。

此后的一连串结果，甚至超出了李东生的预期。华星 t1 工厂在 2012 年完成爬坡后，实现了"当年达产、当年盈利"。随后 10 年间，TCL 陆续自建五条大尺寸产线（含在建的广州 8.6 代线）、两条中小尺寸产线，2020 年收购三星苏州产线，奠定了在全球显示产业的领先地位。

来之不易的启动

深圳市政府力推的"聚龙计划"，由于各合资方对一些关键问题看法不一，最终搁浅。但政府并未放弃这一战略新兴产业的方向，依然在想方设法推进。

新一轮的合资谈判在深圳市、夏普和 TCL 三方之间展开。最初的方案是：深圳市出资 50%，TCL 和夏普各出资 25%，夏普负责经营管理。三方基本谈好了协议，当时的深圳市也批准了这个方案。但李东生有一个底线，就是拒绝夏普投入已经残旧、准备淘汰的 6 代线。他坚持只谈新建 8.5 代线，在 8.5 代线基础上签署合作备忘录。

夏普一开始表示接受，但最后毁约，因为另外一个城市愿意花钱购买其 6 代线，再合资建 8.5 代线，夏普几乎没有现金出资。虽然项目合作成了，但经营并不成功，该 6 代线在投产之后巨亏，8.5 代线也一直亏损。

TCL参与筹划"聚龙计划"前后的2007年4月20日，中环半导体登陆深圳证券交易所。2009年4月13日，京东方向高世代线扩张，在合肥开始建设6代线。这是金融危机后开工建设的第一条液晶面板生产线。8月26日，京东方确认上马8代线。8月31日，京东方8.5代线奠基仪式在北京经济技术开发区举行。

在夏普"掉链子"，也很难再找到新的合作对象的情况下，李东生向深圳市提出了另一个方案，即TCL通过在资本市场上定向增发等方式，出资55%，深圳市出资45%，TCL组建团队，自主建线，主导经营管理。

后来，李东生又引进三星参与了这条线的投资，占股15%，政府的实际投资比例降为30%。三星则要求TCL反投它在苏州的液晶面板工厂的10%股权。由于这种交叉投资，2020年三星决定出售苏州工厂时，TCL作为股东有优先购买权，并以此击退了另一家竞争对手。这是后话。

TCL的方案刚拿到深圳市有关部门的讨论会上时，听到了很多反对之声。

主要原因是，液晶面板产业听起来很美好，深圳也有巨大的终端需求，但项目投入太大，需要的资金是百亿元级别的，一旦失败，所有投入都会付诸东流。其次，不和夏普这样的外资企业合作，中方的人才也不够。有人说："就算钱不是问题，问题是根本没有人能做。8.5代线技术难度很高，大陆只有京东方有少量技术人才，他们自己都不够用。外企在封锁核心技术方面很团结，把人才也捂得紧紧的。"

李东生解释说，人才看起来不足，但也不能说完全没有。TCL的液晶模组厂和三星进行技术合作，已经实现量产并盈利，通过模组厂的运作培养了一支技术和业务队伍。这个模组厂的负责人是原南京LG液晶显示公司的贺成明，原台湾奇美电子的高管陈立宜因奇美电子和群创合并已经从奇美电子离职加盟 TCL，他有过彩电面板技术和业务的经验，有很好的技术背景，可以帮助去台湾地区招募面板人才。

最重要的是，中国是全世界最大的电视机制造基地和面板销售市场，每年的液晶电视需求占全球的 1/4，不仅能强力支持液晶面板项目，而且通过上下游的互动反馈，也能加速面板厂的产品改进。这个机会如果不抓住，将不会再来。因为日、韩和台湾地区等地的企业都在扩产，未来的进入难度将会更高。

至于当时有人担心"国际上已有较大的液晶面板产能，国内多个地方也在上马液晶面板项目，将来会不会造成产能过剩"，李东生说，中国过去确实有重复建设的问题，而且比较多的是光注重建厂、制造，不太重视技术、新产品、客户市场开发，而 TCL 的 8.5 代线项目，从一开始就考虑到了系统能力的问题，"我们会不断提升竞争能力，推动技术创新，在竞争中成为赢家"。

那段时间，一些证券类媒体基于投资者利益，也对 TCL 大跨度地进入高投资的液晶面板领域有不少疑问。项目箭在弦上，李东生百事缠身，但作为上市公司 CEO，他仍需耐心和媒体沟通。2009 年 11 月，深圳高交会期间，他非常坦诚地和几家媒体交流，帮助它们更好地看待华星光电的前景。

李东生说，建设 8.5 代液晶面板生产线是一项涵盖了八个方面的系统工程，华星光电都考虑到了，也尽可能做了准备。

第一，在厂房设计、建造成本和建设效率方面，华星所邀请的设计公司是设计过 8.5 代线的公司。"别人的成功经验我们可以吸纳，别人失败的教训我们可以避免。"

第二，生产工艺技术。这里有很多 know-how（技术诀窍），比如对温度、洁净度、曝光时间、强度的把握。"我们现在已经有 30 多名资深工程师，他们在这个产业都有 10 年以上经验，来自日本、韩国和我们台湾地区。"

第三，本地人才的招聘与扎实的培训。"华星光电现有技术团队65人，其中有30多人是我们从国内一流大学招的硕士、博士，来承接这一技术。我们还准备再招募一些外籍的或者台湾地区的团队，大陆也准备招募100多名工程师。招聘大陆的人才，是希望通过这个产业平台，向国外工程技术人员一对一学习，并在产业实践中培养中国的液晶显示技术人才。"

第四，关键核心设备。有五大关键设备，主要来自日本，由于团队里的成员过去和这些厂家都有很深接触，已经在着手与他们建立良好关系，设备选型、谈判、采购等都已经展开。

第五，在建厂同时进行产品开发。"开发出来的产品可先交由别的生产线试制量产，建成就投产，产品出来就是好的，就可以卖掉。"

第六，先进产品、新工艺、创新研发同时展开。"比如光配向技术，能有效提高光透过率，目前全世界只有夏普有比较多一点的量产，我们已经着手开发。"

第七，投资200多亿元的项目，市场布局和客户拓展要同时展开。"我们会利用目前液晶模组的优势，后面还会增加生产线，产品不光卖给TCL，还会卖给其他客户。"

最后一条，是自主创新遇到的知识产权问题。全世界没有一家液晶厂能够实现技术全覆盖，都会交叉授权。"我们两三年内也会积累一些知识产权，在投产的时候能够跟别人进行交换。奇美电子、群创等台湾地区液晶面板企业在建成三五年后，都积累了自己的技术专利，我们也应该能够做得到。"

李东生逐条娓娓道来的讲述，经过媒体报道，在一定程度上缓释了资本市场的不安。人们看到，这是一次有准备的出击，尽管投资规模实在是太大了。

深圳市领导最终选择了相信李东生。这是深圳市自改革开放后最大规模的单一投资工业项目，也是大陆首条没有依靠技术引进，而是依靠自主创新建设的最高世代液晶面板生产线。

市政府常务会议通过后，时任深圳市长心里还不踏实。他在2009年5月底一个周日的下午约见李东生，到他办公室再做汇报。他问了很多问题，李东生一一作答，差不多三个小时过去了，市长最后说："我听明白了，你们启动吧。"后来由于深圳市政府领导出现变动，项目曾停顿了两个多月。最后几经波澜，项目终于可以全面启动了。

其实在TCL内部，对华星光电的看法也不一致。担心者认为面板工业太烧钱，张着"血盆大口"，要先喂很多很多钱，成不成也不知道。为了凝聚共识，李东生开了多次执委会，每次开会都从不同角度论证自己的观点。到了最后要跟深圳市政府详谈细节的日子，李东生狠狠地说："这个项目必须做，只做终端不做上游高端，是没有前途的，做有风险，不做也有风险。"

对于长期以来都是通过引进吸收技术来规避风险的中国制造业来说，以"自主团队、自主技术、自主建线"的方式，建一个初期投资就要245亿元的科技项目，极具挑战性。但在仔细论证了各种可能性并不断完善方案后，深圳市政府批准了华星光电项目，并由深圳市长亲自担任该项目领导小组组长。

2009年11月16日，TCL集团宣布和深圳市政府下属的深超科技有限公司联手，正式启动国内首条8.5代薄膜晶体管液晶显示器件（TFT-LCD）生产线项目，该项目的运作主体——深圳市华星光电技术有限公司（简称"华星"）成立。

8.5代是当时的最高世代线。由于各地都看到了液晶面板的前景，当时有多个项目都在酝酿上马。国务院领导表示，液晶面板项目必须恪守两条原则：总量控制和支持民族产业发展。华星光电因为立足深圳及珠三角地区，2009年这里的平板电视机产量超过中国的40%，有明确的需求支持，再加上 TCL 和深圳市的联手合作，得到了国家发改委的肯定和支持，是在京东方之外，获得液晶面板产业"准入"资格的第二家企业。

人谋天意各居半

面板行业是典型的"三高"产业，高投入、高科技、高风险。深圳市并不缺钱，但缺乏面板领域的高端人才和技术专才。

2010 年 1 月 16 日 10 时 30 分，在深圳市政府最初准备留给境外台资面板企业作为建设用地的光明新区一块空地上，深圳华星光电 8.5 代液晶面板项目盛大开工，拉开了 TCL 进军液晶显示的序幕，这条生产线也被称为 t1。

广东省、深圳市主要领导全部出席，时任国家工业和信息化部领导和深圳市领导分别致辞，李东生介绍了项目情况。这样高的规格充分显示了从上到下对华星光电的厚望。

然而，华星光电的团队还没真正组建起来，实际是边干边从大陆、台湾地区、韩国、日本招人。如果在几个月内招不足人，项目不是没有搁浅的可能。

天无绝人之路。天助自助者。

华星光电第一任 CEO 贺成明和台湾显示器产业的同行有许多联系，此前已经招揽了来自奇美电子的陈立宜合作开发液晶模组。台湾液晶产业发展停滞，一些高管和技术专家希望另觅前途，他认为这是好机会，把情况汇报给了李东生。当华星光电项目启动、急需招募团队时，李东生想起这个提议，就找到陈立宜，径直问他："自组团队建 8.5 代面板厂可行不可行？"陈立宜考虑了整整一个晚上，给了李东生肯定的答复。就这样，以惠州液晶模组项目的 30 多人和之前与陈立宜一起从奇美电子出来的 20 多人为班底，华星光电开始大举招兵买马。

参考行业标准，建设一条液晶面板生产线至少需要 200 名有经验的工程师和管理人员。就在此时，台湾企业家郭台铭为华星光电送出了一记"神助攻"。他旗下的群创科技与知名面板企业奇美电子换股合并，群创科技更名为新奇美电子。台湾面板产业从奇美电子、友达光电、群创科技三足鼎立，演变为新奇美电子和友达光电双雄争霸。群创科技与奇美电子合并后，许多奇美电子高管没有位置，另谋出路，这对急需人才的华星光电无异于天降甘露。

薄连明接受采访时评价李东生："别人充其量是运气好，李董是命硬。"中国文化中有"一命二运三风水"的说法，李东生极为推崇的曾国藩也说过，"凡成大事，人谋居半，天意居半"。然而无论是命运还是天意，只垂青于能在稍纵即逝的战机中勇敢出击的人。

2009 年 12 月，两岸面板行业传出一段在咖啡馆招聘的传奇故事。台南一家五星级酒店，咖啡厅晚上 11 时打烊，服务员下班了，当时还是郭台铭总裁助理的王国和在此时低调现身，与华星光电的相关人员面谈。喝下一杯热咖啡后，他当场明确表示加盟。

与陈立宜同在奇美电子工作过的陈盛中，则是在台南一家麦当劳餐厅跟华星人密谈的。第二天，他回到公司就写了辞职信，转身加入华星，负责人才招募与生产线设计工作。

之后半年内，陈盛中一边陆续招人，一边在台南一家叫作龙昇酒店的小酒店里租了一间会议室，开始探讨华星的工艺流程和布局。在这间小小的会议室里，他提出了不少有价值的方向和建议。

2010 年 5 月，团队已有 100 多人，可以正常开展工作了。这期间，担任 LG 显示副社长的金旴植与李东生作为供应商和客户有过交集，很钦佩李东生的为人。金旴植从 LG 显示卸任后，看到华星筹建 8.5 代线的消息，专程到深圳找李东生表示想要加盟的意向。金旴植在 LG 液晶业务领域有着举足轻重的地位，他选择加盟华星，一度引起韩国产业界的震动。2015年，金旴植担任华星CEO。

早在2005年1月18日，李东生参观韩国LG显示的坡州工厂时，曾与金旴植见过一面。接受我们采访时，金旴植还展示了他们当年的合影，他一直收藏着这张珍贵的照片。金旴植不但自己来了，还有十几位韩国的专业团队成员也一同前来。

经过半年左右的人才大搜索，华星光电组建了一支由200多人组成的核心技术团队，其中台湾工程师150人左右，韩国和日本工程师20人左右，大陆人员50人左右，并招聘了一批有专业背景的年轻工程师。华星同时聘请包括中国科学院院士、中国工程院院士和国内著名院校校长在内的9名业界顶尖专家担任高级顾问。事实证明，这个团队组合，以及在这个基础上形成的开放包容的文化，对华星光电的成功发挥了举足轻重的作用。

一边解决人的问题，李东生一边解决钱的问题。2009年11月，TCL集团和深超科技有限公司各出资5亿元。双方又进行了两次增资。同年5月，深超科技有限公司承担的45亿元注册资金全部到位。李东生质押其持有的TCL集团股份，参与TCL集团的定向增发，最终募集了约45亿元资本金，完成了55亿元资本金注资。

100亿元资本金敲定后，2010年10月20日，国家开发银行、中国进出口银行、中国工商银行广东分行、中国建设银行广东分行以及深圳发展银行深圳分行等，签约为华星光电项目提供了12.8亿美元（约合83亿元人民币）的银团贷款由TCL集团全额担保。根据协议，深圳市政府签约还将提供50多亿元建设融资。至此，项目所需的245亿元投资全部落实。

李东生对国家开发银行的帮助尤为铭记。当时他去拜访时任国开行董事长陈元，在很多机构举棋不定之际，陈元坚定地对他说："东生，你专心做好实业，钱的事情我来解决。"12.8亿美元的银团贷款，正是由国开行和中国进出口银行牵头提供的。后来，有一年的8月，因台风来临，深圳全市启动停工、停业、停市、停课"四停"等防风一级应急响应，可是当天 TCL 有一笔信用证必须支付，否则就要逾期。为了避免违约，国开行深圳分行领导专门安排车辆，将华星的工作人员接到行里办公，最终顺利办完了相关业务。

t1 开局：当年达产，当年盈利

2010 年 1 月 16 日开工，3 月 15 日打桩，12 月 28 日主体厂房提前封顶，2011 年 8 月 8 日开始投产。华星团队用了 17 个月时间，完成了包括阵列厂、成盒厂、彩膜厂、模组厂等 72 万平方米主体厂房的基建工作，完成了厂房装修、设备和动力安装、供排水和化学气体设施建设、生产设备测试和联动、制程工艺的调整和完善，创造了国内最大面积高世代面板项目建设速度的纪录。

t1 工厂建设之初，外界不少人并不看好。奇美电子母公司鸿海的当家人甚至说："让你们大陆人先折腾，折腾不下去了就由台湾企业来收购。"

但躬身入局的每一个华星人，都拿出了拼命三郎的精神。团队中占多数的台湾地区员工被台湾媒体称为"叛徒"，他们憋着一口气要证明自己。韩国员工和日本员工也很敬业，当时工人 7 点上班，部门长以上 8 点到 9 点上班，而金旴植每天早上 7 点前就赶到工地。在他的带领下，其他部门长也把上班时间提前了。从上到下，华星团队都把建线当成打仗，必须要一口气顶上去。

深圳市委市政府领导也多次到工地视察、调研指导工作。市领导说：这个项目干成了，就是中国自主创新的一面旗帜；干不成，就是夜郎自大的一个笑话。为了干成，深圳市政府对华星建线过程中的各种问题鼎力支持解决，光明新区将华星 t1 工厂建设列为"一号工程"，通过专题会议和现场办公等措施强力推进，确保按期建成投产。

华星速度让台湾团队的领军者陈立宜大感意外："来大陆前，我以为我的剑术练得很厉害，没想到这里的人都是拿冲锋枪的。"

本来等着看笑话的台湾媒体，以一种酸葡萄心理评论道："……在大陆建厂，不比台湾，硬件从来不是问题。要搬设备，政府可以下令交通管制，拆高速公路收费亭，一天内让200台货柜车进城，设绿色通道让日本的设备48小时入关。赶建厂时，一天可以派2万人进场。"

台媒所言略显夸张，但大抵也是事实。华星被评价为"中国大陆第一家成功复制三星模式，上有政府资金支持、自主面板技术，下有品牌厂作为出海口，通吃上下游产业链的面板厂"。

说到政府支持，TCL进出口部总经理黄晖讲述了一则深圳海关的事例。

华星是深圳海关直管的进出口企业，建设过程中涉及很多超大超宽的设备。"设备都很娇贵，除了超大超宽，还必须采取类似真空的防尘措施。按照海关的三检（商品检验、动植物检验和卫生检验）要求，通关现场必须进行检查。可是，一旦剪开防尘包装，设备基本上就废掉了。"黄晖专门向深圳海关写了申请报告，时任深圳海关关长李书玉在了解情况后，指定常务副关长协调海关每个部门，与华星联合成立现场办公小组，确保这些设备顺利通关。

最早华星进口设备时，需要在银行交保函，比如要进口100亿元的设备，必须把10%的保证金，也就是10亿元放到银行。这一方面会产生一笔不菲的保函费用，另外资金的流转等也需要时间。TCL提出，能否用财务公司的保函替代银行保函？

"我们把这个想法跟深圳海关沟通，后来真的做成了全国第一家用企业财务公司保函替换银行保函的案例。这样一来，每年可以节省五六千万元开支。在深圳海关支持下，海关总署也特别支持，帮我们协调了武汉海关，现在我们可以跨关区使用TCL财务公司的保函，这也是全国第一家。"黄晖说。

涉及海关事务的重大事项，黄晖会直接跟李东生汇报。让他奇怪的是，李东生对关务特别清楚，就连具体的业务场景都很熟悉。直到前两年，有一位从惠州海关退下来的老关长碰到黄晖，跟他说："你知道吗，惠州最早一批考出报关员资格证书的人中，就有你们李董。"黄晖这才恍然大悟。

华星主体厂房完工，进入设备安装阶段，原计划 2011 年 3 月 15 日从日本启运曝光机。货轮正要出发，3 月 11 日，日本突发地震海啸，曝光机遭海水浸泡。过了几天，局面稍稍明朗，换上新生产的曝光机发货，设备一到立即赶工，有些员工连续三个月每天只睡几个小时，才按期完成了设备安装。

进口设备极为昂贵，华星团队在保证质量的前提下，货比三家，精打细算，仅曝光机就节省了几亿元，实际建线成本比预算少花了几十亿元。

华星的团队来自各种背景，沟通非常重要。现任华星副总裁张锋说，2010 年刚加入华星时，台湾人有台湾人的表达方式，韩国人有韩国人的表达方式，日本人有日本人的表达方式，对同一个事物的表述、叫法完全不一样。别说交流沟通了，连搞清楚对方在说什么都很难。"我们逐渐建立了词语的标准化系统，规范好某个词语的中文和英文表达方式，大家都以此为标准，才慢慢解决了沟通问题。"

在华星之前建设的 TFT-LCD 工厂，彩膜大部分都是外购的。华星 t1 在方案论证阶段就决定自建彩膜工厂，以提高效益和质量。当时大陆没有成熟的彩膜工厂和产线，为补齐短板，2010 年华星发起"百人赴日"游学活动，组织第一批入职的应届大学生中的关键岗位人员及社会招聘骨干人员，分三批奔赴日本凸版印刷彩膜工厂，系统学习彩膜制造相关技术，包括基板原理、制造、工厂管理等，对彩膜厂的建设起到了重要作用。

华星 t1 工厂 2011 年 8 月投产后，产能、良率快速爬坡，2012 年

9月达到月产10万大片玻璃基板的满载产能。之所以比别人爬坡更快,一个重要原因是"两条主线并进",即一边开展工艺布局、厂房设计、基建、洁净室、设备选型、搬入安装、工艺调试、生产,一边和著名大学、研究机构、液晶企业联系,租用它们的仪器和低世代生产线,开发自己的技术,进行设计验证,提前生产样品,送客户认证,而不是等工厂建好了才开始产品研发和生产。由于在"外援"阵地上完成了很多环节,大大缩短了项目的计划时间。

"华星光电短短一年间就顺利度过了爬坡期,实现满产满销,而且产品品质稳定,当年达产,当年盈利,这是团队用汗水和智慧创造的'华星奇迹'。"李东生终于松了一口气。之前围绕华星自主建线、自主创新模式的各种争议,也消失于无形。

把根扎得更深

李东生在回忆华星初创时,讲到一个细节。多年前,曾经参与制定《华为基本法》的中国人民大学教授黄卫伟对他说:"华为和TCL最大的不一样,是华为的根扎得深,而TCL还是太浅了。"

这句听起来不那么舒服的话,经常在李东生耳畔响起,激励他"犯其至难而图其至远"。华星光电不是赌,是搏,是为了企业长远发展向着核心技术和关键部件领域的一场拼搏。未来的世界是"显示无处不在"的世界,谁占有上游,谁就有更大的发展可能。再多困难,也要迎难而上;再多风险,也要勇于直面,并且化险为夷。

日本东芝的一位管理者曾经这样评价中国家电行业,"中国的企业就是一帮水果贩子,市面上需要什么水果,它们就包装什么水果。它们不是种水果的,更不是种优质品种水果的,而只是水果贩子"。这反映了中国企业长期满足于加工组装、贸易驱动的一种精神心态。

华星光电的意义,不仅在于它是TCL转型升级的里程碑,而且在于从精神气质上，把 TCL 带上了一条追求高远与精深、技术驱动的道路。

"TCL 的至暗时刻是国际并购的遇挫。那个教训让我们此后不管做什么，内心都如履薄冰，压力如影随形。可是作为企业家，你永远也不能站在唯唯诺诺、平平淡淡那一边。那样的话，就什么都做不了。我曾对团队说，华星有风险，不做华星有更大的风险，只不过我们不知道是三五年后爆发还是十年后爆发。"

这种敢冒风险、勇担责任、志在千里的企业家精神，正是华星光电得以诞生的深层动力。

李东生相信，虽然华星进入这个产业有点晚，但也不是太晚。"当时正是面板行业的下行周期。在高科技、重资产、长周期产业，往往遵循逆周期投资。国际金融危机给我们提供了难得的机会。我们是后发者，但一开始就可以站在更高的起点上，利用技术迭代，完全可能后发先至。"

10 多年后的华星光电，已是中国乃至世界液晶面板产业的一面旗帜。但李东生在自信的同时，依然保持着清醒。他说，选择自主建线的华星光电、京东方等中国企业，在核心上游材料、设备等方面，今天仍然在很大程度上依靠国外企业。要在这些细分的关键领域占有一席之地，仍需"筚路蓝缕、以启山林"的开创精神。

第四章　读懂华星

如果说读懂TCL就能了解企业国际化的酸甜苦辣，那么，读懂华星光电就能破解企业在产业变迁中的升级之谜。

人们对产业升级耳熟能详，实际操作则知易行难。升级是必由之路，但只有少数企业能真正升上去、转过去，从而摆脱"横向打转""温水青蛙""久盘必跌"等命运。

一个主要的挑战是，产业升级后的经营管理逻辑和之前有很大不同。华星光电进入的是技术密集型、资本密集型的半导体显示领域，高科技、重资产、长周期，客户在B端（企业）。而之前的TCL，更多是一种装配工业，客户在C端（消费者）。两个产业虽然上下衔接，但投资、经营、管理模式都有很大不同。

TCL和华星的实践证明，中国企业完全有能力从以加工组装为主的终端产品制造商，跃升为拥有核心技术的创新型科技企业，并在全球竞争中取得领先地位。

2020年，华星的美国专利授权数累计为5379件，连续六年位居中国大陆企业前五名。

对于华星的成功，用李东生的说法，是"四个领先"的结果，即从效率领先到产品领先,再到技术领先,最后是生态领先。

这是实践的总结,特别是对华星 t1 工厂成功投产并实现盈利的总结。万事开头难,今天华星已经拥有 8 条面板生产线、4 座模组厂,累计投资金额超过 2400 亿元,而这一切的基石就是华星 t1 工厂。

选择 CEO 的逻辑

华星投产第一年就遇上中国"家电下乡"的市场机会,国际市场也好转,需求大增,实现了经营性盈利。液晶显示项目投产需要较长的量产爬坡周期,设备稼动率和产品良率要逐步提高,一般要亏损一段时间。而华星 t1 投产前期,先集中生产 32 英寸产品,快速爬坡上量,很快就实现盈利,这在全球同行业中绝无仅有。之前两年全球 LCD 产业几乎都是亏损,而华星投产就遇到行业好景气,真是人努力、天帮忙。李东生"命硬"之说再次得到验证。

但 2012 年年底,华星 CEO 贺成明提出在合同三年期满后不再续签,理由是回南京照顾家庭,实际上他是要借此机会向李东生叫板,要求绝对的权力。李东生知道,贺成明认为能够控制台湾技术团队,想和陈立宜联手控制公司管理权。更要命的是,第一批台籍员工的合同也将于 2013 年 1 月到期,按照当初约定,在合同到期前半年,双方要提前协商续签。华星的底层工艺技术都是以台湾团队为主进行开发的,如果以陈立宜为首的核心技术团队不续签,后果不堪设想。

李东生认为,贺成明的要求是不能接受的,这样做将葬送华星的未来。半导体显示是高科技、重资产、长周期产业,CEO 必须要有战略前瞻眼光和格局观,要有领导力和当责精神;不但要承担当期业绩责任,更要谋划长远发展。华星不是建一个工厂,而是要培育一个战略新兴产业,成为 TCL 第二增长曲线。李东生认为贺成明作为项目建设者很称职,但担任产业的 CEO 差距很大。李东生愿意给机会帮助贺成明提高领导力。但贺成明自己不这样看，项目建设的成功让他野心膨胀，要求获得企业管理的绝对权力来争取最大的利益。道不同不与为谋。李东生决定接受贺成明的辞职，着手另选CEO，建立一支以本土干部为主，有长远责任担当的团队。他先找到陈立宜谈，陈立宜知道自己不是CEO之才，但同意短暂地代理CEO，希望公司尽快任命新领导。他也表示会留下继续工作，不会跟贺成明走。

李东生希望在TCL内部挑选新的CEO，他找了技术专家闫晓林和擅长管理的薄连明。

闫晓林说，技术只是企业的一个方面，而CEO要管全面，负全责，他不合适。

薄连明说他不懂技术。"俗话说'没吃过猪肉总看过猪跑'，但我真的连猪跑都没看过。做不好，如果是个人失败，我愿意担责，但TCL几十年的身家性命都在里面，担子太重，请另选高明。"

薄连明当过陕西财经学院贸易经济系副主任、深圳航空公司总会计师，在TCL也做过财务总监和人力资源部部长。李东生说："华星刚投产，我认为经营管理能力最重要。我们是液晶面板产业的后进者、追赶者，想一开始就做到技术领先是不现实的，比较可行的是先从效率效益领先、成本领先切入，围绕这一方针开展经营，尽快建立高效的经营体系，并维护好几方管理团队的合作，这是关键。至于具体技术问题，华星有很多懂技术的人，用好就行，集团工研院也会支援。"李东生还这样对薄连明说，企业的CEO领导力和经营管理能力更重要。产品、技术、生产等专业能力可以依靠团队，例如LG显示，前期业绩不佳，后来任命了一位财务总监出身的权英寿当社长，他将LG显示管理得很好。李东生还半开玩笑地对薄连明说："你是正儿八经的博士，是我们团队中学历最高的，你都做不好，还有谁能做来呢？现在也没有其他选择了，你必须要上，干不好算我的。"薄连明一听连忙表态："老板既然决定了，我上！"

第四章　读懂华星

李东生向董事会和政府主管领导提出由薄连明接任 CEO 的动议，但政府方面顾虑很大，担心华星项目刚投产，用一个没有技术背景的 CEO 风险太大，建议任用陈立宜。李东生坚持选 CEO 必须要具备大格局观、战略前瞻眼光、系统性思维和领导力，必须要立足于企业长远发展，建立组织团队能力和高效的经营管理体系。在多次沟通未果后，李东生提出 TCL 提前回购政府的股权，解决 CEO 任命的问题。这样 TCL 就以 40 多亿元提前赎回政府股权的代价，任命了薄连明。李东生对薄连明说，这个 CEO 代价很高，你得给我赚回来。事实证明这个决定是对的。而某公司同期建设的南京项目，开始用日本团队，后来又找了台湾团队都没有成功，后来再自己组建团队，但时机已经错失了，项目一直亏损以致无法为继。

　　让李东生没有想到的是这次波折，却让陈立宜等台湾团队成员再次动摇观望，想以此与公司博弈更好的续约条件。

　　李东生召开会议和台籍团队讨论续约，通知早已发出，但开会当天却只来了十几个人，多数台籍干部以各种借口请假。代理 CEO 陈立宜也找借口回台湾了。人力资源部不断打电话问他们在哪里，有的说在香港，有的说在广州。"其实当时他们就在楼上待着呢，可就是不来开会。"薄连明接受采访时气得骂了一句脏话。

　　那天中午，李东生气得没吃午饭。当晚他给薄连明写了一封长长的信，分析形势，求解问题。薄连明建议目前的情况要疏导解决，不能过于强硬。"我是'老中医'的方式，要慢慢调，如果马上'打吊针'，可能会出问题。"李东生认同薄连明的做法。

　　2012 年 12 月 24 日，薄连明走马上任 CEO。他访谈了大量中层和基层员工，用了一个月时间，记录了厚厚一大本的问题。"那段时间，晚上睡不着觉，都快要得抑郁症了，老婆都担心我哪天顶不住会跳楼。"

　　苦不堪言的一个月之后，薄连明认为不能从问题出发，应该从目标出发。他把一大本问题扔到一边，带领四五十位核心成员，找了一家酒店封闭了两天，重新树立目标、统一思想。

他列了一个公式：Y=F（X1×X2×X3）。Y是目标，目标很明确，就是效率领先；X则是达成目标的若干个关键要素。

"要做到效率领先，那就分头来找影响效率的几个X，把这些X都找到，每一个都提高和改善，效率自然会提高。"

薄连明的方法得到了大家的认同，也让大家看到了华星未来的前景，并迅速产生了实际效益。

在薄连明的主持下，人力资源部逐一与每位境外员工进行了多轮次耐心、细致的沟通。2013年1月，第一批台湾员工的合同续签终于顺利完成。

TCL集团有个新官上任五步法，即任前沟通、送官上任、"里程碑"计划、跟进落实、改善提高。薄连明上任3个多月后，2013年4月初，集团人力资源部按照"里程碑"计划考察他在这100天里的表现，发现华星已经实现了4亿多元的利润，已经逼近董事会原定的全年利润指标——4.5亿元。

李东生清楚华星的潜力。他对薄连明说："指标应该往上调一调，4.5亿元对你来说太低了。"薄连明问："指标是董事会批的，你这个董事长也批了，为什么还要调呢？"李东生回答："因为你去了嘛！"

薄连明回去测算了一下，2013年的利润应该能够达到10亿元。当晚，李东生在洲际酒店开会，薄连明汇报，稳妥起见，他加了一个"可能"的前缀："今年的利润可能会在10亿元。"薄连明紧接着问："利润要是超过10亿元，是不是应该给团队一些奖励？"李东生回答："当然。集团内部都有规定，就按照标准执行。"

2013年第一季度结束后，薄连明立刻找李东生，要求当季就兑现给团队的奖励，"越快越好，能让大家马上感受到激励机制的牵引作用"。李东生欣然同意。

在发放奖金时，公司管理团队主动放弃了大部分个人利益，而核心技术人员得到了充分激励，其他各层级人员也得到了该有的奖励，共享华星的经营成果，团队士气得到大大提升。

2014年3月，李东生在TCL全球经理人大会上说："华星光电满产满销，将工业能力提升至极致，产能利用率全球最高。在面板价格下跌的情况下，保持行业领先的盈利能力，已经成为集团利润的主要来源。"

群星闪耀，穿越周期

华星t1建厂之始，李东生就已开始考虑t2。2013年11月15日，深圳市改革和发展委员会正式核准t2项目，即华星8.5代TFT-LCD（含氧化物半导体及AMOLED）生产线二期项目，项目依然选址于光明新区的工厂预留用地。

项目核准第二天，正值华星成立四周年，又是第15届"中国国际高新技术成果交易会"（以下简称"高交会"）在深圳开幕的日子，高交会把分会场设到了华星厂区，现场气氛极其热烈。

同样是8.5代产线，t2将在三个方面发挥作用，一是将导入氧化物半导体等新技术和新工艺，二是使华星的生产规模更具竞争力，三是将建立起更完善的配套产业链，包括面板玻璃的熔炉工厂、偏光片工厂等。

t1和t2也有明确的分工，t1项目生产低成本、单品种、大批量产品，t2则主要聚焦差异化战略，体现产品差异化和技术差异化，提升大尺寸和UD（超高清）产品比重，产品线向更大尺寸拓展。

t2再次刷新了华星的速度，从2013年11月16日开启，到2014年9月30日完成结构封顶，2015年3月13日首片55英寸Cu/Cu+COA

产品成功点亮，仅耗时15.9个月，比原计划提前60天完成预定目标。

至此，华星t1与t2成为全球最大、盈利水平最高的8.5代线，助力大陆面板自给率提升至31%。同年，华星PCT专利申请量在中国企业中跃居第四位。PCT是专利领域的一项国际合作条约，被视作企业全球创新力的重要指标。

在筹建t2的同时，2013年6月，t3项目组正式成立。在带队考察了众多地区后，李东生最终拍板，在湖北武汉东湖高新区筹建国内第一条6代LTPS（low temperature poly-silicon，低温多晶硅）显示面板生产线，即t3。项目总投资160亿元，是截至当时的五年内武汉市高新技术产业单体项目投资之最，生产高端中小尺寸面板产品，瞄准以手机显示屏为主的巨大市场。当时全球手机市场容量为每年18亿部左右。从2015年起，中小尺寸面板销量超过大尺寸面板，跃居显示领域最大的细分市场。

2017年3月31日，在t3项目的基础上，采用柔性LTPS-AMOLED技术的华星t4项目又一次落户武汉光谷，进一步提高了中国中小尺寸显示面板的自给率。

2016年11月30日，华星投资465亿元，在深圳开工建设全球最高世代11代新型显示器件生产线（t6）。11代线的基板尺寸是3.37米乘以2.94米，可以切割更大尺寸的面板。在t6建设中，引入了BIM（建筑信息模型）和数字孪生技术，通过对工厂进行虚拟仿真、识别干涉、优化动线，缩短建厂周期2.5个月，节省建设费用1.1亿元。

2018年11月14日，t6投产。同一天，投资426.8亿元的华星第二条11代面板生产线（t7）开工建设，主要生产65英寸、70英寸、75英寸的8K超高清显示屏，以弥补大陆在8K超高清等先进产品的市场空缺。11代线是全球最高世代线，大陆有5条，华星占2条。2020年9月8日，t7项目首片产品成功点亮（即产线跑通），较计划提前 84 天。2021 年年初，t7 实现量产。

2020 年 8 月 28 日，TCL 科技与三星显示株式会社签署协议，以约 10.80 亿美元（约 76.22 亿元人民币）对价获得苏州三星电子液晶显示科技有限公司（简称"SSL"）60% 的股权及苏州三星显示有限公司（简称"SSM"）100% 的股权，同时，三星显示将以 SSL60% 股权的对价款 7.39 亿美元（约 52.13 亿元人民币）对华星进行增资，增资后三星显示拥有华星 12.33% 的股权。SSL 和 SSM 的核心业务分别是生产 8.5 代 TFT-LCD 显示屏工厂（产能 120K/月）和生产各类显示模组工厂（产能 3.5M/月），SSL 是中国大陆第一家外商投资控股的液晶面板生产企业。2021 年 3 月底，股权交割完成，SSL 更名为苏州华星光电技术有限公司。这一产线在华星被称为 t10。

2021 年 4 月 9 日，TCL 科技发布公告称，公司与控股子公司华星拟与广州市人民政府、广州开发区管理委员会共同签署《广州华星第 8.5 代可卷绕印刷 OLED/QLED 显示面板生产线、广州华星第 8.6 代氧化物半导体新型显示器件生产线项目合作协议》，拟共同建设一条月加工 2250mm×2600mm 玻璃基板约 18 万片的氧化物半导体新型显示器件生产线（t9），主要生产和销售中尺寸高附加值 IT 显示屏（包括 Monitor、Notebook、平板），车载显示器，医疗、工控、航空等专业显示器，商用显示面板等。此外，拟论证建设一条月加工 2200mm×2500mm 玻璃基板能力约 6 万片的广州华星第 8.5 代柔性可卷绕 OLED 显示面板生产线（t8），主要生产和销售 32 英寸到 95 英寸 4K/8K 超高清大尺寸印刷式可卷绕 OLED 电视、IT 及高附加值商用显示产品。t9 项目先行启动，待技术论证成熟后，再启动 t8 项目的合作投资。

华星不是一颗星，而是群星闪耀，t10 原属三星，最新的即将升起的是 t9，t9、t8 都将闪耀在广州，这座李东生度过了大学岁月的五羊城。2020 年，华星产品销售面积达到 2909.7 万平方米，同比增长

31.2%；电视面板市占率排全球前二，主流尺寸 55 英寸市占率为全球第一。

2017 年 8 月 25 日，李东生在北京参加李克强总理主持召开的推动制造强国建设、持续推进经济结构转型升级座谈会。总理听完他的汇报，问他什么时候超过三星和索尼，李东生回答：3 年到 5 年。

回首 4 年前和总理的约定，李东生说："就液晶显示来说，2010 年华星刚进入时，是学习者、模仿者、追赶者，2020 年收购三星苏州的显示工厂和模组工厂，意味着成为超越者，技术上和三星平起平坐，但华星效率更高，成本控制更好，所以三星显示主动进行了战略性退出。我们用了 10 多年时间，在液晶显示方面超过了三星，在人工智能、软件技术、显示画质方面也在快速赶上，对总理有了一个交代。"

但李东生很清醒，液晶显示只是整个半导体显示中的一个部分，三星依然是新型显示技术方面的全球领先者。如果说液晶显示是半导体显示的上半场，随着三星显示和 LG 显示战略性退出，以及中国企业占据了全球市场超过 50% 的份额，可以说上半场格局基本成形。但在半导体显示的下半场，也就是以 OLED 为代表的下一代新型显示领域，中国企业仍在苦战之中。

"手机用的柔性 OLED 产品，三星仍然占据绝对垄断地位。包括华星的 t4 项目，以及京东方的 3 个项目，中国企业在这一领域已经建设了 8 条生产线，但截至 2020 年年底，在 OLED 这个产业中都是亏损的。"

李东生认为，三星在这一产业建立了极高的技术壁垒和市场壁垒。"技术方面，三星不单单做 OLED 显示屏，还收购了很多做 OLED 工艺的关键设备厂商。这些厂商的设备，卖给华星和京东方的价格，可能是卖给三星的好几倍。而且三星在 OLED 方面积累了很多专利和技术，克服技术壁垒也需要时间。"

此外，在市场壁垒方面三星也有先发优势。客户要导入新的供应商，一般需要两年到三年。三四年前，三星显示独供苹果OLED屏。由于苹果不想受制于三星，所以和LG显示签订了一个长期合同，约定两年后开始使用LG的OLED产品。LG的工厂那时已经投产，但性能、质量、产量达不到苹果的要求。LG承诺，两年后一定达到要求。结果过了两年，产品仍未完全达到苹果的交付要求，后续才逐步满足其要求。可见，OLED的门槛有多高。

但有上半场的胜利，华星对下半场充满信心，并且已经做好了准备。纵观上半场，华星是全球面板领域唯一一家从来没有出现过年度亏损的企业，EBITDA%在行业里也是领先的。所谓EBITDA，是指未计利息、税项、折旧及摊销前的利润。截至2020年年底，华星EBITDA%已连续32个季度全球行业领先。李东生说："高科技、重资产的公司，如果EBITDA（利润率）不能做上去，在激烈的市场竞争里，就很难取得优势。"

华星在一个起起伏伏、有明显周期性的行业中创造的奇迹，不仅显示了超强的竞争力，也和整个战略规划的前瞻性与节奏把控息息相关。与此同时，华星还是中国面板企业中，使用政府资本金最少的一家，所有项目都由自己控股，融资担保由TCL承担。这意味着"所有压力都自己扛"，不容有失。

李东生说，华星看起来投资大、风险高，其实，发展战略是比较稳健的。华星没有同时在一年内开建过两个项目，也不像有的企业的项目，资本金90%都由政府提供或通过财政担保去融资。企业要尽可能按市场规律做事。"如果都是政府投资占大头，财政给贷款担保，那就把压力和责任都放在政府身上了。而我们认为，企业就该承担经营的责任、风险，一定不能让政府承担额外风险。对华星来说，假如项目不成功，政府除了资本金损失外没有别的风险，只承担股东投资的风险，而我们不仅要承担整个项目成败的责任，还要承担银行贷款还不了时的连带担保责任。所以，我们唯有在成本效率、技术创新、产品差异化等方面做到极致，才能让自己立于不败之地。"

由于苦练内功、效率效益良好、现金流充裕，华星持续得到金融机构的支持。每个项目的银团贷款，组建时都没有费太大的劲儿。项目总投资一是资本金，二是银团贷款，银团贷款的前提是自有资本金要占50%，华星的所有银团贷款都没有政府担保，而是由TCL一家担保的。

李东生认为："面板是长周期行业，战略管理极为重要。一条生产线，从最初规划到投产产生收益，大概需要3年。其中项目筹备至少要6个月，建厂、投产、量产需要12个月，量产到产生收益要6个月，加上其他各种不确定性，在规划一个项目之初，就必须预判36个月之后的行业状况、市场情况，并由此确定项目怎么建、建多大规模、生产什么样的产品。而在3年建设投产周期外，还必须叠加考虑液晶周期的影响，这个产业三年到四年会经历一个完整的上行下行周期。能否将产线的量产周期与液晶的上行周期高度契合，直接决定了上马这条生产线是赚钱还是亏钱，企业能不能持续经营下去。"

为了从战略上控制风险，华星坚持有序扩张，每个项目都会考虑各种可能性，包括最好的和最坏的。"t1投产的效果好于预期，所以华星才有能力提前回购政府股权，但并不是每个项目都能取得最好的结果。如果出现最坏的结果，你也必须能熬过去。所以在资金安排方面一定要有预见性，始终做好最坏的打算。另外，自有资本和贷款的比例也要适度，面板是重资产项目，不用财务杠杆是做不了的，但财务杠杆过高又有风险，必须寻求一个稳健的平衡点。"

例如，t4的OLED项目，华星刻意推迟了一年才动工。这个项目本来完全可以和京东方同步开建。"为什么晚了？是有意为之。我们评估，当时OLED的技术准备还不足，而且按当时的规划，即便很快建成了，也很难和三星竞争，市场的需求也没有增长那么快。我们判断，如果那时开建会成为一个很大的经营包袱。"

在决定推迟 t4 后，华星成立了 OLED 项目筹备小组，组织了 300 多人，进行技术、产品等筹备工作，一年多之后再动工。李东生说："这是为了降低企业的经营风险。当然，这个逻辑对还是不对，大家可以去评价。在 OLED 产业中，我们看上去相对落后了，但付出的代价也相对会少一些。"

"对于面板行业的周期性，你永远不可能掐得那么准，周期最终是靠市场力量来平衡的。要仔细测算，但我们不是算命先生，所以最最要紧的还是提高自己的竞争力。"

尽管产业链整合是 TCL 的优势，生产的面板有电视、手机、冰箱等智能终端作为出口，但李东生一开始就给华星确定了一个规则，华星的产能卖给 TCL 内部的不能超过 50%，也就是说，一半以上的产品必须卖给 TCL 之外的其他客户。他认为只有这样，才能倒逼华星优化产品结构，优化客户结构，提高产品技术能力，提高综合竞争力。

效率效益领先背后的 X

回到华星 t1。

在李东生明确以"效率领先"作为华星的战略后，要把战略落地，关键是找到支撑效率的几个 X。

薄连明和华星团队通过摸索，找到了 4 个关于效率的 X 指标，并久久为功地加以提升，即使后来薄连明离任，这一"4X 之道"也沉淀贯穿下来，成为华星核心竞争能力的基石。

第一个指标是投资产出最大化。也就是通过产线技改，提高产能效率，做到投资单位产出最高。

薄连明有一次去产线，一位来自台湾的工程师很自豪地说："我这台机器，是世界上效率最高的。"薄连明问怎么个高法，他回答："别的机器需要 32 秒完成的动作，我这台大概 30 秒可以完成。"

薄连明立即问随行的负责人，是不是可以将所有机器的效率都从 32 秒提高到 30 秒？看到工程师眼睛一亮，他敏锐地意识到，自己作为外行问对了一个问题，于是进一步发问："一方面各个机台提升效率，另一方面增加少量投资，把瓶颈机台的产能扩充一下，大概能提升多少产能？"负责人回答，至少应该可以提升 20%。

尽管每一条产线都有设计产能的限制，但通过技术改造，花少量的钱就可以持续提升产能。经过一段时间的努力，t1 线的产能比设计产能提升了 40%，财务部门的测算显示，单片的固定成本摊销因此下降了 14%，毛利率提升了 6 个百分点。

从 t1 开始，华星多条面板产线的生产效率都被公认为行业最高。t1 设计产能 100K/ 月，逐步提升到 120K/ 月，再经多轮提升，现在为 160K/ 月，单位产能的投资下降超过 30%；t2 设计产能 100K/ 月，现在为 160K/ 月；t6 设计产能从 90K/ 月到 98K/ 月；t3 设计产能从 45K/ 月到 53K/ 月，产线竞争力大幅提升。

第二个指标是设备稼动率。这是华星认为的最重要的管理指标，使大尺寸面板产品保持满产满销。

所谓设备稼动率（activation 或 utilization），是指设备可以用于创造价值的时间所占的比率。t1 8.5 代线工厂总投资 245 亿元，其中设备投资 150 亿元，主要设备折旧期为 7 年，其他设备折旧期是 10 年，财务人员说每年折旧费用达 25 亿元。折旧费用要摊销在全部产品当中，产出越多，每片分摊的折旧成本就越低。所以，保持满产满销是提高生产效益最有效的办法。

长期做到满产满销是非常困难的，当时其他面板企业的惯常做法是旺季开足马力，淡季只使用 70% 的产能。华星的满产满销，具体做法是把满产之后降低的单片分摊成本作为优惠让利给客户，客户节省了支出，华星用足了产能，各得其所。

2013年春节期间，薄连明驳回了台湾团队按计划提交的减产计划，发动所有员工寻找仓库，将周边可用的仓库全部放置库存。从4月开始，面板价格骤然上涨，其他厂家还没有反应过来，华星不但借势消化了所有库存，还赚了一大笔钱。这一满产满销的做法，被其他厂家迅速跟进效仿。

满产在制造端可以解决，满销则要在市场端解决。为了满产满销，华星坚持做最主流的产品，推行"双80"战略（t1产能的80%做32英寸产品，t2产能的80%做55英寸产品）；坚持做大品牌客户，三星、TCL电子（即TCL电视业务）是华星的主力客户，销量占比近70%；坚持做好长期计划管理，与客户签订MOU（谅解备忘录）或LTA（长期协议），提前一年锁定产品销量。剩下的一些零星产能，服务广大二线客户，增强产线调配的弹性和灵活性。

在显示面板行业，市场淡旺季明显，旺季要尽量满足客户的需求，而淡季的产能不能浪费，在市场上只有全球排名靠前的客户才可能消化。2013年至2015年，华星对客户进行了优化，目前的客户数量削减到20家以内。产能的85%以上供应全球知名的大客户，其余产能供应给一些二线客户。

优化客户面临很大阻力，但李东生认为这是一种必然。客户结构调整、集中大客户，不仅利于销售，而且大客户对产品品质和生产工艺流程的要求更高，反过来会倒逼华星增强综合能力。2017年，TCL销往北美市场的电视采用华星的面板。北美市场对品质和价格要求极其苛刻，也反向带动了华星产品品质和成本竞争力的提升。北美市场对大尺寸面板有很大需求量，这也有助于华星11代线的上马和生产。

第三个指标是爬坡周期和良率。爬坡周期是指产品良率达到90%所需的时间周期，良率是指合格品量占全部加工品的百分率。

对于新产线，量产爬坡的时间越短，良率提升的速度越快，带来的效益越好。这也是华星业绩优于同行的关键原因。最初，华星产线量产爬坡的时间为10个月，已经是行业最优。经过多年多条产线的经验积累，这个纪录一直被刷新，目前已经缩短到6个月以内，而且一次性目标良率达到成熟产线的水平。

显示面板是一次成型的产品，出现不良就是废品，不仅要直接打碎报废，还要付出处理成本，花钱请人回收。所以良率对成本的影响非常大，最初每提高一个点的良率能让单产线每月收益提高上千万元。目前华星产线的平均良率已经达到了96%，大大优于同行，成熟产品的良率更是达到了98%。三星显示的同行觉得不可思议，认为数据肯定有水分，后来亲自到华星考察后，才明白华星的良率是实实在在的。

第四个指标是产品组合优化，即优化产线规划、产品结构和客户组合。

华星t1线一开始做了22英寸、24英寸、28英寸、32英寸、37英寸、46英寸、49英寸、55英寸的8个产品。薄连明觉得，现在是一个"讲究简单极致的时代"，做这么多产品肯定不是简单极致，不同尺寸的产品在切换时肯定耽误时间。他要求只保留32英寸和55英寸两款产品，生产线上80%的产能做32英寸，20%的产能做55英寸；等到第二条生产线起来，则反过来配置，用第二条线80%的产能做55英寸，20%的产能做32英寸，这样效率更高。

产品调整之初，TCL电子的相关负责人找上门来："我们还在卖46英寸的产品，你不产46英寸的屏，我们怎么办？"薄连明的答复是："46英寸的屏，外面有资源，三星有，你就去找三星。你的所有产品不见得都找我做，我也不会什么产品都做。我只做好自己的事，把效率做到最高。"

从建设t1、t2，到建设最高世代11代线t6、t7，再到并购t10（三星苏州工厂）、筹建 t9，华星不断优化工厂产线，建立了覆盖全尺寸规格又有所侧重的产品体系，提高产品产线效益，让产能搭配做到最有效率。

从产线布局看，华星工厂呈双子结构布局。大尺寸业务集中在深圳，中小尺寸业务集中在武汉，通过深圳、武汉两地的集中产线布局，大幅提高了生产效率。华星坚持以生产效益最大化为产线布局原则，而不是像有的同行那样，以最大限度获得政府支持为原则来布局工厂。在华星 t6 产线筹建过程中，某中部大城市提出，政府投资 90%、TCL 出资 10%，还有各种优惠条件，希望引入 t6 项目，但李东生不为所动，坚持在深圳建设 t6、t7 工厂。他认为从长远运营来看，产线效率才是保持项目竞争力最重要的因素。政府资源也是资源，如果分散地区投资建厂，这是与资源利用最大化原则相违背的。

华星 t1 的成功运营，让华星顺利起步，一开始就进入良性轨道。当时面对半导体显示行业的周期起伏，面板企业的日子并不好过，大陆的上广电、龙腾光电，台资的瀚宇彩晶、中华映管，都因不能处理好经营和技术难题，在行业低周期时持续亏损，最终有的项目失败退出，有的走向低谷。而最初不被外界看好的华星不仅生存下来，还夯实了发展的基础。t1 投产一年后，李东生乘势而上，启动了 t2 工厂的建设，这时他提出，华星的经营战略要从"效率领先"逐步迈向"产品领先""技术领先"。

以上所讲的，是效率领先的 4 个主要指标。如果再加上"效益"二字，变成"效率效益领先"，就还有两个指标：一个是 ASP（产品平均售价），另一个是成本。

高 ASP 背后的驱动因素，是产品竞争力和客户竞争力。第一，要有超越同行、稳定的产品质量，得到客户的普遍认同，才能有好的售价。第二，要有好的产品结构，高端产品占比要远远超过同行。第三，要有好的客户结构，头部的品牌企业愿意为高品质、高技术的产品支付溢价。第四，产品推向市场的时间也很重要。新产品更容易有好的售价，随着起量的节奏，一般价格会下降，所以产品推向市场的速度一定要最快，能够引领市场需求。

而从成本角度看，关键是要有端到端的总成本概念。这里有五个要点。

第一，做到BOM（物料清单）成本最优，要求有好的产品设计以及有竞争力的供应链体系，能够进行结构性的降本，而不仅仅只靠议价。

第二，做到制造成本最优，要降低材料损耗、设备维备耗、人工及动力费用，这要求引入自动化，提高智能制造的水平，提高工厂的管理能力。

第三，降低单位大板的折旧费用，核心是从头开始降低产线的制造费用，过程中持续提升产能以及产线稼动率，通过增加产出来降低成本。

第四，要降低管销研费用，这里不能单纯地降低管理费用和研发费用，要通过组织效率及研发效率的提升，从开源的维度来进行降本。另外，在销售费用方面，华星远远低于同行，因为华星的两大客户都是股东（TCL、三星），沟通成本很低。

第五，要降低市场服务费用。这要求产品质量经得住全球极端气候和环境的考验，产品投入市场后，极少被客户退回，为此华星建立了完善的品质保障体系及智能制造体系，力争把产品问题控制在工厂内，不流向市场。

上述指标，在华星经过不断校验以及简明化，最后形成了一个公式：

$$华星指数 = (\frac{产能指数}{100} \times \frac{稼动率指数}{100} \times \frac{良率指数}{100} \times \frac{ASP指数}{成本指数}) \times 100$$

公式中包含的产能、稼动率、良率、ASP、成本这五个要素，就是华星效率效益领先的关键所在。

作为以高科技制造为基础的重资产企业，华星从第一个工厂开始，就铆足劲奔跑，围绕产能、速度、成本，以挑战高目标为荣，"一天当两天用，全年任务提前半年完成"，甚至提出"把对手逼疯，把自己逼死"。李东生说："面对行业的激烈竞争，华星不能拼规模，只有把关键的工作在最短时间做到最好，才能撑起生存空间。我们要争取做到，即便竞争对手的工厂折旧结束，华星也能保有产品性价比优势。"

这种追求产能的极大化、良率的极致化、成本的极小化、周转的极速化的做法，让华星一出生就与众不同。2013年全年实现营业收入139亿元，净利润22.6亿元，一条生产线的盈利超过主要竞争对手四条半生产线的全年盈利。

除了深刻把握液晶面板产业规律，创造性地提出"华星指数"，华星在组织和运营模式上，也有很多创新突破。

一是通过自我驱动，提升个人效率。作为公司最小的作战单元，当个人目标与组织的目标统一起来，个人就有动力，公司就有活力。只要信任员工，授权员工，让员工得到并使用资源，很多问题可以轻松在一线得到解决。一线蕴含了巨大的商业机会，那些有创造力、洞察力、感召力的员工可以捕捉到，并把这些机会利用起来。华星提出了"齿轮理论"，以小齿轮带动大齿轮，目的是打破职能限制，清除发展障碍，激发员工创业精神，促进组织协同发展，构建一个平台型创新组织，让企业拥有源源不断的创新活力。

二是提升组织效率。华星工厂是7×24小时运作，建立了人均劳效机制，动态管控人力，提升人均产出效率。华星充分利用互联网技术，挖掘8小时之外的空闲时间，通过在线管理系统，保持员工和管理者随时上线，遇到问题及时反馈，快速响应变化。

三是提高资产效率。先找客户，定好产品，再做生产。缩短产品的开发周期，加快新产品量产速度，保持满产满销，实现"零库存"。同时，积极拓展上游 VMI（vendor managed inventory，合作性策略模式）业务，加强原材料和备品备件采购的灵活性，减少资金占用，提高资产周转效率。

四是提升战略效率。战略效率的核心在于把规模的密度做起来，做出与众不同的差异化，做到世界第一。华星率先提出打造 UD（超高清）工厂，希望通过设备改造、工艺优化、流程再造，把厂内 particle（粒子）降到最低，为生产高端产品充分准备，同时把产能做到最大，良率做到最高，TAT（产品周转时间）做到最短。

五是提升创新效率。加强上下游产业协同，促进与战略客户的联动，协同开发共性技术、模块技术和应用场景，创新产品形态，缩短上市时间。同时进一步向终端渗透，以创新产品和服务，实现客户的产品战略，为终端用户提供极致的显示体验服务。

产品领先、技术领先与生态领先

面板是高度标准化的产品，不同厂商生产的面板产品差异很小，要在竞争激烈的行业中站稳脚跟，仅靠效率领先是不够的，必须做到产品领先。

"眼睛向内、苦练内功"当然是基础，但如果只讲规模和低成本，很可能让产品同质化、企业微利化，导致行业进入恶性循环。

李东生说，华星不怕竞争，但要走出低层次竞争，就要在成熟技术和全面质量管理的基础上，在差异化和价值经营上多动脑筋，延伸产业链，提高附加值，把产业门槛筑起来，把企业特色做出来。"特色的关键是要有核心产品和核心技术，其中核心技术是核中之核。"

华星历史上的几个代表性产品，都体现出了差异化价值。

32 英寸 A05 面板产品。采用精简的驱动架构，驱动 IC（集成电路）用量减少了 75%，开了电视超薄、轻量化的设计先河，上市时恰逢国家推出"家电下乡"政策，农村消费需求大增，一下成为抢手的明星产品。

55UD 屏。在国产化 LCD 面板刚刚开启之时，率先向尺寸更大、清晰度更佳的 4K 发展，成为第一家量产 4K 产品的中国面板厂。此后又不断发展出业界最高穿透率、支持可变高帧率场景、匝极开关集成化、极窄边、圆角等 4K 系列产品，2019 年 1 月，55UD 屏超越三星，一直维持市场第一的地位。

8K 1G1D 领先技术。凭借像素设计上专利与制程的优势，挑战面板工艺能力上的极限，华星实现了业界最高的 8K 产品穿透率，驱动 IC 的用量也减少了 50%。从 2020 年 4 月开始，华星 55/65/75 60Hz 8K 1G1D 陆续在三星等国内外一线品牌客户量产出货，2020 年 12 月领先对手率先量产出货 120Hz 8K 1G1D 产品。

华星能够做到产品领先，背后有多维度的支撑。技术支撑提供了重要支点。这里举两个华星技术方面自主开发的例子：一个是 HVA 技术，一个是 Mini LED 技术。

先来看 HVA。

t1 启动伊始，有两种技术路径可供选择，一种是 IPS（in-plane switching，平面转换）技术，这种技术将液晶分子的排列方式进行优化，采取水平排列，遇到外力时，不会画面失真，最大程度地保护画面效果。另一种技术路径是 VA（vertical alignment，垂直排列）技术，是高端液晶应用较多的面板类型，属于广视角面板技术，优点在于可视角度较大，方便多人同时观看，宽容度和对比度更高，画面中的黑色和白色也更加纯净。在 VA 路径上，还有好几个层次，有 MVA、PVA，最先进的叫 PSVA（聚合物稳定的垂直排列液晶）。华星的选择就是 PSVA。

之所以叫 HVA，H 是华星的第一个拼音字母，VA 代表了选择的入手技术，HVA 就是要基于相对成熟的 VA 技术，进而研发华星自己的核心技术。HVA 还有一层意思，就是"high performance VA"（高性能/高规格的 VA 技术）。当然，这是后来的演绎了。

华星做出技术路径选择的时候，三星刚刚实现了 PSVA 技术的量产，友达光电也刚刚做出来，刚开始量产。华星选择和德国默克（Merck）公司合作开发，但重要的东西还要重新揣摩，不可能把经验或材料直接拿到手。现任华星副总裁的张鑫，读博士后时有过做仿真的经验，博士后出站加入华星，接着做液晶盒内的仿真，并参与了 HVA 技术的研发过程。

VA 技术的基本原理在业内是公开的，但实际的试验过程却走了很多弯路。当时遇到的最大挑战，就是屏上有很多碎的亮点，导致满屏看有很多漏光的地方，所以要不断调试电压大小、UV（紫外光线）的照射强度和时间等几个参数。不断调整了几个月，相关设备也换了好几轮，最终才达到量产水平。

类似碎亮点这样的缺陷，会严重影响良率。一开始遇到时，谁都没有答案，只能是先找出与问题可能有关的几个因素，对每个因素逐一排查、调整，解决一个问题就积累了一点 know-how（技术诀窍）。没有捷径，只能一点一点地累积能力。

HVA 技术研发之初，参考了三星、友达光电的路线，对标它们的尖端技术。但华星并不是照搬，还采用了很多新工艺，比如自主尝试了四道光罩。跟业内通常采用的五道光罩相比，节省了工序循环，缩短了时间，提高了产能，整体成本降低近 10%。

再来看 Mini LED 技术。

2019 年，华星决定采用成本较低的 α-Si 玻璃基板做 Mini LED 屏。而业内一直的看法是，Mini LED 与玻璃基板"水火不容"。Mini LED 技术属电流驱动型技术，对电阻极为敏感，而玻璃驱动的稳定性不够。华星一开始也遇到很大困难，做出来的样品点都点不亮，头一个月研发团队几乎没有半点进展，后来进行重组，从内部多个工序临时抽调了十余名年轻骨干，组建新的项目组，成员以90后为主，其中不乏北大、清华、香港科大等名校毕业的博士。项目开发进度胶着不前，眼看着一片片玻璃屏一通电就烧毁，大家束手无策。但他们没有气馁，而是在SMT工厂蹲点，屏一下线，当场就对其性能进行分析。最后发现，烧屏现象是部分线路在高温高湿环境下发生短路所致。项目组为此一遍又一遍地优化线路工艺。慢慢地，烧屏的现象消失了，屏幕也从部分点亮到全屏点亮，项目组开始重拾信心。

开始被认为是天方夜谭的Mini LED样机，最后竟提前半年成为现实，华星创造了全球第一款做在α-Si玻璃基板上的Mini LED屏。之前业内的屏都是以PCB（印制电路板）为基板，分区数一般在1000个以内，不能做太高，否则成本就太高了。而华星可以做到5000多个分区，此时的分区是最佳的，也能把成本很好地控制下来。华星的Mini LED屏在HDR（高动态光照渲染）亮度上可以做到1000尼特到2000尼特，甚至更高，非常适合做8K，而且在画质上不输OLED。

2019年8月31日，华星正式将首款75英寸8K Mini LED屏命名为"星曜屏"，并在深圳首次召开了盛大的新品发布会。作为华星首席科学家的闫晓林在发布会上动情地说："过去，华星做了很多跟随式创新，尤其在LCD领域，常常把别人已经做成的事，用极致的效率再来一遍。只要是巨头们没做成的项目，我们自己首先就乖乖砍掉。但现在，我们已经走向真正的技术创新导向。我们如今做的很多事情，都是前人在做但没有做成的。我们明确提出了'全球技术领先'这个词，技术不领先，在显示领域就没有出头之日。"

张鑫说："以前我们都跟在三星、友达光电的后面，人家的产品出来照抄就行。以后要争取做到让他们来抄我们的，这样才有成就感。为了创新，我们希望研发中台有一定的出错概率，假如你做10个项目，10个都成功了，显然就是太保守了。"

从技术能力的角度看，华星的t1和t2项目，是台湾团队主导建设的。从t3开始，包括t4、t6、t7，都是由大陆团队主导建设的。闫晓林是华星半导体显示技术的灵魂人物，在他的带领下，张锋、张鑫等一大批本土人才在实践中迅速成长。

闫晓林说，过去，华星在产品技术方面主要采取"快速、务实的技术跟随策略"，"10多年前，我们从零开始直接进入8.5高世代TFT-LCD面板生产线时，外企已有超过10年的技术、专利和经验积累，同时还有资金、产业链等全方面的优势，所以坚持技术跟随是明智的，也是成功的"。但随着自身能力的提高，华星开始全面对标三星。

"在显示领域，三星无论上下游供应链，还是技术开发能力，依旧是龙头。大尺寸方面，三星逐步退出了LCD，但布局了QD-OLED（量子点OLED），华星目前大力研发IJP-OLED（印刷OLED），紧步追赶，争取领先。小尺寸方面，三星OLED显示/Mirco-LED/柔性显示技术领先，华星t4深耕基于手机显示的新技术，将推动提升屏幕分辨率和刷新率，推出低蓝光、高色域、长寿命的屏幕。在折叠形态上，t4将结合自身技术优势，整合材料供应链和设备，打造各种折叠形态和拉伸形态的屏幕。同时，为降低屏幕功耗，t4在节能技术上同时进行LTPO、无偏光片、微棱镜等多项技术的开发，未来这些技术整合在一起，将使屏幕的功耗下降30%以上。在上下游方面，三星上有自己研发的IC及材料，下有终端电视、MNT、平板电脑、手机等，这些都是华星未来需要借鉴发展的方向，如材料自研、自主IC供应等，只有这样，华星才能实现赶超三星显示的愿景。"

张锋负责t6、t7项目，对建设这两条11代线记忆犹新。华星有成熟的8.5代线建设经验，但没做过11代线，全球面板领域也没有谁建过 11 代线的工厂。所以京东方的 B9 项目（10.5 代线），采取了比较保守的策略，所有技术路线完全复制 8.5 代线，只是把基板尺寸放大了，而且采用相对保守的 Cu/Al 5 Mask 技术。张锋说："华星当时在 t2 Cu/Cu 4 Mask 还不是很成熟的情况下，直接采用了这一技术，是冒了比较大风险的。"

台湾面板企业对京东方和华星的 10.5 代、11 代线都不看好，认为会经历比较长期的学习曲线。但京东方很争气，B9 项目非常顺利。华星 t6 前期的准备非常充分，提前一年半开始做技术储备，提前大半年做产品开发，人才也提前储备，所有设备的问题在搬入前都反复检查。张锋说："我们并没有把 t1、t2 的基层管理人员直接调过来，而是新老搭配，新建了一个既有经验又有冲劲的管理团队，另外也招了一批应届大学毕业生。因为有充分的准备，t6 比原计划提前半年满产，良率达到 95%~96%。"

华星的技术发展史，是一条非常清晰的借鉴、渐进、跃升，直至领先的轨迹。

最初建设 t1 项目时，华星刚入门，选择了市场需求量大且技术规格不高的产品为切入点，为此自主开发了 HVA、4mask+AL 等最基础的工艺技术，通过导入极致经济的 LCD 技术，让 t1 产线生产的 32 英寸产品具备非常强的成本优势。

在 t1 积累的技术基础上，等到 t2 这一"生产高显示规格、多尺寸的差异化生产线"启动时，华星又开发了以 Cu/Cu+COA 为主的工艺技术并导入 t2 产线。

在拥有一定产品技术实力后，华星有能力进军手机面板领域，规划建设了 t3 中小尺寸面板生产线，至此华星具备了生产涵盖从电视到手机的全尺寸显示产品的生产能力，也掌握了全面屏、Incell-touch（内嵌式触控）、Nice Blue（低蓝光）、面内挖孔等中小尺寸显示技术，为建设 t4 产线，进军柔性 OLED 领域打下了坚实基础。

随着规模扩大，整体竞争力提升，华星启动了全球最高世代线的 t6、t7 项目，此时有能力生产超大尺寸、超窄边框、8K、120Hz 等高端显示产品，并成功打入三星、索尼、华为、小米等客户的高端机种。

2020 年华星看到市场上 IT 等中尺寸业务的机会，2021 年启动建设首条以 IT 为主的面板生产线（t9），此时可以做到把业内最先进的技术，加上华星自主开发的显示材料应用在项目中，并通过切割效率与成本优势，确保产品竞争力。

2012 年华星 t1 量产时，真正形成面板产能释放的本土企业基本上就是华星和京东方，那一时期主要是与三星、LG、友达光电、群创等韩国以及中国台湾地区面板厂竞争。华星只能生产技术规格简单的显示面板，尺寸单一，产品价格相对较低；而外企更专注于技术规格高、附加值高的产品。产品的高低差，让两边的企业有不同的需求市场，华星和京东方尚未对韩国和台湾地区的企业构成威胁，竞争还比较温和，各个面板企业可以在相对稳定的环境下开展业务。

之后，华星等本土企业不断进行产线建设，技术实力也显著提升，开始有能力生产高规格、高附加值的全品类显示产品，与韩国和台湾地区企业的直接对决变得不可避免。由于加入战场的本土面板企业也在增多，竞争更加激烈。大规模的产线建设让面板的产能供应进一步加大，面板市场整体供需开始转为过剩，面板厂的获利能力大幅降低。在自 2018 年年初开始的两年多的低景气周期，面板价格曾跌破许多面板厂的现金成本，让其不得不下调稼动率，三星、LG 等选择了退出 LCD 业务。在这场旷日持久的"红海竞争"中，华星、京东方这样的本土企业，依靠较强的成本控制能力和效率优势，最终成为赢家。

2013 年，在效率领先、产品领先、技术领先的基本战略构想中，李东生增加了一条，就是生态领先。他认为，生态建设是企业着眼长远布局，提高核心竞争能力的重要一环。企业之间的竞争，实际上就是产业生态链的竞争。考验的是企业对供应链协同、调度和配合的综合能力。

面板是高度集成化的产业。与面板相关的材料有 100 多种，大部分材料需要特殊的运输及包装工具，而玻璃基板不适合长途运输，所以显示企业必须选择一家玻璃基板供应商作为长期合作伙伴，实现"隔墙供应"，一起并肩前行。经过审慎评估，李东生选择了与日本旭硝子作为战略合作伙伴。旭硝子履行了承诺，跟随华星在多地建设了研磨厂和熔炉厂，当华星所占的份额在全球市场逐步提升时，旭硝子也成为行业排名第二的供应商。

2011 年 6 月 23 日，华星 t1 正在紧张建设之时，旭硝子第 8.5 代 TFT-LCD 液晶玻璃基板生产线项目，在华星生产线周边开工，项目投资约合 18.3 亿元人民币，对深圳液晶面板产业链的形成和综合配套设施的完善，意义重大。

旭硝子成立于 1907 年 9 月，母公司为日本三菱集团。李东生说，他选择旭硝子，选择的是"大家一起发展，一起承担责任和风险"的路径。华星将旭硝子作为独家供应商，旭硝子则承诺满足华星的供应需求，华星每建一个工厂，它就来做配套。

除了旭硝子，住友化学、供应偏光片的 LG 化学、做 LED 光源的台湾东贝等上游材料、设备厂家，一大批半导体显示产业链的关联企业，汇聚在华星周围，共同发展，互相促进。

2021 年 2 月 2 日，李东生在接受我们采访前，刚刚跟住友化学的社长开过远程视频会议，讨论如何在下一代印刷 OLED 材料及显示技术方面展开合作。"这个项目预计 2022 年开工，2024 年投产。这就是日本企业的优点，愿意跟着你做那么长远的规划，并兑现承诺。"

闫晓林说："显示技术的竞争，不仅是一个产品与另一个产品的竞争、一项技术与另一项技术的竞争，更是一个技术生态与另一个技术生态的竞争，在新型显示技术领域，这一特征将进一步强化。因此我们必须围绕核心产品和技术，发展一大批包括材料、功能模组、装备、芯片的真正技术型的战略合作伙伴，我们和他们不仅是买卖关系，还要通过投资参股、联合技术开发等手段，形成华星生态体系。我们也将最大限度地进行开放式创新，把全球相关技术资源纳入视野，纳入资源库，以更开放、更包容的心态，根据战略发展和布局，采用各种灵活的方式实现有效合作。"

除了引进全球顶级合作资源，自主创新的华星还带动了盛波光电等数十家规模以上中国企业的发展。张鑫分享的数据显示，华星落地深圳后，带动平板显示业上下游产业链加速集聚，已经形成一个年产值超过2400亿元的平板显示产业集群。其中，国产化采购金额从2018年的10.9亿元上升到2019年的14.2亿元，增长率达30%，设备国产化覆盖率达到44%。

李东生很欣慰，华星在发展，同时带动了装备、材料等上下游产业的发展。"偏光片、玻璃、液晶，是液晶面板最主要的三种材料。通过生态合作，偏光片的国产化率超过50%。玻璃和液晶已经实现了技术上的突破，国产的8.5代线玻璃已趋于成熟，产业化仍在推进中；液晶由于专利问题，或者出于交易条件等方面的考虑，国产化比例还未达成100%。"

以智能制造提升工业能力

无论效率领先、产品领先、技术领先还是生态领先，所有这一切都离不开制造的过程。面板最终是一个实体性的产品，是造出来的。这就涉及过硬的精密制造能力和先进的工艺制程水平。这些能力是在"自建团队、自主建线"的实践中逐步培育起来的，无法进行简单拷贝。

中国企业长期饱受"缺芯少屏"之痛。这种"缺"和"少",既有知识产权层面上的,也有高端制造能力上的。例如,华为公司完全具备芯片设计能力,所设计的麒麟芯片的性能不比高通差,但在精密制造方面,由于本土企业的水平还不行,所以华为此前一直是按照全球产业链分工,由三星、台积电等帮助制造芯片。等到国际贸易环境发生变化,美国政府"卡死"华为,人们才意识到,只有技术研发能力而不具备精密制造能力,同样会受到抑制。

华星在精密制造方面已经建立了深厚基础。李东生说:"虽然集成电路对于精密制造能力的要求高于半导体显示,一个是在硅片上做晶体管,一个是在玻璃基板上做晶体管;一个是7纳米,一个是2000纳米……但基本原理是相通的,包括专业设备和专业术语都是一样的,比如都用光刻机、光刻胶,都需要曝光刻蚀等,只是工艺精度不同、设备要求不同。"正是基于华星的高端制造、精密制造能力,李东生才敢于从半导体显示领域继续往半导体光伏、半导体材料以及集成电路进军。因为这都是高科技、重资产、长周期产业,都需要极高的成本控制、效率提升能力,以及高精尖的制造与工艺水平。

在接受采访时,李东生还特别强调了智能制造在提升华星经营管理能力方面的重要性。他认为,自动化能改善质量、提升精度、提高效率,智能化能进一步提高效率和质量。华星通过导入自动化、智能化设备,用自动化、智能化来取代人,生产效率更高,产品质量更好,同时减少人工成本,提高效率和效益。

2016年是华星智能制造发展的元年。这一年华星规划了"三化四步走"的智能制造发展路线。"三化",即自动化、数据化、智能化。"四步走",即在2016—2017年打造完善的自动化和数字化设备,实现制造过程中的实时数据收集与分析;2017—2019年完成工业物联网布局及建设,实现设备之间的互相监控及自动控制;与此同时,拓展大数据的运用和分析能力,实现基于大数据的智能分析决策;2020

年，智能制造再上台阶，开始利用人工智能技术，部分实现了生产过程的自感知、自学习、自决策、自执行、自适应。

先说自动化。华星从工厂建设蓝图规划开始，就同步规划如何实现工厂的自动化运转、系统间数据交互以及后台生产过程的控制和分析。华星结合实际需求和行业经验，与全球顶尖信息技术企业合作，逐步建立起全面的计算机集成制造生产体系，包括制造执行系统（MES）、自动化控制（BC）、自动化搬送系统（DSP）、报表系统（RPT）、中央监控系统（CFM）等系统，逐步探索出一条以"互联网+"为核心的智能制造发展路线。

t1和t2项目启动时，华星的自动化程度就处于极高水平。由于玻璃基板长2.5米、宽2.2米、厚度仅0.5毫米，需要在上千台精密设备中加工流转，历时10多天，历程4公里，单靠人工是无法完成的。当时，华星在自动化设备投资上累积已超过20亿元。自动化车间由数千台套机器人和数十万个传感器组成，数量庞大的机器人及传感器组成了华星智能工厂的基础。华星有近70个自动生产系统，有约3000个机器人支持自动化生产，在140个工序和检测站点中，约120个是全自动，另外20个自动化超过70%，自动化生产设备占企业总生产设备的95%以上。

近年来，华星通过物联网技术，实现了数据的自动获取、自动上报、自动记录，减少了80%的现场点检人力，大大提升了时效性；运用数据分析工具，减少了异常导致制造设备宕机风险。

再看数据化。

华星每个产品在所有工序中需要管控约2.5万个参数，每天有超过2TB级的生产数据产生及被收集，整个生产流程中有近100个检测站点，其中光学和点灯站点每天需要判定的图片数量超过200万张，这些数据对华星的经营管理有着巨大帮助。同时，华星也意识到，数据的价值还没有被充分发挥和利用，某些方面的数据仍有关键性的缺失。2017年，华星开始布局工厂AP（接入点）建设，数万个物联网点位实时解决了人、机、料、法、环的通信与协调。物联网采集的数据通过大数据平台分析建模，为虚拟量测、设备监控等智能AI（人工智能）应用提供了数据支持。华星自主开发建成了BI（商业智能）内部管理系统，作为"中枢大脑"，每天要处理百G级别的生产数据，并通过对数据进行汇总、分析和管理，将生产、良率、库存、品质、销售等方面的信息准确并集中可视化地呈现在战情室的24块屏幕上。"数据收集—知识形成—智慧行动"逐渐成为华星决策形成的重要路径。

最后再说智能化。

在产品研发和设计环节中，过去显示产品设计的周期长，新工艺、新材料的验证过程长、成本高，现在华星通过引入人工智能引擎，运用"AI+大数据"技术，将所有产品设计数据和资料输出来进行模拟验证，减少了设计流程，大大提高了设计效率。

半导体的生产工艺非常复杂，从一片玻璃到一块显示屏，中间要经过几十道甚至近百道的工序，所面对的缺陷问题和背景也很复杂，利用传统的光学检测设备无法对其进行详细的缺陷检测和分类。华星开发了ADC（自动缺陷分类）系统，采用深度学习和人工智能技术，让机器对缺陷类产品进行自动检测、分类、分割以及逻辑判断，质量检测效率得以极大提升，以前异常拦截需要花费1~2小时，现在缩短至原来的40%，为华星每个工厂每年节省人力成本上千万元。

另外，华星投资了上千万元，建立了全覆盖的物联网体系，能够侦测环境微小的变化，测量微米级电路的特性，通过大数据分析数据的漂移情况，从而预判产品品质，提前做出预警，及早发现和处置。现在不管产品还是设备出现问题，直接负责的员工和主管能够立即收到信息，进行及时处理。

可以说，在业务协同性、计划适应性、成本可计量性、过程透明性和绩效可衡量性等方面，华星的柔性智造体系都起到了关键作用。

华星不仅正在进一步升级打造"灯塔工厂"，力求真正做到工业4.0，还与TCL投资的格创东智公司展开合作，共同打造自主IP的工业互联网平台。与其他工业互联网平台做法不同，该平台的主要目标是，利用工具化的操作模式及内置的基础计算模型、行业机理模型、专家经验模型，让现场生产工程师团队将自己的个性管理经验与现场知识，自助转换成各种可复用的工业模型，变现数据价值，在产品异常拦截、产能提升、科学设备保养等方面发挥功用，达到降本增效的目的。

由于华星对产品品质有着超出寻常的苛刻要求，2019年，华星采用了格创东智GeekMind因子建模工具，搭建虚拟量测系统：将多道制程的数据以及不良品数据进行采集与汇总，借助GeekMind内置的丰富算法与模型，从海量数据中快速精准地找到关键指标和众多过程数据之间的关系。系统不仅实时在线对品质进行虚拟"量测"，还与MES系统达成联动，实现实时的故障预警、批次控制等功能，最大程度地减少了批次异常出现的可能。通过使用GeekMind建立模型，虚拟量测系统可将液晶面板的不良品单位从批次缩小为单片，仅一年就为华星光电带来效益数百万元。

布局下一代印刷显示

昨天的教训可能是明天的财富。历史经常以螺旋式的方式完成上升。

当年TCL并购汤姆逊彩电业务之时，正是CRT彩电向液晶彩电的转型时刻。汤姆逊在技术的分岔口缺乏预见性，留下了惨痛教训。痛定思痛，TCL借助华星再次启航，实现了一次巨大的产业级自我超越，并带动了整个中国液晶显示面板产业的超越，收获的是扎实的技术自信。

半导体显示产业的竞争已经从上半场的 LCD 之争，转变为下半场的新型显示，如 OLED、Mini LED、Micro-LED 之争。

华星在下半场的基本策略，一是切入中尺寸，补强 IT 产品线，广州的 t9 项目就是因此而建；二是从追赶到并跑，在柔性 OLED 面板上赶上全球领先水平，华星 t4 产线对此承担着重要使命；三是从中国迈向全球，比如华星正布局的印度模组项目；第四，也是最重要的，就是布局下一代印刷 OLED。

华星的研发投入占收入的比例为 12.6%（2020 年），与华为的 15% 左右已经接近。这些研发资金有序地投入各个技术路径。在大尺寸领域，华星布局了印刷 OLED/QLED、Mini-LED 等技术，也在研发触控传感器等面板微系统。在更注重提高分辨率的小尺寸领域，华星在柔性屏、触控一体、轻薄化等环节都有突破。

2018 年 12 月 20 日，华星印度模组项目在安得拉邦提鲁帕蒂宣布动工建设。印度是全球第三大电视市场和第二大手机市场，大小尺寸的显示屏需求在未来很长时间都会稳步增长，国内外多家知名彩电和手机品牌目前均在印度建厂。华星印度模组项目是中国面板企业在印度设立的第一个液晶模组项目，为在印度本土生产的手机、电视整机厂商提供关键部件——液晶模组。

华星首席运营官赵军说："印度模组项目实现量产后，将实现华星的印度制造、印度交付，更有效地服务在印度投资的彩电和手机企业。未来，我们希望的是全球制造、全球交付。"

李东生认为："通过投资印度获取短期收益，并不是最重要的。长远看，印度项目符合我们的战略大方向，它扮演着两个'角色'，第一是满足印度本土的市场需求，第二是成为立足于印度、带动国内上游材料供应商一起进驻、最终辐射东南亚甚至全球的生态化制造基地。"

下一代印刷显示，这是未来竞争的一个制高点。

2015年，在SID大会（国际信息显示学会）上，李东生做了主题为"显示产业浪潮中的中国力量"的演讲，提出"未来将要像印刷报纸一样生产面板"。为了引领印刷显示的发展，TCL在量子点、印刷显示技术、生产工艺等方面都积极投入。

2020年1月，广东聚华印刷显示技术有限公司（简称"聚华"）与华星联合发布全球首款31英寸喷墨打印可卷绕柔性样机，这是华星发布全球首款结合量子点与OLED优势的31英寸喷墨打印H-QLED显示样机之后的又一项新技术。2020年TCL战略投资20亿元，与日本JOLED合作研究印刷显示技术及工艺流程。目前在印刷显示领域，TCL已进入了技术创新的无人区，跟三星等世界一流企业在同一起跑线上，处于并跑状态。

李东生和华星的研发团队认为，在大尺寸方面，如果能将印刷显示技术在OLED工艺上应用，有可能开发出新一代大尺寸显示技术。印刷工艺的三大优势在于——首先是能够实现卷曲制造，这使得印刷出来的屏幕在理论上可以没有任何尺寸和形态上的拘束；其次是制造工序比蒸镀工艺大大简化，可以大幅提高良率；最后是制造过程中能耗降低，无须真空环境，使用低温技术，可减少碳排放。

聚华平台是业内获批组建的唯一一个"国家印刷及柔性显示创新中心"，由TCL牵头，将天马微电子、中电熊猫、华南理工大学、华中科技大学、福州大学、中国科学院福建物构所等国内面板龙头企业、高校和科研院所，都纳入了"朋友圈"。这也是我国显示行业第一次以资本和知识产权为纽带形成的企业法人实体公共开放平台。

2018年3月，布置好产线两个多月后，聚华就打印出一块31英寸OLED 2K屏，接着又陆续打出一块4K屏和一块400 PPI的5英寸屏，后者由聚华和天马微电子一起研发而成，是全球用印刷方式做成的分辨率最高的显示屏。

在新型显示领域，工艺和材料是形影不离的兄弟，只有"既专工艺，又谋材料"的企业，才能成为集大成者。华星在材料方面已经实现了一些重要突破。

华星的全资子公司华睿光电，任务是研发蒸镀及打印用的自主知识产权的 OLED 显示材料。短短几年，华睿光电在 OLED 发光材料方面已积累了上百个关键专利，团队陆续开发出三种性能颇佳并具有自主知识产权的材料，其中绿光主体（一种对显示材料功能的分类）和红光客体的寿命和国外先进水平接近。

TCL 与华星还通过投资、技术引进、联合开发等多种方式，积极加强与全球产业伙伴的战略合作，围绕材料、器件结构、工艺及关键设备等核心环节构建产业技术生态。华星已与三安光电共同成立联合实验室，从事 Micro-LED 显示技术开发，并形成 Micro-LED 商业化规模量产的工艺流程解决方案；TCL 旗下的创投业务也加大努力，在上游布局，参与投资了材料领域的纳晶科技、无锡帝科等，芯片领域的寒武纪、集创北方、宏祐图像等。

全球范围内的科研人员开发 QLED 材料近 20 年，还没有谁能把稳定性做到产业化水平。TCL 在红色材料与器件开发中，峰值外量子效率（ηEQE）已突破 20%，寿命超过 1 万小时，实现了红绿量子点材料从实验室向产业化的跨越。

TCL 在量子点电致发光显示领域专利公开数量已位列全球第二，量子点显示量产线规划方案和时间节点也已在企业内部明确。

2021 年，SID 大会向李东生颁发"David Sarnoff 产业成就奖"，以表彰其对全球显示产业发展所做出的杰出贡献。

2010 年华星开建时，一些专业人士对中国企业竞相进军高世代液晶面板生产有过不少提醒：面板投资是"没有出口的高速公路"，要一直不断投下去，有没有做好长期的资金准备？从国外引进的生产线，会不会是外企淘汰的，"引进即落后"？高世代面板究竟是"金矿"，还是企业又一次战略投资的"失败品"？总之，他们对中国企业的能力还缺乏信心。

在成就制造大国的时代，规模取胜是通常的路径。而在迈向制造强国的时代，要在关键技术和材料领域创新突破，能力是关键。系统化地提升竞争能力是关键。这也是华星成功的关键。

曾国藩说，唯天下之至拙，能胜天下之至巧。克劳塞维茨说，最长的路往往才是最短的路。效率领先、产品领先、技术领先、生态领先，华星每一步都看到了、踩准了，都没有省略，终于成为中国半导体显示领域，汇聚创新资源、支撑全行业创新能力提升的高地。

华星开辟的全新格局，也促使李东生更多地从上游视角思考整个产业的问题，他由此具备了更强的前瞻决断力，更丰富的对产业规律的认识，以及掌控复杂局面的节奏平衡能力。在华星十几年的历练，让他完成了优秀企业家向杰出产业家的跃迁。

华星之道，作为过去 10 年产业升级的典型案例，对所有依然在面对转型升级挑战的中国企业来说，都是一部实实在在写在大地上的参考书，值得学习借鉴，一读再读。

第三部分 全球化

企业家要对做新的事情或用新的方式做已在的事情负责任。

——约瑟夫·熊彼特

第五章　走向世界

1981年，TTK家庭电器有限公司成立，这是一家中外合资企业，也是TCL的前身。从这一刻起，TCL就和国际化结下了不解之缘。或者说，国际化、全球化就是TCL的生命基因。

1999年，TCL进军越南市场，成立TCL第一个海外公司。

2002年，TCL用820万欧元收购德国百年企业施耐德电器，快速切入德国和欧洲市场。当时欧盟每年给中国七家彩电企业的出口配额为40万台，而施耐德每年在欧盟区的彩电销量就有41万台。通过收购，TCL绕开了壁垒和限制。

但国际化、全球化又是如此不易，那种"在清水里泡三次、在血水里浴三次、在碱水里煮三次"的滋味，不亲历，断不能知。TCL历史上的两次重大海外并购，九死一生，但活下来，就把全球化的根扎了下来。

今天，TCL已基本完成了从"国际化"到"全球化"的转型升级。2020年，TCL海外业务营收734.6亿元，增长24.4%；出口额111.2亿美元，增长23.6%。目前TCL已在海外建立了8个生产基地，业务遍及160多个国家和地区，在主要业务地区形成相对完善的产业链布局。

李东生认为,产品出口贸易-跨国并购-全球化经营-建立全球产业供应链以应对逆全球化和贸易保护主义影响,这是 TCL 40 年全球化的一条主线,也是整个中国经济从被纳入全球分工体系、担任跑龙套的角色,到逐步走向舞台中央、成为新主角这一历程的映射。

这 4 个阶段看起来是横向的扩延,其实每个阶段所需要的能力都是不同的,是一山更比一山高的 4 个阶梯,攀登永无止境。

第一阶梯:从来料加工、产品出口起步

改革开放之初,中国经济百废待兴。

10 年"文化大革命"拉大了中国和世界先进水平的差距。而从 20 世纪 60 年代到 70 年代,新加坡、韩国、中国台湾、中国香港等国家和地区则抓住发达国家因产业结构调整、向发展中国家和地区转移劳动密集型产业的机遇,迅速转变为新兴工业化经济体,经济大致以年均 10% 的速度猛增,外贸出口能力增强,外汇储备增加,被西方经济学家称为"70 年代的奇迹"。

中国领导人洞察和平与发展机遇,选择了开放与改革之路。

当时中国经济的实际情况究竟如何?1979 年 4 月 5 日,中共中央召开的工作会议指出:农业长期落后,远远不能适应人口增长、工业发展和人民生活改善的需要,许多地方农民口粮不足甚至严重不足;轻工业长期落后,市场供应紧张,产品缺乏出口竞争力;能源、交通、原材料工业滞后,因为缺电有 20% 的工业生产能力发挥不出来,铁路干线的一些薄弱区段只能满足运输需求量的 50%~70%;"骨头"与"肉"关系处理得很不好,工人、农民收入长期没有增加,人民生活方面欠账很多;全国 2000 万人需安排就业,其中急需安排的

就有800万人。基建战线长，投资效果差，浪费惊人。[①]

落后、薄弱、滞后、欠账，几乎所有出国考察的领导人都感同身受。邓小平同志在1978年访问日本期间参观了其钢铁、汽车和电器工厂，感慨地说："我懂得了什么是现代化。"[②]

时任北京市经委主任的王大明回忆说，1979年的时候出了一趟国，化工部组织我们到英国、法国去考察化学工业，咱们当时的化学工业就是那种硬塑料，做得还不怎么样，软塑料做不出来，而英国、法国满地都是，垃圾里都有软塑料。

从哪里突围？

在广东，1979年1月8日，省委常委扩大会议提出，要充分利用毗邻港澳的有利条件，利用外资，引进先进的技术设备，大力开展补偿贸易，发展加工装配工业，搞好合作经营。

1979年4月，在北京京西宾馆召开的中央工作会议上，广东省委领导提出，广东打算仿效外国加工区的形式，在毗邻港澳的深圳、珠海和重要侨乡汕头划出一些地方，单独进行管理，作为华侨、港澳同胞和外商的投资场所，按照国际市场的需要组织生产，初步定名为"贸易合作区"。

邓小平很赞同广东的设想。听说"贸易合作区"的名称定不下来、意见不一，他说："还是叫特区好，陕甘宁开始就叫特区嘛！中央没有钱，可以给些政策，你们自己去搞，杀出一条血路来。"[③]

从20世纪70年代末开始，广东充分利用毗邻港澳、华侨众多的

---

① 《陈云在十一届三中全会的历史转折关头》，熊亮华（中共中央文献研究室研究员），载于《世纪风采》2015年第1期，http://dangshi.people.com.cn/n/2015/0303/c85037-26627804.html（中国共产党新闻网）。
② 《伟大觉醒让我们赶上时代》，辛向阳，载于《人民日报》2019年2月13日09版。
③ 《中国共产党简史》（第七章第三节），人民出版社、中共党史出版社联合出版，2021年。

第五章　走向世界

优势，大胆引进外资和先进技术、设备，吸引港澳中小厂商到珠江三角洲发展"三来一补"加工贸易，带动了劳动密集型加工业的兴起。"三来一补"，是来料加工、来件装配、来样加工、补充贸易的简称。

根据国务院 1979 年发布的《关于开展对外加工装配和中小型补偿贸易办法》中的定义，加工装配主要是由外商提供一定的原材料、零部件、元器件，必要时提供某些设备，由我国工厂按对方的要求进行加工或装配，成品交给对方销售，我方收取工缴费。外商提供设备的价款，我方用工缴费偿还。

中小型补偿贸易，主要是指国家重点的大型补偿贸易项目以外的一般轻纺产品、机电产品、地方中小型矿产品和某些农副产品，由外商提供技术、设备和必要的材料，我方进行生产，然后用生产的产品偿还。

据广东省委党史研究室编著的《广东改革开放发展史》（1978—2018 年）记载，全国第一家引进的"三来一补"企业，是 1978 年 9 月在东莞虎门镇成立的东莞太平手袋厂。该厂由香港信孚手袋有限公司与东莞二轻工业局合办，港方从香港进口设备及原材料并负责产品外销，东莞二轻局提供厂房和劳动力。太平手袋厂成功后，很多港商来此参观，之后又在附近建起了五金厂、拉链厂、印花厂等配套的"三来一补"企业。"三来一补"的形式很快在珠江三角洲地区铺开。

1978 年 12 月，当安徽小岗村的 18 位农民冒着风险，在土地承包责任书上按下红手印的时候，在虎门，太平手袋厂的工人们每个月已经领到了令人羡慕的工资。曾任东莞市委书记的李近维说："合资、合作、独资、'三来一补'，都是国际通用的引进外商的办法，但当年我们一下拿不出那么多钱搞合资，'三来一补'易于操作，适合刚刚洗脚上田的农民的经营水平。"

在太平手袋厂，从香港运来的先进设备令人大开眼界，计件工资更是让工人们兴奋不已。计件工资实施一个月后，普通工人的月收入达到80元到100元，远远超出之前在集体服装厂工作时的18元到38元。他们主动加班，甚至通宵赶货。两年后，工厂员工发展到700多人，镇上的人都找遍了，还不够，于是开始外出招人。1981年，太平手袋厂派人前往江西的一个县，找当地劳动部门合作，县里培训了近200名当地农民工，用几辆大巴车把他们送到虎门。据说，这就是中国最早的农民工。

据不完全统计，1979年至1988年，有超过1万家"三来一补"企业遍布南粤，从业人员达百万人，形成星罗棋布的对外加工网，带动了地方工业的极大发展。珠江三角洲地区在20世纪80年代中期至90年代中期完成了由初级工业化到中级工业化的跨越，奠定了在中国"入世"后成为制造业中心之一的基础。

作为广东企业的代表，最早一批中外合资企业的技术员和管理者，李东生亲历了中国对外贸易和加工工业的发展。

他说："广东在对外开放之初，就是靠进口原料，加工之后再出口，赚取中间附加价值这种业务模式来驱动增长。当时我们缺钱、缺设备、缺渠道，想要直接参与国际竞争，自己去出口创汇，困难重重。好在我们有土地、丰富的劳动力，以及虽然落后但基本上较为完整的工业体系，加上较为灵活的政策，珠三角地区探索出了'三来一补'的外贸模式，外商提供资金、设备、原材料、来样，并负责全部产品外销，由内地企业提供土地、厂房、劳动力。这种资金来源与产品市场都在国际市场的模式，就是'两头在外，大进大出'。它为我国利用廉价劳动力的优势吸引外资，学习海外先进管理经验，培养内部工业能力，拓展国际市场，增加外汇收入起到了很大的作用。"

TCL最早开始的国际业务也是按照这个方式做起来的。"记得1997年整个惠州的'三资''三来一补'企业有2500家，工业总产值占全市的70%以上，出口总值占全市的90%以上。惠州工业基础很薄弱，如果不是改革开放后借助'三来一补'起步，不可能用十几年就形成了发展电子工业的良好基础。"

李东生承认，"两头在外"的外向型模式，产品开头的研发设计和最终的销售消费都在外面，"两头"都被外商掌握，内地企业只是做中间一段的生产，从制造业价值讲确实处于微笑曲线的底部，在利益链条中只是个打工者，丰厚的利润都被前面的研发设计和后面的销售拿走了。但是，"这是我们进入全球化的必经过程，相当于跟班学习、借船出海，被外资带着进入国际产业分工和国际大市场。这是不可能逾越的一步"。

李东生说，媒体上经常可以看到这样的说法，芭比娃娃在中国生产，供应商只能卖 1 美元，但到欧美市场可以卖 7 美元，一台苹果手机，中国代工企业获得的加工费只有苹果售价的 2%。"这是事实，但中国的选择并没有错。改革开放初期，在各种生产要素中，中国只有劳动力富裕，占世界劳动力总量的 20% 多，而资金和技术非常短缺。1980 年中国的资本形成总额占全球资本形成总额的比重不到 2%，研发投入占全球研发投入的比重更少，只有 0.5%。中国的耕地面积、淡水和石油资源分别占全球的 7%、6% 和 1.5%。这些要素条件决定了，我们没有办法把广大劳动力吸收到工业化部门，大部分人只能留在农村，这在某种意义上是'隐性失业'，收入很低，购买力不足，这样内需市场也不可能做大。"

而运用"三来一补"等外向型方式，把丰富的劳动力资源和外部的资金、技术、原材料、市场结合，中国就可以通过外循环带动内循环。一方面吸纳就业，提高劳动者收入；一方面进口能源、原材料以及先进技术设备，提高自己的制造水平。中国的加工贸易占进出口总额的比重由 1981 年的 6.0% 提高到 1998 年的 53.4%，有力促进了中国货物贸易的发展。

当中国有了比较扎实的工业化、市场化基础后，就可以从"借船出海"迈向"自己造船出海"。

越南第一仗：国际经营意识的觉醒

20世纪七八十年代起，随着通信成本、交易成本、运输成本的下降，以及专业化分工所带来的效率的追求，以跨国公司为代表的国际资本，将产业价值链中可分解制造和组装的部分，逐渐转移到具有劳动力优势和自身市场规模的发展中国家，形成了全球产业链。典型的全球产业链模式是：美国、欧盟和日本提供资金、专利、设计和技术，零部件在中国、东亚其他地区和东南亚地区生产，加工组装在中国，最终产品销往美国、欧盟和日本。

TCL最初的国际化形式就是加工贸易、加工组装，为出口商或国际品牌做代工。这部分业务直到今天仍然存在，主要集中于TCL通力电子公司和茂佳科技。通力曾是全球最大的DVD制造商，现在为许多国际大品牌原始设计制造各种智能音视频终端。茂佳科技是全球最大的电视ODM之一，与数十个国内外知名的消费电子品牌建立了稳固的合作关系，致力于成为具有强大竞争力的新型ODM科技平台，为品牌方提供从研发、设计到生产，再到后期维护的全部服务。

整个广东今天仍然有大量代工企业，这其中不乏优秀企业，如富士康、立讯精密等等。但李东生命中注定不是"代工主义者"，不会满足于通力电子、茂佳科技这样的业务。他是一个"品牌主义者"。从大学起，他们那代理工男的梦想就是创造中国的索尼、松下、飞利浦。

TCL的国际化，正是品牌意识较早觉醒的结果。TCL前身是和港商合作的"TTK家庭电器有限公司"，生产磁带，使用"TTK"品牌销售。虽然有仿冒日本TDK之嫌，但已有品牌意识了，TCL第一桶金是靠品牌产品赚到的。

此后TCL品牌电话机初步奠定了TCL在中国电子产业的地位。

不过，从出口角度看，TCL一直主要以ODM方式出口产品，虽然原料采购自己掌控，但市场渠道依靠外商，要靠效率、成本、质量来争取订单。1997年东南亚爆发金融危机，东南亚和韩国都受到很大冲击，经济大幅下滑。韩国三星、现代、LG、大宇等财团都出现危机。TCL很多海外客户也出现了问题。订单减少了，TCL的出口大幅下降。金融危机还导致其他东南亚国家货币大幅贬值，因此在国外的加工成本突然降低，大量加工订单开始转移到东南亚。

这让李东生认识到，不能让海外经营这一块捏在别人手上，只是靠贸易商的订单过日子。两头都不能被别人卡住。一头是原料，为此TCL建立了海外的采购渠道；另一头是海外市场的客户，如果自己不能掌控前端的市场销售渠道，不能在国外的更多地区推广自己的品牌，TCL很难保持稳定成长。

李东生决定"走出去"。1996年TCL兼并香港陆氏公司彩电项目时就知道，陆氏在越南有一个彩电厂。1999年年初，TCL收购了这家工厂，扩建为TCL彩电生产基地，迈出TCL海外自建渠道及自有品牌推广的第一步。

当时，TCL内部有很多不同意见，有人主张应该集中所有资源，把国内市场巩固好，然后再往外走。李东生说："我觉得这两个方向都要同步做，如果开展国际化太晚，虽然可能会有更好的产业基础，但机会就不一定有了。另外，你打基础的过程，投入和时间成本还是少不了。越南离广东近，总部便于提供支持，当地的华人经济圈也很强，这都有利于控制风险。"

TCL决定进军越南之时，信心满满。当时被派往越南的负责人是国内大区销售总监，他信心满满地表态："越南的市场规模只相当于国内的一个省，我一年就能拿下来！"

实际情况却出乎意料的艰难。TCL品牌在越南的认知度基本为零，在胡志明、河内等大城市，三星、LG、索尼、松下等品牌已经瓜分了家电市场。越南人对日韩品牌非常熟悉，他们把摩托车直接叫成 HONDA（本田）。TCL 的彩电样品在每个经销商那里都吃了"闭门羹"。由于销量差，工厂投产后就陷入亏损，而且亏损额以千万元计算。很多主管都说："退出吧，早退还能少亏一点。"

越南这一仗最后能够胜利，首先靠的是"农村包围城市"，从以农村市场为主的球面电视切入的策略。当时的越南电视机市场，79% 为球面电视，20% 为平面彩电，1% 为 LCD 高端电视。TCL 越南公司在深入市场一线后，针对"家家户户都架简易室外天线"的特点，开发出了一款具有防雷功能的产品。越南地形复杂，多山多林，他们又开发出了具有超强接收功能的产品。这两项功能成了 TCL 电视独特而有效的卖点。

其次是打造扎实的经销网络。在亚洲金融风暴的影响下，一些外资企业纷纷撤离，当地经销商平时就很难见到日韩品牌的高管，此时更不知道日韩品牌在想什么。TCL 越南公司则频繁主动与经销商联系、聚会，甚至直接到商场帮他们卖电视。30 多名来自 TCL 本部的员工，每周都和当地客户面对面沟通。越南几乎没有强势的全国性连锁卖场，TCL 独创了省级经销会模式，构建起了几百家经销商的网络，业务人员直接到最偏远的地区与经销商合作。

在拜访越南朔庄省最大的电器经销商时，对方一开始看不起 TCL，业务员登门十几次都不见，但业务员并不气馁，就在经销商的零售店周围开发客户。受到触动的经销商把 TCL 彩电与其他品牌蒙住，让客户选择，结果 TCL 占优。很快，这家经销商平均每月能够销售 1500 台 TCL 彩电，而其原来主销的品牌销量降至 700 余台。

立足农村市场后，TCL 开始进军大城市。巨幅的 TCL 广告出现在河内、胡志明市等城市的重要地段，"三年免费保修，终生维护"的保证，打动了不少零售商的心，代销点不断增加。"产品不错，售后服务比日本品牌强，价格实在"，这是很多零售商的反映。

第五章　走向世界

弹指一挥间，今天的 TCL 越南，已是一家具备行业最新科技含量的综合性家电企业。2019 年 2 月，TCL 越南公司模组整机一体化新制造基地，在平阳省越南新加坡工业园正式开工建设。新工厂占地约 7.3 万平方米，项目分二期建设，一期计划投资约 2.5 亿元人民币，实现每年 100 万台整机产出能力；二期新增投资 1.1 亿元人民币，扩建后将达成每年 300 万台整机的产出能力。这里将成为中国电视品牌在东南亚最大的投资，自建产能数字化生产基地，不但满足当地市场需求，而且能向北美和欧洲出口产品。

2019 年 9 月，一期基地正式建成，9 月 21 日首台电视机下线。2020 年 7 月 4 日上午 10 时，生产现场举办了简单而庄重的仪式，庆祝 TCL 越南新工厂第 100 万台产品顺利下线，现在越南工厂月产量已经超过 25 万台。

第二阶梯：加入 WTO 之后的国际并购

2001 年 12 月 11 日，中国正式加入 WTO（世界贸易组织），成为其第 143 个成员。中国入世前，WTO 的 142 个成员之间的贸易额占世界贸易总额的 95%，投资额占全球跨国投资总量的 80%。

WTO 的主要原则是互惠原则（对等原则）、透明度原则、市场准入原则、促进公平竞争原则、经济发展原则、非歧视性原则。中国从 1986 年 7 月 10 日正式向 GATT（关贸总协定，WTO 前身）递交复关申请起，复关与入世谈判历经 15 年之久。这一过程既是社会主义市场经济体制逐步建立和完善的过程，也是中国坚定融入经济全球化的写照。

中国入世谈判首席代表龙永图说，加入 WTO 的影响相当于"第二次改革开放"，中国将由过去范围和领域有限的市场开放，转变为全方位的市场开放；由过去单方面为主的自我开放，转变为中国与

WTO成员之间双向的相互开放；由过去以试点为特点的政策性开放，转变为在法律框架下的可预见的开放。中国的发展和市场前景将越来越广阔，越来越确定。

中国入世，李东生期盼已久，也坚定了TCL"走出去"的信念。

WTO规则的基础是贸易投资自由化，这意味着中国的产业和市场要逐步对外完全开放，国外也对中国同等开放。在金融、电信、汽车等领域，还有一个比较长的过渡期、保护期。而TCL所处的电子消费品领域，属于在很短时间内就完全开放的，这意味着在中国市场的竞争就是全球的竞争，事实上国外家电品牌也早已在中国市场占有重要地位。"这种情况下，如果我们只守着中国市场去和全球竞争，就很难打赢这一仗。所以一定要往外走，在海外开辟市场，不能只在内线作战。只有内线和外线作战结合起来，才有可能在未来经济全球化的竞争中建立优势。"

较早意识到全球化机会和挑战的中国企业，如华为、联想、海尔等，都在中国"入世"后积极布局全球化业务，并在过去十多年获得较快的发展，成为所在行业的全球性的佼佼者。

TCL首先在东南亚国家和印度、巴基斯坦布局，先后在菲律宾、印尼建工厂，开拓印度和巴基斯坦、俄罗斯业务，但这些市场体量都不大，北美和欧洲是全球最大的两个电子消费市场，但已经被欧、美、日品牌瓜分，韩国品牌正全力进攻。李东生一直在苦苦思索，如何打入欧美市场。

2003年，进入欧美市场的机会出现了，全球彩电行业的鼻祖，法国汤姆逊公司计划出售其连年亏损的彩电业务。法国汤姆逊是老牌的欧洲大企业，业务领域从军工科技到消费电子，后将军工科技和消费电子业务分拆，1988年又收购了美国通用电气的RCA彩电业务，一度成为全球最大的彩电企业。此外，汤姆逊还拥有显像管业务，而RCA是美国最早的科技企业，著名发明家爱迪生是其创始人，RCA

在美国家喻户晓，这个机会让李东生兴奋不已，认为能通过并购快速进入欧美市场。

2004年，TCL对法国汤姆逊彩电业务和阿尔卡特手机业务进行了收购，联想对IBM个人电脑业务进行了收购（2005年完成），这是当时中国企业全球化的两大事件，也是中国背景的新兴公司向着全球化公司迈出的一大步。收购完成后，TCL一度成为全球销量最大的彩电企业，联想成为全球第三大个人电脑企业。

因为国际并购遭遇的重大挫折，多年来外部对TCL一直批评不断。李东生自己也从未停止过反省，但内心深处，走出去、成为全球化公司，这一驱动力永不止息。

"TCL走出去和索尼、松下、LG、三星竞争，实力不足。但如果等到实力壮大起来可以竞争的时候，时机也就没有了，要先在有相对优势的细分市场突破。"

"我不认为现在TCL是真正意义上的跨国公司，TCL产品结构中真正自有品牌的比例只接近30%，70%多还是供应链制造商的角色，TCL的角色转换还没有完成。"

"入世意味着中国的产业和市场要对外完全开放，也意味着国外会更加开放它们的市场和产业给我们。在这种情况下，走出去进行国际化的经营是迟早的事情，除非你只是愿意成为国际化企业的配角，成为国际化产业链的一个环节。这显然不是我的目标，我希望把TCL品牌做到全世界，这样早点国际化可能更好一些。"

上述这些观点是李东生在2002—2004年所讲，此后一以贯之，从未改变。

除了看到入世为中国企业带来相互开放、走向世界的机会，李东生还从全球企业发展的角度看到——所有成功的世界级企业都是全球化经营的企业，从美国、欧洲、日本到韩国，无一例外。尤其是在消费电子产业，没有哪个企业只靠本土市场就能长期成功。欧美一些品牌只抱守本土市场，最后都在竞争中被收购或者慢慢消失了。

　　李东生说："TCL的目标不仅是国际化，更要全球化。国际化业务与全球化经营代表着两种截然不同的经营理念。国际化经营是以自身企业为中心，全球化经营则是以全球市场为中心；国际化更多是将产品卖出去，全球化是要建立一个全球的经营网络和全球经营业务的能力。基于全球化的目标和战略判断，TCL在2004年做了两大跨国并购。但是具体怎么做好这两大项目，TCL没有跨国并购的经验，当时企业的能力、资源也不支持这么大的并购，所以做得很艰难。回头看，这两次跨国并购决定做得有点仓促，很多问题没有考虑清楚，代价很大，遭受了很大的挫折。对与错，可能从不同角度看会有不同的结论。但有一点可以说，敢打这一仗是TCL全球化战略的突破，战略方向是正确的。"

　　李东生不止一次说："两次并购为TCL的国际布局奠定了基础，TCL对国际市场、各国的投资环境有了深刻认识，生产基地、渠道网络等'资产'也是很有价值的。"

　　和TCL、联想的国际并购模式不同，华为一直采用自主方式，从边缘市场到中心市场，推动全球化。1996年，华为进军海外的第一步迈向了俄罗斯，经过三年坚持才从俄罗斯国家电信局获得了第一个极小的订单；1998年华为进入泰国，第一个客户是小型运营商AIS，同年进入印度；1999—2000年，华为陆续进入非洲、中东、亚太、独联体、拉美等十几个国家和地区，华为品牌在第三世界打响；2000年以后，华为将目光转向欧美，2002年为进入英国电信的采购短名单，华为接受了长达两年的认证。获得沃达丰认可华为也花了两年多时间。2004年，华为中标雅典奥运会通信设备建设项目，在英国成立了欧洲地区总部；2005年，华为海外销售收入占总体销售收入的60%。2007年，华为进入了欧洲所有主流运营商的合作行列。

　　为什么TCL不能像华为这样以我为主、一步一步实现全球化，而要通过并购"一口吃成个胖子"呢?

李东生在清华大学经济管理学院在职学习时写过一篇论文,讲了当时 TCL 集团在规划未来发展战略时的想法。

第一,如果依赖国外代理商的力量,虽然风险较小,但掌握不了目标市场的主动权,也无法及时跟进市场变化,拓展新的市场。

第二,如果采用渐进式的"自我扩张型"国际化道路,稳则会稳,但时不我待,因为在欧美市场推广一个全新的中国品牌,成本太高,风险也比较大,需要投入大量资源。欧美市场比较成熟,格局基本已经确定,接受一个品牌的空间不是很大,打自己的品牌意味着要在一个成熟市场中挤出一块份额,难度很大。

第三,为了绕开欧美市场的贸易壁垒,并购欧美知名品牌对当时的 TCL 是一个最佳选择。汤姆逊的品牌优势、技术积累及销售渠道,对急于寻求海外突破的 TCL 具有巨大的吸引力。

TCL 并购汤姆逊彩电业务时,计划采用的是双品牌策略:把中高端利润空间大的机型分给汤姆逊品牌,把中低端占领市场的机型分配给 TCL 品牌,以此慢慢蚕食其他市场上主流品牌的市场份额。当 TCL 品牌的知名度上去之后,再把中高端机型也放在 TCL 品牌下,以此达到完全替代汤姆逊品牌的目标。

关于 TCL 当年遭遇的挫折,我们在本书第二章已有详述。李东生在自己的论文中,客观进行了阐述,其大致轮廓如下:

一是产业技术变迁的影响。2004 年年底,全球彩电市场迅速从显像管电视转向液晶平板电视,尚未整合好的 TCL 欧洲公司反应过于缓慢,TCL 各地工厂仍大量生产显像管电视。并购时让 TCL 看好的汤姆逊的三四万项彩电专利,基本属于传统显像管彩电,帮不上什么忙。直到 2005 年年中,TCL 平板电视才开始上市,但这时竞争对手已经开始降价,TCL 从产品开发、供应链管理到整个体系都没有适应这种变化。

二是在产业趋势发生变化的同时，TCL对收购业务的整合颇不顺利。整合的努力只是停留在通过整体采购节约成本等方面，并没有获得技术和效益的好处，由于东西方企业管理文化方面的差异，协同效应不明显，没有产生 1+1＞2 的效果。

三是被多品牌拖累。在消费类电子领域，鲜有成功运营多个品牌的先例。索尼等大公司相继抛弃了其寄生品牌，专心集中兵力发展主力一线品牌。而在TCL与汤姆逊的合资公司TTE中，Thomson、RCA、TCL，三个品牌同时存在，资源竞争严重，在有限的市场上，别的品牌还没什么动作，自己人倒先打了起来。加上当时的销售团队和渠道都不被TCL人员把握，造成销售费用奇高、售后费用无法控制、各种花费竞相攀比、前后端与市场实际需求容易脱节等诸多弊端。

华为的全球化路径和TCL有很大不同，华为所处的电信设备领域，与国家信息安全相关，一家中国企业不可能去收购西方的电信设备公司。但正因为没有机会，华为立足自身，自主推动全球化，通过市场倒逼，提升自己的技术能力和综合竞争力，最后成为全球市场的佼佼者。

相比起来，TCL和联想通过并购，选择建立了全球化布局，但都付出了较高的学费。TCL在至暗时刻中挣扎了两年多，联想集团在2008年前三个财季净亏损9700万美元后，柳传志"救火"重新担任公司董事局主席，杨元庆担任CEO，之后才逐步消化了亏损，扭转了困局。这些案例说明，虽然全球化是大势所趋，国际并购也是可行之道，但只有自己牢牢把握住方向，拥有强大的能力，才能取得胜利。把自己的命运寄望于并购本身是难以成功的。在2004年两个大型并购项目后，TCL就没有再做跨国并购了，而是以并购业务为基础，巩固欧美市场，逐步开拓其他海外市场。

第三阶梯：扎实推动全球化经营

任何企业的发展边界都是机会和能力的组合。波士顿咨询公司和瑞士洛桑国际管理发展学院（IMD）在2015年发布的《全球化能力差距：战略执行力决定优劣》中指出，尽管各国企业在过去几十年内全力推动海外扩张，但在构建和开展真正意义上的全球化组织与业务运营方面，只有极少数企业做好了准备。

IMD战略学教授玛格丽特·科丁（Margaret Cording）表示，海外并购能帮助企业迅速获取市场份额、构建全球化业务网络、开发多元化人才资源，以及促进业务组合的多样化发展，但"业务并购是一项很难把握的能力，因为企业需要拥有多项不同的技能，比如甄选、协商和整合等，才能在并购的道路上稳步前行"。没有当年的并购就没有今天全球化的TCL，但光靠并购，听其自然，自身缺乏主体性，也没有今天的TCL。TCL全球化故事的真实轨迹是——在汤姆逊留下的资产基础上，TCL通过点点滴滴的艰苦努力，在全球每个市场扎实推动全球化运营，才走到了今天。抓住并购机会与提升内生能力，如同硬币的两面，都不能少。

TCL的全球化业务有一个特点，就是在欧洲、美国、拉美国家特别强，不像国内其他同行，在东南亚的业务相当突出。李东生说："这是2004年并购汤姆逊彩电和阿尔卡特手机带来的。并购有两大战略价值：一是进入美国、欧洲主流市场。汤姆逊和阿尔卡特的业务主要在欧洲和美国，这是TCL乃至大多数中国企业所欠缺的。之前TCL在这两个市场基本是空白，并购后可快速进入。今天TCL的欧盟市场、波兰工厂、美国市场、墨西哥工厂，都是并购后才获得的。"

"第二个战略价值是业务增量。兼并之后整合遇到很多困难，彩电销量只是当年达到了世界第一，然后就往下跌。但在中国企业中，TCL的全球彩电销量还是最大的。这也是2009年上马TCL华星的重要基础。没有当年的并购，就没有TCL华星项目，这是一系列的因果相关关系。所以说没有当年两大并购，就没有TCL加速国际化的大格局，也没有开拓半导体显示行业的基础，这是并购给我们带来的最大的战略价值。"

硬币的另一面，是自身的能力问题。

波士顿咨询公司主席汉斯-保罗·博克纳曾对中国媒体表示："当中国公司进行全球化的时候，有两件事情很重要。首先，如果你在中国市场做得很成功，你未必在国外做得成功。以为在中国成功就可以征服世界是一种自傲的危机。第二个危机在于，有人说我们什么都不会，那买下一家公司放手让别人去管理也是一种危机。你买的公司在你不管的情况下，是很难做好的，你肯定要发挥主导精神。所以我们一定要找出一个方式，让你可以去学习，让你和买的这个公司一起去合作。"

获评"全球50位管理大师"之一的加拿大多伦多大学罗特曼管理学院院长罗杰·马丁，在《哈佛商业评论》撰文指出，有一些收购案非常成功，如1951年到1996年间沃伦·巴菲特滚动收购了保险公司GEICO，为伯克希尔·哈撒韦公司的资产打下了坚实基础，2005年谷歌用5000万美元收购了安卓，让谷歌占据了智能手机操作系统的最大份额，但70%~90%的并购都以惨败收场。

为什么会这样？"答案简单得出奇，如果公司只关心自己能从收购中得到什么，而不关心在收购中可以给予什么，收购就很难成功。"

什么样的收购可能成功？那就是"寻找给予被收购者价值的办法，而非从中攫取价值"。"如果你本身拥有能让被收购公司更具竞争力的要素，将会是另一番光景。"罗杰·马丁指出，收购方可以用四种方式提高收购目标的竞争力：做资本的明智提供者，成为更好的管理监督者，转移宝贵技能，分享宝贵能力。

并购带来了全球化运营的基础，并购的挫折没有磨蚀TCL全球化的决心。TCL 人饱经磨砺、顽强奋斗、锤炼能力，终于建立起全球化的业务结构和资源配置格局。从终端产品看，TCL 的彩电销售已位居全球第二，其中海外市场销售占 2/3，营收和利润都超过国内彩电业务。更重要的是，TCL 全球化经营能力大大提升，近几年美国对中国单边加税，但 TCL 在美国的销售依然实现了增长，这正是能力建立的结果。

李东生认为，TCL 的竞争力是一种"有比较优势的能力"。无论智能电视还是家电，TCL 的技术在中国企业里处于前列；相对于发达国家，TCL 有效率和规模优势、工业能力和供应链优势；相对于其他发展中国家，TCL 又有技术、规模、效率的综合优势。这些优势能力是支撑 TCL 加快全球化布局的重要基础。

多年征战在不同海外市场的吴吉宇对李东生的说法深有体会。"整个中国的经济体量和市场规模带来的全球影响力，会投射在每一家出海的中国企业身上。我这几年最深刻的感受，就是海外消费者对中国公司的印象、对中国品牌的印象、对中国人的印象、对中国的印象，都在慢慢发生改变。"

现任 TCL 科技 COO 王成是推动全球化的重要操盘手，几乎参与了各个主要市场的开拓。他说，TCL 在全球开展运营所遵循的基本规律，还是全球化和本地化的融合，global（全球化）和 local（本地化）合在一起是 glocal。以欧洲市场为例，欧洲的文化与经济具有多样性，有四五十种不同的语言，各个国家有不同的宗教信仰，税收、汇率、进出口政策也有差别。"要在欧洲市场成功，本地化非常重要，TCL 收购汤姆逊彩电和阿尔卡特手机时，将一大批拥有专业能力的当地团队并入了 TCL，很多员工至今仍在 TCL 工作，对 TCL 融入本地有不可替代的贡献。"

全球化是由一个个市场组成的。多年打拼，让王成对全球主要市场的特征有了比较透彻的理解。

欧洲市场。欧洲是最分散、最多样性，也是最稳定的区域市场。东欧、西欧、南欧、北欧都不一样，德国市场和英国市场、法国市场也不一样。欧洲市场需要的投入比较高，因为每个市场都要投入，费用贵，人工也贵。但欧洲市场最稳定，只要把品牌"种"下去，真正在市场上活下来了，有一定的市场地位了，也不容易被颠覆。比如飞利浦，早都不做电视了，将电视品牌授权出去，靠着品牌积淀和市场惯性，每年在欧洲还有400多万台的销量。

越南市场。越南是TCL"第一个去插红旗的海外市场"，是TCL的"桥头堡市场"，通过越南辐射到东南亚。

中东和非洲市场。过去比较分散，市场总量也不大，TCL投入的资源也不多。但这是未来增长潜力最大的市场，今天种下去几棵小树苗，过几年就可能成长为支撑业务发展的栋梁骨干，所以TCL从组织上开始重视，把中东和非洲分成了七个业务单元，如尼日利亚、埃及、沙特阿拉伯、南非等，通过组织阵型的变化让策略真正落地，把销售重心下移。

拉美市场。拉美市场是供应链周期最长的一个区域。比如从中国发器件过去，海上漂两三个月，到当地生产出来，渠道还需要两三个月账期。一年的资金周转速度很慢，且汇率风险很大。巴西、阿根廷的货币动不动就贬值百分之几十。

美国市场。全球数一数二的消费电子市场。2020年受疫情"宅家"因素的带动，美国市场销售了5190万台电视，中国市场同期只销售了4000多万台，可见美国市场之大。不进入北美称不上真正的全球化企业，索尼、三星都是在美国打出名气来才成为世界名牌的。美国也是成熟市场，增长很慢。也就是说，蛋糕基本上是确定的，谁的竞争力强，谁就能多分一点。

依靠全球布局和全球运营，TCL品牌电视的海外业务2020年增长了27.5%，2021年1—4月增长超过30%，显示出多年深耕全球化的强大后劲。

从全球化运营角度，李东生对未来的判断是，在以家庭为核心的应用场景中，从小屏到中屏再到电视大屏，相互联动。"中国的电视机品牌将一路成长，不仅整体规模超过日本，未来也一定会超越三星。未来会有3个到5个中国电视品牌取代日本品牌和赶上韩国品牌，成为消费电子产业中名副其实的国际品牌。"

李东生并不讳言，道路仍然曲折。"在智能电视领域，美国控制了操作系统，韩国控制了集成电路，一个是软件的灵魂，一个是硬件的灵魂，都是核心的东西。虽然苹果没有做电视硬件，但在整个消费电子领域，包括手机、电视、电脑等，苹果凭借其系统、软件和应用服务的优势，利润占了一多半。三星的综合实力也非常强，各个维度都很优秀，属于'五好学生'。中国消费电子和家用电器厂家，包括TCL在内，不管从产品维度还是研发维度，跟三星比起来，都还有好几年的差距。三星在技术上大规模持续投入了那么多年，我们这几年才开始规模性地投入，要追赶，还需要时间的积累。"

在消费电子领域，包括中、日、韩在内的东亚地区，生产了全球大部分的手机、计算机、彩电，主要集中在中国。根据工信部数据，2018年中国生产手机18亿部、计算机3亿台、彩电2亿台，占全球总产量的90%、90%和70%以上。在四大泛半导体领域（芯片、面板、LED、光伏），东亚的产能几乎代表了整个世界的产能。

而在东亚地区内部，中、日、韩的消费电子产业变迁线路，几乎与三个国家参与全球化的轨迹完全相同。

20世纪70年代到21世纪初，日本消费电子工业雄霸全球，电视机是其支柱。在CRT时代，日本彩电盛极一时。1985年前后，日本生产的电视机大量出口国外，尤其是美国。当时美国的酒店，房间里配置的大多是日本的彩色电视机。由于日本电子工业的巨大贸易顺差，美国电子工业协会（EIA）曾就产自日本的彩色电视机提起反倾销申诉，甚至引发美日持续数年的贸易摩擦。

电视进入液晶时代后，虽然日本公司是液晶面板产业化的先行者，但松下和日立主攻等离子显示屏，佳能和东芝主导SED（表面传导电子发射显示技术），索尼研究场致发光，三洋下注OLED，真正专注TFT-LCD开发的只有"液晶鼻祖"夏普。日本彩电企业并未充分获得"液晶红利"。

从CRT向液晶显示的技术迭代，韩国企业意气风发地逐鹿全球市场，以及中国企业凭借成本优势赢得中低端国际市场，这一切日渐动摇了日本彩电工业的根基。2011年下半年之后，日本电视机生产业务萧条至极，不少厂商相继退出，可以自主生产显示屏的厂商仅剩松下和夏普两家。2012年，松下、索尼、夏普三巨头宣布的赤字总额达到1.6万亿日元左右，亏损、裁员成为这些昔日辉煌的厂商的常态。

李东生几乎每年都去美国多次，考察市场、会见合作伙伴。他说，时至今日，美国市场上的日本彩电品牌已经只剩下索尼，更多的是韩国品牌与中国品牌在竞争。

韩国品牌的代表是三星。作为涉猎高科技元件、电信、家电、音视频设备等方面的制造商，三星是TCL重要的合作伙伴和华星的核心客户。

TCL历史上和三星有很多交集，也是和三星合作最为成功的中国企业之一。李东生对三星非常感佩。"当年我们建模组厂，三星提供了技术支持，供应面板给我们做成模组。如果没有模组厂，很可能就没有华星，而华星现在是三星VD（显示产品事业部）主要的液晶屏供应商。我们也是三星芯片和器件的大买家。双方一直友好合作。"

TCL和三星这种"竞中有合"的关系，是基于战略信任。双方都高度全球化，在全球化方面也有很多共同语言。

李东生仔细研究过三星在历史上如何转型，发展附加值高的半导体产业。他最钦佩三星电子的，就是不满足于只是生产终端产品。

1969年三星电子创立，1974年到1979年完成了对韩国半导体公司全部股份的收购，进入半导体产业。1991年，三星电子在半导体事业部设立专攻TFT液晶技术的部门，当年建成300mm×300mm的试生产线，1993年开工建设第一条2代线，而彼时TCL的第一台28英寸大屏幕CRT彩电刚刚下线。

三星电子长期形成的垂直整合优势非常明显。从最上游的原料、中段的关键零组件制造、品牌设计、代工，再到终端产品、渠道，横跨品牌与关键零组件制造两大环节，且都极为强势，构筑了纵向一体化的强大竞争壁垒。

三星敢"豪赌"半导体，在精准计算下进行反周期投资，以及追求极致效率的很多做法，对李东生创立华星光电、收购中环等战略决策，都有一定启示。三星认为，"追求安逸定会落后"，所以总是提出更高标准，主动挑战自己，逼迫自己跳跃。这种做法和李东生一直坚持的"主动进行自我变革"，也非常相似。

总结全球消费电子的历史，特别是中日韩三国消费电子的历史，李东生说："美国的RCA、通用电气和欧洲的飞利浦、西门子、汤姆逊等，是最早的巨头。后来，日本企业崛起，抢占欧美企业的份额，索尼研发的随身听风靡全球就是典型的案例。可以说，30年前日本是全球市场的主导者。最近一二十年，韩国企业和中国企业崛起，韩国品牌主要抢的是日本品牌的市场份额。最近十多年，中国品牌快速增长，一方面跟韩国品牌竞争，另一方面也在抢夺日本品牌的份额。而所有这些竞争，都在全球展开。全球主要的经济体都是战场。可以说，在消费电子终端产品领域，有竞争力的品牌都是全球化经营的。"

李东生认为，未来的全球消费电子产业，除了苹果这一美国品牌在移动智能终端仍一枝独秀外，主要是中国品牌与韩国品牌展开全方位竞争，日系品牌只在高端市场。中国的优势在于有着比韩国大若干倍的经济体量和市场，中国的液晶面板产能占了全球的60%，中国有丰富的工程师和技术工人，加上智能制造，可以把产品性能打磨得更好，把成本控制得更低，并结合中国消费者的多元化场景做出个性化、差异化产品，迈向创新驱动。而韩国三星、LG在全球化业务上有明显优势，是中国企业的强劲对手，TCL的电视业务全球领先目标就是要赶超韩国品牌。

第四阶梯：建立全球产业供应链

如果说TCL国际化最早是通过加工贸易"借船出海"，到了建立越南分公司和工厂的阶段，就可以说是"造船出海"；之后的国际并购，是"买船出海"；再往后，在各个国家和地区开展全球化运营，是"就地出海"；最终，TCL和那些享誉世界的全球化公司一样，形成了全球产业布局——全球制造、销售、服务，即在全球各地建立产业链和供应链；全球营销，在世界各地建立品牌销售渠道和服务体系；全球研发，在海外建立具有国际竞争力的实验室和研发体系。到这个阶段，可以说TCL建成了遍布全球的"船务基地"。

这一过程绝非坦途。全球化不是岁月静好，而在不断变化。尤其最近几年，关税壁垒和贸易保护主义升级，新冠肺炎疫情肆虐，汇率波动不断加大，给所有置身全球化的企业带来了新的挑战。

TCL科技CFO黎健说，光是资金管理的挑战就是多方面的。比如面临多国家、多币种、多银行、多语言、多时区的困难，协调难度大；市场风险、外汇管制和税收政策等因素，以及资金回流的路径、模式差异，导致部分资金难以归集；进入一个新市场，由于对市场环境、当地监管和税收政策不了解，企业面临境外融资渠道有限、资金筹措困难等。

针对不同外币的汇率风险，TCL采取了不同汇率风险敞口对冲风险管控措施。"只要有一笔外汇的应收或应付，其实就对应了一笔资产或负债。从外汇入账到变成本位币现金收回来，这个过程就会产生汇率波动风险。如果一笔外汇预计 6 个月会变成本位币现金，就会做 6 个月的汇率锁定。金额如果是 100 万元就锁定 100 万元，是 1000 万元就锁定 1000 万元，绝不能预计 100 万元但锁定 1000 万元，因为多出来的 900 万元没有对应敞口，那不是管理，是投机。"

还有很多风险，企业是无法锁定的。2017 年特朗普担任美国总统后针对中美贸易的一系列做法，就属于无法锁定的风险。

2020 年 4 月 17 日，在 TCL 2020 年第一次协商会扩大会议上，李东生自问自答："中美经贸关系是否会出现脱钩？全球化是否会退化为区域经济？我认为从长远看这两点都不可能发生。全球化规则和路径会发生变化，这是一定的，但对于消费电子领域，我认为中国受到的影响很小，因为消费电子产业中国的比较优势很难被动摇，而该产业再回归美国的可能性几乎为零。"

"不过，美国对中国的加速打压可能会持续相当长时间，也许还会有第二轮、第三轮的贸易摩擦，但我们已经做好了准备，在墨西哥、越南新建工厂，规避美国加税的壁垒。"

在央视财经《对话》栏目中，李东生说："TCL 在越南、波兰、墨西哥、巴西、阿根廷、印度、印尼等国家都有工厂，疫情对我们的全球业务影响不大，主要源于我们的全球化和本地化结合得很好。"

在李东生看来，出口业务和全球化业务不是一个概念。出口是将产品销到海外市场，在美国、日本、澳大利亚、智利、中东部分国家或地区的市场是可以的，但在大部分国家和区域市场，进口关税都很高，出口产品没有竞争力；而全球化是在全球各地建立完善的产业链、供应链体系，在地生产、在地销售、在地提供服务，带动核心器件、材料与装备出口。中国制造业的产出占全球的 28%，如此巨大的产能不可能都在国内消化，也不可能都用出口方式消化，因此在全球布局，在全球建立产业链、供应链，不仅输出产品，更要向外输出工业制造能力，在全球市场实现自身价值，就成为势所必然。

所以 TCL 的全球化，一种方式是出口整机（制成品），一种方式是出口核心器件、材料和装备，在 TCL 海外的产业链中形成增值，即在当地把产品做出来，再在当地销售。这两种方式都很重要和必要。TCL 的全球产业布局也因此具有双重战略意义。一是能将贸易风波和贸易保护主义的影响降到最低。由于 TCL 在全球建立了产业链和供应链，实现在地产品开发、在地生产、在地销售、在地服务，所以"无论现有的全球贸易规则发生哪些变化，所在国采取什么样的贸易保护主义措施，都能从容应对"。二是全球布局可带动中国核心器件、材料和高端设备出口，促进国家出口增长。

按照 TCL 的计算，在海外销售当地制造的 100 美元的产品，大概能带动 60 美元的国内核心器件和材料的出口，另外 40 美元在当地产生。虽然这种方式不能像出口制成品那样，100 美元的销售都出自国内、归于国内，但它能有效规避国外市场对中国产品在关税和非关税方面的壁垒。而且海外业务做大了，出口的总量也会同步增长，这就是国际循环和国内循环相互促进的具体体现。

李东生认为，这一轮"逆全球化"的回头浪，影响虽然很大，但改变不了经济全球化的大趋势。经济全球化最重要的特征，是把不同国家和地区的相对比较优势充分发挥出来，要发挥这一优势，就需要通过国际投资、产品贸易、服务贸易来产生，这是经济全球化的基本格局。"只要 TCL 能够在与当地企业的竞争中保持相对优势，消费者自然会做出他们的选择。在贸易保护主义抬头的背景下，国际贸易争端和摩擦可能会经常发生，但如果能及早做好全球业务布局、扎根海外当地发展、业务充满韧性，就无惧任何贸易战。"

经济规律是很难抗拒的。2016 年，美国服装咨询公司 Alvanon 总裁埃德·格里宾在接受《彭博商业周刊》采访时说："如果你问一个人，问他是否愿意购买美国制造的产品，答案肯定是愿意，然而购物的时候他可不会这么做。他希望物美价廉，希望性价比高，希望买到看起来不错的商品，从来不看产地标签。让美国人重回流水线，像中国、越南、柬埔寨等国的蓝领那样工作，已不再可能。在今天的美国，已经无法找来愿意干蓝领活且有一定技能的年轻工人。"

为了更准确地评估全球贸易风险对于TCL海外业务的影响，在2018年中美贸易争端开始的时候，利用国庆假期，李东生与高管团队一起，前往美国拜访主要客户和合作伙伴。从西雅图渐冷的初秋，瞬间切换到依然夏日艳阳中的亚特兰大，然后又回到硅谷。两次横跨东西海岸，李东生他们感受到挑战，也看到了机遇。

先后走访了好市多、沃尔玛、百思买等连锁卖场后，李东生发现，来自中国的产品，价格没有明显波动。美国普通消费者对于中美摩擦不太关心，商界普遍不赞同美国对中国的贸易政策，他们对如何解决中美之间贸易不平衡的状况十分关注，但大多认为这需要协商解决，而非采取单边加税引发"贸易战"这种缺乏理性的手段。

在与主要客户和合作伙伴的沟通会上，美国朋友极为坦诚地提醒李东生，虽然电视和手机暂未列入加税目录，如果特朗普政府继续加税，肯定影响TCL的电视和手机在美业务，TCL需准备应对措施，防患于未然。

李东生还带领团队拜访了几家美国半导体及通信科技公司。他们在圣迭戈拜访高通公司时看到，总部大堂里悬挂了超过6000件专利证书的专利墙，无论早期的CDMA（码分多址）技术还是风头正劲的5G通信，都避不开高通的专利。1999年高通将手机业务出售给京瓷，基站业务出售给爱立信，从此完全专注于芯片开发。高通不生产芯片，而是聚焦于芯片设计、知识产权和标准制定方面，然后将专利技术授权给全球客户。

而在电信运营商那里，李东生和团队看到了扩张的打法。2015年，已经有138年历史的美国电话电报公司（AT&T）以671亿美元收购了美国最大的卫星电视运营商 DirecTV。李东生和团队在展示区看到，DirecTV 让传统电信运营商在电信网络客户之外，获得了可观的家庭电视用户，基于此，运营商能更好地了解用户行为，从内容订阅和广告投放方面获取更多收入。美国电信运营商已经不满足于仅仅作为用户上网的渠道，它们通过收购媒体公司，正在转型为涵盖网络、内容的综合性互联网服务公司。

　　这些拜访，坚定了李东生的很多判断，如聚焦核心业务，强化自主知识产权，加速完善全球布局。他特别看到了场景互联网、AI×IoT 服务平台的价值，进而想到要加大对 TCL 旗下的"大屏互联网"雷鸟科技的支持。

　　在清楚地感受到贸易摩擦的风险后，TCL 更加注重海外基地的建设，2018 年决定扩建 TCL 墨西哥工厂的物料仓库及三条大尺寸线体。经扩充，墨西哥工厂双班整机年产能可达 300 万台。

　　TCL 墨西哥工厂的前身始建于 1987 年，初期由日本三洋建设、运营，TCL 于 2014 年将其收购，2015 年建立了模组车间，2016 年建立了 SMT（表面贴装）车间。工厂位于美墨边境的蒂华纳的一个免税区。TCL 北美公司委托 TCL 墨西哥工厂生产产品，然后在美国销售。自深圳发出的大货物料，到达美国长滩港或墨西哥恩森纳达港，再运至墨西哥工厂，当地配套物料供应也在一小时车程之内，供应链体系完整。工厂现有工人 1000 余名，除 9 名是总部外派人员，其余均为墨西哥本土员工。

　　TCL 供应美国市场的彩电有了三个来源：墨西哥工厂（大尺寸、零关税）、越南工厂（小尺寸）及惠州工厂。

　　美国市场关税一直很低，TCL 彩电近年在美国销售增长很快，在中美贸易战，美国对中国彩电加征额外关税前，从中国制造直接输美成本是最优的。2018 年中美贸易摩擦加剧，TCL 预估到美方加税可能扩大到彩电产品，决定调整产业链布局，扩大墨西哥工厂规模，扩大越南工厂产能，在两地增加输美产量；2019年又决定新建设墨西哥第二工厂，靠近美国得州边境的MASA工厂，第一期200万产能工厂已经投产。全球产业链结构调整，有力地支持了TCL在美国市场的发展。在中美贸易摩擦期间，TCL彩电销量持续增长，虽然利润大幅减少。但李东生认为，最重要的是保住市场，这是长远战略利益所在，产业布局调整到位了，利润就能恢复。

TCL墨西哥工厂的负责人何道清接受采访时说，如果只看短期，目前墨西哥的制造效率无法和国内企业比。这里的一线工人主要是初中文化，有的白天工作晚上上学，工程师素质水平不高，经理级别的策划和分析能力往往还不如国内的主任级别，员工对企业要求的理解存在差异，执行力也不够坚决。员工很爱玩，周四发工资（周薪制），有的员工周五、周六晚上就去聚会，甚至周日还玩，周一就不来上班，反正附近有很多美资等外资工厂，找工作不难，流动性也大。"但长期看，海外工厂的作用将越来越大。中国制造业能力强，但国内成本不断上涨，竞争激烈。'走出去'可以享受零关税，而且那些产量大、简单重复的产品生产，海外工厂的员工经过培训是可以胜任的。尤其是现在物流费用越来越高，差不多占到海外工厂运营成本的三分之一，特别是50英寸以上的大尺寸产品，因为一个集装箱装的产品数量有限，摊到每台产品上物流费用较高，在墨西哥本地生产就有一定的成本优势。对于电子产品来说，利润率不高，成本控制非常重要。"

2020年上半年，TCL电子运营中心总经理牛海龙最大的三个任务，是抗疫增产、越南爬坡和海外建厂。

2020年3月8日，越南新工厂日产破万台，创历史新高；7月6日，日产再破纪录，达16808台。

在地球另一边，TCL墨西哥MASA工厂正在紧张建设中。2020年的大年初八，MASA工厂总经理邢劲松提前带队，搭乘最后一班飞机取道美国，入境墨西哥。当天夜里，他们人还在飞机上，美国的入境政策就发生了改变，因中国疫情取消了从中国到美国的所有航班。

在全球贸易不确定性增加的背景下，墨西哥成为众多中国产品进入北美市场的"敲门砖"。2019年，TCL启动了位于墨西哥华雷斯的MASA新工厂建设项目，主要生产55英寸和65英寸以上大屏智能电视。新工厂有完善的模组和机芯的自主生产能力及组装能力，屏幕由TCL华星在中国研发生产供应，以满足美国中东部地区对大屏幕智能电视产品的需求，进一步加强在美国的生产布局。

幸运地抵达墨西哥后，邢劲松和他的团队面临着设备短缺、技术人员不足等种种问题。因为疫情，中方技术人员、设备都无法如期抵达墨西哥。他们只好就地取材，聘请滞留在当地的华人技工来调试设备，并让国内技术员通过视频连线进行现场指导。就这样，总算把墨西哥MASA工厂的第一条生产线建了起来。

走出去一线打拼的TCL海外将士，对于全球化的理解和实践，真实而有说服力。目前TCL输出到美国的彩电，逐步从中国转到在墨西哥、越南工厂制造交付，在很大程度上消除了对中国出口产品加征关税的影响。这就是全球产业链的作用。

以"全球化"破"逆全球化"

2021年是中国加入WTO 20周年。加入WTO之后，中国电子信息产业开始在更高层次上参与国际竞争，由OEM、ODM、境外设厂转向设立研发机构、国际并购和参与国际标准制定，以电子百强企业为代表的骨干企业"走出去"战略成效显著，在全球产业中的地位和影响力日益突出。

开放，没有冲垮中国的电子信息产业，反而令其越来越强，建立起全球竞争力。

2021年7月2日，WTO原副总干事、中国商务部原副部长易小准在中欧国际工商学院举办的"中欧·北京"论坛上说，加入WTO 20年来，中国的经济总量增长了近10倍，在世界经济中所占的比重从4%增长为17%；中国的货物贸易总额增长了8倍，进口、出口在全球所占的份额从3.8%、4.3%，分别增长至11.5%、14.7%，中国成为全球第一大出口国和第二大进口国。外商对华直接投资的规模年均增长6.1%，连续29年居发展中国家首位。中国对外直接投资的年度流量在全球也从20年前的第26位，上升至2019年的第4位。

2021年6月9日，李东生在亚布力中国企业家论坛第二十一届年会上，发表了《以"全球化"破"逆全球化"》的演讲。他说，对不断发展壮大的中国企业来说，全球化是一条充满风险与挑战的道路，TCL作为先行者有几点体会和大家分享。

第一，中国企业要敢于走出去，也必须要走出去。

第二，中国企业在走出去的过程中，要将全球化和本土化进行结合。"以前我们是卖产品出去，更多是国际贸易，近10年全球化增长更多是要靠'走出去'，真正建立起全球产业链布局，要把我们的前端深入到目标国家，发展我们业务的同时对当地经济、社会发展要有贡献。"

第三，加强研发推动产业向价值链的中高端升级，在全球产业格局中建立竞争优势。"早期中国制造业更多的是在中低端建立相对的比较优势。未来全球产业格局的重构，中低端产品有一部分会转移到生产成本更低的国家。中国企业想建立自己的优势，一定要加快产业的转型升级。"

勇敢走出去，真正走进去，升级走上去。TCL的国际化、全球化之旅，历经四个阶梯，义无反顾，浩荡向前。

第六章　征战全球

"当年,中国对经济全球化也有过疑虑,对加入世界贸易组织也有过忐忑。但是,我们认为,融入世界经济是历史大方向,中国经济要发展,就要敢于到世界市场的汪洋大海中去游泳,如果永远不敢到大海中去经风雨、见世面,总有一天会在大海中溺水而亡。所以,中国勇敢迈向了世界市场。在这个过程中,我们呛过水,遇到过漩涡,遇到过风浪,但我们在游泳中学会了游泳。这是正确的战略抉择。"①

2017年1月17日,在瑞士达沃斯小镇,中国国家主席习近平在世界经济论坛年会开幕式上如是说。

做全球化企业,已经成为21世纪中国优秀企业的战略追求。

在李东生看来,企业发展也要把握住"历史大方向"。

20世纪80年代至90年代初,通过改革开放、引入外资,很多中国企业"以洋为师",步入商品经济时代。

20世纪90年代,中国明确了社会主义市场经济体制的方向,中

---

① 习近平主席在世界经济论坛2017年年会开幕式上的主旨演讲,http://www.xinhuanet.com/2017-01/18/c_1120331545.htm。

国企业初步建立起现代企业体系。

2001年，中国加入WTO，企业的国际化和全球化成为不可回避的选择。

2008年金融危机后，中国经济的相对竞争优势日趋明显，中国企业加快了产业转型升级。

"过去十几年，是中国企业的全球竞争力明显提升的年代。全球化企业就要在全球最佳地点布局和经营，从全球视角，最大限度地为客户、员工以及合作伙伴实现价值的最大化。全球化企业的中国时代已经启动。"李东生说。

上篇：逐鹿战略高地——美国

"黑色星期五"大单

2010年时，毛初文在被TCL总部派到美国、负责北美市场彩电销售业务时，没有想到，一切要从零开始。

2004年TCL并购汤姆逊电视业务，汤姆逊在北美市场的品牌是美国经典的RCA。1988年，汤姆逊收购了RCA。2004年，TCL北美分公司成立，延续经营RCA品牌。

毛初文本人的经历也很国际化。她2002年加入TCL，TCL收购汤姆逊之后，她与汤姆逊一位美国的财务经理结了婚。

面对强势的韩国品牌，再看看RCA稀稀落落的订单，毛初文极为焦虑。更让她心烦的是，美国的售后服务费用很高，占营收的近6%，原因是安装维修的人工费很高，且美国消费者动不动就退货，三个月内可以"无理由退货"。比如，用了三个月要搬家，不想搬电视，就退；有的刚买的崭新电视，连包装都没打开，也退。按美国的规定，即使是全新产品，退了就不能当新品卖，要在生产线上过一下，重新换包装。

RCA 已然无望，TCL 只能另起炉灶。当时的 TCL 北美分公司位于中部的印第安纳州，李东生去考察了几次发现，这是美国相对落后的地区，当地人很多连护照都没有，可能一辈子都没有离开过美国。在这样一个相对封闭、观念陈旧的地区，TCL 的业务很难有什么起色。

李东生决定将公司迁到加州的洛杉矶，开始经营自有品牌。印第安纳距离加州大约 3700 公里，两地有 3 个小时的时差，从印第安纳州首府印第安纳波利斯坐飞机到洛杉矶，直飞需要四个半小时左右。由于距离遥远，几乎所有 RCA 的老员工都没有选择跟去加州。这一方面让毛初文陷入"光杆司令"的困境，另一方面也让她有机会完全按照自己的思路和标准组建新的团队。

美国彩电市场品牌众多、强者如云，TCL 品牌从未涉足。总部知道前方的困难，从 2011 年到 2013 年对北美团队没有销量考核，只要能甄选品质客户、进入优质销售渠道即可。

风风火火的毛初文，带着一个财务人员和一个售后服务人员，三人买了个房子，租了个仓库，仓库上搭了个小办公室，就开始干了。

事实证明了总部的预见性，2011 年到 2013 年，TCL 品牌电视在美国的年销量是几万台到十几万、二十万台。

转机是从 TCL 进入亚马逊的"黑色星期五"开始的。

在美国，圣诞大采购通常会在感恩节之后开始，感恩节是 11 月的第四个星期四，第二天就是"黑色星期五"。中国电商的"双十一"就是在"黑色星期五"的基础上演化而来的。"黑色星期五"是经销商贴钱，他们提前预订产品并最终定价，当天所有商品都有非常大的折扣，会创下销售天量，带动市场人气。

一般在上一年年底，或者当年年初，经销商就会着手筹备"黑色星期五"。王成说，他们要求产品具备极致性价比，比如一款电视市场供货价是 110 美元，经销商会出价 100 美元，买断品牌商一个很大的订单，该订单专供"黑色星期五"，平时不会卖这款产品。到了"黑色星期五"，经销商给这款产品的定价会在80美元左右，"如果算上经销商的经营成本，可能一台电视就要赔40美元"。

从单款产品看，经销商几乎都是亏钱的，但他们可以通过不同产品、品类的搭配组合，在总成本和总收益之间取得均衡，甚至赚钱。而"黑色星期五"带动的人气，往往会转化为第二年的常规销量。很多厂家之所以对"黑色星期五"跃跃欲试，看中的不是其本身，而是之后的机会。

2013年，沃尔玛给TCL发出了一个信号，"黑色星期五"期间在沃尔玛试销TCL彩电。

为了赢得这次机会，2013年年初刚刚被派往美国市场支援的王成，特意请沃尔玛总部的买手到中国实地走访。王成最早在越南工厂担任总经理，收购汤姆逊之后被派往欧盟尤其是英国市场摸索，比较了解海外市场的做法。他用了大半天时间，带着沃尔玛的买手看了华星光电、惠州模组厂、惠州彩电车间。他准备得非常认真，每个地方都提前进行了摸排。买手临走时对他说："你们有屏，有整机，有品牌和研发，中国广东有这么出色的一家电视机厂，竟然没有跟沃尔玛做过生意。作为沃尔玛的买手，这是我的失职。"

眼看有戏，王成赶紧更新了一版报价。没几天，他收到通知，说这次没能合作成功，很遗憾。被兜头浇了一盆凉水的王成，弄了很久才搞清楚，"黑色星期五"的游戏规则远比想象中要复杂得多。

"'黑色星期五'是纯粹走量的生意。沃尔玛的订单是下给TCL电子，但屏的价格也要参与一起谈，以确保供应。从源头说，显示屏厂须按产品价格下降的趋势定价，明显低于市场价，贴近现金成本。厂家甚至得把屏低于成本卖给渠道商。假如生产一块屏的边际成本是100元，厂家可能真的得按100元卖给渠道商，连分摊都不能加进去。那我们为什么还要挤破头往里冲呢？首先，沃尔玛的渠道很厉害，能帮你把规模带起来。其次，走量可以帮你消化屏厂的产能，屏一旦生产了卖不出去，会有更大的损失。另外，沃尔玛会对一些产品进行补贴，不过需要去争取。"

2013年被沃尔玛最终拒绝，导致前前后后差不多3000万元投入打了水漂。交了这次学费，2014年再要参加"黑色星期五"促销活动，王成就知道该怎么做了。2014年1月在拉斯韦加斯国际消费电子展开始给沃尔玛报价时，他找到时任华星CEO薄连明请求支援。

薄连明正带领团队在戈壁上拉练，大家就地讨论该不该支援北美市场。沃尔玛当时要求主销32英寸彩电，当时32英寸面板市场价是95美元，沃尔玛最多开价75美元。卖一片面板少赚20美元，这个生意做不做？

谁都不敢决策，可美国那边急等报价。国内市场屏的价格是按月调整，美国市场是按年度来定，当中市场价格变化太大，双方可再议，但"黑色星期五"的订单价格是不变的；这是TCL提升美国市场地位的极好机会，就算付出较大的代价，从全球化战略来说是值得的；不但支持电视终端业务，华星也能开辟新的渠道；"黑色星期五"订单，美国客户直接参与显示屏的采购计划。李东生权衡再三，决定接下这个订单："差价由华星来扛，就按75美元报价，必须把单子拿下。"

果不其然，美国团队拿下了单子，2014年"黑色星期五"，TCL打了一个漂亮的翻身仗。全年出货量36万台，基本都是在"黑色星期五"拿下的。

这中间还有一段小插曲。李东生回忆说，最初签单时，客户并没有下这么大的订单。因为当时有些厂家不敢在这个价位上接单，所以到了5月，沃尔玛计划的订单数量还未达标；沃尔玛没有其他选择，只好找到TCL追加订单。

富有戏剧性的是，华星光电在这单生意中不但没有亏钱，最后还赚了钱。原来，2014年的面板价格不断下降，到了三季度末，32英寸面板的价格只能卖70美元，而华星光电卖给沃尔玛的面板，是提前锁定75美元一张出货的，反而还多赚了钱。

"这考验的其实是我们对市场趋势的判断。'黑色星期五'的订单是锁定价格的，不管成本如何变化，售价是确定的。当时我同意这个方案，也是因为判断液晶面板的价格下半年会跌，但跌多少不好说。确定订单那个时点，我们卖一片面板亏20美元，但价格下跌后，实际亏损不会那么多，所以我们决心把这件事做成，破冰美国市场。别的厂家不敢接单，TCL 敢接单，归根到底还是因为 TCL 背后有华星的背书，这一战对 TCL 电视终端和华星打开美国市场，建立领先优势意义重大；就算真的赔钱，也是必须要做的。"

王成多次对美国团队强调："华星光电的鼎力支持是雪中送炭，没有华星支持，美国市场局面不可能打开。"

与 Roku、谷歌合推智能电视

"黑色星期五"的亮相很重要，但仅仅是一个开始。

毛初文带着新团队不断跑市场，研究三星、LG、索尼等标杆企业。她经常问美国人："三星刚到美国时是什么情况？"他们说，三星、LG 刚来时也是在市场底部打转，"索尼是高端的象征，三星起步时比今天的 TCL 还冷清"。

美国有个叫 VIZIO 的当地智能电视品牌，总部在加州尔湾，是出生于中国台湾、后来移民美国的企业家王蔚（William Wang）创立的，卖得特别火，销量按台数计名列前茅。一调研，该品牌卖得好主要是因为便宜好用。王蔚说："当初三星、LG 来的时候也是低价。没有低价，怎么吸引消费者不买索尼而买你的商品？"为保持低价，VIZIO 基本依靠卖场展示和口碑营销，尽量减少营销成本。

通过不断探索、试错，2014 年，TCL 决定在北美定位为"面向年轻人群及年轻家庭的新品牌"。年轻人不像中老年人对索尼、三星那么忠诚，他们爱尝新。由此出发，王成和毛初文抓住了一个机会，就是和美国流媒体公司 Roku 深度合作，联合推出 TCL Roku 智能电视。

2014 年前后，TCL 已经在推动"智能＋互联网""产品＋服务"的"双＋转型"。具体到电视业务，就是采用"TV"和"TV+"两种业务模式。闫晓林组织研发人员，基于安卓系统开发出智能电视的原型，当时在中国彩电企业中相当超前。王成发现，美国市场也在发生类似的变化，即智能电视对传统功能电视的替代。

一开始，王成和毛初文考虑过跟网飞、亚马逊等合作开发智能电视，但发现所有东西都要做适配，合作对象明显提不起什么兴趣。TCL 跟谷歌也尝试过合作，但搭载了谷歌系统后，TCL 的性价比并非最优。他们也想过自己开发 App（应用程序）或者操作系统，评估下来觉得可能性太低。

日本和韩国的彩电企业，也在智能电视潮流面前东张西望。日本有企业开发了自己的操作系统，但用户体验很差。韩国 LG 通过并购，买了一个原本用于手机上的操作系统，稍加改动，挪到电视上，效果也不好。

正当 TCL"拔剑四顾心茫然"时，Roku 主动找上门来谈合作。Roku 成立于 2002 年，主要业务是通过 Roku 播放器［类似国内的 OTT（通过互联网向用户提供各种应用服务）盒子］为用户提供统一的视频平台，让用户自由选看搭载在上面的各家内容供应商的内容，用这种"盒子"也可节省较多的内容付费。

Roku 最初想找 TCL 代工做盒子："你们制造能力强，供应链能力也很强，给我们做代工不是挺好吗？"

王成也同时在分管代工业务，他认真研究了 Roku 的合作方式，明确回复："要合作就认真做，我们建议不要代工机顶盒，TCL 将品牌电视机搭载 Roku 系统，做增量业务，这样对双方更有价值。"Roku 接受提议，合作生产搭载 Roku 操作系统的 TCL 智能电视，这样 Roku 可以将其价值从 OTT 盒子扩展到电视机，获得更长的使用周期，TCL 可借力将自己的品牌电视机扩大销量，实现双赢。

做代工有保障，容易完成经营指标，做自有品牌不容易。王成问了很多美国朋友，发现他们都认可 Roku 的价值，于是决定合作。他说："跟 Roku 合作的主要目的，是帮助 TCL 扩大品牌影响力。不管怎么样，卖出去的电视机上都带着 TCL 的标志，把品牌做大，就是一种成功。"

为慎重起见，2014 年上半年，王成还特意带着公司 CTO（首席技术官）一起去拜访 Roku，结论是：跟 Roku 合作能提高 TCL 电视的销量，同时能发挥 TCL 垂直整合产业链的优势，是当时情况下的最佳选择。

市场验证了这一判断。TCL Roku 电视从 2014 年 9 月出货，当年卖出了 30 万台。"黑色星期五"试销时就卖了 12 万台。

之所以卖得好，一是有内容，适合快节奏的年轻人，切中了他们喜欢从海量内容中选择自己所爱的需要；二是操作风格简约，TCL Roku 电视的遥控器是市场上按键最少的；三是价格亲民，性价比很高。

但 TCL 跟 Roku 的合作，只能赚硬件产品的钱。因为 Roku 跟所有电视机品牌和硬件厂商的合作，都拒绝分成模式。不过，TCL 智能电视达到较大的市场规模后，谷歌又回过头，主动提出跟 TCL 合作。这正是王成最初的考量："建立自己在这个市场的话语权之后，跟其他潜在合作伙伴合作时，才有议价能力。"

王成一边与谷歌沟通合作，一边再跟 Roku 商谈更深入的商务合作，包括共同努力提升份额，在 Roku 的首页 UI（界面设计）上加入 TCL 自主运营的 TCL 频道，结果从来不跟硬件厂商谈这些的 Roku，同意了 TCL 的要求。今天在全世界销售的 TCL Roku 电视上，都有一个 TCL 自主运营的 TCL 频道，已经有了可观的运营性收入。

从 2018 年开始，时任 TCL 电子海外业务中心总经理吴吉宇，将智能电视的合作重点转移到谷歌身上。"我们要有对业务的选择权！其他品牌也开始与 Roku 合作之后，对我们的市场份额有很大冲击。"

2018 年 TCL 与谷歌签订全球合作协议时，他与谷歌高层打赌："2019 年到 2021 年 3 年内，TCL 安装谷歌系统的智能电视，要从 0 做到 1000 万台。"

2021 年 5 月 19 日接受采访时，吴吉宇说："2019 年我们做了三四百万台，2020 年做到了 700 万台，2021 年我们会做到 1100 万台。在这个过程中，TCL 智能电视提升了用户体验，谷歌提供了很多资源，并且按销量跟我们分成，我们的自有应用'TCL 频道'也获得运营的机会，当然，我们也帮助谷歌系统在全球智能电视产业迅速站稳了脚跟。"

谷歌愿意跟 TCL 合作，是因为美国市场的智能电视中，三星和 LG 等韩国品牌在开发自己的系统，不用谷歌。日本品牌则在快速衰落，只有正在崛起的中国品牌符合谷歌的要求。

吴吉宇说："双方能够签订全球合作协议，是因为彼此互补。只有共同成长的合作才是健康持久的。"

目前，TCL 已经成为谷歌在智能电视领域最大的合作伙伴。

从年销 100 万台到 770 万台

2015 年年初，在拉斯韦加斯哈拉斯酒店（Harrah's Las Vegas），毛初文向前来参加一年一度的 CES 的李东生汇报工作。

李东生问："今年的预算目标你想做多少？"

毛初文咬牙报出一个觉得"老板不会炒我鱿鱼"的数字："争取 50 万台。"

"100万台！50万台甭想过关。"一向温和的李东生说。

毛初文傻眼了。李东生说："在美国市场，如果只是50万台，又分散到从32英寸到55英寸的产品里，华星的面板怎么支持你？100万台只是起步，在任何市场要建立品牌影响力，一定要达到10%以上的市场份额；今年100万台其实是为了让你先搭起一个更有效率的供应链体系，提升竞争力，否则根本没法搭体系。有体系，才能冲400万台的目标，才能实现效益目标，让美国业务扭亏为盈。"

毛初文明白了，李东生的思考角度是产品规模和供应链的关系。如果没有一定规模，供应链合作伙伴与你的关系不可能稳定，说不定又是走走停停、小打小闹，哪天遇到风吹草动就做不下去了。华星是一张王牌，但前提是你要有更大的规模量。

毛初文接受采访时说："我从那时起明白，必须进入主流渠道，必须和三星、LG正面竞争了。过去做二三十万台时，还是东一榔头西一棒子，现在必须进入沃尔玛这样的渠道，而不只是在'黑色星期五'时促销。我看到的机会是，主流渠道也需要我们这样的供应商，有垂直整合能力、供应稳定，不会因为屏的原因而导致供给起伏，我们的产品能让渠道大进大出，非常靠得住。"

李东生说："如果能完成100万台，明年给你们开庆功会。"

毛初文回答："那就先把庆功会的地点定了，就是哈拉斯酒店的牛排馆，Ruth's Chris Steak House。"

到了年底，完成了101万台。

怎么完成的呢？

一是拓展渠道。

先是进入沃尔玛的常规产品线。美国零售市场的渠道相对集中，也都比较强势，它们非常注重经营效率，注重品牌聚焦。也就是说，一家渠道能接受的品牌是有上限的，它会控制品牌的数量，让品牌商去抢位。王成说："当时TCL在沃尔玛抢位的机会最大，一是TCL

通过'黑色星期五'展示了实力，二是沃尔玛主攻中低端市场，正是注重性价比的中国企业的传统强项。"

果不其然，进入沃尔玛后，TCL通过极致成本效率的生产和高性价比的产品，迅速建立优势，在沃尔玛的市场份额很快达到沃尔玛对单个客户份额的上限要求。

除了提供高性价比的中低端产品，TCL还在高端产品和高端渠道发力，在沃尔玛和亚马逊站稳脚跟后，又把渠道拓展到好市多、山姆会员商店等传统主力渠道，与高端渠道百思买也达成了全面的合作。

二是推出差异化产品。

TCL与竞品形成差异，重在画质和好用。画质有华星的屏源，两个团队组成专项小组，一起努力改善画质，对此我们很有信心。在好用方面，充分考虑到美国人工贵的特点，比如一台电视卖200美元，安装费可能近300美元，所以TCL北美团队从用户挑选电视、搬电视、打开包装箱、取出电视、把电视挂在墙上，整套流程都反复研究，并与国内生产及研发的同事紧密沟通，让产品"越来越好用"。

三是提升周转效率。

过往每一次面板价格大幅波动，TCL的跌价损失都很大。毛初文建议减少美国库存，加快周转速度。最极致的做法就是跟沃尔玛等需要大批量交付的渠道商，直接在中国口岸交付，等于在这个客户身上完全没有库存，口岸交付后，便可按照账期收钱。这一做法一直持续到中美贸易摩擦爆发。

"提高流动资产周转效率，大幅压减库存，减少跌价损失，这是我们在美国市场能够赚钱的重要原因。"李东生感慨，"刚起步时我们美国市场业务的毛利很低，赚钱非常不容易。"

四是改进服务，自建售后服务体系。

2015年8月前，TCL在美国的用户售后服务外包给第三方代运营第三方为了省钱，牺牲了服务质量，随着产品销量走高，问题相应增多，服务越来越跟不上。从 2015 年 8 月起，TCL 位于马尼拉的呼叫中心正式对接北美用户，自有服务体系全面上线。此前对呼叫中心座席员的系列培训，不仅帮助他们懂电视，而且熟悉电视的家庭使用环境，善于发现用户在各种场景下的使用需求。这样，就不是应付性地解决客户致电时提及的问题，还能向用户提示可能遇到的其他问题；不仅教用户怎么用电视，还告诉用户怎么更好地使用 TCL 产品的丰富功能。此后，用户满意度迅速提高，退货比例大幅降低，尤其在产品易用性、安装等方面获得了用户的高度评价。

过去采用第三方服务时，客户要退货、修理机器，要把产品寄回并支付运费，等 7 天左右才能收到修好的产品，有时要等更长时间。自建售后服务体系后，呼叫中心设在菲律宾马尼拉，如果客户的机器坏了，通过马尼拉的呼叫中心打进电话，如果是 50 天之内新买的，直接给消费者寄一台新电视，消费者收到新的再把出问题的机子寄回，寄回的运费由 TCL 出；如果是超过 50 天买的，可以寄一台修过的，让消费者先用，机子修好后再替换。

通过这些改变，有些一开始在亚马逊上吐槽 TCL 的客户，很快又会写一个评论，"之前我写的那个是对它不太了解，现在我觉得这个品牌一定能做好"。这样的评论非常多。

TCL 在墨西哥开设工厂后，美国消费者退回的机器，会被运送到墨西哥工厂，修理好之后就地销售。"这种做法是墨西哥市场允许的，实际上，美国市场也允许将修理好的机器重新出售，但由于从美国运到墨西哥再从墨西哥运回美国，成本没法覆盖，所以我们就采取了折中的办法。"李东生说。

此外，TCL 还在北美推行 CRM（客户关系管理）系统，用多种方式和客户沟通，并将产品质量的市场情报、产品使用情况及用户体验快速与内部相关职能部门共享，共同推动产品及质量的持续改进。

TCL在美国市场发生过两次批量的质量事故,李东生都给了当事人非常严厉的处分。"美国市场非常艰难,必须始终战战兢兢、如履薄冰,任何麻痹大意都有可能带来意想不到的损失,前功尽弃。"从美国市场的经验来看,产品质量必须过硬,实际返修率不能超过1%,用户有使用中的困难或者问题可通过呼叫中心解决,否则一定亏损。

2015年销量突破百万台是TCL电视在美国市场的一个里程碑。此后几年TCL在美国的销量一年向前一大步,一年一个大台阶,现在稳居市场前两名,仅次于三星。

2015年TCL正式进入沃尔玛渠道。沃尔玛渠道一度占了TCL销量的一大半,销量不错,周转也快,但其实这种渠道结构风险很大。在美国,渠道话语权极大。供货商把产品卖给亚马逊或沃尔玛后,它们想卖多少钱都可以,供应商干涉是非法的。所以必须多渠道并进,均衡发展。

2017年TCL进入高端连锁百思买的线下渠道。如果说在沃尔玛要拼性价比,在百思买线下渠道就要拼高端能力,拼大尺寸、高画质、产品独卖(唯一性)。2019年年初,TCL首发的8K量子点电视进入百思买线下渠道,这是全球首款量产化的8K量子点电视产品。

至此,TCL电视入驻了美国六大主流零售渠道的全部(塔吉特、好市多、亚马逊、山姆会员店、百思买和沃尔玛),这六大渠道占据美国80%的电视机市场。再加上其他的区域零售卖场,TCL实现了90%以上的零售覆盖。

毛初文说,以前美国消费者买电视都是冲着三星、索尼去的,从2018年开始,找TCL的也越来越多。"客观地说,消费者买彩电,开始想的肯定还是三星,但在卖场最终拿回家的可能是TCL,因为TCL便宜一点,而性能、质量感觉一模一样,甚至更好。在一些渠道,不时出现卖得最好的10个型号中TCL占一多半的情况。"

市场数据公司和媒体在讨论电视时,也把TCL从"others"(其他）里拿出，和日韩品牌相提并论。

TCL征战美国的成功，还有两点值得借鉴。

一是致力于打造品牌与口碑。除了长期冠名好莱坞中国大剧院、圣迭戈大剧院、艾伦秀、艾美奖等知名IP（知识产权），TCL还与《正义联盟》《钢铁侠3》《X战警》《海王》等好莱坞大片合作，赞助了NBA（美国职业男子篮球联赛）"字母哥"扬尼斯·阿德托昆博、玫瑰碗，签约足球巨星内马尔代言，赞助2019巴西美洲杯及2019国际篮联篮球世界杯等顶级体育赛事。每年的CES（国际消费类电子产品展览会），TCL也是重要参展商和广告主，其广告遍及中央展馆的每个角落。TCL特别重视互联网上的评论，喜欢TCL的主要是24~35岁的年轻人，他们大部分都在网上购物，买东西前都是先上网看评论，看有没有达到4分、4.5分。这又倒逼TCL把产品、服务和性价比做得更强。年轻人喜欢新的科技产品，喜欢新品牌，不追逐老品牌。很多年轻人甚至不知道美国有过RCA，也不关心上一辈、上两辈喜欢的索尼。

二是本土化。TCL北美管市场营销的副总裁克里斯（Chris）是美国人。毛初文刚到美国时，到处请业内人士给她介绍本地专业人才，也试了好几个，但效果都不行。她干脆自己到渠道的卖场去看，看哪个品牌的营销打法花样多，发现日本东芝做得不错，管营销的人非常勤奋，非常有创意。向王成汇报后，王成让她找猎头，看能不能从东芝挖个副总裁级别的。结果赶上东芝全球业务调整，美国的营销部门要解散，就把他们管销售和市场的两个人都挖来了，其中就有克里斯。

"这些美国人和我们一起工作好几年了，他们说我们和日本人的区别是，在日本公司，总有日本人跟着他们去见客户，和客户开会时日本人就拿着小本本在一边记，也不知记了什么，回去后怎么向老板汇报。而在TCL很授权。"

但一开始也不是这样的。毛初文也和美国人一起去见渠道商。渠道的人非常专业，说见半个小时就是半个小时，不会无话找话。她发现，如果自己随便问一些并不专业的问题，时间很快就过去了。于是，她从过程管理转向结果管理。"我管的方向跟他们分开，我就给你一个目标，我管好成本，定好价格，你就给我卖。凡是你负责的，不用什么都跟我请示，由我说行还是不行。你最了解情况，你来定最好。这样决策很快，有些营销预算很大，我们可能5分钟的电话之内就做决策了。"

从2010年由零开始，到今天TCL已经成为美国电视市场的新主流品牌。而在全球电视市场，根据市场研究机构Omdia的报告，三星、LG、TCL、海信、小米、创维、索尼这7家品牌的份额从2019年一季度的58.2%提升到2020年四季度的64%。

2020年新冠肺炎疫情暴发，TCL美国的业务由于门店关闭和社区阻断，一度有所下滑，但受惠于远程办公、远程教育，电视机行业意外获得了新的增长点。过去没时间看电视的人群，由于远程教育、在家进行视频会议之需，电视成了必备品。TCL看准这一增长点，加大市场投入，大力开辟线上销售业务，让在线下无法去购买电视的消费者通过亚马逊等渠道购买。TCL还引入了雷鸟等电商品牌，旨在第一时间抓住市场先机。全年盘点，TCL电视在美国的销量增长了22%多，整个北美市场（包括加拿大、墨西哥）增长了25.4%。

TCL电视在美国市场的步步跃升，前方将士居功至伟，后方的技术、产品突破也功不可没。

2021年第54届CES上，TCL展示了在半导体显示和家电领域的最新成果，如全球首款17英寸喷墨打印式柔性显示屏，色域高达100%；6.7英寸AMOLED云卷屏，是一款在滑动切换中，整机厚度始终保持在1厘米以内的轻薄"打印产品"，其OLED RGB自发光器件采用高精度喷墨印刷工艺制造，无须依赖精细金属掩膜版，与传统蒸镀工艺比成本降低20%，更有利于大尺寸、大规模的量产使用，

第六章　征战全球

且能广泛应用于柔性电视、曲面和可折叠显示屏以及透明商用显示屏等领域。此外，TCL 还展示了代表电视发展方向的 Mini LED 背光技术等最新应用成果等。

这些技术的突破和领先，又和华星息息相关。华星作为世界领先的显示屏生产商的价值正日益显现。随着万物显示时代的到来，中国在新型显示技术产业方面的强大能力，从根本上支持了中国彩电品牌从"性价比优先"向"性价比与技术双启动"转型。

王成说，美国的主流销售渠道现在对 TCL 已经很信任，直接原因是跨国业务团队的拼搏和协同，深层次的原因是 TCL 从上游液晶面板到下游制造的"面板+模组+整机"一体化产业链。

毛初文深有感触："我们其实是集全公司的资源才走到今天。给不同渠道交付产品看起来简单，但背后的供应链一长，就会遇到各种各样的问题，比如缺货、缺屏。如果 TCL 没有布局华星，那么在美国与渠道伙伴的合作，不可能像现在这么顺畅、可控。"

立足美国的方法论：每个渠道都不一样

全球电视市场规模约为 2.4 亿台，通常情况下，美国是规模为 4000 多万台的统一大市场，是中国以外最大的单一市场。欧盟市场总量和美国相差无几，但欧盟市场主要由 20 多个国家组成，每个国家存在不小差异。

美国电视市场，六大主流零售渠道当家，各有特点。

TCL 最先进入的沃尔玛是大众购物超市，主要面向中低收入人群，渠道布局范围是最广的，一共有 3300 家左右的门店。沃尔玛的特点是每天低价，给消费者节省每一分钱。

亚马逊是纯线上渠道，不碰线下，大约占美国电视市场 10% 的份额。在亚马逊平台上，既有类似于京东的 vendor（第三方）模式，也有类似于淘宝的 seller（卖家）模式。相对来说，进入电商平台不是很难。亚马逊搭好平台，商家自己去建店铺，亚马逊集中采购。中国有很多第三方品牌都通过这种方式进入亚马逊，进而宣称已经进入美国市场。

TCL在2015年进入的好市多，好市多是会员制连锁店，在美国有600多家门店，只有成为会员才有资格购物。好市多致力于为会员提供精选商品，SKU（库存保有单位）是有限的，在每个品类里可能只选三四个品牌，有些甚至只有一两个品牌。其目标受众基本是中等收入以上群体。

山姆会员店与好市多类似，但家用电器类产品在山姆店的销售占比非常低。

TCL在进入好市多和山姆会员店前后，还进入了塔吉特，这是一个高折扣精品店渠道，其目标客户80%以上是女性。

六大渠道中，TCL最后一个进入的，是百思买。百思买是美国的专业家电连锁渠道，以科技属性和专业感著称。在电视方面，百思买的销售额是全美最高的，虽然其门店数量只有1100家，为沃尔玛的1/3左右。

之所以直到2017年才进入百思买，是因为作为全美家电销售的旗舰渠道，百思买对产品和品牌要求非常高，进入的门槛也很高。"沃尔玛以中低端产品为主，没有精致的陈列，也没有专门的导购人员，消费者自己挑选，合适的直接拿走买单。而百思买以中高端产品为主，企业必须有很强的产品力和品牌力，才可能有与三星、索尼平起平坐的机会。"王成说。

基于百思买的号召力和影响力，对品牌的市场费用也有很高要求，不管你每年销售额是多少，百思买都要求近2000万美元的市场费用。这是基本门槛。如果产品力和品牌力有欠缺，即便侥幸进入了百思买，销售额也会非常惨淡。

"每年2000万美元的市场费用，对我们也是一种巨大的鞭策。

TCL 的产品力和品牌力已经被证明，这个门槛一旦越过，每年卖 1 亿美元要付出这些代价，每年卖 10 亿美元还是同样代价，那我们肯定会全力以赴，争取每年在百思买有更多销售额。"吴吉宇说。

百思买对画质和性能的要求尤其高，经常会邀请第三方机构做独立测试。李东生说："过去几年，在针对不同技术指标的第三方测试中，TCL、三星、索尼三家基本上各有先后，TCL 常有机会夺得头名。这对提升 TCL 的市场美誉度以及品牌影响力，带来了很大帮助。美国消费者对画质和性能的挑剔，反过来也倒逼 TCL 不断提升产品技术性能，从而促进了整体技术进步。"

毛初文在美国市场工作多年，对不同层次的消费市场和渠道的差别，有很深感受。"六大主流渠道没有哪个是容易的。百思买注重产品力和品牌力，沃尔玛要求品牌具备很强的大批量交付能力。沃尔玛一旦信任你，有时候一个月要交付三四十万台。销量大是好事，但大批量交付对供应链的快速响应和品质控制，也是巨大考验。"

在沃尔玛，消费者购买很随意，退货也很随意。哪怕产品本身没问题，消费者自己改变主意了，也会在第二天退货。一旦产品品质存在问题，退货率就会更高。而退货率直接关系到盈亏变化。吴吉宇说："电视企业的毛利率可能也就是十几个、二十多个点，如果退货率达到 10% 以上，一下子就会把整个业务压垮。"

为了做好品质控制，降低美国市场的退货率，美国团队想尽了办法。比如启动专用生产线，严格控制产品品质。在物流运输过程中，美国搬运工人会到处乱扔，很容易摔碎电视屏幕，所以增加了包装的厚度，使用了一些特殊的包装材料。总之，要从内部把缺陷率做到最低。

李东生每次去美国考察，都会抓住机会到渠道里和消费者交流。他发现美国消费者对品牌的忠诚度并不高，他们很务实，谁的东西好就买谁的。品牌对他们有影响，但远不如其他市场影响那么大。从电视销售数量看，美国的中端市场是最大的。换句话说，美国消费者对产品性价比的要求，比对品牌的认知更高。

在具体的喜好方面，美国消费者更注重产品的使用、操作等体验，非常重视画质，但对电视机本身的厚薄轻重并不关注。哪怕电视机厚一点、丑一点，只要画质够好，性价比够高，他们也不介意。"这就是成熟市场的特点，他们非常理性，会认真分析产品的性能、指标等实实在在的东西。"

美国消费者注重性价比甚于品牌的直接结果，就是日本品牌在美国的影响力不断下降。"除了索尼之外，日本品牌正在美国市场快速衰落。因为消费者不会仅仅根据品牌挑选产品。一旦消费者更少地选择日本产品，那股推动企业提升产品力的力量就不存在了，所以像东芝、日立、松下等品牌的竞争力都在下降。当然，在美国之外的市场，日本品牌的影响力仍在发挥作用，和美国完全不一样。"李东生说。

在美国市场的长期打拼中，TCL海外业务管理团队慢慢总结出立足美国市场的方法论。

王成说，国际化是一项系统工程，很难指望派出一拨人就能立刻见效，需要几拨人接续不断，才可能做成。

"2005年、2006年前后，我们跟法国、美国的团队合作时，虽然我们是'老板'，但人家内心把你当暴发户看。他们不仅有所谓文化、心理上的优势，对商业规则、商业技能等方面的理解确实比我们深刻。我们对别人的文化、商业、消费者等都不够了解，就想到他们那里做生意、赚他们的钱，凭什么？难道只靠产品便宜点就能解决所有问题？肯定不行。"

经历挫折、内省、实践，王成和团队对国际化有了更真切的理解。国际化不只是开疆拓土抢夺市场，而是"在别国的商业环境下怎样生存，怎样发展，怎样跟人家相处，怎样与当地团队拧成一股绳，怎样获得当地社区的认可"。

王成将 TCL 立足美国市场的方法论，归结为三点。

第一点是产业链的垂直一体化。华星进军液晶面板产业后，极大增强了 TCL 电视对上游的控制力。华星刚刚量产的时候 TCL 在美国销售的产品还无法使用华星屏，原因是仍然存在潜在的知识产权风险。直到 2013 年华星靠自身的技术能力和知识产权的积累，以及跟其他相关公司达成交叉授权协议，其面板才开始应用于供应美国市场的产品上。加上早就具备模组能力，TCL 打造了完全自主可控的产业链。"打铁还需自身硬"，这是最根本的原因。

第二点是抓住了智能电视升级的机会。在很多重大关键节点上，往往是"选择比努力更重要"。在技术替代和行业趋势演变之际，TCL 电视早期跟 Roku 合作提升影响力，掌握主动之后又与谷歌合作，抓住了美国年轻消费者，抓住了趋势，赢得了未来。

第三点是团队逐渐磨炼出来的海外运营能力和风险控制能力。

王成说，以上三点有一个基本逻辑，就是全球产业变迁给中国企业提供了巨大机会。中国企业要结合自身长处，弄清楚机会点首先在哪里，下一步又在哪里。最后也是最重要的，是"靠能力将机会点转化为市场优势"。

在王成看来，TCL 团队的海外运营能力可以拆解为三个方面。

第一个方面，是在市场上洞察机会的能力。"机会可能来自产业变迁和技术迭代，可能来自消费者变化，甚至可能来自竞争对手谁出问题、谁犯错误了。这种对所在国的商业机会的洞察非常重要。一开始打不开局面，可能是无头苍蝇乱撞，什么机会都想抓一下。但抓了一遍之后，就会明白哪些是自己应该干的，哪些是以后碰都不用再碰的。"

曾经有人建议，TCL 应该专门做美国的华人市场，可以到当地的中文报纸上打打广告，肯定会有销量。王成的反馈是："首先我不反对这么做些尝试，但我觉得这不应该是努力方向。TCL 应该大力投入主流市场，而不是把自己限制在当地华人的圈子里，画地为牢。TCL很骄傲我们是中国品牌，我们的根在中国，但现在要全球化发展，就必须要把自己定位成国际化品牌，改变全世界消费者的购买标准的品牌，否则不可能赢得全球消费者。"

团队海外运营能力的第二个方面，是跟市场打交道的能力。市场是一个综合概念，包括渠道、媒体、消费者以及员工等方方面面。

这方面，TCL交过不少学费。王成说："最早时我们觉得所有骨干都应该从中国派，财务从中国派，人力资源从中国派，售后服务从中国派，市场推广也从中国派，总经理当然更是从中国派，恨不得所有岗位都从中国派。大家怀抱一腔热情就出国了，但很多事情其实不知道该怎么干。最后的结果，往往是一帮中国人天天在办公室里做一些脱离当地市场、不接地气的计划。当地团队也不知道你们想干什么、能干什么。"

意识到这些问题后，TCL确定了基本规则：一定要找当地人，与当地市场打交道。"跟用户打交道的岗位，比如销售和售后服务，一定要找当地人。跟员工打交道的岗位，比如人力资源，一定要找当地人。当然，有些重要又关键的岗位，必须从中国派，比如总经理、财务和负责供应链的岗位。总经理需要把整个大盘管住，把干部和团队管住；财务要控制经营风险；供应链要控制产品供应和库存管理，这些岗位都是跟中国总部保持密切联系的。"王成说，当外派的中国团队与当地团队形成配合，就很容易打开局面。

前面说到过TCL北美主管市场营销的副总裁克里斯。王成和毛初文最初面试过很多人，总觉都欠点火候，直到通过领英找到克里斯。克里斯在东芝工作过20年，非常清楚该怎样跟亚洲人打交道，同时又有很好的职业化素养。但最大问题是薪水要求非常高，比毛初文高，比王成高，甚至比当时的TCL电子CEO还要高。

主管领导给王成和毛初文建议，"提高奖金额度，压低基本工资，否则公司内部无法通过评估"。但王成和毛初文坚持认为克里斯值这个身价,"万一这人来了,不但能把工资赚回来,还能把局面给打开呢?"

最终 CEO 被说服。克里斯入职已经八九年了,在销售和市场方面都扮演了重要角色。他负责前端,毛初文把主要精力放在后台和支持上,订计划、盯供应、盯资源打通,以及营运管理、财务管理。两人配合得非常默契。

团队海外运营能力的第三个方面,是与总部日常协作的能力。王成说:"并购汤姆逊和阿尔卡特吃了亏后,我们就想着怎样在方方面面改善,包括对物流和当地供应链的管理,对销售和销售毛利的管理,对当地的财务应收、收支两条线的管理,并且不断开发各种 IT 系统。逐步摸索出了一套管理机制,既能满足当地团队的需要,放手让他们去干,又不会失控。"

王成认为,TCL 海外业务已经从"人控"转变为"IT 控""规则控",比如借助 SAP® Concur® 这一差旅管理、费用报销和对公支付整合解决方案的工具,可以强化整体财务流程的风险管控,并实现各地区间的数据互联互通。

TCL 的 Concur 项目 2020 年元旦上线,上线初期派出多人到美国支持,即使美国疫情暴发后,仍然有小伙伴坚持驻守,进行项目的后续支持。由于疫情中无法在办公室面对面进行沟通,要确保每个事项被正确理解,需要以"邮件 + 微信 +Zoom"的多重形式沟通、跟进与反馈。TCL 北美的员工主动当责,在使用过程中,针对自己的体验给出细致的建议。比如他们提出,对公发票的月单据量有上百条,需要逐笔输入明细,而单张发票明细达上百行,手工录入需耗时两个小时,效率很低。从总部派来的小伙伴收到发票格式和内容后,与支持团队联系,以 Concur 发票接口为切入点,从 SAP(企业管理解决方案)端上传整理好的 Excel 模板以及发票图像,开发出发票批量上传的功能，将处理时长由原来的两小时缩短为现在的 5 分钟。他们的主人翁精神和团结协作的精神，让 Concur 项目实施得非常顺利，效果明显。

TCL 海外业务的风险控制能力，也得益于 TCL 一向注重以财务手段管理公司的风格。王成得其精髓，始终坚持把各种风险管理预警体现在报表上。"我可以非常自豪地说，海外市场这么多年以来，没有任何潜在亏损，不管经营业绩如何，我们都会直接体现在报表上。"

下篇：在每一片土地上生长

欧洲：绝地反击

和开放的美国市场相比，欧洲市场对外部品牌的限制要多得多。早在 1988 年，欧盟就根据飞利浦等公司对中国彩电在欧洲的倾销的起诉，进行立案调查，1991 年、1994 年、1995 年、1998 年，欧盟分别裁定对进口生产国是中国的彩电的反倾销税税率为 15.3%、28.8%、25.6%、44.6%。高税率让国内彩电失去了价格优势，无奈退出欧盟市场。后来在中国企业的抗争下，欧洲也只是给中国的 CRT 彩电每年 40 万台的配额。这是 TCL 在 2001 年收购德国施耐德电器的最主要原因，因为可以不受配额限制。

2004 年 1 月 TCL 与汤姆逊签订合并协议，并成立合资公司 TTE，虽努力整合，仍无力回天，只好在 2006 年对欧洲业务裁员重组，关闭了所有仓库，最终留下了一个 40 人左右的团队。其中有返聘回来的汤姆逊少数销售骨干、欧洲本地工业设计团队和少量的质量检验人员，其他职能如供应链、研发、制造、市场、财务、售后等，都收回深圳总部，由总部平台统一提供支持。原来的"工厂—仓库—客户"的供应链模式精简为"工厂—客户"的模式，实行端对端的成本管理。

先活下来，再争取扭亏。目标看似卑微，但种种旨在降低运营成本、让组织精益化的做法，却不期然符合了彩电进入平板时代、行业运作越来越 IT 化的趋势。

原来欧洲业务中心在法国有总公司，在七个国家设有具有法人资格、五脏俱全的分公司，每个分公司员工 50~60 人，基本为欧洲当地人。彻底瘦身后，所有分公司被撤销，欧洲的运营只保留了一个法人实体，并在巴黎、华沙、莫斯科和深圳设立了四个平台。以华沙的东欧业务单元为例，总经理是法国人，长驻华沙，副总经理是中国人，业务支持平台在深圳，在俄罗斯、捷克等地各设 1~2 名销售代表。

这一极简的架构和人员配置，事实上把很多工作"返包"和"集中"到了 TCL 总部。按照当时顾问公司麦肯锡所做的商业计划的经营预算，原来 TTE 的组织、运营成本占销售额的 20%~21%，新欧洲业务中心成立后，销售额固然大降，但固定运营成本更降至惊人的 4%。

TCL 保留了一部分原 TTE 的市场渠道资源。这些渠道与汤姆逊合作时间久，加上返聘的骨干继续为 TCL 服务，且产品性价比高，交货也比较及时，因此继续与 TCL 合作。慢慢地，更多渠道恢复了。此间，欧洲设计团队开发设计了 E9 系列等符合本地消费者偏好的产品外观，对恢复和提升汤姆逊品牌起到了一定作用。

以前 TTE 在欧洲各国有 8 个仓库，由于工厂不及时跟踪销售状况，只顾照单生产，往往造成库存积压，制造和销售之间经常互相推脱责任。新欧洲业务中心把消费者作为供应链的起点，通过流程设置，要求供应链上的零售商、分销商、制造商都密切关注展示货架上的变化。撤销仓库后，业务中心的销售部门按月下达订单后并未完事，而是及时反馈市场变化，以便调整策略。当产品尚在运输过程中，销售部门便已和客户洽谈好交货程序，产品直接进入客户的仓库。倘若市场发生变化，在得知信息后，业务中心会及时调配资源，将产品转向有利润的市场。

在这个阶段的新产品研发，主要依靠总部。总部的研发原则是，尽量减少机型，选择在各个国家都比较通用的机型，集中资源，让新产品尽快进入生产流程。而在过去，无论汤姆逊还是TTE，都过多地考虑了市场的本土化，弄得机型、款式一大堆，要多开很多模具并做测试。

如此几年下来，欧洲的电视业务开始回暖。借助华星的面板优势，TCL的产品力也越来越强。2015年，TCL电子（多媒体板块）提出了"三军联动，品牌领先，扎根重点市场"的国际化再出发路线图，"三军"指的是TCL电子、TCL通讯和TCL家电。

TCL通讯2004年并购了阿尔卡特手机业务，成立了合资公司，和彩电一样也遭遇了一些麻烦。但阿尔卡特还是给TCL带来了不少价值，一是让TCL拥有了GSM（全球移动通信系统）核心专利，成为全球仅有的少数几家拥有2G、2.5G和2.75G核心专利的企业之一；二是获得了不少和运营商相关的定制等技术，能为运营商提供高质量的解决方案；三是建立了全球销售网络，由原来以中国手机分销商为主要客户的业务模式，过渡到向全球主流移动运营商提供定制服务的业务模式；四是提升了技术开发和品质控制能力。以前TCL手机主要面对国内市场，手机国内返修费用在30元左右，但如果出口到欧洲、拉美，返修费用会翻5倍，达到150元。出口产品如果出现质量问题，公司将无利可图。所以在TCL通讯惠州工厂，质量部门拥有了比以往更大的权力和责任，质量部门觉得不能出货，那就坚决不能出货。这种观念转变加上全面质量管理的严格措施，让出口海外的阿尔卡特手机返修率控制在不到3%，部分产品不到1%，远低于国际上6%的产业标准。TCL通讯惠州工厂的整体质量标准超过了原先阿尔卡特的标准，从一个90%产品供应国内市场的中国式工厂，转变为90%产品供应海外市场的世界级工厂。

2005年12月，TCL通讯的海外业务实现当月盈利，2006年全年实现盈利 1500 万港元。虽然利润很少，但公司是在良性轨道上运行的。2009 年 TCL 推出全键盘手机 OT-800 及触屏手机 OT-708，开启智能手机的征程。

2017 年，柏林国际电子消费品及家电展览会（IFA）开展，TCL 电子的展馆面积有 1800 多平方米，是国内参展商中最大的，也是 TCL 2011 年参展时面积的两倍多。此次 TCL 真正体现出了"三军联动"，推出了搭载人工智能的 X6 XESS 私人影院、C5 都市蓝调电视、P6 超清薄电视三大新品，"安防王"空调等家电产品，以及阿尔卡特品牌的全新产品。IFA 期间，在展馆内外，欧洲核心城市的地标建筑、机场等场所，随处可见 TCL 的产品和品牌广告。

2019 年是 TCL 参加 IFA 的第八年，TCL 电子推出了四款新品电视，包括 2019 年国际篮联篮球世界杯定制款 8K QLED 电视。2020 年，TCL 在欧洲推出了首款具有更先进区域调光的 MiniLED 背光源液晶电视 X10 系列，这是一款旨在挑战 OLED 的高规格、高画质 LCD 电视。由于使用了更小的微米级的 MiniLED 背光源，可以增加液晶面板后面的调光区域的数量，以达到更精准的背光控制。

在渠道方面，TCL 电视的销售覆盖了欧洲 28 个国家，市场占有率在法国位列第三，在德国、意大利、波兰等地正稳定增长。TCL 一直很重视线上渠道，在法国、英国的线上渠道表现良好。在线下，除了传统卖场，TCL 产品已经进入一些高端的连锁渠道，其中在德国进驻的卖场已达 420 多家。

在欧洲，产品质量尤其重要，售后服务会影响消费者的选择。欧洲各国的服务模式各有不同，电视机保修期瑞典是 3 年，丹麦则强制 5 年，不同的保修期对模式和备件管理要求也不一样；欧洲的无条件退货期是 14 天，但过保机器若无法修复，厂商仍需给客户退机。欧洲的人工成本高，在丹麦维修一台 32 英寸电视，光人工就高达 200 欧元。2005—2006 年，因业务举步维艰，TTE 的服务团队曾不得不终止之前与汤姆逊签约的所有服务商的合作。2007年业务开始复苏，售后团队又一个一个和服务商商谈，几乎在一片白纸上重新建立了欧洲服务网络。

既要控制成本，又要提供高品质服务，这对只有十几个成员的服务团队来说充满挑战。他们管理着72家服务商，聆听20多种不同的语言。原来有7个备件仓库，现在集中到了1个；此前，一个简单调试就能解决的问题，用户都会把电视运到维修点，现在法国、意大利、西班牙、波兰等核心销售国家都启用了位于马尼拉的呼叫中心座席服务，80%的用户投诉都能通过电话得到解决。他们还与当地的小服务商合作，利用其往返商场与维修站的卡车，节省一程物流费。为了保证服务质量，他们建立了严格的服务商考核制度，淘汰指标不合格或被客户严重投诉的服务商。多年来，在欧洲服务团队的努力下，售后费用率下降了50%。

TCL电视在欧洲的发展，还有一个关键因素，就是波兰工厂。TCL并购汤姆逊彩电业务后，汤姆逊位于波兰日拉尔杜夫的彩电工厂也并入了TCL，这里距华沙大概一小时车程。TTE在最困难的时候，一度想把工厂卖给冠捷。报告到了李东生手上，在最后一刻被他否决了。

TCL波兰工厂总经理陈传伦在接受采访时说："李董当时说，如果卖了波兰工厂，财报会好看一些，但我们永远也无法很好地经营欧洲市场。这句话现在越看越有道理。波兰工厂现在单班年产量139万台，三班生产最高年产量可达420万台，为欧洲市场生产全系列TCL电视，也为OEM战略伙伴提供产品。工厂位于波兰的枢纽位置，毗邻德国的汉堡和波兰的格但斯克两大港口，TCL电视下线后一天就能到达法兰克福和巴黎，三天就能抵达包括里斯本、马德里在内的欧洲全境。等于客户今天下单，三天后就可以收到产品。"

波兰工厂现有工人200多人，旺季时500多人，平均工龄超过

第六章　征战全球

14年，职员约50人，来自中国的只有五位，即总经理、财务总监、技术工程总监、供应链代表和质量代表。这里已经成为TCL全球供应链的重要一环。除了有物流、时间、成本控制的优势外，还有一个因素是，欧洲对彩电整机进口有14%的关税，所以从国内采购原材料，再到波兰组装，可以消化关税因素的影响。

在2016年7月1日"中欧班列"开通之前，TCL的电视零部件从深圳通过海运，送达波兰工厂，需要38天。火车开通后，彩电零部件从深圳通过火车运到成都要6天，从成都到波兰罗兹的"中欧班列"周期16天，合起来22天，比海运节省了16天。零部件到达工厂后，进行分拣、系统刷写、组装、测试等流程，最后进行包装，运到货架。工厂当地的配套很完善，四小时地域圈内，能满足辅料、耗材及包装材料的供应。

陈传伦说，波兰工厂的生产线这几年不断更新换代，已经导入了国内成熟的自动化工艺。未来会进一步加大自动化力度，从调试检测完到包装都不用人，这样一条生产线的人员成本将可以节省20%。

欧洲人假期长、员工不愿加班，会不会影响供应？陈传伦说："欧洲有几个国家还是适合设立工厂的，如波兰、捷克、匈牙利。波兰政府的立场比较客观公正，容许调休。比如1—4月，在1月淡季，员工一周只上四天班，4月则可在周六多上一天班。波兰工人的薪资目前是国内的1.5倍至2倍，但他们的稳定性高，每年离职率在1%以内。"

由于欧洲进口白色家电是零关税，TCL就把成都生产的空调等产品，通过"中欧班列"送到波兰工厂，波兰工厂因此也成了TCL在欧洲的物流配发中心。

TCL波兰工厂副总经理托马斯·奥伦德接受了我们的书面采访。他大学主修电子和移动通信系统技术专业，2001年加入波兰工厂，2011年起担任副总经理一职。他认为TCL是一家拥有持续增长能力的创新型公司，具备耐心及使命感去达成目标。公司管理层善于分享公司的长远发展规划,并且会遵循决策选择的方向进行落地。TCL也注重实现物料运输、生产以及运营增长的本地化,注重与当地公司和合作伙伴共同协作。

托马斯用"企业家精神"表达对李东生、王成的印象。"他们不断启发我们去关注业务目标和结果,以及如何保持进步。我们要把公司当成自己的事业,就像我们是公司的主人,我们为自己的公司创造价值。这种企业家精神,是多年来工厂不断取得成果的基础。"

托马斯说,在2004—2010年,波兰工厂面临着因需求变化而导致的产品数量波动的巨大挑战,即使10%的改变也需要很长时间进行调整。"但是现在,我们已逐渐适应并能有效应对不确定性,我们变得更灵活,可以承受达到40%~50%的变化带来的挑战,并且能维持目标成本及运营效率。这是TCL保持增长的原因之一。"

2018年9月3日,TCL集团欧洲研发中心在波兰华沙揭牌成立,标志着TCL在欧洲从制造、分销走向了研发。该中心将致力于基于深度学习的人工智能相关领域,包括计算机视觉、自然语言处理及大数据分析等,通过和华沙理工大学、华沙大学等开展产学研合作,引进科研人才,将研发成果在相关产业落地应用。

正如华为对俄罗斯数学家青睐有加,李东生认为,波兰有很好的数学基础,高等教育普及,高校也有很高研发水平。目前TCL欧洲研发中心的30多名工程师全部来自波兰,未来将在本地招收更多的研发人员,而且会对接东欧、俄罗斯的研发资源,努力将欧洲研发中心建成全球最优秀的人工智能研发中心之一。

欧洲很多业务也是"一带一路"沿线国家的业务,是中国从国家战略层面将长期支持和推动的,这为在欧洲已经有了完整布局和踏实基础的TCL提供了新的时代机遇。

从国际并购困局下的大收缩,经过不屈不挠、绝地反击、步步为营、"三军联动",到实现全面盈利,打造本地化的供应链,进而建立先进技术的研发机构，TCL 的欧洲业务终于迎来新的发展时刻。

拉美：走出第三条道路

拉美市场是 TCL 较早布局的一个市场，2002 年、2003 年前后就已启动。2004 年借国际收购之机会，TCL 还在巴西首次建立了分公司，主要以经营销售 DVD 等 OEM 产品为主，后来因众多因素，分公司关闭。

从 2004 年到 2013 年，李永平一直负责拉美的销售业务。他现任 TCL 实业拉美销售中心总经理。他说，中国家电厂商在海外市场开展自主品牌业务，主要有两种形式，要么建立分公司进行品牌自营，要么与当地有实力的代理商合作。LG、三星在很多国家和地区都在通过品牌代理模式推进海外业务，其原因在于，不是每个市场都有足够的规模可以支撑一个自营分公司单独运作，某些市场的政经环境和营商环境相对不稳定，货币金融、政教冲突等不稳定因素很多，会大大增加分公司的财务应收、政治及法律风险，例如非洲、中东和拉丁美洲市场。

除了分公司自营和寻找代理商，还有没有第三条道路？TCL 电子海外业务中心摸索出了建立合资公司的道路。在 2016 年和 2017 年，TCL 先后在巴西和阿根廷分别建立了两家合资公司。

合资公司投入大，如果合作伙伴选择失当，风险也大。但如果在某些战略区域选好了合作伙伴，也能快速带动发展。巴西是南美第一大国，电视市场在全球单一国家中排名前五，每年有 1000 万台左右的市场规模。阿根廷是南美第二大国，每年有 250 万台至 300 万台的市场规模。两国在拉美还有较强的文化辐射力，可以辐射到智利、秘鲁、厄瓜多尔等市场。所以，TCL 最终选择了在这两国的合资模式。

2010 年到 2014 年，TCL 在巴西的业务以 ODM 出口为主，规模一度上涨到年出货百万台以上，风险可控，利润也还不错。但李东生对这种发展模式并不满意，每每追问团队 TCL 自有品牌的发展计划。2015 年年初 TCL 在巴西成立代表处，开始了艰辛的品牌征战。由于巴西对整机进口征收高额关税，彩电业务要进入巴西并成功立足，必须要有本地化的工业制造能力。SEMP 等三家企业进入了 TCL 意向合作的视野。

SEMP 曾经是巴西的电视龙头企业，最初是做收音机的。在 2015 年之前的三十多年，SEMP 一直与日本东芝开设合资公司，由东芝来支持它的产品供应和研发。但 2013 年开始，东芝调整全球策略，基本退出拉美的电视业务，几乎停止了在合资公司的投入。没有研发，就无法推出新产品，没有新产品，公司也就成了空壳。2013 年到 2015 年，游走在破产边缘的 SEMP 急于寻求新的合作伙伴。

2015 年谋求进入巴西市场大干一场的 TCL 已经不是当年刚刚出海的企业，有了十几年的国际化能力和经验，TCL 选择了另一条拓展道路。当时担任 TCL 电子海外总经理的王成，第一步就是将 TCL 最新的产品组合带到巴西，参加全国最大的年度家电展，一时间整个巴西的家电行业都知道 TCL 要来巴西了。王成当时接受了一家当地媒体的采访，这家报纸在封面刊发了采访的内容，还配发了王成的大幅照片。SEMP 的老板，86 岁高龄的阿方索博士，拿着这期报纸找上门来，寻求跟 TCL 合作。双方从 2015 年年中开始接触，到 2016 年 7 月宣布共同投建合资公司 SEMP TCL。

在 TCL 与 SEMP 合作过程中，李东生多次与阿方索博士本人沟通，在中国谈，在巴西谈，在欧洲谈。

第一次是阿方索博士不远万里飞到中国，到访 TCL 总部。李东生见到 80 多岁高龄的老先生飞行 20 多个小时过来谈判合作，非常感动。在会议上，双方都没有绕弯子，直面各种可能的问题并寻找解决方案。阿方索博士全程精神矍铄，不时提出建设性的意见，坚定了李东生与 SEMP 合作的决心。

第六章　征战全球

2017年在德国IFA展会期间，两人约了晚餐会议，讨论合资公司成立一年来的情况和下一步战略，直到餐厅要打烊时才发现已聊了近四个小时，这时已经逼近午夜。阿方索博士的孙子，也是业务助手费利佩笑着说："我爷爷每周还要自己开车去合资公司办公室待至少三天，他常自己开车，嫌弃我开车慢。"

合资公司定期向李东生和阿方索博士汇报业务情况，每次汇报后，阿方索博士都会和李东生以邮件方式，沟通各自的感受以及对未来的建议。他们邮件往来中提到最多的三个词是：respect（尊重）、transparency（透明）和honesty（诚信）。

SEMP TCL是TCL在海外的第一家合资公司，2016年8月1日正式运营。合资第一年，仅TCL品牌在巴西的销量就达到了25万台。TCL定位为中高端品牌，直接对标占据巴西彩电市场半壁江山的三星、LG。伴随TCL产品迭代升级，合资公司也逐步加大了品牌宣传的投入，2017年签约成为巴西国家足球队官方赞助商，2019年成功赞助美洲杯巴西籍的足球巨星内马尔，TCL品牌的形象在这片桑巴热土上迅速被消费者熟知。2020年TCL彩电的市占率为8.7%，SEMP的市占率为2.6%，加在一起为11.3%，正向排名第一的三星发起挑战。

除了电视，随着AIoT（人工智能物联网）以及智能家居风潮的兴起，TCL多品类融合的战略也开始在巴西落地。TCL品牌空调顺利上市，冰洗产品也准备尽快进入巴西市场。

从美国到拉美，TCL的全面崛起引起了竞争对手的高度重视。"一个韩国厂家的巴西高层一直在讲，绝对不能让TCL在美国逼近我们的故事在巴西重演。"吴吉宇笑了笑说："我们还真找到了一些证据，表明他们在巴西市场针对我们开始调整布局。"

SEMP TCL这两年有了一个新变化。双方最初成立合资公司时，就设定了退出机制。阿方索博士年届90高龄，子女又无意接班，因此双方在 2019 年启动了新一轮谈判，主要是商讨 SEMP 的退出机制和退出条款。刚成立时，TCL 的股份比例是 40%，SEMP 是 60%。2019 年谈完后，TCL 回购了 SEMP 40% 的股份，目前 TCL 占股 80%，从 2020 年 7 月开始接管巴西公司的全面业务经营管理。

TCL 主控经营管理后，建立了周、月、季度等例会制度，总部 PBP（回收期）系统上线，打通前后端经营预测管理；全面导入预算管理，加强 IT 数字化系统建设，让巴西公司与总部各平台数据自动化共享对接，紧控客户账期和逾期货款的管理；进行了全员沟通与文化宣贯；推动实施 PLR 等激励方案与评优，定期进行业绩分享，提升员工主人翁精神；实施对冲策略，大幅降低汇率波动对业务带来的影响。所有这些工作，使得巴西公司的组织、经营、管理能力有了扎实的提高。

不管从哪个角度来说，SEMP 从一家濒临破产的公司到如今成为巴西家电市场名列前茅的企业，再次焕发青春，TCL 也在其帮助下扎根了巴西市场，可以说双方通过设立合资公司都达成了自己的目标。2020 年，TCL 彩电在巴西销售超过 150 万台，空调销售接近 20 万台，彩电市场占有率 11.2%。2021 年 1—4 月，巴西公司彩电市场占有率攀升到 13.8%，销量和销售额市占率均稳居第三。

2017 年 11 月，TCL 联手阿根廷家电业巨头 RADIO VICTORIA（RV），正式签约成立合资公司，投资总规模为 1.5 亿美元，从事电视、空调、手机及小家电等产品的生产与分销。RV 公司成立于 1947 年，总部及分销中心设在阿根廷首都布宜诺斯艾利斯，在阿根廷南部的火地岛拥有一家占地面积约 2.3 万平方米的家电产品组装工厂。RV 公司在阿根廷合作的零售渠道有 2000 多家，售后服务网络遍布全国，2008 年还在智利成立了分公司，开始在南美其他国家开展业务。RV 与 TCL 的合作开始于 2004 年，是 TCL 在海外合作时间最长的品牌代理客户之一。通过合资，TCL 在阿根廷的发展进入了稳定的新阶段。

在拉美市场，TCL 电视一路顺风，TCL 通讯则道路坎坷。虽然收购阿尔卡特后获得了以前没有的、相对稳定的运营商业务，但一旦要组建公司选择自营模式，就会面临两个方面的风险：一是供应链太长，当地市场有一点变化，手上就会有一堆库存，处理库存时跌价损失巨大；二是供应链的时间周期往往超过三个月，如果汇率下跌，赔得会很厉害，拉美当地货币跌起来很吓人，三个月跌幅超过 30% 完全有可能。

李东生说，TCL 通讯公司 2015 年、2016 年在拉美市场大幅亏损，主要就是这些原因。"受 SEMP TCL 模式的启发，在巴西的通信业务已经调整为和彩电一样的模式，目前看情况不错。"

在"走出去"和本地化的各种风险，以及本地化的贸易壁垒等保护主义之间，如何找到稳健发展之路，TCL 拉美仍在矢志努力。

挺住，开创一切

从 1999 年开拔越南第一站，20 多年风雨沧桑，TCL 的足迹跨越了大半个地球。不是一蹴而就，不是莺歌燕舞，甚至可以用诗人里尔克的名句来形容——"没有胜利可言，挺住意味着一切"。

TCL 的全球化，因为两大并购，被猛然推到全球舞台，无论高光还是阴影，其实都被放大了。"少年心事当拿云"，但那时稚嫩的双肩难挑起全球化的重担。不过，不可否认的是，汤姆逊的全球布局、阿尔卡特的技术实力和运营商资源，与 TCL 存在着巨大的互补性。年轻的 TCL 团队在和国际管理团队的融合中，也从被动到主动，渐渐掌握了全球化运营的主导权。

电视新局

如前所述，TCL 电视在北美终成大器，在欧洲绝地反击，在拉美市场后来居上。有这些"高水位"地方的经验，TCL 在进军其他新的市场时更加心中有底。目前在亚太市场，TCL 彩电在菲律宾、泰国、越南、澳大利亚等地的市场份额均稳居前五名。

在中东，过去消费者对日本品牌较为推崇，中国品牌只能走低端、性价比产品路线，随着日本品牌的没落，中东的很多经销商选择与中国品牌合作，TCL 的中高端 4K 电视、QLED 电视等大尺寸产品，在中东成为消费者的新选择。阿联酋最大的品牌代理商 EROS，有 40 多年家电销售经验，从 2009 年与 TCL 展开品牌代理合作，目前在电视品类中，除了三星，只与 TCL 合作。TCL 在阿联酋、黎巴嫩等市场的占有率均进入了前三或前五。

在印度，TCL 旗下的子品牌"雷鸟"智能电视品牌，正以更年轻、更智能化的形象赢得年轻消费者。

在伊朗，从 2009 年起，国有大型家电企业 SHAHAB 成为 TCL 电视的品牌代理，在其大力推广下，伊朗全国共有 150 家 TCL 经销商和销售网点，TCL 目前的市场影响力仅次于三星和 LG。

在澳大利亚，当地最大的家电连锁经销商 Harvey Norman 和 TCL 之间建立了深度合作，Harvey Norman 的电视销量约占澳大利亚的六成，它也是 LG 产品最大的经销商。Harvey Norman 的业务代表说，TCL 产品的质量可以和韩国品牌抗衡，"希望帮 TCL 打造成下一个明星品牌"。

这些成绩的取得，和 TCL 不断迭代升级的产品相关，和 TCL 持续参与德国 IFA、美国 CES、巴塞罗那 MWC（世界移动通信大会）三大消费电子展会加强全球推广有关，和 TCL 通过细分体育品类的赞助以及 IP 塑造的品牌差异有关。此外还有一个重要原因是，2015 年 5 月，TCL 电子的海外板块成立了品牌代理销售中心（BDSC），在海外未开设分公司的国家和地区与当地有实力的代理商深入合作，聚焦 TCL 品牌的推广和销售。这一举措对 TCL 品牌业务的发展立竿见影，尤其是对中东这些国土面积小、市场规模不大的国家尤为实用和有效。

通信新篇

和电视一样，TCL通讯最成功的市场也在北美。

TCL通讯借助阿尔卡特的运营商关系基础，2010年进入美国后先以区域运营商作为主要合作伙伴，但到2013年已开始和美国电话电报公司、T-Mobile开展业务合作。除了运营商市场，还不断加强线上布局，积极拓展开放渠道和电商渠道。TCL通讯的手机在惠州的中国制造中心生产，之后运到达拉斯的一个第三方工厂，经过分门别类的包装，再交到北美各大物流中心、卖场和客户手中。以往，由于没有驻厂的技术工程师，达拉斯工厂发现质量问题后，往往无法现场确认与分析，通常将产品从美国退回中国，效率很低。现在，TCL通讯派出了自己的"海鹰"前往驻厂。工厂有四条生产线专为TCL服务，有美裔、非裔、墨西哥裔、韩裔等各种肤色的员工，虽然只有一个中国"海鹰"，但遇事时的处理效率比以往大为提高。

从2015年到2021年，阿尔卡特手机出货量常年位居北美市场前五。TCL品牌的中高端系列产品在2020年年初导入美国和加拿大市场，销量逐月提高，给TCL通讯带来了新的增长机会。

2015年年初，TCL通讯将中东及非洲市场独立，形成六大区域：北美洲、拉丁美洲、欧洲、中东及非洲、亚太区及中国区。迪拜成为中东及非洲市场的区域运营中心。此后，TCL通讯在中东及非洲地区多个市场都取得了不俗进展，不仅通过与沃达丰、Orange等运营商密切合作，扩大了销售网络，同时针对当地消费者的特殊需求，定制化进行开发。如尼日利亚电力供应极差，每年经历两三百次停电，因此当地人购买手机时最看重续航能力，手机必须有足够电池容量才能够吸引他们。由于TCL通讯在当地全部聘用本地人，很容易把握消费者需求，并推出有吸引力的产品。

2020年，TCL通讯90%以上的产品销售到海外。TCL通讯与全球 80 多家主流移动运营商、零售巨头及科技企业建立了超过 20 年的战略合作伙伴关系。

在产品方面，TCL 通讯不仅有过硬的移动终端制造能力，而且在 AMOLED 柔性屏方面持续垂直整合华星光电的技术与产品，2019 年发布了首创的折叠屏铰链技术 DragonHinge™，允许折叠屏幕进行各个角度的折叠和弯曲，以适应各种应用场景与使用需求；2021 年在 CES 面向海外预发布了全新 20 系列手机，4 月 20 系列旗舰机型 TCL 20 Pro 5G 全球发布，它将折叠屏和卷轴屏两种未来设计形态进行了融合，除了可以作为一款折叠屏手机之外，还可以通过滑动屏幕，将卷曲在机身中的屏幕伸展出来，成为一台 10 英寸的大屏平板电脑。

有技术创新的驱动，TCL 通讯的未来值得期待。

移动通信终端业务的技术专利壁垒很高，TCL 在移动通信领域申请和注册的专利数量颇多，还有大量的标准必要专利在手，仅次于半导体显示的专利拥有量，有力保障了 TCL 产品在海外市场的业务拓展。尽管如此，TCL 通讯每年还是会面临许多专利攻击，不少专利诉讼都为全球行业所瞩目。金诚同达律师事务所管理合伙人杨晨说："TCL 移动通讯是中国企业在海外专利诉讼中经验最丰富的企业之一，十多年没有中断过，但这就是国际通信领域的常态。"多年来，TCL 的知识产权管理团队为 TCL 品牌出海"保驾护航"，打了不少漂亮仗，他们"敢打能赢"，为公司乃至整个行业参与国际竞争争取了很多重要权益。

家电新军

TCL 家电比电视和手机出海要晚，但基于中国的供应链优势以及 TCL 电子的整体布局，近年来在多个海外市场都后来居上。

TCL 空调在阿根廷实施"客户优选、独家代理"，在墨西哥推行"产品优化、价格优廉"，在美国采取"放弃低端、力推高端"，目前在阿根廷的市场份额高达 20%。

在沙特阿拉伯，TCL空调通过代理商于2014年进入市场。该代理商代理的品牌不乏劳斯莱斯、宝马、LG、欧莱雅等国际大牌。在沙特的空调市场，LG是王者，也是唯一在沙特开设工厂的空调品牌，市场占有率超过40%。该代理商在沙特代理了除LG空调外的所有空调产品，一直在寻找一个"非常可靠"的伙伴来打开市场缺口。他们认为，中、日、韩品牌的产品，质量差距越来越小，主要是品牌差距。日、韩品牌与中国品牌的价位差距在10：7，这反向证明了中国品牌较高的性价比。双方一拍即合，TCL空调进驻了36家终端展示厅、6家连锁店、超过200个经销商的销售渠道、超过500个销售点、17家服务中心及35个电话服务中心。

全球呼叫中心

庞大、分散而有序的全球化运营中，有一个必须一提的节点，这就是位于菲律宾马尼拉的TCL全球客户联络中心。这里负责全球的客户呼叫服务。

菲律宾历史上先后被西班牙和美国殖民统治了3个多世纪。无论语言和文化，都深受其影响。最近十几年，呼叫中心行业在菲律宾飞速发展。从马尼拉机场驱车10多分钟，就可抵达阿拉邦经济开发区，一批世界知名公司的呼叫中心扎堆于此，最大的呼叫中心有近20万雇员。2016年，菲律宾呼叫业务总收入达250亿美元，相当于菲律宾GDP的10%，菲律宾已取代印度成为全球客户呼叫中心之都。

从2004年至2009年，TCL的海外售后服务一直外包。北美RCA品牌的呼叫中心外包给IBM设在菲律宾的呼叫中心，每月要花费100多万元人民币，而且自己听不到用户的声音，影响了用户的满意度。

2008年，TCL海外业务中心经过调研，发现但凡有一定规模的国际化品牌企业，无不是自建呼叫中心的。"必须自建呼叫中心，降本增效！"他们的建议得到了管理层的大力支持。他们考察了印度和菲律宾，此时正赶上菲律宾大力发展呼叫业务，推出了一系列免税减租优惠政策，综合评估后，调研组决定把呼叫中心落户马尼拉。经过近一年的精心准备，2009年10月1日，呼叫中心正式投入运营，这是中国家电企业第一家在海外自建的呼叫中心。

为做好呼叫系统，TCL以美国本土畅销的电视品牌Vizio作为标杆，找到了Vizio的服务商做系统，并融合了TCL法国公司的信息系统。新系统支持10多种不同语言，在接入方面，除了常规的语音、传真，还支持网络聊天、脸书、邮件、论坛等功能，是一个多媒体呼叫中心系统，实现了总系统在菲律宾，客服座席可以设置在全球任何一个角落。

TCL自建的呼叫中心，把流程固化到IT里，把产品、销售、服务信息打通，可以方便快捷地查询各种信息。这里的客服座席工作不仅是接电话，还被赋予了很多管理和服务职能，一次解决率达到91%，剩下的9%才转到后台服务管理人员以及维修供应商处。这大大提高了对用户的响应速度和服务满意度，也节省了大量人力和成本。目前呼叫中心的员工来自菲律宾、喀麦隆、法国、洪都拉斯、意大利、波兰、科特迪瓦七个国家，总人数有150人。在这里，你能听到纯正的各国语言，倾听全球用户的声音，而TCL国际化运营的点滴成果，也能通过这里得到真实的显现。

李东生在接受我们访问时说，TCL电子在全球真正的崛起，是在最近这五六年，之前很多次战役都不成功，但我们还是不放弃。

曾任TCL科技COO、CFO，现任TCL实业CEO的杜娟曾经问李东生，这辈子最难的选择是什么？杜娟原以为会说海外并购、投资华星等决策，李东生回答："我不觉得选择有什么难的，难的是选择之后的坚持。做出一个选择，可能有一段时间看不到曙光，外界的质疑甚至会让你怀疑自己，这时候能不能坚持，在于你有没有坚韧的品质。"

2017年、2018年，王成团队等花了大量时间投入彩电和手机的海外业务，一边做业务，一边探讨更有效的全球化经营管理模式，使得海外业务持续增长,成为 TCL 品牌业务最重要的增长引擎。

王成认为,首先要具备明确的战略,清楚界定海外业务的目标,并让大家都认可,形成共识,愿意为之努力付出。

其次,要做好团队人员的配置。要建立全球化运营的核心人才库,尤其是经营性人才。TCL 已经摸索出一套从区域经理到国家经理、从新兴市场国家经理到成熟市场国家经理的人才培养方法,并且保证核心人才在价值观上与企业高度一致。与此同时,TCL 将本地化人才作为海外公司、工厂的底座,外派人才必须与本土人才高度配合、互相激发。TCL 在国内招聘人才时,也特别注意吸纳有国际化素养或潜质的人才,包括外籍员工。

再次,是在管理体系上打通国内和国际,而不能互相隔绝。通过 IT 系统的一致、财务系统的把控、人力资源的管理、供应链的延伸,做到"全球一盘棋"。

中国入世首席谈判代表龙永图对 TCL 的探索评价道,"这证明中国企业是可以走出去的,对中国企业的自信心建设意义重大"。

TCL 的实践表明,中国制造的全球化发展,不仅可能,而且可行。他们不惧任何对手,虽然品牌和软实力的建设、原创技术的突破,还需要付出更多智慧、汗水和时间,但勇敢出击、迎难而进、不断创新的精神,永远是企业保持青春、激发活力的不二法门。

电视剧《上海一家人》有一首主题曲,TCL 的全球化历程,恰如曲中所唱:

要生存,先把泪擦干;走过去,前面是个天。
千折百转,机会一闪,细思量,没有过不去的关。
夜深路远,有苦自承担,晨风起,太阳升,看到你双肩。

第四部分 再 造

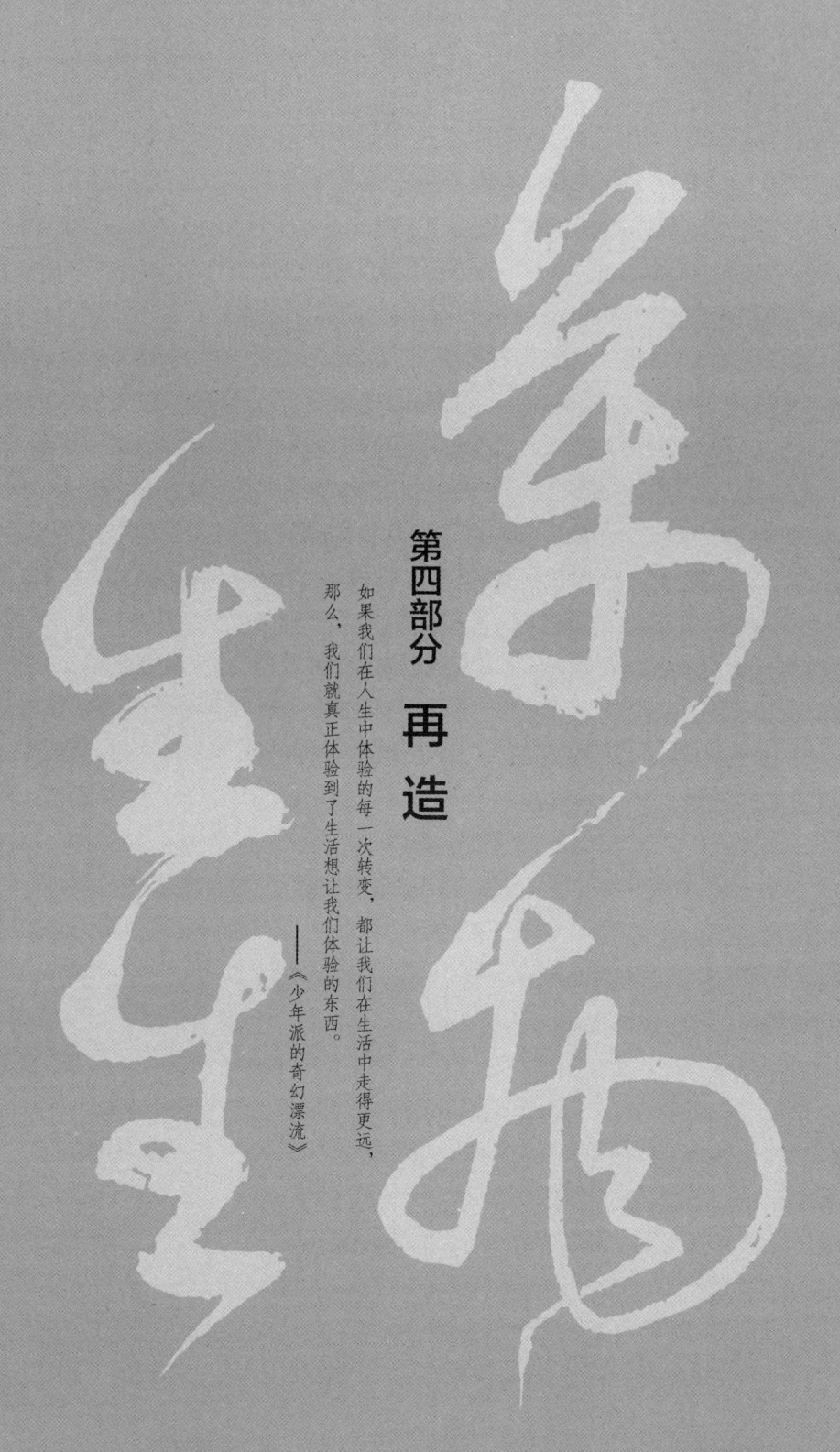

如果我们在人生中体验的每一次转变，都让我们在生活中走得更远，那么，我们就真正体验到了生活想让我们体验的东西。

——《少年派的奇幻漂流》

第七章　冲破魔咒

在前面的几个章节，我们讲述了华星的攀登之路以及TCL电子的全球化之旅：一个是产业升级，向上；一个是全球化发展，向外。接下来，我们将讲述贯穿TCL 40年的第三个重要方向，即向内的、对自己的不断变革。

2008年美国次贷危机和2010年欧洲主权债务危机之后，相对于发达国家，中国制造业无疑有了更强的竞争力。但另一面，移动互联网年代意气风发地到来了。2011年，微信上线，小米凭借互联网思维发布第一款手机，阿里"双十一"2009年推出，到2012年就有上万个品牌参加。互联网平台以及各种新物种的发展，遮蔽了传统制造业的光芒，不少制造企业纷纷陷入转型之痛。

TCL赖以起家的终端产业，在新常态下也面临严峻挑战。这些变化像慢慢加热的温水，一开始感知并不明显。2014年，TCL集团营业收入达1010亿元，跻身"千亿俱乐部"。但随后的2015年、2016年，收入徘徊不前，陷入"千亿魔咒"，利润还出现了下滑。

在这一背景下，从2017年起，李东生启动了长达三年的变革。变革的起点在2016年年底，开展内部变革讨论，先从"减员增效"

着手，春节前，总部裁员30%；2017年4月12日发表讲话《逆水行舟不进则退，改变自己才能把握未来》，系统阐述了新一轮变革转型的要求——"转变经营观念，优化组织流程，创新商业模式，清除发展障碍"。变革期间，TCL（集团）梳理和完善了发展战略，调整业务组织；完成重大资产重组，分拆为TCL科技集团和TCL实业控股两大产业集团，聚焦核心业务；重塑了当责有为、绩效导向的组织文化；优化了组织结构，减员降本增效，重整了业务流程。2021年1月，李东生在年度全球经理人大会上表示："在这轮变革转型中，我们弓身蹲下、蹬实脚跟、看准目标、全力起跳，摆脱了营收徘徊、效益下降的困境，为企业持续发展奠实了良好基础。"

通过系统而深刻的变革，"千亿魔咒"被打破，TCL在上坡路上加速前进。2020年，TCL（集团）营收1528亿元，增长20%；净利润74.6亿元，增长32%。在疫情影响、全球经济低迷的环境下能有这样的业绩，体现了TCL变革转型带来的竞争力的提高。2021年预计全年营收有望突破2000亿元，TCL有望首次进入世界500强企业之列。

企业发展如逆水行舟，缓进则退，不进则死。改变自己，浴火再造、变革无止境。

变革是TCL的基因。回顾40年岁月，李东生说，TCL的发展史，就是一部变革史、创新史。

不是每一次变革都能成功

天行有常，明者因时而变。要么进化，要么僵化。

从宏观大势看，李东生曾经撰文分析，改革开放后每个阶段的赢家都是靠创新变革才成功的，只有不断变革才不会被淘汰。

"从20世纪80年代到1992年邓小平发表'南方谈话'，是计划经济向市场经济转型的阶段，这时'一招鲜吃遍天'，拼的是勇气，拼谁先下海；1992年到2001年'入世'，重点是建立现代企业制度，向跨国公司学习，再增加一些本土化的点状创新，这时拼的是治理结构、战略、文化、组织、系统；2001年到2010年、2011年，次贷危机和欧债危机使西方经济出现衰退，不少中国企业在国内渐渐取得优势；2012年到现在，西方仍然无法恢复强劲增长，中国整体上还在快速发展，但也进入了新常态，传统外延扩张的老路子不行了，要用新理念，用创新驱动高质量发展。"

从中观行业看，20世纪八九十年代，中国市场一度有70多个彩电品牌，而且当时能做彩电的企业，都是规模比较大、具备一定实力的企业，但现在大部分成了历史名词。"排除最近几年新出现的品牌如小米，能穿越不同历史阶段仍存活在市场上的，只有TCL、海信、康佳、创维、长虹、海尔等寥寥几家。那些消失了的企业，不是技术不行、资本不行、实力不行，而是观念不行、体制不行、适应变化的变革能力不行。"

从微观主体看，TCL历史上有过好几次变革，都推动了企业的发展。

1998年，在创业17年后，TCL在没有国家资本金投入的情况下，发展成中国十大电子信息企业之一。但李东生意识到，过去使企业成功的因素，并不足以保证今后继续成功。他认为TCL的主要问题在于：一是企业的整体基础仍然比较薄弱，还存在许多和现代企业管理体制及市场机制不相适应的思维和习惯；二是整个宏观环境开始从计划经济快速过渡到市场经济，TCL在别人不够市场化的情况下形成的市场化先发优势，很可能被蚕食；三是与跨国企业和已完成经营机制转换的国内大型企业相比，TCL在综合实力、经营管理水平、技术开发能力等方面没有优势，在许多方面还处于明显的劣势；在经营机制、营销战略、应变能力、经营成本等方面，TCL和民营、混合型经济企业相比,"不能肯定说是处于劣势,但至少是没有优势可言"。

1998年2月,李东生发表了《推动经营变革、管理创新,建立竞争新优势》的讲话,这是TCL成立之后第一次系统性的变革创新。他借鉴了时任通用电气CEO杰克·韦尔奇的组织变革经验,在TCL内部首次导入文化变革的观念,确立了企业文化的基本架构,明确了为顾客创造价值、为员工创造机会、为社会创造效益的企业宗旨。

这次变革,还在公司治理和经营机制上取得了突破,改变了国有股份"一股独大"的结构,完成了股份制改造,治理结构逐步完善,政府、企业管理者和员工都通过改革而受益。变革后,TCL彩电、TCL移动、国际电工先后在行业里取得领先,TCL电脑也一度成为行业"黑马"。1997年到2002年,集团销售收入从56亿元增长到222亿元,净利润从1.5亿元增长到4.2亿元,分别增长了4倍和接近3倍。

到了2002年,距第一轮变革过去了四年。在成绩面前,一些不好的苗头开始出现,且有蔓延之势,主要表现在:不少干部员工思想松懈,斗志衰退;一些企业主管我行我素,身居要职却不承担相应的责任义务;企业内部围墙高筑、山头林立,形成"诸侯文化",协同性不够;上下信息不畅,公司战略发展方向不够清晰。

2002年7月,TCL召开企业文化创新千人大会,李东生发表了《创建具有国际竞争力的新企业文化》的讲话,TCL由此开始了第二次变革。

这一轮变革主要解决充分授权与承担责任的矛盾,破解"小圈子"现象,把握规范管理与保持速度和效率优势的关系,创建学习型的企业文化,通过沟通企业愿景,凝聚发展共识,使各项变革措施切实落地。

我们在TCL最早的惠州总部所在地,现在的TCL多媒体电商业务中心的一楼墙壁上,还能看到李东生2002年的一段讲话——

"中国加入WTO，经济全球化，使所有中国企业面临着巨大的挑战和机遇。我们同世界级企业竞争，犹如轻量级拳手与重量级拳手同台竞技……强大的经济，才能支撑强大的国家，而建立一批世界级企业是强大经济的基础。

"创建具有国际竞争力的世界级企业。这是历史赋予我们的责任和使命。"

这轮变革确立了TCL国际化的战略方向。之后，并购法国汤姆逊彩电和阿尔卡特手机业务，初步奠定了TCL的全球产业布局。国际并购造成了TCL连续两年亏损，但整个集团的销售收入从2002年的222亿元快速增长到2005年的519亿元。

TCL历史上的第三次变革，是众所周知的"鹰的重生"，于2006年展开。通过变革，TCL走出了至暗时刻，培养了在生死存亡关头敢于改变自我、自强不息、渴求重生的精神特质，确立了更清晰的战略路径，强调"现金流至上"。

2009年创建了华星，进军半导体显示产业，布局新赛道，实现产业转型升级，改善了管理治理，强调"有质量的增长"，强化全面预算管理和KPI（关键绩效指标）考核机制，逐步完善利润分享机制，激发团队潜能。

从2006年到2014年，TCL的销售收入从487亿元增长到1010亿元，净利润从亏损19.32亿元增长到实现盈利42亿元。TCL再次进入快速增长期。

从1998年到2014年，涵盖文化、战略、观念、管理、机制等不同方面的三次变革，推动TCL发展成一家初步具有国际竞争力的全球性企业。如果说以上三次变革主要是从文化、管理等"软实力"角度和"全球化"的业务扩张切入，那么从2009年开始的、以创立华星为标志的产业转型升级，可以视为TCL的第四次变革，即从终端产品制造向高科技和高端制造、核心基础技术的转型升级。华星闪耀，推动 TCL 在 2010—2014 年迎来新一轮增长。

2014 年，TCL 跨上千亿元营收平台，实现营收 1010 亿元、净利润 42 亿元，双双创历史新高，其中海外收入占比接近一半。没有变革，就没有成功，但也不是每一次改革都能成功。2014 年，TCL 历史上的第五次变革——"双＋转型"，即"智能＋互联网""产品＋服务"，就没有取得预想的效果，新能力没有建立起来，原有业务竞争力持续下降。

2014 年 2 月 25 日，TCL 集团发布互联网转型时代下全新的经营转型战略——"智能＋互联网"与"产品＋服务"的"双＋转型"。新战略提出，以互联网思维全面构建 TCL 集团的转型和新商业模式，从过去经营产品到"抢夺入口与经营用户"，建立产品加服务的新商业模式。"这意味着 TCL 集团未来 5 年至 10 年的互联网化先锋之路正式启程。"

应该说，"双＋"的提出切中了 TCL 终端业务的要害。传统家电行业，需求饱和，产能过剩，价格战愈演愈烈；由于硬件基础功能成熟，产品性能同质化越来越明显；互联网企业的跨界竞争和新商业模式的导入，使家电企业的盈利能力不断下降。

和家电业相比，互联网公司的快速发展则令人咋舌。2004 年腾讯公司在香港上市时市值只有几十亿港元，2014 年已超过 1 万亿港元。反观 TCL，当时市值只有 200 多亿元。在 2014 年 TCL 全球经理人大会上，李东生对两家公司做了简单对比后说："TCL 经过过往 30 多年的发展，曾成为同行中最有竞争力、销售增长和价值增长最快的企业，最重要的因素是我们在经营观念、产品技术、商业模式上不断突破创新。但是，过去 10 年，公司的业务增长和价值增长明显低于许多新兴企业，特别是 IT 和互联网企业。"

为什么会出现这么大的反差？李东生说，"我们的产品能力和商业模式，基本停留在原来的水平，没有大的突破。国际化开拓的成功,虽然给企业带来了销售额的增长,但利润增长并不快。而同期国际上的苹果、三星,国内的华为、小米,凭借产品技术创新和商业模式创新快速发展"。

"企业的价值,不但取决于当期的业绩,更取决于未来的成长机会。"投资者之所以低估TCL的价值,是认为TCL未来增长趋势不如互联网企业。

2014年前后,移动互联网如火如荼,跨界竞争成为常态。一些互联网服务企业,跨界做硬件,将产品低价甚至免费赠送给用户,再通过服务赚取利润。小米则用"和用户交朋友"的互联网玩法,强势切入智能手机和智能电视,吸引了大批年轻"米粉"。这种跨界竞争,挤压了传统制造业的市场及利润空间,并对TCL以简单卖货为主的线下模式构成了强大冲击。

"我们依然停留在做产品,而没有以消费者为中心,去适应消费者不断变化的需求;习惯于把产品卖出去,业务就完成了,服务和我们不再有关系。如果继续这样,TCL的利润会越来越薄,难以支持企业价值的持续成长。"

直到今天来看,这些观点仍是一针见血的洞见。然而,"双+转型"启动后,TCL终端的产品线仍主要集中在中低端,用户深度参与、开放互动的流程和社区一直没有起色,有黏性的粉丝没有增加多少,从卖产品到卖服务的转型乏善可陈。总结起来,就是看到了转型的方向,但没有建立起适应互联互通时代的组织流程、商业模式和核心竞争力。

李东生反思说:"从内因看,我们自身的基础能力当时还达不到转型要求;从外因来说,针对B端的互联网技术刚刚起步,数字化的基础设施建设还未成形。而且我们的转型,从第三方支付到互联网金融小额贷款,再到O2O(线下到线上)、电商、数字内容等,凡是比较火的互联网概念,几乎无不涉及,摊子铺得太大,战线过长,导

第七章 冲破魔咒

致整个转型缺乏核心聚焦点。"

"双＋转型"不成功的根本原因，还是经营转型停留于宏大、抽象的概念，没有悟透互联网数字化对传统 to C（针对顾客）制造业改变的本质，企业战略更多是一种延长线思维，更不要说分步骤具体落地。"表面看好像变了一点，但内在的骨子里的很多东西都没有变。一句话，形变神未变。"

"形变神未变"的具体表现之一，是 TCL 投资了一些互联网项目，也从互联网公司招聘了一些人员，但传统业务还是延续老一套的做法，互联网和传统业务是"两张皮"。

"我们没有仔细分析过，互联网思维到底是如何以用户为第一要务的。TCL 一直是工业思维，自己能做什么就卖给用户什么，而互联网思维是用户需要什么才做什么。"互联网思维强调的去中间化、直达用户等内核，这些并没有体现在转型中。

"形变神未变"的另一表现，是大而化之、一哄而上，没有具体问题具体分析。"当时 TCL 每个企业都'双＋'，但实际上，to B（针对商家）的业务，比如华星光电该怎么'双＋'？没有考虑清楚。不可能说，做一个互联网收费项目就实现了'双＋转型'，哪有这样的道理？！"

显然，"双＋转型"符合移动互联网的趋势，但没有从本质上触及企业战略、组织、能力、业务的转型。因此，转型无果自属当然。

陷入千亿魔咒

"双＋转型"，转而未行，一些负面信号却开始不断释放。

2014 年，TCL 营收、净利润创历史新高，主要靠华星业务支撑。TCL 智能终端等业务，都没有达成经营预算目标。

杜娟交给李东生的财务分析加剧了李东生的忧虑：2013 年 TCL

营业收入增长22.9%，总资产下降2.09%；2014年营业收入增长18.4%，总资产却增长19%，超过了收入增长，这说明集团整体经营效率没有提高，部分主要产业的经营效率指标还有所下降。

2015年，TCL营收依然保持在千亿元以上，达1045亿元，同比仅增长3.51%，净利润从42亿元下滑至32.3亿元。

2016年，TCL营收1065亿元，同比增长1.81%，净利润下降到21.38亿元，同比下降了10.92亿元。

2015年、2016年，除了华星光电和销售物流业务翰林汇，TCL的主导产业几乎都没有达到营收和利润目标，通讯和家电的业绩和预算差距明显，大部分企业只保持了个位数增长，有的甚至出现下滑。

2016年8月，上半年财报发布，汇总各方面信息，李东生判断，全年业绩会继续下降，而且严重偏离预算目标，TCL正处在持续下降的轨道上。如果不能尽快止住业绩下滑和衰退趋势，TCL将陷入新一轮重大危机。

能及早感受到危机，主动做出改变，克服危机，这是TCL变革创新的基因。李东生在感知危机做出反应方面敏感性很高，这是企业领导人能够保持基业长青的最重要素质。在不断复盘思考了几个月后，李东生和TCL核心团队深入讨论了面临的严峻挑战，形成了共识。TCL的问题主要表现在五个方面：

一是作为大规模企业生存底线的"成本竞争"优势在逐渐丢失，效率下降，成本上升，蚕食了公司利润，从近年的财务数据一望即知。TCL在国际化并购中走出低谷，很重要的一个原因就是高度重视现金流，重视效率提升，强调有质量的增长，而这些优势随着公司部分高管盲目追求规模扩张而下降。具体到各项业务，彩电业务被竞争对手不断蚕食市场份额；手机业务，国内市场低迷的状况没有任何改善；家电业务徘徊不前，主要靠空调增长在支撑；就连作为整个集团重要支柱的华星光电，极致成本效率的优势也在逐步削弱。

二是"双+转型"未达预期，互联网化和服务化的两个目标均未实现。

三是移动通信业务竞争力快速下降。TCL通讯2004年并购阿尔卡特手机业务后遇挫，但在重新谈判，阿尔卡特同意接受500名欧洲员工自己消化后，人力成本负担大大减轻。他们主要做运营商市场，业务一直比较稳定。但到了2015年、2016年，谷歌开始推廉价手机，小米等国内厂商纷纷出海，海外运营商也开始减少合约机的补贴，这对中低端定位的阿尔卡特来说全是坏消息。虽然没有精确计算，但李东生很清楚，海外业务潜亏巨大，是经营的"地雷"。事后的数字也印证了他当时的感觉，2016年已经转盈为亏，2017年TCL通讯亏损更是达到20多亿元。

四是公司核心能力的改善速度不及标杆企业，相对竞争力下降。李东生说："原来是不进步、倒退会死掉，现在是进步慢就会死掉，你比别人跑得慢就被淘汰，奖牌只给前三名，金牌只有一个。我们有些企业的领导常常说，我还是有改善、有进步的，但其实仅仅有改善、有进步是不够的，你如果改善不够快，比标杆慢的话，就会被干掉。"

五是集团战略不聚焦，摊子铺得太大，在资源有限的情况下即使对核心产业如华星光电的投入都远远不够。

"相对竞争力下降"这一点，是李东生通过对一些同行的观察获得的结论。"'相对'就有一个参照物。2014年到2016年，TCL的相对竞争力下降，是因为同一时期，一些同行还在继续上升，而我们停滞了。"

"一开始，我还没有强烈意识到这一点。因为虽然销售徘徊，但还是增长的，只是增长很慢，确实有很多市场客观因素影响。后来看了一些同行标杆的数据，比如华为、美的集团，它们在增长，我们相对在下降，而且下降似乎在加剧，如果这样下去，TCL可能在这一阶段会被淘汰。"

对比显示：2016年TCL营收为1065亿元，净利润为21亿多元；美的集团营收为1598亿元，净利润为159亿元；格力电器营收为1083亿元，净利润为154亿元。

TCL是在海尔、美的、格力之后第四家进入"千亿俱乐部"的中国家电企业。有意思的是，比TCL率先"撞线"的这些企业，无一例外也都在达到千亿元规模后，遭遇了一段瓶颈期。千亿元营收既是中国家电企业的梦想，也是挥之不去的梦魇。

2004年，海尔率先突破年销售额千亿元大关。之前海尔的营收连续多年增幅超过20%，随后几年，海尔的年均增速回落至8%以下。后来通过海外并购等外延式扩张，海尔化解了低增长，最终摆脱了千亿魔咒。

我们曾经访问过美的集团董事长方洪波。2010年美的举行了产值过千亿元的庆典，盛况空前，2011年春节都没有放假，加班加点生产，外面都是拉货的车辆，看上去很"美"。但后来一算账，这么大的订单根本没怎么赚钱。当时为了做大规模，亏本也做。企业的账面现金资产是负值。2011年年底，美的确定了变革转型的三轴方向：产品领先、效率驱动、全球经营。之后几年，美的没有新建一平方米厂房，没有新购一亩土地。方洪波说他"去意已决"，就是要坚决砍掉过剩产能，对闲置资产及时停并转。集团先后对64个品类进行精简，减少中低端、低毛利产品，扩大中高端产能，实行差异化策略；按需生产，客户网上下单，第一时间制造，三天到货。美的把减少投资建厂省下来的钱，都投到研发上，大大提高了产品品质和附加值。

李东生对美的的一组数字变化印象深刻：2015年美的实现营业收入1384亿元，仅比2011年增长43亿元，但利润为136.25亿元，是2011年66.41亿元利润的两倍多，显然是结构性变革和核心能力提高的结果。

"TCL 徘徊不前，找客观原因容易，但重要的是，我们必须看到问题，那就是自身竞争力不够强。看经营数据，我们的实际竞争力只处在业界同行的平均水平。因此，当外部经营环境的困难加剧，我们的业绩就会受到很大影响。我们要问自己：为什么那些标杆企业即使经营环境不好也能逆势增长？我们的短板在哪里？如何尽快提升？"在 2016 年 TCL 全球经理人大会上，李东生像连珠炮一样发问。

"虽然企业还赚钱，日子还过得下去，但我感觉，如果不改变，未来两三年我们很可能就过不下去了。"李东生说。

2016 年 10 月，李东生和集团各产业的主管开始交流，密集地开了好几次会。主题就是和同行对标，探讨"我们怎么样""我们怎么办"。

"我们将财务杠杆几乎用到了极限，整个公司的资金链都绷得很紧。财务团队尽最大努力支持各个产业的发展，如果财务管理不是集团统筹，没有集团资金池的支持，很多产业可能在今年就撑不住了。"李东生毫不掩饰问题的严重性。

让李东生担心的，还有很多企业的主管对现状习以为常，"汇报经营情况都是挑好的说，好像企业前途一片光明，完全没有意识到要从自身找解决问题的方法"。

"过去三年我们在不断后退，如果不制止这种下滑趋势的话，TCL 很可能就会被冲到太平洋里去。"反反复复地纠结、思考了三个多月后，李东生下了决心，"我们存在的很多问题，不能完全看清楚，但至少能看清楚一部分，不能再等了。我们又到了一次关键的变革时刻，只有坚决推进变革，才能转危为安。"

李东生对大家说："每次危机都是一场大洗牌，会淘汰一批跟不上变化、尽管曾经很成功的企业，但它同时又会为一批更有活力和竞争力的企业清理出成长空间。危机往往蕴藏机遇，进一步刀光剑影，退一步万丈深渊。"

"4·12讲话",不换思想就换人

TCL历史上的所有变革,都是以李东生的一篇讲话作为正式开端的,只有"双+转型"那次例外。那次他宣布了转型方向,但并没有做详细的剖析和部署,大概是受到"迭代""试错"等互联网思维的影响。

2017年4月12日,在TCL执委会扩大会议上,李东生以《逆水行舟不进则退,改变自己才能把握未来》为题做了报告。报告是2016年10月明确要开展一轮新的变革转型后,他和TCL的高管团队反复讨论的结果。

报告明确了TCL在此次战略转型、变革转型中,究竟要改变什么。核心是四句话,"转变经营观念,优化组织流程,创新商业模式,清除发展障碍"。

重点改哪些方面?主要是三方面。一是业务变革,因为摊子铺得太大,要探讨如何聚焦;二是组织变革,因为企业里"有太多政委和参谋长,但缺乏能打胜仗的将军",要让能打仗的将军型干部,取代政委型干部和参谋长型干部;三是重大资产重组,即第一步关闭剥离一批缺乏竞争力的企业,第二步进行重大资产重组,把TCL的两大核心业务分开来,并为两大核心业务建立新的发展机制。

关于业务变革和重大资产重组,我们将在下一章"重构与聚焦"中详细展开,这里重点围绕与组织相关的变革展开。

在"4·12讲话"中,引起集团上下最大震动的,是这样几段话——

> 这次调整不是单纯以裁减人员数量为目标,而是通过调整

提升组织效能来提高团队能力。我们在裁撤冗员、淘汰庸员的同时，要在内部提拔或外部招聘缺失的关键岗位人才。

管理团队首先要转变观念，只有改变自己，才能把握未来。要适应经营环境的变化，要学习和掌握新的能力。不能适应的，只能转岗或被淘汰。

我们培养出不少政委型干部，对企业忠诚、工作敬业、有理论水平，能协调好工作，但缺乏突破固有思维、勇于开拓创新、扭转困难局面的冲劲和魄力，缺乏主动担责、不怕得罪人、敢于在领导面前坚持自己意见的干部。我们有不少愿意担责、服从组织安排的干部，但缺乏真正能够担起责任、交付成果的干部；我们有不少能出谋划策的参谋长，但缺乏能在前线带兵打仗、能够在艰苦的条件下打胜仗的将军……

关于"德"和"才"，李东生说：

作为企业领导，承担起经营责任是根本，离开这一点去谈品德是没有意义的。因为你掌握一个大企业，带领几千甚至过万的员工，没有将企业经营好就是最大的"失德"。作为企业领导，能将企业经营好就是才，能守规则、勤勉尽职就是德。

在评价和考核企业管理团队时，要坚持业绩导向，以能否实现经营目标、创造效益和价值、保持企业持续稳定发展作为标准。我们的企业文化是要鼓励担当、交付成果，而不是表忠心、讲故事。我们要树立这样一种良好的用人导向，让愿干、能干、敢干的人上来，让能说、不能干的人下去。

企业需要政委、参谋长，但更需要能打仗、打胜仗的将军。

这是 TCL 历次变革中的一个重要时刻。尽管这次讲话没有产生

《鹰的重生》那样的社会影响力，但就对上上下下从思想到行动所产生的冲击，以及对企业未来发展的影响而言，和《鹰的重生》相比毫不逊色。

这番讲话一出，很多人如同拿着标尺测量身高、腰围一样，对着李东生列出的标准，一条条审核对比，反思自己到底是不是政委，跟将军比还差了些什么。

以此为牵引，TCL集团人力资源管理部趁热打铁组织了四场大讨论。从4月到5月，每个周末组织一百多位高管一起讨论，为什么要变革？如何提升核心竞争力？怎么改进速度效率成本？智能制造如何突破？怎么提升干部能力？大讨论极大地推动了干部经营管理理念的转变。

大讨论从分析各部门自身存在的问题出发，引入外部标杆案例，对照差距和短板，激发深藏在TCL人内心里的不服气和自驱力。以前是向内看，跟自己纵向比，现在要向外看，跟标杆企业横向比。很多干部说，我们TCL曾在中国公司中时时处处引领风气之先，现在怎么能甘居人后？潜能被极大地激发出来。

大讨论开始后，集团的《TCL动态》连续刊发了四篇深入解读，分别从转变思维、优化组织结构、提升IT能力和品牌力、防范财务风险等角度，进一步丰富了"4·12讲话"的内涵和外延——

> 对这轮变革不要理解为是一场务虚的理论研讨，更不要理解为是一场"洗脑"运动，而是要通过实实在在的行动来完善变革方案，真正形成共识，产生效果。
>
> 变革能否成功，各级管理干部是关键。从TCL历次变革效果看，各级领导参与度高、执行力强，变革的效果就明显。
>
> 有些企业办一个事，需要13个人签字。这个事情做成了或者做失败了，到底是谁要负责呢？别说10个人签字了，就算

七八个人签字，都非常复杂。做成了是谁的功劳，做不成是谁的责任，都搞不清楚。

　　华星每一次内部会议，主要都是在找问题和找解决问题的方法，包括组织结构的优化、团队能力的提升。华星尚且这么做，那么其他一些经营绩效不高、组织效率不高的企业，更需要大力推进这项工作。

　　IT管理现状问题很大，已经到了非改不可的时候了。我们在3年多前"双+转型"说要经营客户，你的系统都不支持，怎么经营呢？

　　在我们某个产品推广当中，居然堂而皇之地写着这个产品使用三星4K屏，那华星到哪里去了？这是给我们TCL做正广告还是负广告？三星电视机是华星的第二大客户，去年TCL电视买了华星1000多万片，三星买了800多万片，凭什么说我们的产品用三星的4K屏？这个错误根本不应该在我们系统里面出现。

　　各位企业领导，如果你们不是对财务管理有那么好的认识和评估，我建议你们一定要补上这一课。如果对相关财务逻辑、数据没有真正理解，你是很难管理好企业的，你是很难控制你的风险的。没有现金流就没有今天，没有利润就没有明天。

　　……

　　这些深入解读，有的是李东生自己撰写的，有的是他参加讨论时的点评记录，有的是他主持并引导高管讨论的话题。在TCL内部，"4·12讲话"并非仅指2017年4月12日那天的讲话，还包括此前的铺垫、分析，此后的讨论、解读等一系列行动。2017年因此成为TCL历史上的思想解放之年。

　　人的观念要真正转变，不是一天两天的事。TCL这一次的变革，没有设定明确的时间节点。2017年启动变革，但没有说一定要在多长时间内完成。看上去没有特别的设计感，实际效果反而更好。

之前在2015年，TCL曾组织过一次戈壁徒步活动。现场轰轰烈烈，大家的感觉也非常良好。但最终，实际效果和预期目标有很大落差。这其实是上一轮"双+转型"中一个非常有代表性的场景。

"为什么有那么大落差？因为活动更多停留在文化和精神层面，没有定出清晰的如何改变经营成果、提升竞争力的具体行动策略。"李东生要求，这轮变革一定不能重蹈覆辙，"要通过企业经营战略、组织流程、观念和企业文化的变革，找到解决问题的方法，与经营效果挂钩，真正提升竞争力"。

李东生希望带领团队完成新的蜕变，让更多将军涌现出来。"不是说不需要政委和参谋长，而是不能过多。政委是那些对公司很忠诚，愿意为公司发展付出，却承担不了业绩责任，出不了活的管理干部。参谋长是那些讲道理很顺溜，做培训、写PPT很漂亮，但就不知道该怎么落地、交付不了结果的管理干部。我们的组织优化，要围绕着怎么能够选拔培养更多能打胜仗的将军，怎么对过多的参谋长和政委进行优化来展开。"

李东生还要求，企业领导人不能只看到当下，格局要高，看得要够远。"从我开始，到每一个层级的企业领导，不能只盯着当年的经营业绩和利润。走第一步的时候，一定要看到第二步，想到第三步。"

在连续举行了四场大讨论之后，2018年、2019年，TCL又邀请咨询公司贝恩进场，还请了有华为背景的专家来做训战。李东生回顾说："当时我们提的口号叫'不换思想就换人'，要从思想和文化上解决如何为企业创造真实价值的问题。这个认识统一了，再设计好激励机制——不一定纯粹是物质的，还有职业成就感——大家自己就会往前跑，根本不需要外人再去推动。"

时任COO薄连明辞职离任，谁来顶替他留下的职务？按照职级，排在杜娟前面的还有好几个人，内部征求推荐，杜娟的票也不高。但李东生认为目前企业处于"战时"状态，需要敢于担责、能够带兵打仗的将军，李东生决定重用杜娟。她开始很有顾虑，这种安排让她排在原领导的前面，李东生鼓励她并协调其他高管支持杜娟工作。李东生强烈呼唤将军型干部。2018年3月3日，TCL集团发布公告，向近700名核心骨干和1500名业务骨干发布股权激励计划，同时宣布主管金融业务的TCL集团副总裁杜娟获任集团COO。按照同样的"就是要用将军"标准，李东生还破格提拔了其他一些年轻高潜的干部。

杜娟的剖解：问题究竟在哪里？

李东生选择杜娟承担大任，还有一个原因是平时开会，杜娟提出的意见和解决方案，总是直指问题的核心，非常到位。更重要的是，杜娟在他面前敢讲真话，讲他不喜欢听的话。李东生说："在一家公司里，如果什么事情都听董事长的，其实挺危险。一般领导总喜欢听顺耳的话，我也不能免俗，但实践中的挫折告诉我，逆耳的话比顺耳的话往往更有价值。企业里一定要有些建设性的冲突。"

李东生把自己的决定告诉杜娟的时候，她坚辞不受。直到2018年3月，拗不过李东生，她才走马上任。一旦进入角色，她便雷厉风行地展开工作。

"我在公司内部负责金融工作时间比较久。李董有目标，我们作为管理者的职责就是将目标分解，并且落地实现。"杜娟说，这需要有思考框架，有目标分解，有责任到人，有简单高效的文化，然后就是勤奋做事、简单做人，带领团队前行，用一个个小胜利激发团队士气，最终将积聚的势能转化为持续发展的动能。

李东生推动"4·12"转型变革的重要原因是TCL自身的竞争力

不足。对这一关键问题，杜娟进行了详细拆解。

她认为，不足首先表现在顶层设计的先天缺陷。

"当时的TCL集团总部权力比较大，比如多媒体终端业务和华星光电，产业性质不同，经营管理的特点不同，但过去很多事情都要在集团总部统一决策。我们明显感到，TCL集团拖不动重资产、长周期投资的华星。比如，京东方不需要通过现金去回购上市公司的股权，而华星每次都要用现金回购股权。由于TCL集团的总市值太低，很难做定向增发，只能不断放大集团的杠杆。这种情况带来的后果，就是华星的新线建设速度和投产速度明显慢于京东方。"

而在投资和管理方面，华星又占据了整个集团大部分资源，包括金融资源和管理资源，以至"大树底下不长草"。所有资源都给了华星，每次开会，把所有注意力都放在华星身上，其他产业像智能终端等都基本没有得到应有的重视和资源配置。

"这样的顶层设计，导致总部的管理，既没有战略也没有格局。"杜娟很不客气地说，"当时感觉大家都做疲了，千亿元规模，再做大吧，没有特别清晰的路径，面对强劲的前赴后继的竞争对手，太难了。可另一方面，已经到了这个规模，真要做死也不容易。做强很难，做死也不会，因此就是'温水煮青蛙'。"

TCL竞争力不足的第二个方面，是没有王者之气的战略格局和分阶段可实现的目标分解。

"'一朝被蛇咬，十年怕井绳'，自从2004年李董提了'龙虎计划'后，我们再也没有敢对未来三年、五年的销售收入提出过目标。大家总觉得，'龙虎计划'最终没能达成，这时再来一个很高的目标，可能也就是笑笑而已。"没有共同的激励人心的目标，无法凝聚团队共识，整个公司基本处于耗散的状态。

"龙虎计划"是TCL在2004年展开国际并购时的战略计划：三至五年内，彩电与手机两大业务进入全球前五名，这是"龙腾寰宇"；

与此同时，家电、信息、电工照明三大业务国内领先，这是"虎跃神州"。国际并购遇挫后，像这样霸气十足的计划就偃旗息鼓了。

竞争力不足的第三个方面，是集团内部缺乏统一有效的经营管理工具和语言，缺乏核心能力的积累和持续打造，资产效率和人员效率低下。

"从TCL来说，建立流程、规则、制度等体系的方向是明确的，但具体的管理思路、管理工具、管理语言，没有做到统一有效。2004年我们花了1亿元顾问费给一家国际咨询公司，但内部觉得价值也不大，所以再也没有请过外面的顾问。不请外面的顾问公司帮助开拓视野和格局，怎么打开新的视野呢？只能靠自己到外面学习，但这是一种个人行为，而个人的收获，很难变成团队一致的共识。"

TCL竞争力不足的第四个方面，是高层越位、中层缺位，团队能力欠缺，奖惩激励乏力。

"一些优秀企业招聘人才都倾向于从中层开始，担任四五年中层工作之后，符合条件的再提拔为高层，这样一来，能力、文化、融合、信任等条件都具备了。但我们的人才机制是反着的，部分高管从外面聘请，中层都在内部培养。这种机制很容易产生问题。今天来一个高管，说我们要做1、2、3、4；明天再来一个高管，说我们要做5、6、7、8。团队和团队之间，你讲你的，我讲我的。比如都讲竞争力不行，但也没有谁能拿一个雷达图，把竞争力的标准和团队能力进行量化比较。"

即便聘请的高管很有水平，可万一中层干部不给力、缺位了，高管也没有什么好的解决办法，只能越位去做本应由中层完成的任务，每天把自己搞得忙忙碌碌，耽于日常行政性事务，荒废了高管本应承担的战略、方向、格局等职责。

而团队的激励机制也存在很多问题，"我们没有去认真研究人性，也不知道该如何调动团队的积极性。我们并不太敢拉开表现好和表现不好的激励差距，多多少少还是有一点吃大锅饭的意味。"

杜娟说："在这样的情况下，其实从李董开始都是越位的，他经常跑来告诉我们在一些具体操作上应该做什么、不应该做什么。"

杜娟心直口快又一针见血的批评，有时让李东生也陷入哑然。但在内心里，他承认这些事实的存在。在和高管团队头脑风暴时，李东生自我解剖说，"双+转型"不成功，"我自己作为主要领导，推动转型的决心不够强硬，在变革过程中，对出现的一些问题处理不够坚决果断，狠抓落实不力"。

"我没有对组织架构和流程动真格，更没有深挖企业存在的真正问题。大道理堂堂皇皇，但均停留在概念层面，许多问题最后不了了之。推进'双+转型'变革，层层打折扣，雷声大雨点小。"

杜娟说："李董有时说，他不是一个好的管理者。但他自己能不断检讨和反思，TCL 就算某些时候向下沉，沉不了多久，就会被托住，再向上拉升。他的反思对我们也是一个机会，我们可以把很多存在的问题，旁敲侧击地讲出来。"

李东生意识到了问题，并提出解决问题的大方向。杜娟等人则把具体任务进行拆解。这一轮变革转型的风暴眼已然形成，一场大风暴，开始席卷整个 TCL 集团。

变革转型之一：减员降本增效

2015 年，TCL 曾经制订过一个"3053 计划"，希望用三年时间把智能电视和智能手机业务做到全球前五，力争进入前三，年销售额达到 2000 亿元。2016 年 8 月上半年财报发布时，李东生明白，当年营收仍将维持在千亿元水平，离既定目标越来越远。TCL 电视业务曾是昨日王者，在中国市场的占有率长期排名第一，2010 年前后退到第二，2015 年、2016 年更是下降到了第三。TCL 多媒体发布的 2016 年半年报显示，营业额较上年同期减少 7.6%，毛利较上年同期减少 1.3%，税后净利润为 8800 万港元，较上年同期减少 28.3%。而海信、创维等竞争对手，同期利润没有下降，反而大幅增加。

"TCL 过去引以为豪的速度、效率和成本优势，没有得到沉淀，过往几次变革的优秀基因没能保持下来。盲目自大，没有国际化企业的管理、研发投入水平，却有了国际化企业的管理成本高企，由此滋生了冗官冗员、流程繁杂、管理成本高、协同困难等大企业病。"

痛陈弊端，是为了彻底改革。李东生认为，TCL 要走出闷局，向标杆企业的盈利能力看齐，有两个发力方向。一是强化产品技术创新，通过优化产品结构和业务结构增加收益，但这需要时间。此外就是减员降本增效。"这个方向可以立竿见影，三个月就可以见到初步成效，半年到一年可以见到明显成效。"

鉴于大家对组织的不断膨胀和效率的日渐降低，已经缺少知觉，李东生决定，要像当年通用电气 CEO 杰克·韦尔奇那样，发起一次"有震感"的行动。

杰克·韦尔奇有一个绰号"中子杰克"，因为中子弹的设计初衷是在不摧毁城市的情况下让大量人口消失。按他发明的"活力曲线"，经理被分成三组，前面占比 20% 的 A 群充满激情，占比为 70% 的 B 群对公司至关重要，鼓励他们加入 A 群，底部占比为 10% 的 C 群则需要裁掉。在他担任 CEO 的头五年，通用电气的员工人数从 41.1 万人缩减至 29.9 万人。

"在一个组织里推进变革，一定要尽快呈现一些效果。无论在什么情况下，减员降本增效肯定不会错。减员不仅可以降本增效，更重要的是唤醒团队尽快进入紧张的变革状态。所以我们最终决定，变革的第一阶段就从这里入手。而且总部率先垂范，在 2017 年春节前完成总部的第一轮裁员，然后各个产业依次推进。"

万物生生

让那些在 TCL 工作时间比较长也有历史贡献的老员工离开，不管从公司角度，还是李东生个人角度，都是一件痛苦的事。从最早在 TTK 工作开始，李东生就非常看重情义，现在让他亲手斩断维系在多年同事间的那份温情，其艰难程度并不亚于"鹰的重生"。

可如果不这么做，如山的压力一定会冲垮 TCL。面对那些被裁的中高级岗位上的管理者，人力资源部门的主管不知道该如何开口。被痛苦与煎熬反复炙烤的李东生只能亲自上阵。"一方面要让大家明白，公司这样做是必要的，也是必须的，否则再往前走，肯定出问题。另一方面，也要把善后工作做到最好，对离职员工给予相应的补偿。当然，并不是说公司给予补偿了人家心里就痛快，那我就继续跟他们谈心，做好心理建设工作，努力取得理解和支持。"

1993 年 11 月便加入 TCL，为 TCL 工作了 24 年，时任 TCL 家电集团副总裁兼小家电事业部总经理何军在此次被裁员之列。人力资源部同事跟他谈话之后，2017 年 1 月 7 日凌晨 0 时 32 分，辗转反侧难以入睡的何军，给李东生写了一封言辞恳切的邮件，表达了内心的真实想法。

尊敬的李东生董事长：

今天收到您的生日礼物，我和我的家人非常高兴和开心。

昨晚陈卫东总代表您找我谈话，我还是那句话，如果是老板的决定，我坚决服从。当初您和杨利总将我招进 TCL，经历了彩电、移动、白电、小电、家电集团。我遵循您的教导，对外"扎硬营、打死仗"，搞好业绩；对内"学习、自省、领悟、提高"，提升团队和自我素质。

按照"苦口婆心带队伍、将心比心待客户、群策群力达预算"，您和集团相关领导对我和我的团队一直肯定有加，"30 年服务忠诚奖""董事长特别奖"是您对我的奖励，更是团队的荣誉。

　　感谢您对我的关心、关爱和关怀，是您和TCL培养了我、教育了我、历练了我。回忆1995年您在惠州大学开办了"黄埔一期班"，全国各地36位精英来到了惠州西湖，毕业时您请我们吃饭，说我们都是您的学生。

　　……我从内心是不想离开您和TCL公司的，我自认为我能够为TCL集团创造价值，但是昨晚陈卫东总找我聊，他代表您找我非正式谈话，只要真是您的决定，我坚决服从。

　　二十多年感谢您对我的关心、关爱和关怀。

1月8日上午11时32分，李东生在煎熬中给何军写了一封回邮。

何军好：

　　公司转型面临巨大挑战，在集团本部和各主要产业都要做出相应的组织和流程变革，精简人员、优化流程是必须面对的现实。这次组织调整也涉及一些对企业发展曾经做出很大贡献的员工，做出这样的决定，我内心是很痛苦的。这些兄弟跟着我流过汗甚至流过血，现在却由于公司的调整而要做出牺牲，我内心的煎熬恐外人难以理解。但公司面对现实的困难和挑战，令我们必须要做出这样痛苦的决定。为减少管理成本、提高效率，这次集团总部裁员近30%，各主要产业特别是通信和多媒体也要做出相应的大幅裁员。对此次裁员涉及的创业老员工，企业都按照法定最高的标准给予补偿，尽管如此，也难以减少我内心的那一份歉疚。

　　请你能够谅解，内心保持那份情义。

很多员工在谈话中表现出来的责任感与担当，让李东生深深触动,直到今天,他还觉得从情感上亏欠了大家。后来他专门安排时间,邀请何军和太太、孩子一起,从长沙飞到深圳,了解他们的近况,介绍TCL的发展,略作弥补。

现实的压力容不得李东生在感伤中沉湎。他安排时任集团CFO黄旭斌担任组织变革领导小组组长,会同人力资源部,负责裁员工作。黄旭斌大刀阔斧,有些部门合并,有些部门裁撤,总裁助理裁了两个,部长裁掉了好几个,还有一些人员分流。2017年春节前,合并和裁撤了4个部门,减少人员85人,压缩总部经营预算超过4000万元,其中人力成本减少超过2000万元。

总部带头如期做好首轮减员增效之后,各个产业、各个公司下达了刚性指标,必须如期完成员工优化30%的目标。

TCL多媒体是减员增效的重镇。2016年8月,李东生看到TCL电视业务在国内市场占有率不断下滑的态势,让在TCL集团人力资源总监位子上刚刚坐满一年的王成回到多媒体,先任多媒体供应链中心总经理,后任中国事业部总经理、首席运营官。

"你是从多媒体出来的,对那里的情况比较熟悉,先从供应链入手,现在是8月,到年底前通过降本,降出3亿元。行不行?"李东生问。

王成知道形势严峻,不是行不行的问题,而是怎么做到的问题。他说:"我想好办法了,找那些核心供应商,先降费用,然后在所有供应商中推开。"

眼看离年底没多少时间了,就算核心供应商,也来不及一家家去谈,王成想了个办法:国庆放假前最后一天,9月30日,组织所有供应商到惠州市区西南侧的红花湖,环湖18公里跑步,之后请大家吃饭,"一次性解决问题"。

跑好步喝好酒,王成切入正题:"这么多年,大家和TCL一起成长,该赚的钱都赚了。现在TCL遇到了困难,但不管多大的困难,

第七章 冲破魔咒

这么大的一家公司，你们得相信它不会倒，也不会欠钱。我刚来分管这摊子，希望各位帮忙，等渡过难关，我们继续一起赚大钱！"

之前王成已经分头找了几家有影响力的核心供应商做了工作。现场这么一烘托，加上酒足饭饱之后情绪激昂，核心供应商带头表态支持，大家也纷纷跟进。

从那之后，每年9月30日组织核心供应商到红花湖跑步，已成为一项传统，成为TCL多媒体与供应商之间的一座沟通桥梁，一直坚持到现在。

2018年2月7日，李东生在TCL全球经理人大会上宣布，将TCL多媒体重组为TCL电子控股，拓展智能AV（audio and video，声音与图像）业务，作为香港上市平台，将逐步注入TCL品牌其他终端产品业务。重组后，王成担任TCL电子控股CEO。

李东生知道，减员降本增效只是第一步，是不得已的防守动作，更重要的是采取更加积极的策略，调整组织结构，提升极致成本效率。

变革转型之二：极致成本效率

"极致成本效率求生存，变革创新开拓谋发展。"这是李东生在变革期间一次高管会议上的提法。他认为，"极致成本效率求生存"能够让公司活下来，"变革创新开拓谋发展"能让公司活得更好。

"由减员达成的降本增效是相对比较简单的事情，只要你狠得下心来就行了，包括优化组织结构，看清楚做就好了，因为优化结构实际是和减员相关的。为什么组织会臃肿？就是过去公司没有坚持优胜劣汰，导致组织不断叠加。极致成本效率是要探索争取一种最有效率的经营管理模式，它能让公司在竞争中生存下来，公司的成本、效率都是最优的，你就一定能活下来。但如果想活得更好，就要靠后面这句，'变革创新开拓谋发展'，这要求你一定要优化产品结构、优化客户结构、优化企业战略。"

TCL这轮变革转型中的战略优化，最重要的体现当然是将TCL科技和TCL实业的业务与资产独立开来。2019年4月1日，TCL科技和TCL实业开始财务独立运转。但上半年，两大产业均未达成经营预算，红灯再次亮起。

杜娟说："在激烈的市场竞争中，要做好战略并据此调整组织架构，明确技术领先的发展路径，但离真正经营业绩的改善，还有一段路要走。做完重组，并不意味着业绩立即会变好。"

李东生和核心高管对2019年下半年的预判是：

一方面，中美贸易摩擦加剧，TCL实业主要产品的销售收入一半多来自海外市场，美国又是其中最大的，如贸易争端继续发酵，TCL实业下半年的海外业务会受到更大冲击。

另一方面，随着华星光电和京东方不断有新生产线投产，从2018年第三季度开始，液晶面板再次进入价格下行周期。到2019年第一季度、第二季度，触及本轮下行周期的最低点，全球半导体显示产业正在经历严冬，预计第三季度才能进入上行周期。虽然华星的产业效率和经济效益在行业里暂时领先，但因为供需不平衡，光靠此前的改善力度，可能无法扭转市场本身的不断下滑。

2019年6月18日，TCL管理层召开经营战略及经营预算复盘反思会。与会者一致认为，TCL的两大产业都在直面极限挑战。李东生疾呼："TCL可能正面临比2004年国际化并购更严峻的考验！在此危艰时刻，我们唯有居危思危，以极致成本效率求生存，以变革创新开拓谋发展！""TCL全员进入战时状态！"

在动员令中，李东生直言："极致降本增效工作我们已经推进了两年多，取得了明显成效，但今年问题又有反弹，固然与外部市场环境的变化和压力有关，但从思想上我们不要归咎于外。要以业绩目标倒逼极致效率提升和成本控制，将每项工作做到极致，杜绝一切跑冒滴漏，才能化危为机。"

李东生发布"战时状态"动员令后，TCL科技和TCL实业结合贝恩公司介绍的全面成本管理方法论，以及产品成本导向设计、采购与运营优化、零基重设与零基预算三个重要工具，大力推进全面成本管理。

在TCL实业，王成采取了组织变革和成本管理相结合的方式。其中最突出的变革工具是所谓"齿轮型组织"，即"自下而上发起，经公司授权，完成特定使命的跨部门组织"。"它开辟了一个'自由岛'，让员工尽情发挥。每个齿轮都是能动的、自转的、开放的，带动别的齿轮，也被别的齿轮带动。齿轮使命不止，运转就不止。"

"齿轮型组织"模式，最早在华星运用。王成2014年担任TCL多媒体海外业务中心总经理时，专门到华星学习过。现在他把这套模式转移过来，解决TCL实业的痛点问题。

以海外业务为例，以前当一个国家的业务遇到了困难，解决问题的流程通常是：执行层先碰头，质量出了问题，就先找负责产品质量的具体人去谈，解决不了再向领导汇报，开会讨论。如果还是解决不了，就找更高层的领导。到头来，会开了不少，问题往往还是没有解决。"齿轮型组织"的做法是，针对该国的市场、研发、采购、生产、质量管理、销售、财务、核算等所有相关部门，每个部门各派出一个负责人，共同组成一个小组，构建起一个小齿轮，其任务是解决该国分公司的业务问题，给他们提供支持。小组成员各自把责任理清，有问题就快速响应，由专门的人统筹负责。同时，小组成员的KPI与该国市场的业绩挂钩，市场业绩越好，小组成员奖金越多，反之亦然。

"我们用这种方式，把前、中、后台的资源和专业能力，集中到一个方向上，面向市场和客户交付成果。我们发现，90%的问题都可以在这样的小组里得到解决,各级领导参与的少了,效率反而高了,团队的士气也高了。"王成说。

小齿轮的方式,还被用来管理采购业务。

以前,研发、部品管理、成本管控、采购、产品定义等职能部门的KPI不一致,大家各有各的想法,虽然每个人都尽心尽职,结果却不理想。王成把非屏的部品采购,分成电子、光学和结构三类,组成三个专家小齿轮,把采购、研发、品质、成本等方面的专家放在一个齿轮里,一起去研究这类部品的采购策略、供应商策略,在产品部门的牵引下共同制定目标成本、年度再降本的幅度和KPI,该品类的采购经理对各个小组负总责。由于目标和决策都是小组成员自己讨论制定的,因此杜绝了职能人员相互抱怨甚至难以合作的问题。

经过努力,到2018年年底,TCL彩电业务的规模上升了不少,供应商的数量则从2017年的300多家压缩到200家。"我们可以很自信地说,TCL电子的成本竞争力已经处于国内同行前列了。"王成说。

TCL奥博(天津)环保科技归属于TCL实业旗下的新兴业务群,2009年注册成立,没多久就连年亏损。2014年12月,李东生找黄伟谈话,希望他分管奥博。谈话后,黄伟陪李东生去天津,一到奥博就被长期亏损、分红无望的股东们骂了一顿,品尝到了"没有业绩就没有尊严"的苦涩。

黄伟接棒后,先了解产业的运作模式和发展瓶颈,跟团队多次探讨,达成了"以利润为中心"的管理思路,并在业内首创了"拆解结构动态调整模型",用"边际贡献额"和"资金占用率"分别作为纵轴和横轴,对黑电和白电的发展优先级做了排序。通过模型可以清楚看到:白电的边际贡献率高,资金占用率低,发展优先级明显高于黑电。从2015年开始,天津奥博和汕头德庆两家拆解企业,主动调整产品结构方向,从黑电向白电转型。

在废旧电器拆解行业,运营资产周转效率是大多数企业的痛点,

第七章 冲破魔咒

但却是 TCL 的经营亮点。"这跟我们较早向白电转型有关。白电处理起来比黑电难，它体积大、占空间，国家又明文规定不能露天堆放。怎么办？必须提高周转率，这就要求采购、生产和销售三方紧密协同，谁都不能掉链子。"黄伟说。现在废旧电器运来可以不落地，直接进入传送带，质检、贴码，进拆解线。

拆解下来的元件，有的不用进入仓库，直接被拉进下游买家的货车。公司以现货现款的方式交易，买家只有付款才能把货拉走。"必须这么干，因为大宗商品价格波动难以预测，政府补贴账期长，又不可控，我们能做的只有管好自己的库存和应收。我们的产成品库存周转天数是两天到三天，要不是为了满车出货，我们完全可以日清。"

2016 年，TCL 环保时隔多年终于实现了整体盈利 2000 万元的大翻身，随后几年每年的利润增幅都在 50% 以上，原来抱怨的股东现在对黄伟都非常客气。

无论是王成的"齿轮型组织"，还是黄伟通过"拆解结构动态调整模型"推动产品优化，都可以看出，TCL 更多的业务主体经过创造性的工作，既寻求极致成本效率，又追求变革创新发展。这和历史上很多变革主要靠李东生从管理和文化角度的推动，有了显著的变化。

变革转型之三：扭转 TCL 通讯命运

2017 年变革转型启动时，大家公认，TCL 集团业绩下滑最厉害的是 TCL 通讯，而且问题长时间累积，是最难啃的一块硬骨头。

李东生决定抓好这个典型。"抓好一个典型，比做几次思想动员更有效。"

原来大家一直觉得，TCL 通讯的业务说不上出色，但依靠精简之后的阿尔卡特的人马和体系，稳定一定规模的运营商生意，应该问题不大，但 2016 年开始向下，2017 年巨亏，累积的风险统统爆发。

李东生认为，TCL 通讯首先是在战略上出现了问题。李东生一直想做 TCL 品牌手机，但团队都是阿尔卡特原来的团队，所以一直做阿尔卡特手机。阿尔卡特在海外是偏低端的品牌，主要卖 50 美元到 100 美元价位的手机，智能机也只能卖到 100 美元。均价低，意味着毛利低；毛利低，就无法加大研发投入，导致产品力和创新力越来越弱；尽管赶上了智能手机的大爆发，运营商需求增加，水涨船高，跟过去比赚钱也不少，但横向跟同行比，差距就很大，因为没有在智能手机方面构建起核心竞争力，没有"走第一步、看第二步、想第三步"。等全球智能手机市场增速放缓，再加上华为、小米、OPPO、vivo 等中国品牌出海，阿尔卡特就不行了。

战术犯错，尚有可能及时挽回，一旦战略犯错，极有可能让企业陷入万劫不复。何况当时 TCL 总部对阿尔卡特的业务缺乏管控，阿尔卡特的美国业务一个月亏 1 亿元，总部都不知道亏在哪里，也不清楚美国有多少人、多少库存、多少费用。

根据变革转型所确定的原则，应该"清除那些半死不活或业绩不达标的企业"，但手机一向又是 TCL 的核心业务。曾任 TCL 通讯总裁、CEO 的郭爱平说，在通信公司经营极为困难、成为集团累赘的那几年，他曾问李东生，是不是考虑关掉公司？李东生回答："如果有可能，即便不赚钱，也不要关掉。毕竟这是我们发家的基础，关掉就什么都没有了，开着，就有机会把它做好。"2017 年年底，李东生亲自挂帅拯救 TCL 通讯，他带着 TCL 集团财务中心总经理杨安明、人力资源部部长傅和平等人，组成集团工作组，一头扎进 TCL 通讯，发起"百日行动"。

最初，李东生担任 TCL 通讯的执行董事长，CEO 仍由阿尔卡特的经理人担任，但公司的重要经营决定，改由李东生做出。

第七章　冲破魔咒

李东生"亲征"后，首先撤换了 TCL 通讯的人力资源总监，安排傅和平接任。他认为 TCL 通讯的团队出了很大问题，海外基本失控，国内管理也不得力，说明组织的凝聚力和能力都存在问题，人力资源总监有很大责任。

开了几次会后，李东生发现，原来的财务主管对很多应该掌握的情况一问三不知，很多关键节点也没有控制住，存在失职。他安排杨安明担任 TCL 通讯 CFO。

2017 年年底，TCL 通讯原来的 CEO 被换掉，李东生直接担任 CEO。

杨安明在集团财务中心时看过一份名为《失速点》的商业报告，对里面的一个统计结论留下了深刻印象：如果收入下滑 20%，叫失速；下滑两个 20%，叫绝对失速。"一般经历了两次 20% 下滑的企业，83% 的可能是消失。只有 17% 的概率能够反转。"杨安明说，"我们当时干的事情，就是在 17% 的概率里面，把企业扭过来。"

杨安明和 TCL 通讯的主管们开了两天会，发现公司的数据系统存在问题。"每个业务主管讲的数据都很好看，甚至还要老板给他们发奖金，但整个公司的业绩却很差。为什么？因为销售只看销售收入，只讲销售成本、销售费用，公司内部的研发成本他是不看的。每个人只讲对自己有利的东西，拼命把不好的东西掩盖起来。"他当即定下一条规矩：今后所有数据，全部从财务口径拿，如果错了，可以提出来修改，但不许从业务部门拿数据。

2018 年国庆假期，杨安明加班把整个公司的收入情况、成本结构、海外销售、区域费用等，整理出一页"撑开利润空间"的价值链逻辑图。这张图很清楚地显示，TCL 通讯的海外销量很小，但区域费用很高。

10 月 9 日，国庆假期后上班第一天，杨安明拿着这个 PPT，跟李东生和 TCL 通讯核心高管开了 3 个小时的会。李东生高度认可

PPT 的结论，要求必须大力压缩费用。

"2018 年，我们把海外的费用降了 2 亿美元。2 亿美元就是十几亿元人民币，然后再裁掉一些成本，如果销售方面再做一些努力，是有可能把亏损的窟窿给填上的。"杨安明说。于是 TCL 通讯开始狠抓成本管理，甚至把高管的固定车位全部砍掉，成为全集团唯一一个高管没有固定车位的公司。

"公司规定早上 9 点上班，但我考察过，早上 8 点半之前到的话，车位随便停。一个固定车位每月 1000 元，一般的车位只需要 150 元，虽然看上去钱不多，但那么多高管加起来，一个月也能省几万元，一年就能省几十万元。更重要的是，这有很大的象征意义，让大家都看到，高管从自己做起，控费开始动真格了。"

一方面降低成本，另一方面要提升效率。当时 TCL 通讯的员工报销需要两个月时间，所以大家能不出差就不出差，能不招待客户就不招待客户。杨安明承诺，从开始填单到拿到报销款只要七天。"为什么敢这么承诺？因为我在集团财务共享中心做过，知道完全可以达成。报销快了，大家动起来了，效率就提高了。"

负责人力资源的傅和平则撤换了一批管理干部，提拔了一些相对比较年轻的人。从 2016 年 10 月到 2017 年年中，TCL 通讯的一级部门从 16 个缩减到 11 个，人数从 7000 人降到了 4000 人左右，其中很多是主管。通过精兵简政，不仅减少了费用，还提高了组织效率。

李东生从集团董事长降了两个层级，直接担任一个分公司的 CEO，大家和他一起开会时，总是有点害怕直面"大老板"。加上他十分焦虑，说的虽然是对具体业务的看法，但当事人却会觉得是对自己的批评。在这种情况下，虽然他天天拉着大家开会，但现场比较沉闷，基本上都是他一个人在说。傅和平看在眼里，就建议李东生，先让大家充分发言，然后再表达自己的看法。"比如研发同事拿了几个产品模板过来，对产品做决策，如果您一开始就说某个产品好，那么其他人肯定就不敢说了。而且，买50美元手机的人，跟您这种买500美元手机的人，审美和趣味是不同的，关注点也不一样，所以我建议您最后再发言。"

李东生听进去了，也做到了，他还认真反省自己。有一天，他到傅和平的办公室，顺手把门关上。傅和平以为要宣布什么重要消息，屏气凝神竖起耳朵。李东生说："Cindy（傅和平英文名），你跟我说一说，我到TCL通讯这几个月来，有哪些做得不好或者不对的地方？"傅和平镇定下来后说："既然您这么问，那我就敢说了。"

TCL通讯在美国亏损最厉害，但美国总经理每次来深圳开会，必坐头等舱，安排法拉利接送机，大家都很气愤。后来，李东生果断把有技术和管理背景的张欣，派到美国市场担任总经理。张欣2002年加入阿尔卡特手机事业部，阿尔卡特被并购之后，他敬佩李东生的魄力，选择留在TCL。

张欣说："我到美国后，把原来衙门式的组织架构打散，以客户为中心重新建立组织，搭建了职能型销售组织，以客户的收入和利润作为激励指标。北美员工的面貌很快发生了根本性变化，原来下班不愿接工作电话的人，自觉开始加班了。在保持原来业务量的同时，人员差不多缩减了一半。美国员工的薪水很高，每个人每年差不多要20万美元。人员缩减后，成本也大大下降。"通过努力，美国市场从2017年亏损1亿美元，到2018年赚了4000万美元。为TCL通讯2018年达成业绩目标立下汗马功劳的张欣，如今是TCL通讯CEO。

从2017年11月到2018年6月，李东生直接担任TCL通讯CEO。由于转变了团队观念和体制机制，提高了团队的能动性和战略能力，TCL通讯终于止血。2018年6月底，杨安明判断，达成全年业绩目标基本没有什么问题了。李东生这才卸任了TCL通讯CEO，由王成接任。

变革转型之四：把华星的长板进一步加长

华星一直是 TCL 集团和整个液晶面板行业的"绩优生"，自 t1 线 2011 年投产后，一直保持着年年盈利的行业记录。但到 2015 年、2016 年，华星的相对优势已经在下降。加上市场需求增长放缓，行业新增产能快速释放，"产能相对过剩"像一个紧箍咒，牢牢箍住了行业，部分面板产品的售价几近跌破成本线，各大显示面板厂商的盈利压力激增。

降本增效是"必答题"。华星高级副总裁杨安明向我们分享了"抽屉理论"：平台部门重编预算，先"倒空抽屉"，再"重新筛选物件"，把有用的物件放回抽屉，没用的清理出去。"华星的投资基数大，降低 0.1 个百分点的成本，就能节省出 1 亿多元的金额。"

通过倒腾"抽屉"，华星打通产品、研发、采购、生产等端到端的管理，将部分原来需要外购的生产材料转为自主研发。举例来说，"铜酸是生产大尺寸高阶产品所必需的材料之一，我们在内部组建专业人才进行材料研发，自行采购原料，自主开发生产，全面建成后每年可节省 2 亿元成本。同时，华星联合材料供应商，将使用过的包材进行回收处理，处理后的包材不仅能循环使用，还节省了近 50% 的包材采购、处理成本。"

除了降本增效，华星在变革转型期做了更多"扬长"的工作，即把自己的长板进一步加长，强化竞争优势。

一是通过技改提升产能，因为产能的提升可以降低单片成本。当时 t1 的月产能是 10 万片，t2 的月产能是 12 万片，总共 22 万片。华星对这两条线都进行了技改扩产，将每个厂的月产能提高到 16 万片，两个厂的月产能扩到 32 万片，总计增加了 10 万片，相当于增加了一条 8.5 代线。同时，华星还在技改中提升了良率，而 1% 的良率提升往往就意味着 1% 的利润增加。

二是扩建新建产线。华星扩建了在武汉的 LTPS 产线（t3 项目），这条线主要生产 3~12 英寸高端智能手机、平板、笔电、车载显示屏，设计产能每月 3 万片，经过扩产，产能逐步升至 5 万片。华星新建了在深圳的第 11 代线（t6 项目），2018 年 11 月 14 日投产。

三是提升华星的技术创新能力，优化产品结构。原来华星做中低端产品比较多，在变革转型中，努力把产品扩展到中高端，其标志就是导入了三星、索尼、华为等高端客户。

四是推动组织和流程变革，以及企业文化建设。华星改变了过去以生产线为主的运作机制，从"生产导向的法人组织模式"转变为"客户和产品导向的事业部制组织"模式。设立了大尺寸事业群与中小尺寸事业群，同时建立电视、商显、LTPS、AMOLED 四大事业部，从专注生产走向聚焦市场，让产线上的员工也能听到市场的"炮火声"。通过更加扁平化的组织架构，华星减少了 50% 的流程，剔除了 60% 的审批节点，费用报销、合同审批、项目申请流程缩减至 7 天内完成，一个流程两天不审批将自动通过，管理效率大大提速。

随着各项工作的开展，华星越来越意识到，未来的发展之道是在效率领先的基础上，进行结构性转型，持续投资和创新，以产品高端化提升获利能力，为此需要进一步提升自己的规划能力、管控能力和运营能力。2018 年 9 月 11 日，华星光电组织结构转型项目应势启动。李东生高度重视，聘请了咨询公司贝恩提供意见和建议。经过多轮研讨，项目组成员在 11 月 20 日达成一致共识，明确了华星未来组织架构和运营模式的转型方向和关键原则。华星未来的运营模式具有战略统一规划、分应用经营、市场引领生产三大特点，同时遵循"目标与价值导向、权责匹配、精简高效、柔性设计"的原则进行组织细化调整。华星正式提出，以客户和产品为导向，设立灵活敏捷的客户界面，打造兼具灵活性与稳定性的"三台（前-中-后）组织体系"，即面向市场和客户的灵活型前台、提供生产供应的稳定型中台、提供一致的专业服务和支持的标准化后台。

前台是公司运营的"发动机",涉及与客户、经营、产品成本等的相关业务,对公司的收入、利润、产品开发及市占率负责。前台的转型策略主要采取事业部制,以客户和产品为导向,抓住细分市场机会。

中台主要涉及生产、采购、生产成本的相关业务,对成本、产能、良率负责。中台的转型策略主要是进行整合,发挥产业集聚效应,提升应对市场的能力。

后台主要涉及整体政策、共享服务、管控等相关业务,对规划方向、服务效率负责。其转型策略是精简后台,提升效率,发挥灵活机制的优势。

三台的关系是强化联动,既互为兄弟关系,又互为客户关系。

在企业文化方面,华星鼓励上下同心,把不同文化背景的员工凝聚在同一目标下。由于是高投入的产业,每个环节稍有差池就会造成很大损失,所以不少员工都有一定的心理压力。比如,面板生产要用到很多化学材料,每一种新材料、新部件在投入使用前都要经过多次反复验证。而每一项改进可能要在未来三个月、六个月甚至一年多才能产生效果。前期验证的时间成本很高、回报周期较长,对相关员工来说是一种"心理煎熬"。工作压力大,如果日常管理流程烦琐,员工就会平添抱怨。杨安明说:"我们在文化动员上强调'去繁从简',从目标出发,不仅要做事,还要做成事,要让人际沟通、管理流程变得越简单越好,让大家不要为琐事烦恼,尽可能把时间花在更有价值的地方。"

t2支援科科长宋新宇是2015年加入华星的,他感触最深的是华星的当责文化。"不管什么任务,都会有人主动认领,公司通过授权管理,评估员工能力,人才制度向做出贡献的员工倾斜。"他说与他同期加入华星的员工,最快的八九个月后就被提拔为领班。

2017年，华星产能提升，并保持满产满销，实现销售收入304.8亿元，同比增长17.6%，实现息税折旧摊销前利润（EBITDA）114.9亿元，同比增长111%。

李东生常说"人贵有自知之明"，他说TCL出身于惠州一隅，早年受惠于改革开放先行一步，但很长时间吸引到的人才与大城市相比明显不足，"北清复交"等名校毕业生很少，20世纪90年代有一个浙江大学的硕士生都奉为宝贝。2000年之后，互联网渐成气候，现在"理工男"首选的是金融机构、央企、机关、华为和互联网大厂等。TCL吸引的人才，单从学历看远不如这些地方光鲜。"但依靠踏实奋斗，依靠不断反思，依靠变革超越，我们不仅坚持下来了，而且一直在进步。"

经过始于2017年的这场全面的变革转型，尽管2017年到2019年TCL的营收增长幅度并不大，但李东生心里越来越平静和有底气。因为TCL的增长是在扣除了被剥离的许多企业之后实现的，是扎实的，不是靠铺摊子，而是核心业务竞争力提高带来的增长。

数据显示，2017年至2019年，TCL集团的营收分别增长4.8%、1.6%、12.3%，摆脱了徘徊，净利润更是分别增长了65.8%、14.7%、38.7%，效益明显上升。

向上升级，向外拓展，向内变革，在不知不觉中，TCL的核心能力正在经历着从量变到质变的跨越。

第八章　重构与聚焦

2017年年初，特朗普当选美国总统，在"美国优先"思维主导下，中美战略博弈升级。

2017年10月，党的十九大报告指出，我国经济已由高速增长阶段转向高质量发展阶段，"必须坚持质量第一、效益优先，以供给侧结构性改革为主线，推动经济发展质量变革、效率变革、动力变革"。

这年4月，TCL新一轮变革转型序幕拉开，和"质量变革、效率变革、动力变革"的要求相当契合——对标行业标杆，寻找自身差距，"对自己开刀"，通过重组或剥离非核心业务，战略聚焦于以半导体显示及材料为代表的高科技产业，和以AI×IoT为战略牵引的智能终端产业两大产业集群。

这一战略聚焦即"双子战略"。2019年，TCL完成"双子战略"的资产重组，形成了"TCL科技+TCL实业"的双子架构，鲲鹏展翅、比翼齐飞。

2019年年底，TCL升级了企业文化，提出要成为"全球领先的智能科技公司"的愿景，并明确了两大核心主业在综合实力上要迈向全球前列。

"三年变革转型、浴火重生，业务上的体现是'双子落定'，分拆为两大产业集团；战略上的体现是确立了全球领先的共识和目标。"

双子落定，双轮驱动。一向忧患的李东生，这一刻心里春暖花开。

有舍才有得，先做减法再做加法

历史看，TCL 是从一个地方小企业逐步做到千亿元营收规模的。在这个过程中，很多项目都是机会驱动，并没有清晰的战略牵引，以致摊子越铺越大，业务门类越来越多。将千亿元规模分摊到众多子公司里，大部分公司的规模都达不到跨入行业第一阵营的门槛。

2016 年，李东生正在考虑如何突破千亿魔咒时，现任 TCL 科技高级副总裁、参谋长廖骞给他画了一张涵盖了当时 TCL 旗下各个业务的改良版波士顿矩阵图。廖骞 2014 年 3 月加入 TCL，之前在国泰君安证券公司从事投资投行业务。矩阵图通过市场增长率和相对市场份额结合评定的业务吸引力，以及与主航道业务协同性两个维度，评

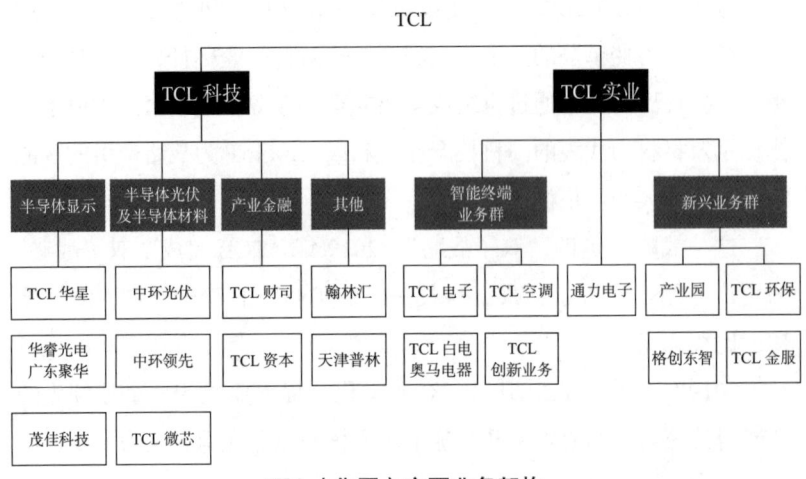

```
                          TCL
          ┌────────────────┴────────────────┐
       TCL 科技                          TCL 实业
   ┌─────┬─────┬─────┬─────┐         ┌─────────┬─────────┐
 半导体  半导体光伏  产业金融  其他      智能终端        新兴业务群
 显示   及半导体材料                    业务群
   │      │      │      │              │              │
 TCL华星 中环光伏 TCL财司 翰林汇      TCL电子 TCL空调 通力电子  产业园 TCL环保
 华睿光电 中环领先 TCL资本 天津普林    TCL白电 TCL            格创东智 TCL金服
 广东聚华                             奥马电器 创新业务
 茂佳科技 TCL微芯
```

TCL（集团）主要业务架构

估一家公司的各个战略业务单元,主要用来协助决策者进行业务组合或投资组合判断。

"纵轴越往上,产业市场前景和业务竞争力越好;横轴越往右,与主航道业务的协同越强。"由此可将公司现有和拟进入的产业分为四大类:第一类,产业市场前景和业务竞争力一般,与主航道协同性较弱,这部分应该坚决砍掉;第二类,业务吸引力非常好,但与主业协同性很差,这部分是新兴业务,是新赛道,要重新评价是否符合集团开拓新赛道战略的原则;第三类,与主业具备协同性,但业务吸引力不佳,这就要看能否在可控风险下发挥保护主航道、辅助主业探索前沿等战略价值;第四类,业务吸引力好,协同性又强,这或是公司的主航道业务,或是围绕主航道生态的业务,要聚焦资源加快发展。

三年变革转型,在业务结构调整上从做减法开始,剥离、出售、关闭的110家企业,基本上都是第一类产业。廖骞说:"经过梳理,整个TCL的业务结构和管理结构产生了简洁之美。我们深感,只有结构要素简化或连接结构要素的系统性增强了,才能让公司资源的结构效率与各项业务的运营效率产生乘法效应。"

李东生进一步将这110家企业划分为三种类型,对应不同的处理方式。第一种是僵尸公司,以前放在那里没人管,实际是潜在的风险。第二种是经营不善的公司。这两种要坚决清理。第三种是有一定经营价值和竞争力的公司,可以进行重组,包括MBO(管理层收购)。这些企业大多是给TCL配套的零部件企业,对生产成本和效率的要求很高。如生产销售Wi-Fi(无线网络)产品、蓝牙产品的惠州高盛达科技公司,之前的股权结构是TCL占80%,管理层占20%。变革中结构倒了过来,管理层占80%,TCL只保留20%。又如奥鹏网络教育,2000年互联网热潮时创办的,做得不差,本身也赚钱,网络教育是一条好赛道,但TCL和另一方股东各持股50%,双方在经营策略上差异很大,TCL无法掌控企业。该业务发展一直徘徊,和集团核心业务难以协调互动,所以下决心剥离出售。奥鹏教育在2020年年初也完成了股权转让,是整个业务重组中的最后一项。

"企业做管理层收购,钱不够怎么办?我借给它们。重组后,企业快速发展,我们20%股份的实际收益,可能比原来占80%时还多。重组还收回了一部分现金,改善了资产负债率。最关键的是,我们不用操心了。我们把精力解放出来,放到核心业务上,提高核心能力,就能创造更好的效益。"李东生说。

赵忠尧是李东生提到的高盛达科技公司董事长,重组后成为大股东。他在TCL任职多年,担任过销售公司总经理,也曾任TCL多媒体总经理、家电集团总经理,还参与了2004年两大跨国并购。赵忠尧在工作中是个"拼命三郎"。2013年某日在公司会议中心脏病突发送院,痊愈后李东生担心其身体,将赵忠尧调往业务规模小、较为单一的高盛达担任总经理,并进行第一次改制,让赵忠尧及团队持有20%股份。这次变革转型,将高盛达改组为管理团队占80%股权、TCL只保留20%股权的非控股的关联企业,继续赋能支持企业发展。改制后企业发展强劲,2014年改制时营收3.4亿元,净利润约799万元,2020年营收36.4亿元,净利润1.39亿元,改制后营收增长9.7倍,净利润增长16.4倍。"现在我们为TCL提供的服务,比以前由TCL控股时更好了。比如Wi-Fi业务,2020年获得了TCL质量标杆奖,产品品质达到100~200个ppm(1ppm为百万分之一瑕疵)的水平。我们给华星配的T-CON板,连续两次拿到最佳质量奖。2020年年初,新冠疫情很严重,李董决定,武汉华星和深圳华星都不休息,机器满产运行。这时T-CON板一定要跟得上,我们全力以赴,动员了能动员的所有力量,没有掉链子。"赵忠尧说。改制后,高盛达积极发展系统外客户,比例已经超过50%,成为独立和有竞争力的专业器件制造商。

TCL德龙也是110家"非主航道"的企业之一,2005年由TCL

与意大利德龙（Delonghi）合资建立，位于中山市南头镇，研发、生产移动空调与除湿机。变革前，TCL德龙背靠大树，基本不缺订单，没想过"一夜暴富"，一直是"小富即安"。TCL德龙董事长李书彬自嘲，"有点像按部就班的传统国企"。变革后，TCL德龙重现生机与活力，工厂原设计产能一年三四十万台，如今在厂房面积没有扩大的前提下，一个月就能产出三四十万台。

减法做下来，TCL剩下的是两大核心业务及产业金融与产业投资平台，以及5项保留业务：第三方销售物流公司翰林汇、TCL环保科技、通力电子、TCL产业园等。之所以保留，是因为它们有机会在细分赛道上成为单项冠军。

做减法的同时，也要做加法，即探索和发展新兴业务。

TCL做加法，分为两个层次。第一层，围绕核心赛道，做提升产业价值链的延伸和能力补充的加法。重组雷鸟科技，帮助TCL电视业务实现从智能终端到"硬件+服务"的跨越，就是一个典型例子。

雷鸟科技源自2014年的"双+转型"。电视是TCL的核心业务，从功能性电视到智能电视，再到智屏，需要补充原有的核心能力。为此，TCL成立了独立子公司雷鸟科技，以便用新机制招徕互联网人才。雷鸟与腾讯等一起为电视用户提供智能终端的内容和服务。2017年7月，雷鸟正式揭牌，腾讯以4.5亿元的战略投资，成为第二大股东，持股16.67%。

2020年，雷鸟科技全年营收9.5亿港元，同比增长74.0%，其中会员营收同比上升91.1%，增值业务收入同比上升141.9%。来自奥维互娱的数据显示，2020年中国OTT行业的总体营收同比增长23.5%，这意味着雷鸟科技的收入增速是行业增速的3倍以上。

格创东智是在智能制造和工业互联网领域建立的新企业，业务已经从内部拓展到外部客户，并完成一轮对外融资。这是制造业发展不可或缺的能力。

做加法的第二个层次，是把 TCL 的核心能力向外延伸，在既有的核心赛道中开辟新业务，或者直接开辟新赛道。

李东生介绍："我们确立核心赛道的几条基本原则：第一，业务一定要符合未来 10~20 年全球新兴科技产业的趋势，并在这个领域具备较大的取得战略控制点和建立竞争优势的机会，能获得高速增长。新赛道要雪厚坡长，值得投入 5~10 年去做。第二，不选择小公司去培养，而是选择已经在某个产业领域实现领先的平台级公司，进行战略投资或并购。第三，公司的财务状况要基本健康。第四，必须与 TCL 现有核心产业具备战略协同或资源禀赋协同。"

在评估了产业增长前景，并结合与主营业务的协同性考虑后，TCL 最终确定了半导体光伏和半导体材料两大新赛道方向。

2019 年 4 月，整个重组完成，TCL 集团转型为高科技产业集团。李东生表示："在本轮全球半导体显示竞争格局的竞争和变迁中，中国企业已经建立起局部竞争优势。全球产业格局的演化、日系企业退出、台系企业徘徊，将催生横向整合机会，产业集中度将进一步提高。华星光电凭借在经营效率和国际市场业务的优势、产业链协同效应，将择机通过兼并重组，提升全球行业地位和竞争壁垒。"

2020 年，TCL 收购苏州三星液晶面板项目，这是在既有的核心赛道进行横向整合，提升产业竞争力和话语权。同时在上游材料产业领域布局，强化产业生态能力。

同年 TCL 并购中环，则是开辟出半导体光伏产业和半导体硅材料、半导体器件的新赛道。

鲲鹏展翅，比翼双飞

剥离非主营业务，是为了聚焦核心产业。围绕华星光电和智能终端两大业务的重组，是此轮变革转型的关键。

2017年"4·12讲话"时，李东生就有把半导体显示和智能终端业务分拆，对整个TCL的资本结构和业务结构进行重构的想法，剥离、重组、聚焦的方向是确定的，但当时没有形成"双子座"的具体方案。最初的想法也不完善，要做进一步调研。

为什么一定要把一个完整的集团分成"双子"？通俗地说，就是"双子"合在一起，每个都不自在，都受到一定制约。

华星所在的半导体显示产业，是高科技、重资产、长周期业务。首先，技术门槛高，生产技术、产品技术都要持续积累，技术迭代升级快，研发投入大，从核心基础技术到应用技术，从产品到材料，都要开发自己的专利；其次，资本需求高、投资巨大，建一个8.5代工厂要投资250亿元，建一个11代LCD工厂或柔性OLED 6代工厂需要投资400亿元，资本能力是这一产业发展的一大门槛；最后，行业的市场周期波动大，需要战略前瞻和穿越周期波动的经营管理能力。华星产品在TCL营收中的占比不是很高、但业务毛利率高、现金流大，贡献了集团大部分利润，而且周期波动性很大，景气时利润很高，不景气时则可能会亏损。

而智能终端产业，营收规模大，但毛利率低；需要靠产品创新驱动，需要很强的产品技术创新能力、市场渠道推广能力，要有很高的流动资产周转效率和很强的市场应变能力，需要很强的全球化经营能力。

两项核心业务的商业模式和管理逻辑差异很大。半导体显示产业的资本"吞噬力"强，在同一个集团，资源往往被其吸走。同时，"双子"合体时，资本市场看不清楚企业的战略愿景、担心资源的低效耗散，给集团的估值带来"多元化折价"。估值低，又束缚了集团运用资本市场融资渠道，为处于高速发展的华星补充、优化资本结构的能力。

2017年TCL集团营业总收入达1115.8亿元，涵盖电视、手机、冰箱、洗衣机、空调、小家电、半导体显示等多个领域。在资本市场上，这种多元化业务架构一直存在很大困扰：TCL集团到底是传统家电企业，还是高科技领域的半导体显示技术企业？二级市场的估值应该参考家电上市公司，还是对照显示产业上市公司？因为这些困扰，TCL的估值水平长期低于家电行业，也低于半导体显示行业的平均水平。

但估值低，不只是认知问题，业绩基本面同样不支持公司价值提升。

2016年TCL年报发布后，有银行质疑："你们怎么跟M公司盈利差距这么大？100多亿元的差距！难怪资本市场不买账。"

拿TCL和电器终端厂商M公司的指标对比，有一个差别最大，就是净资产收益率（ROE）。TCL集团的平均ROE是7.2%，而M公司是20%。但如果将终端产品业务和华星光电分拆来看，TCL终端产品业务的ROE就达13%。同样的逻辑，如果将TCL集团营业利润率和显示领域的B公司相比明显落后，但是如果分拆华星单独核算，营业利润率就优于B公司。"我们赚钱最好的是华星，华星是重资产，所以资本收益率并不高，但营业利润率高，这是其业务特点决定的。终端业务净资产收益率高，但营业利润率不高。"李东生说。

原来TCL集团的资本结构是将高科技、重资产、长周期的半导体显示业务，与轻资产、市场变化快、技术创新迭代快、要求极致成本效率的智能终端业务放在一个实体中，很难有效管理，在资本市场的股东价值也无法体现，同时损失了业务管理的经营效率和产业组合的结构效率。"必须要将两个产业分拆，才能更好地发展！"李东生痛下决心推动重大资产重组"双子座"项目。

李东生之前也曾尝试过把两个产业分开，具体就是把华星从A股上市的TCL集团中单独分拆，做过两次尝试，但由于相关上市规则、法规的限制都没做成。这一次变革转型，李东生下了决心，一定要探索出一个能够做成的方式。

最后论证可行的重组方案是，成立一家独立的公司，然后向TCL集团收购智能终端业务。这在当时的法规和规则中是允许的。相当于新造一个母体，然后把智能终端和其他业务从原母体中卖给它，操作难度大。

过去很长一段时间，TCL各业务主体一直是在一个集团法人实体内，下面分若干个业务群和企业。为了实现"双子"重组，TCL成立了新的法人实体"TCL实业控股股份有限公司"，引入66.7%的外部战略投资人，李东生和团队出资33.3%，新的法人实体收购TCL智能终端业务及其他几项业务，将原TCL集团分拆为两个独立的法人实体。

而华星半导体显示业务、翰林汇及产业金融，依然保留在原有的TCL集团公司架构内，TCL集团改名为"TCL科技集团股份有限公司"。重组完成后，整个业务结构更清晰，核心业务更聚焦，有利于两大产业集团鲲鹏展翅、比翼高飞。

2017年6月，美国通用电气CEO伊梅尔特卸任，这件事让正在致力于推动"双子"重组的李东生沉思良久。

1998年TCL的第一次变革，就借鉴了通用电气的做法。这家1892年由爱迪生创立的公司，是全球规模最大的工业企业之一，是"帝国型"的多元化跨国公司。2001年伊梅尔特从传奇CEO韦尔奇那里接棒后，一直很不顺利，表面看是"9·11"事件重创了其航空业务，能源价格动荡影响了其能源业务，次贷危机重创了其金融业务等，但本质上，是21世纪的产业和商业环境与20世纪相比发生了深刻变化。所以，与韦尔奇的多元化之路不同，伊梅尔特在CEO任上一直在瘦身，剥离了保险、物流、媒体、金融、家电等多个业务板块，重回以基础工业设备制造为主，并最早提出了"工业互联网"概念。

2016年4月，伊梅尔特在接受媒体专访时，说得最多的词是"危机"和"改变"。

与很多人觉得伊梅尔特是不称职的继任者、失败的CEO不同，李东生对他颇为同情和认同。他认为伊梅尔特是一个变革者,如果不变,通用电气能不能继续存在可能都是问题。

TCL集团的产业规模远不如通用电气,但产业结构门类却不遑多让。TCL此前的产业结构叫"7+3+1":"7"是指产业领域的7个业务板块,包括原有的TCL多媒体、TCL通讯科技、华星光电、家电产业集团、通力电子这5个企业,以及新组建的商用系统业务群、部品及材料业务群;"3"是指服务业务领域的3个板块,包括互联网应用及服务业务群、销售及物流服务业务群、金融事业本部;"1"是指创投和投资业务群,该业务集中于非主营及非控股的项目。

"摊子大了之后,就导致资源不聚焦。"核心团队开会时,有人直言,"我们不少人记不住'7'是什么、'3'是什么,太多太杂了。连我们核心团队的人都搞不清楚业务结构的具体内容,更何况大家呢?大家会觉得TCL什么都做,分不清究竟要往何处去。"

李东生也和大家再次回顾了TCL历史上因为快速多元化吃的亏,并指出,"管得太泛,一定管不好。我们很多企业依然停留在这个阶段,好像队伍越大,能力就越强,自我感觉就越好。实际上,大不一定强。何以做强?唯有聚焦。电视业务和面板业务是上下游关系,看上去十分接近,但管理方式、经营逻辑、战略洞察完全不一样。靠同一个系统来管,很难管得好。我自己就有切身体会,上午开会讨论实业的业务,下午开会讨论华星的业务,切换起来非常吃力。所以只有业务聚焦,产业负责人才能持续专注,把产业做深做透"。

2018年12月7日晚,TCL集团发布重大资产重组公告,拟出售智能终端业务及相关配套业务,保留半导体显示及材料业务、产业金融和投资及创投业务。重组完成后,TCL集团将以华星光电半导体显示产业为核心主业,集中资金、人才和技术等资源,专注于半导体显示及材料业务的发展和壮大。

根据方案,TCL集团拟以47.6亿元向TCL控股出售TCL实业

100.00%的股权（包括了彩电和手机业务）、惠州家电100.00%的股权、合肥家电100.00%的股权、酷友科技56.50%的股权、客音商务100.00%的股权、TCL产业园100.00%的股权、简单汇75.00%的股权、格创东智36.00%的股权。

这就是代号为"Gemini"（双子座）的战略重组计划。

半导体显示产业是国家战略新兴产业，在电子信息产业中居战略核心地位，高端显示产品市场前景广阔。酝酿"双子座计划"时，华星大尺寸液晶面板出货量位居全球第五，其中55英寸UD产品出货量为全球第二，对国内一线品牌客户的大尺寸面板出货量排名稳居第一。

"双子座计划"的核心目标，就是推进产业业务组合的优化，集中资源，继续提升华星的竞争优势和行业地位，改善提升智能终端的竞争优势，并布局上下游产业链的核心环节以及相关业务，占得以技术和市场为驱动、以关键产业链战略控制点的构建为核心的下一轮行业竞争的先机。

廖骞说："重大重组代号取名"双子座"，意喻双子相伴相生，分拆不是分家，恰恰是为了让两项核心主业各自获得足够资源和独立的体制机制，建立起适应各自产业商业环境和竞争要求的高效经营管理体系，并通过有效机制，驱动团队重塑创业者精神。只有双星长久闪耀、交相辉映，才能真正发挥大TCL体系产业链垂直整合的生态协同优势。"

重组后的TCL集团，主业变成半导体显示及材料业务和产业金融投资。半导体显示及材料业务的行业属性，以及华星的高效运营，将提升TCL的资产运营效率和效果。当时，TCL集团全球专利申请总量为55523件，已获半导体显示技术和材料专利授权7714件，海外专利申请10212件，PCT申请9802件，在行业名列前茅。随着华星的新建产线带来产能扩大，产品组合将不断完善，并不断迭代先进技术和工艺，构建以前瞻性技术为核心的可持续竞争力。

对一家上市公司来说,"双子座计划"的重大资产重组,势必在资本市场引起高度关注。

数据显示,被剥离的智能终端业务在 2017 年为 TCL 集团带来 712.3 亿元的营收,占当年总营收的 64%;2018 年实现营收 747.7 亿元,占当年总营收的 66%。

重组事项一经公告,舆论掀起很大波澜。以 47.6 亿元的价格来交易连续两年营收超过 700 亿元的业务,在不少股民看来是 TCL 集团"贱卖"资产,存在管理层掏空上市公司的质疑。

除了投资者的质疑,监管机构也非常重视。TCL 于 2018 年 12 月 7 日披露重组方案,12 月 13 日深圳证券交易所就发出一份涵盖 31 个问题、长达 16 页的问询函。公司为什么要出售盈利资产?原因和必要性如何?估值的合理性如何?如何处理关联交易?等等。

持有中国法律执业资格证书的廖骞,针对问询函,提交了一份长达 212 页的回复函——相当于对每页问询函用超过 13 页的篇幅进行详细回复。

廖骞以专业能力作答的时候,李东生不断增持 TCL 集团股票,以行动表示对重组的信心,回应质疑。他抵押借款,在 6 个月内,连续 5 次增持 TCL 集团股份近 17457.5 万股,累计耗资 5.3 亿元,增持部分占集团股比超过 1%,支持 TCL 股价,增强外部股东信心。

2019 年 4 月 15 日,TCL 集团正式宣告完成"双子座计划"资产重组。交易完成后,TCL 集团旗下消费电子、家电等智能终端业务被剥离,上市公司的主要业务架构调整为半导体显示及材料业务、产业金融及投资创投业务、新兴业务群三大板块。

资本市场最终认同了 TCL 的重组逻辑。从 2017 年"4·12 讲话"到 2020 年年底,TCL 集团(2020 年 2 月变更为"TCL 科技")和 TCL 电子的市值均上升超过 90%,远超同期大盘综指 30% 多的涨幅,估值水平也呈逐步改善趋势。

经营责任下沉，战略管理能力提升

业务聚焦的根本目的，是让管理团队专注于"在所在行业中建立数一数二的核心能力以及技术先进性"，让团队成员承担清晰的责任。

TCL 科技和 TCL 实业分拆后，集团这个层级在经营上就虚化了。集团要做什么？第一是战略管理（不是集团代替产业制定战略），第二是组织和企业文化，第三是资源配置，并整合若干个赋能支持平台（投资、法务、审计、品牌）。这样既减少了组织层级，又确保了对战略、组织、财务等核心功能的管控，同时品牌、法务等功能性支持部门则为各产业提供协同与帮助。

而具体的经营责任，则直接下沉到两大核心产业中。

变革后，整个 TCL 对李东生个人的高强度依赖大为下降。李东生说："从公司结构说，每个产业的责任到 CEO 就到顶了。如果某个团队能力跟不上，我作为董事长介入深一点，是有必要的，但时间不能太长，一定要团队自己担责。我授权给两个产业的 CEO 和若干二级公司的总经理，他们再往下授权，通过这种分级授权，责任压实到了每一个层级。这样两个体系对我的依赖都在降低，目前我一个月参加一次华星的会议，TCL 实业这边一个月一次会议都不到。再经过一段时间磨合，华星的月度会议我也争取不参加了。"

话虽如此，有时候一着急，李东生还是忍不住伸手。"但我知道这是不对的，所以每次开会或者写邮件，我再三强调，这只是我的建议，最终的决定一定要你们自己做，我不代替你们做决定。"

当然，在 TCL，当事人真的不听李东生的建议，会承受很大压力。李东生对此心知肚明，所以现在他能做的就是不随便对企业经营决策提意见，真正做到责任下沉、授权到位；"新的机制、规则是非常清晰的，就是 CEO 负责制，董事长更多要考虑的是战略大方向、组织建设、人才培养等更长期的问题。这是我们这次变革的一个重点"。

谈到战略，李东生很认同哈佛商学院教授迈克尔·波特的观点，"战略是定位、取舍和建立活动之间的一致性，其实质是确定什么可以不做"。如何系统提升 TCL 的战略管理能力，也被纳入此次变革的议题。

以华星为例，李东生说，华星是高科技、重资产、长周期产业，"长周期就特别考验企业的战略管理能力，因为你制定战略和经营规划、决定项目投资都要为穿越行业周期波动做好准备"。华星的半导体显示项目，从立项到投产至少三年，每个项目投资都在 200 亿元以上，所以决定做这个项目的时候，必须要看清楚三年以后这个产业的市场情况，对产业波动周期要准确判断，做好长期资金规划。这和智能终端业务的经营逻辑完全不一样。"行业周期波动是什么意思呢？显示器行业和芯片行业一样，有高点，有低点，在行业低周期时进入资本少，投资成本相应较低，可能是投资好时机，踩准点在投产时往往赶上行业景气回升。在行业高周期时投资，反而风险比较大；从投资到生产需要时间，在高周期投资，成本高，而到投产的时候很可能就变成了行业低周期。"这就是"逆周期投资"逻辑。

在杜娟眼中，2017 年开启的这次变革，主要有三个阶段。一是以"4·12 讲话"为标志，唤醒危机感，从顺境思维转为逆境思维，摆正自己的位置；二是从减员降本增效入手，先"破"——先冲击旧有的、不符合经营环境要求的、效率低下的思想、组织和人事；三是破后再"立"，调整战略，提升战略管理能力。

"双子座计划"的具体推进，涉及众多的利益相关者，如政府、资本市场监管方、银行、机构投资者、合作伙伴，也包括广大员工。杜娟在其中扮演着沟通解释、争取支持的重要角色。而要对外沟通得好，首先是内部各业务板块的负责人要能把自己的战略、未来规划等讲清楚。这其实是整个管理层的战略管理、战略规划能力问题。

杜娟说："过去一讲战略，似乎就是老板的事，而且老板也缺乏一套战略管理工具，多少也是在拍脑袋。从李董到各层管理者，我们还是原来的人，现在要迈向新台阶，如果沿用原来的视野、原来的工具、原来的表格，我们凭什么就能改头换面呢？"

杜娟坚持，要引进外部的咨询公司，帮助 TCL 提高战略管理能力。"请得好不好，钱花得值不值，不仅取决于咨询顾问，也取决于我们自己管理团队的水平。"于是，TCL 引入了贝恩、乔诺和 IBM。

贝恩公司资深全球合伙人丁杰说，刚刚和 TCL 集团接触时，发现他们想做战略，也有一堆问题待解，他们对几十个产业都想研究。他说："这样的题目，贝恩解答不了。如果你们自己没想清楚方向，光靠咨询公司搞一堆所谓研究报告，不可能有什么结果。"

2017 年 5 月，李东生和团队想清楚了业务聚焦的方向后，双方开始合作，一直到今天。贝恩认为，企业的利润只有从核心业务中来，才是可靠的、可持续的。在纷繁多样的机会面前，企业要保持战略定力，敢于当"说'不'先生"。

贝恩多年对全球长青企业的调查和研究表明，企业成长的最佳路径，是专注于一个强大的核心业务，从各个方向和各个层面开发其最大潜力，以核心业务为基础，创造一套可重复运用的扩张模式，向周边的相邻领域进行一步一步地扩张，实现企业的有机增长，并选择适当的时机不断重新界定自己的核心业务。

贝恩的基本方法论，和李东生的变革方向颇为匹配。双方的合作就从"说'不'"和"聚焦"开始。在前期调研时，TCL 内部有不少质疑："贝恩找我们反复访谈，问差不多的问题，根本就不了解我们。""他们的总结，无非是把我们自己的总结又总结一遍，还不如我们。""花一两千万元买一份研究报告，冤大头当得还少吗？"等等。

但杜娟在贝恩的调研中发现了一些新变化。比如，原本大家都自我感觉良好，现在有人这里挑刺那里找错，团队开始反思；再比如，当时杜娟作为CFO掌握的产业数据，跟贝恩调研得到的数据并非完全一致，可见公司仍然存在信息不透明的情况，"外来的和尚好念经"，有些情况贝恩掌握得更真实；贝恩团队以第三方视角看待TCL，打破了习以为常和路径依赖，有了一些新思路。

在李东生和杜娟的支持下，贝恩在业务组织层面提出了两个建议。一是帮助手机业务止血，砍掉了黑莓手机。因为黑莓业务，只是用了一些高配的硬件，并没有创造更高毛利，且市场潜力不大，要坚决砍掉。二是帮助华星，把原来按照不同产线作为基本管理单元的方式，梳理为大尺寸BG（业务集团）和中小尺寸BG两部分，将研发、供应链、营销等功能集中到BG，并按照不同的产品业务线，再设若干个BU（事业部），将产线还原为具体的生产管理，进一步将经营权下放，以更快地响应市场需求。

这些做法，在提升组织效率的同时，还为本土人才的涌现提供了机会。华星的核心人才，之前都是台湾地区团队和韩国团队的。在华星已经形成规模后，如何让本土人才成长，变得迫在眉睫。"华星的CEO位置原来只有一个，但在新的架构下，组织变革后BG和BU的负责人各自承担责任。"

大尺寸BG负责人赵军，就是这样得到成长机会的。他2018年2月加盟华星后，担任t3（6代LTPS项目）的总经理。当时t3遇到了很大困难，赵军按照"第一必须满产满销，第二要做大客户，第三要做模组化"的思路，于当年6月拿到三星的大单，合作第二个月，三星对产能的需求很快就达到了4.4KK（1K=1000，1KK=1000×1000），极为逼近t3的设计产能4.5KK。这一仗基本奠定了TCL华星在三星LTPS供应商中的优选地位。

2019年下半年，三星订单开始下滑，市场的主要增量来自华为。赵军又搏了一把。"华为跟我们合作的那款产品，相对来说规格更高一些。当时有三家供应商在抢，但实际上抢下来对整个产能以及品质，都是非常大的挑战。我们的产能在简单扩产后，上限也就是5KK多，可华为一来就要4KK。但这是实现客户切换的最重要节点，必须答应。"

抢下华为的订单后，产能没法满足，赵军想了一个办法：到外面租设备。"外面的小模组厂，有很多闲置设备，我们谈好之后，把它们的产线搬过来。这样我不用新买设备，因为买设备的周期非常长。我们用华星设备加上租的设备，用了差不多3个月时间把整个产能拉到了7KK，满足了华为的订单需求。"

勇担责任，这不正是李东生在"4·12讲话"中呼唤的将军型人才的气质吗？后来成立大尺寸BG，挑选负责人，赵军就顺理成章担任大尺寸BG总经理。

通过贝恩、乔诺咨询公司的帮助，TCL团队的战略能力有了长足进步。

李东生在接受采访时说："最初请贝恩、乔诺、IBM等公司的时候，内部总觉得它们好像不太行。但回头想想这几年我们走过的路，其实不是咨询公司水平有问题，而是我们不知道自己想要什么，我们没有管理好它们。一旦我们自己能够明确目标，不断对它们提出要求，大家就会一起进步。"

在TCL领导团队的全力支持下，贝恩作为"国际外脑"的优势也得到了充分的发挥。丁杰回忆，2018年7月28日，贝恩全球总裁曼尼·马瑟达（Manny Maceda）在上任后首次访华时，首站即来到惠州，与李东生和TCL高管团队进行深度交流。"TCL始终坚持全球化发展战略，他们很清楚自己要什么，也要求贝恩提供相应的支持。所以我们把全球最顶尖的管理专家请来，协助TCL一起去判断和寻找全球发展机会。TCL敢为人先，是为数不多的能够将国际咨询公司用好、用足，借助外力真正实现自我发展和突破的中国企业。"丁杰补充道。

"以往，战略可能更多是在董事长的脑子里面，现在战略管理是在系统里形成的。我们通过一整套工具、方法和框架，把企业家的战略能力，转化为整个团队的战略能力。过去在这方面我们比较缺失，现在把这一课补上了。"

李东生认为，小企业可以跟着大企业走，跟着市场需求走，可以快速变化，相对来说，战略管理能力不是特别重要。但大企业一定要有好的战略，一定要把握正确的方向。如果方向错了，团队再努力，也不会有好的结果。战略方向对了，也还要有相匹配的能力，包括系统能力、团队能力、技术能力、工业制造能力等。

"值得一提的是，我们提出集团的定位是战略管理，而不是代替各个产业做产业的战略规划，集团更从股东角度、董事会角度，去看产业制定的战略行不行，有没有长远性。"李东生特别强调，在战略方面，集团的作用是看，是评估战略规划和路径，不是越位代替各个产业去做。"战略一定是来自各个产业和各个团队的，因为只有他们，才最清楚自己产业的未来应该是什么样子的。所以，让不同产业的团队都具备对自身业务的战略能力，是保证公司持续健康发展，不断穿越周期的关键要素。"

创新驱动发展

变革转型升级，最终的目标是行业领先。这是要靠真刀真枪，有强大竞争力的好产品才能实现的。

在切入高科技产业之初，肯定是从最大众的应用技术产品起步，但如果追求在未来成为行业领先，除了极致成本效率之外，很重要的是要依靠创新驱动，"这是 TCL 面向未来的整个经营战略中不可或缺的部分"。

在明确形成智能终端、半导体显示、半导体光伏及半导体材料三大核心业务后，TCL坚持以研发和市场双驱动，将技术创新作为企业发展的动力引擎。

TCL首席技术官闫晓林这样概括TCL的技术发展脉络："基于核心业务布局，在横向上，形成了显示技术、智能技术和半导体芯片设计及功率器件技术三大技术方向。在纵向上，每个技术领域都在不断向上游延伸：显示技术从面板到显示材料；智能技术从终端整机到操作系统，再到人工智能和芯片等；半导体芯片设计及功率器件技术，从投资控股到自主研发。"

在显示技术方面，华星最先是从TFT-LCD技术切入，以画质为主要抓手，自研HVA技术，推出大屏高端产品，再推出星曜屏和8K产品，跻身行业最前沿；之后，进入LTPS和AMOLED技术领域，在产品形态等方面进行了大量创新，如折叠、屏下摄像头、全面屏等。随着公司业务和技术发展到新阶段，TCL提出了以印刷OLED/QLED为主要抓手的技术领先发展战略，并进行了一系列布局。面向未来，还布局了Micro-LED等前沿显示技术。

闫晓林说："下一代大尺寸显示技术是国际各大厂商研发的重点，也是下一个主要赛道。TCL选择印刷显示技术作为发展策略，并提出了明确的发展目标：以印刷OLED为契机，2023年达到与三星、LG一起跻身第一阵营，实现新型显示技术的并跑；在印刷OLED的基础上，利用我们在量子点电致发光材料方面的积累和优势，2024年实现印刷QLED全球领先。显示技术的竞争不仅是一个产品与另一个产品的竞争、一项技术与另一项技术的竞争，更是一个技术生态与另一个技术生态的竞争。围绕印刷OLED/QLED显示技术，TCL做了全面布局，正在实践全球领先之道。"

在闫晓林看来，智能技术主要经历了三次转型：

第一阶段，在CRT到平板电视转型时期，从电视整机硬件入手，在TFT（玻璃基板技术）动态背光技术率先取得重大突破；

第二阶段，伴随着互联网快速发展和安卓系统在手机领域的兴起，TCL 率先将安卓系统移植到电视，引领智能电视机转型，带动整个产业的技术升级；

第三阶段，AI 算法的重大突破及算力大幅提升，引爆了人工智能的巨大商业价值和广阔应用场景，TCL 快速进入人工智能技术领域，并在细分垂直领域进行了全面布局。

关于细分垂直领域，闫晓林举例说，"2020 年，我们有超过 30 个算法项目落地电视、手机等产业，算法效果和性能达到或超越第三方标杆公司水平，大幅提升产品体验；在智能制造上，缺陷检测 ADC 项目已覆盖大小显示面板的缺陷检测，已在 t1、t2、t3、t4、t7 全面上线应用，初步建立行业领先优势"。

半导体芯片设计及功率器件技术则主要分为两个阶段。第一阶段以战略投资和孵化为主，如早期孵化的敦泰电子，上市后获得了超过 100 倍的回报。随着 TCL 收购中环，并成立摩星半导体公司，公司正式进入自主芯片设计和半导体功率器件技术研发的第二阶段。

"公司三条技术主线各自发展，又相互协同，形成了富有特色的研发架构，整个研发体系逐渐升级为既可各自作战又可联合协同作战的'野战军'。在显示和智能技术方面，都形成了三层研发架构。在显示方向上，工业研究院负责印刷 QLED、Micro-LED、材料领域的应用等前瞻技术研发，显示技术创新中心负责 18~24 个月的中长期技术研发，华星各产业负责 18 个月以内的当期产品技术研发；在智能方向上，工业研究院负责前沿深度学习算法研发，鸿鹄实验室主要负责 AI 工程化能力建设和产品落地以及 IoT 相关能力建设，TCL 实业各产业负责当期产品技术开发。"

闫晓林介绍，TCL 在各技术领域内部以及技术和技术之间，根据业务的实际需要和产业特点，还设立了各种联合中心的协同组织，形成了产业间的技术协同、产品垂直链条协同、前瞻技术和产品技术协同等多维度的技术协同。

2020年，TCL研发投入超95亿元。截至2020年年底，TCL已在国内外建立了42个研发中心，拥有研发人员13000余人，两个博士后工作站。TCL累计承担国家级/省级项目200多项；主持、参与制定了国际、国内技术标准200余项；累计申请专利79708件（不含中环），已提交PCT国际专利申请14762件。

"TCL技术研发，经历了由弱到强、由落后到实现并跑，甚至部分领域领先。2020年是TCL实施全球领先战略的开局之年，作为全球领先战略的重要支撑，TCL研发也在聚焦的核心技术领域提出了全球领先战略，并围绕技术领先战略进行了一系列布局，明确了TCL技术领先路径。"闫晓林的话不激不厉，却掷地有声。

为了实现技术领先，TCL没有选择单打独斗，而是选择建立开放的技术生态——牵头组建了2个国家级创新中心和联盟，面向全球发布技术合作项目，聘请业内顶尖专家作为技术顾问，和顶尖科研院所、产业上下游企业以及国内外大学实现良好的合作，共同打造TCL技术生态，联合进行技术创新，加速推进产业进程。TCL已经连续举办两届全球技术合作开放大会，发布了20多个全球技术合作项目，聘请了60多名一线顶尖专家作为技术顾问，和多家顶尖机构达成战略合作协议。

"全球技术领先，并不是单纯指技术及技术指标本身的领先，所有的技术领先必须是可以落实到产品竞争力的领先。技术全球领先也不是一场轰轰烈烈的运动，而是务实的、分阶段的，从局部并跑到局部某个领域逐渐开始领先，到最终才是毫无争议的整体技术领先。"闫晓林充满信心地表示，"只要我们在一条正确的道路上持续快速前进，即使有外部环境的困难和不确定性，我们相比竞争对手的竞争力也会不断增加，最终的胜利一定属于TCL。"

产业金融的核心能力

在互联网的投资者平台上，经常有投资者问：变革转型之后的 TCL 科技集团，核心业务是哪些？2020 年 TCL 收购中环集团后，TCL 科技的证券业务代表的回答，已经有一个标准化版本：本集团核心业务由半导体显示产业、半导体光伏及半导体材料产业，以及产业金融和投资平台三个业务板块组成。

产业金融和投资，与半导体显示（华星）、半导体光伏及半导体材料（中环）鼎足而立，这让很多人感到吃惊。一般来说，一个集团内的金融服务部门，总被认为是为业务保驾护航的，似乎不该有这样的地位。而在李东生看来，产业金融不仅负责整个公司产业发展的资本筹措规划，保障融资和现金流，还要对未来进行有价值的投资，最终形成高技术发展的"热带雨林生态"，并对合作伙伴提供赋能、支持、协同，帮他们成长。

早在 20 世纪 90 年代，李东生担任 TCL 电子集团总经理时，就力邀惠州一家大型日本合资企业的财务主管吕忠丽加盟。当时 TCL 电子集团的大部分公司经营状况不佳，账上资金有限，吕忠丽上任后的"第一板斧"就是将这些下属公司的账户全部收上来，统一调度资金。此后尽管有数次业务危机，但依靠集中统一的财务平台的调度，集团均安然无恙。

2006 年，TCL 集团获得中国银监会批准，成立财务公司，以缓和国际并购之后的资金紧张状况。当时吕忠丽是 TCL 主管会计的高级副总裁，出任了财务公司董事长。财务公司的业务范围有九项，包括对成员单位办理财务和融资顾问、信用鉴证及相关咨询、代理业务，协助成员单位实现交易款项收付，经批准的保险代理业务，对成员单位提供担保、办理票据承兑与贴现、办理贷款及融资租赁，办理成员单位之间的内部转账结算，吸收成员单位存款，从事同业拆借，等等。

在中国，银监会批准成立财务公司的企业，都是有较大的经营规模和现金流的企业，例如宝钢。成立财务公司可以充分发挥闲置资金的作用，甚至可以参与对上市公司的并购。

在财务运筹方面经营丰富的TCL，从未发生过金融违约。企业的高速发展需要大量资金，包括发债、贷款等，40年没有发生过任何一次金融违约，这显示了TCL产业金融的管理能力。2020年，根据财报推算，TCL科技的财务成本比主要竞争对手低2%；TCL收购中环后，中环的财务费用率也有所降低，2020年财务费用率为5%，2021年第一季度降到3%左右。此外，TCL的产业金融大量服务于供应链上的企业，帮助它们更好地发展，这不仅是应尽的本分，也是国家对金融产业发展的要求。

TCL科技CFO黎健是2004年从银行系统加盟TCL的，最初在TCL电子从事海外财务工作，后来在TCL财务公司负责产业金融相关业务。数年来，她不仅让"持续提升服务质量"成为财务公司员工的工作追求，还让财务公司成为业内较早开展国际业务并取得长足发展的资金管理平台。

黎健将产业金融的发展，划分为几个不同的阶段。产业金融在每个阶段的转换，都折射了集团业务的演变。"我们的任务就是全力为集团保驾护航，让集团穿越不同的周期，能在行业洗牌、产业转型、经济调整、金融波动等各种情况下生存下来。"

"最初我们是做出纳的事，后来引入司库管理的概念，开始涉足资产负债管理；再往后，整个TCL有了生态化发展意识，才正式把我们的业务定义为产业金融。所谓产业金融，就不仅服务于集团和成员企业，还服务于集团产业生态中的上下游，或者上游的上游、下游的下游，这个链条逐层往外延伸，也包括服务自己的员工、供应商员工、客户的员工、消费者，等等。"

银行是间接融资体系的主体。TCL 重视和银行合作，从 1998 年起就通过银企座谈方式加强沟通，但在合作中也非常克制。黎健说，不是谁给 TCL 贷款额度，TCL 就跟谁做业务。"我们不以合作的银行多为目标，而以'够'和'精'为目标。"以 TCL 现在的体量，全球范围内的合作银行数量不超过 15 家。

"我们有一套评价规则和模型，评估银行能给我们什么支持，我们又能给银行什么支持。我们跟银行建立的是一种长期合作共赢的模式。那种看到我日子好过，就跟我做一两笔业务，在我们低谷期就转身离开的，不是我们想要的合作伙伴。"

对那些在最艰难的时刻支持过 TCL 的银行，TCL 回馈以将其作为首选合作对象。黎健说："在 TCL 国际化最低谷的时候，中银香港不仅没有离开，还给我们增加了一些额度，所以后面几年，我们所有的海外业务都会先问它要不要做。如果有几个潜在合作对象，各方面情况都差不多，肯定首选它。直到现在，每年春节，李董都会去中银香港那边拜年。"

2017 年到 2019 年，TCL 集团变革转型的力度是空前的。各类项目投资需求迫切，海外业务量迅速增长，整体资金管理风险提升。加上全球政经形势波诡云谲，业务拓展与风险把控之间的矛盾、资金需求与成本管控之间的矛盾，全部汇集在黎健面前。

黎健的观点是，控制风险是获取稳健盈利的前提。在去杠杆和资管新规影响下，2018 年仅国内证券市场就有 123 起企业违规案件被曝光，违约资金规模超过前四年的总和。69 家企业信用评级被下调，其中不乏 14 家 AAA 级企业。而 TCL 金融通过优化债务结构，提高金融服务能力等措施，将信用评级结果维持为 AAA，显示了国内几大评级机构对 TCL 资金管理水平的认可。

"TCL 成立 40 年来，没给银行产生过任何不良账目，信用记录一直非常干净，这是我们做资金管理的最大财富。"黎健说。

在半导体显示产业，截至 2021 年 5 月底，TCL 的投入已经超过 2400 亿元，其中有大约一半是借的。华星的不同项目融资，TCL 金融部门不仅做到及时足额到位，而且几乎每一笔成本都领先于行业水平，从而将整体财务成本控制在较低范围内。

TCL 实业对于流动资金有巨大需求。经历了国际化的至暗时刻后，TCL 从 2006 年开始强调造血能力和现金流管理的重要性。"现金流比利润重要"，李东生要求企业的现金流增速高于利润增速，利润增速高于销售收入增速。

2018 年，TCL 集团有息负债从年初的 528 亿元上升至年末的 714 亿元，上涨 35%。TCL 金融团队不仅配合集团重大转型项目提供了高达 121 亿元的资金，为产业园、华星及境外各类投资提供了充足资金保障，还将集团整体财务费用率牢牢控制在 0.5% 以内。这一年，他们还在供应链金融服务和资金管理获得超过 7.5 亿元的收入，为集团创造了更多可用资金。

2019 年，黎健获得"董事长特别奖"，是当年唯一获得该奖项的女性高管。

李东生相信，TCL 的产业金融平台业务前景很好，随着 TCL（集团）业务增长，效益提高，经营现金流充沛，产业链生态合作密切，对产业金融服务有更多的需求，这为产业金融发展提出更高要求，提供更多机会。

2021 年 3 月 11 日，李东生在 TCL 科技 2020 年年报董事长致辞中表示："TCL 产业金融和资本、投资平台是支持产业发展的保障，同时创造稳定增长的业务收益。产业金融具备高效的内部资金管理和对外融资能力，具有供应链金融服务能力；资本和投资业务已在相应领域建立差异化竞争优势，已发展成为公司核心业务板块。"

在高质量发展的轨道上前进

从 2017 年到 2019 年的三年变革转型，是 TCL 核心能力提升的关键时期。从战略聚焦到业务重构，从运营管理升级到技术创新，TCL 不可动摇的硬核能力提高了一大步。

李东生说："这一轮变革转型，为 2020 年、2021 年的业绩起跳奠定了基础。2019 年年底，没有人想到会有疫情，但大家都想清楚了，我们的基础已经夯实。我们蹲下了，也蹬实了，2020 年就要起跳。依托三年变革转型打下的坚守基础，2020 年我们逆势而上，2021 年上半年继续快速增长。"

"国家一直在倡导供给侧结构性改革，从 TCL 的变革看，把那些没有发展前景、事实上的僵尸企业关掉，把那些偏离主营业务方向的企业卖掉，这个过程很痛，但我们是'痛并快乐着'。TCL 重组为两个产业集团后，每个集团的业绩都在增长。由于业务剥离，A 股的 TCL 科技的收入减少了不少，但核心业务持续增长市值大幅提升。这就是变革的正面效应。我们明白了到底该聚焦哪些核心业务，市场也看明白了，所以给了我们更高的估值。"

作为战略重组的操盘手之一，廖骞将 TCL "双子座计划"总结为"三步走"。

第一步是确定两大核心主业方向。半导体显示产业是全球电子产业里为数不多产值过千亿美元的产业链，智能家庭场景的前景也被看好，这两大产业构成 TCL 的核心业务。

第二步是重组剥离非核心业务，并将与核心主业相关的业务板块实施整合，如 TCL 集团于 2017 年向华星光电售出华显光电股权、TCL 电子向 TCL 集团收购 TCL 商显业务等。

第三步是通过"双子座计划"重大资本重组项目，使两大核心主业以双子星之势，各自依托资本平台壮大、协同发展。

李东生启动这一轮变革转型的切入点，以及循序渐进的变革管理策略，让廖骞敬佩不已。"2016年下半年启动变革转型时，李董提出重建效率、速度和成本领先优势，同时提出将与核心主业明显无关的业务尽快重组，这是非常精准的切入点。在管理方式上，聚焦核心矛盾，但由易到难，先重组那些易于被定义、被执行和展示阶段性变革成效的非相关多元化业务，快速取得变革的阶段性成果，增强变革信心，体现了他的管理智慧。"

李东生本人认为："这一轮变革转型、浴火重生，是在实践探索中逐步形成的，并不是我有多高明，一眼能看到底，让大家跟着我干就行了。确实不是这样的。"他说自己很早就明白一个道理，企业做不好、走下坡路，第一责任人就是企业家本人，"企业家的瓶颈就是企业的瓶颈，企业要突破瓶颈，首先领导人要突破瓶颈。这都是规律性的东西，不是只在我这里，所有企业都一样。所以在这个过程中，我自己也在学习，也在努力地改变，努力让自己能够适应企业在这一阶段的发展要求。"

李东生多次说过，假如不做这一轮变革，TCL在未来的十年八年可能还会存在，但一定在走下坡路，一旦跌到一定程度，就很难再起来。"作为企业家，我们追求基业长青，但长青不等于活着，有些企业苟活着，也能活很久。这种生命质量在我看来是没有意义的。我希望TCL活得像模像样，像一个真正的男子汉屹立在那里。这就要靠不断变革和创新。我希望我们创立40周年、50周年时，别人会说，TCL还很年轻，还有很多希望。这是我希望的活法。如果沾沾自喜，不能超越自我，企业肯定画不出第二曲线，活着也会迅速老去。"

回顾2017年到2019年的财务表现，李东生指出，2017年净利润较高，一是因为减员降本增效立竿见影，当年便能体现出来；二是因为2017年是半导体显示行业的高周期。两个因素叠加，有显著的结果。但2018年和2019年利润增幅不大，那是在夯实基础、调整结构,剥离业务也减少营收和利润,主要是变革转型的效应还没有释放出来,2020年是TCL可发力奔跑的时候,虽然遭遇疫情,上半年受到影响,但下半年就加速发展。事实证明,聚焦核心业务之后,企业的竞争力有了明显提升,经营质量也随之大幅改善。

TCL的能力增强,还突出地反映在技术创新上。2015年到2019年,TCL的PCT专利、发明专利的申请量以及授权量,是之前30多年总和的若干倍。2020年,在国内企业发明专利授权量排行榜(前100名)上,TCL以3157件授权专利位列第五,成为家电品牌企业中的第一名。在量子点技术和材料专利方面申请数量达1200多件,位居该技术领域世界前二。

2017年4月,李东生宣布的目标是,计划用三年时间完成结构调整,使集团销售收入达到1800亿元,净利润达到80亿~100亿元,集团市值超过1000亿元。

如果世上真的存在可以预测未来的水晶球,这一次它是如此准确地被应验。2020年,合并统计的TCL(集团)实现营收1528亿元,增长20%;净利润74.6亿元,增长32%。2021年上半年,净利润107亿元,全年营业收入有望突破2000亿元。

2019年"双子座计划"落定后,各个产业争相奔跑。杜娟带领一个小组,做了一张表,明确了分阶段实现目标的路径:2019年,战略布局成形,死磕降本增效;2020—2021年,战略布局完善,死磕品质和市场、提质增效,提质会损失部分利润,但先蹲下再起跳,才能跳得更高;2022—2023年,战略坚持,死磕技术和生态、全面突破。

每个阶段的计划,为什么会做两年?杜娟说,因为有些事情是一年做不完的。一般情况下,从想一件事到做成这件事,需要三年时间。做企业是一个叠加的过程,所以在规划中,TCL是用两年时间做一件事情,然后在这个基础上再去提升。

杜娟还给了大家一个形象的说法,她在自己的微信朋友圈立了个目标，说我们要进入世界500强。李东生看后问："进500强有那么重要吗？"乔诺商学院的老师也说："杜总，你是不是太虚荣了？"杜娟说："不是虚荣，进不进500强也没有那么重要，我就是要有一个目标，凭什么不能提出来？我不但提出来，还要告诉团队，2000亿元只是进入"500大"的门槛，真正的500强要体现在效率、效益、技术和综合竞争力上。我要让高管、让团队、让所有人，都能为一个目标去奋斗、去努力。"

高风咨询创始人谢祖墀说，从战略管理看，西方一直认为的路径主要有两条，第一条路是集团式多元化，第二条路是通过核心竞争力，聚焦做企业最有优势的事，企业只在自我定义的约束边界里面进行竞争。但由于技术革命和全球化，一个充满非连续性、不确定性的变革时代已经来临。这个时代的成功企业更倾向于第三条路：在组织架构、创新能力、人才建设等企业基本面上要夯实基础，但在发现机会后，要立刻抓住机会，即便还没有足够的能力在新的领域里充分竞争，也能在跳跃至新业务的过程中，弥补并完善自己的能力。首先，要选择先跳过去，跳过去之后，再弥补原来能力上的差距。

TCL的三年变革，也可以说是第三条战略的探索。怀着忧患意识和进取心，TCL在动态发展中，同时在宏观战略以及微观落地方面，极大地提升了能力。这是TCL 40年具有里程碑意义的一个时期。

王安石在《游褒禅山记》中说，世之"非常之观"，常在于险远，非有志者不能至也，"尽吾志也而不能至者，可以无悔矣"。TCL集团的变革发展之路，就是志在"非常之观"，无悔无怨、倾尽全力、向上登攀的道路。

三年变革转型，千亿魔咒的阴霾一扫而空，浴火再造的TCL振翅高飞。

第五部分　领先之战

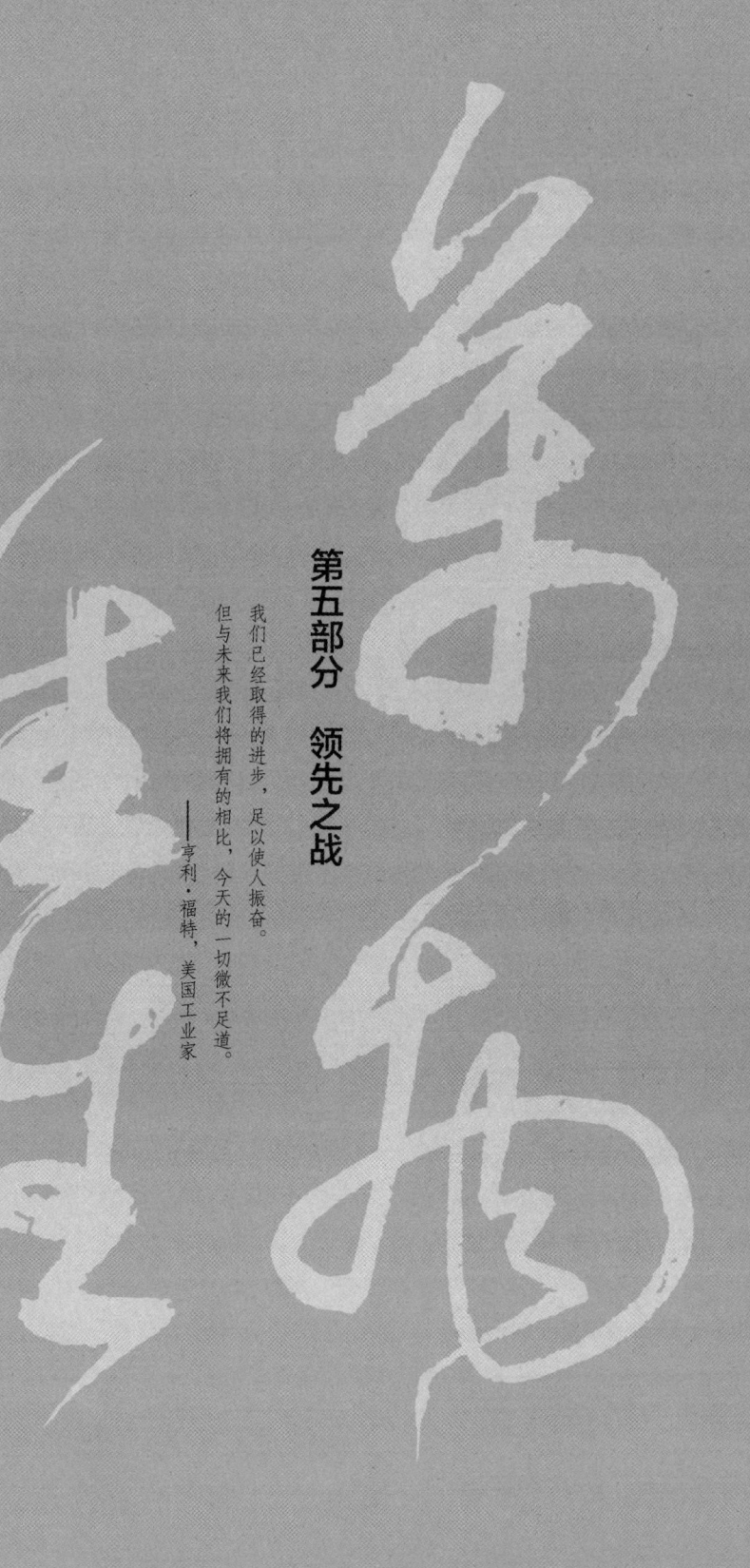

> 我们已经取得的进步，足以使人振奋。但与未来我们将拥有的相比，今天的一切微不足道。
>
> ——亨利·福特，美国工业家

第九章　上坡加油

"这是勇敢的海燕，在怒吼的大海上，在闪电中间，高傲地飞翔；这是胜利的预言家在叫喊：——让暴风雨来得更猛烈些吧！"

高尔基的《海燕》曾给少年李东生留下深刻印象。

"养活一团春意思，撑起两根穷骨头。"曾国藩48岁时写下的这副昂扬精神的对联，李东生更是了然于胸。

2020年年初，突如其来的新冠肺炎疫情，给世界带来前所未有的冲击。《世界是平的》一书作者托马斯·弗里德曼说："这将会是两个世界——新冠之前（Before Corona）的世界与新冠之后（After Corona）的世界。"

面对疫情以及第一季度业绩的下降，李东生表现出久经沙场的沉着，以及海燕般的勇敢。疫情是每个企业都无法逃避的考卷，而在所有考生中，他认为TCL这次能拿高分。于是，他坚持不下调经营目标，后又提出"上坡加油、追赶超越"。

这是三年变革转型、浴火重生带来的底气和豪迈。

弓身蹲下，蹬实脚跟，看准目标，全力起跳，上坡加油，追赶超越！2020年，是TCL创立之后最提气的一年。

"没有之一,就是最提气的一年。"李东生说得斩钉截铁。

从"3074"战略到"9205"战略

德国特里尔大学教授韩博天(Sebastian Heilmann),研究了中国的治理和制度创新后,写了一本《红天鹅》。他论证了以五年规划为代表的发展规划,如何成为中国长期政策的核心机制,认为中国的独特经验是把政策试验和长期目标结合,进行"有远见的反复试验"。

TCL 在制定企业战略规划时,也借鉴了五年规划的做法,但并不是严格按照五年的周期,而是一至两年滚动更新一次,根据环境变化进行更灵活的适应和纠偏。在 TCL 的文件中,经常能看到"3074""3085"等代号。"3074"即 TCL 30 周年开始的第 7 次五年规划,"3085"即 TCL 30 周年开始的第 8 次五年规划。

TCL 最新的战略规划叫"9205":"9",取长长久久之意;"5",即五年规划;"20",即 2020 年。"9205",即 TCL 2020 年开始的五年规划。

通过三年变革转型,2019 年年底制定"3074"战略时,已经对未来提出了比较高的目标。到 2020 年更新时,李东生明确了"全球领先"的战略目标。

"既然业务收缩聚焦,从巴掌变成拳头,那么在拳头领域,一定要追求全球领先。在智能终端,电视要做到全球领先;在半导体显示领域,华星要做到全球领先;其他产业要按照中国领先和行业领先的标准向前。这样,TCL 的战略目标就完全清晰了,这是这一轮变革转型、浴火重生的重要结果。"

"9205"战略,规划了 TCL 未来 5 年的目标和路径。

TCL 智能终端业务要以全球领先为目标,率先在泛智屏业务实现单项突破。要将优势从智能电视扩展到其他智能显示产品;要在智能显示业务之外培育出新的战略支柱产业；要以人工智能技术为基础，推出更多新的智能产品和服务；要以用户为中心，以NPS（净推荐值）为抓手，加快面向用户的数字化转型。

华星要在全球显示行业中实现综合竞争力领先。要进一步锻长板、补短板，通过投资建设和兼并重组加快业务发展，完善产业战略布局；要进一步优化产线规划，优化产品结构，优化客户组合，建立产业生态；要在新型显示技术和材料创新率先突破，追赶和超越标杆。

中环半导体要实现"一、三、五"发展战略目标。要把握全球清洁能源大发展的机遇，在半导体光伏领域，加快完善全球产业布局；要强化单晶硅产业竞争力及技术优势，加快光伏能源产业链建设，增强光伏组件和电池能力，赶超头部企业，实现全球领先。

集成电路是中国科技产业发展的最大瓶颈，而半导体硅片是集成电路的核心基础材料，中环要抓住集成电路产业发展的机遇，加快核心能力建设，继续强化中国领先优势。

半导体芯片和器件是TCL三大产业中最具协同效应的业务，集团将牵头加强三个产业的协作，在集成电路设计芯片、器件领域完善产业和投资布局。

TCL产业金融和资本要成为TCL（集团）重要的经营平台。

茂佳科技要充分利用华星的产业链协同优势，成为智能显示产业全球竞争力领先的ODM企业。

通力电子要瞄准立讯精密、歌尔声学等标杆企业，加强核心能力建设，稳步拓展业务和客户，成为竞争力领先的智能终端产品ODM企业。

翰林汇要扩大业务规模，培育新业务，提升竞争力，完成分拆上市。

TCL环保要在选准的赛道上加快发展，在环保细分领域建立行业领先的地位。

格创东智要在智能制造、工业互联网领域赋能核心产业发展，形成独特竞争优势。

杜娟说："变革中的TCL需要'超级奋斗者'，只有大家都是'超级奋斗者'，我们才能实现全球领先！全球领先是比出来的。要设定几个维度，和标杆企业进行比较。我们不是和自己较劲，全班考了100分而你却只考99分，是没有意义的。"

各业务板块要追求领先，TCL总部怎么办？作为时任COO，杜娟提出"聚焦突破，做有能力的总部"。"什么是总部？头脑才是总部。总部每条职能线也要有自己的战略规划。不要觉得总部就是高高在上的，如果不能产生价值，总部的某个部门也可能撤掉。怎样才算创造价值呢？就是你做的每一件事都能帮助企业降低成本，或增加收益，即能够反映在损益表上。"

杜娟对于总部的职能要求有三个：专业、赋能、服务。专业就是要建设好自己的专业能力，不得动辄质疑业务发展，将自己凌驾于业务之上。法务不能只说"不"，要说怎样才行，以及为什么行的理由。财务、人力资源、总裁办等部门，都应如此。

杜娟将总部职能人员控制在150人之内。她跟李东生提的资金预算，是每年1亿元的人力成本，外加1亿元的IT费用。她解释说："我做金融的时候测算过，每年的人均成本，包括五险一金各种福利等，在50万元左右。再加上楼堂馆所的租金分摊，以及水电的各种分摊，这些管理费用也在人均50万元左右。每人每年100万元，150人就是1.5亿元。但总部还有点收入，所以预算安排1亿元就可以了。我的想法很明确，总部就这么多钱，大家就在这个预算里干活，人人成为'超级奋斗者'。"

通过打通人力资源和财务两条线，杜娟拉通了对整个集团的服务和赋能。"人力资源和财务不仅要从上管到底，也要创造价值。这两条线是管理的'护城河',是'高速跑道'的护栏,为 TCL 的高速发展保驾护航。我们也将通过 DSTE(develop strategy to execution,战略管理的流程框架)拉通战略、年度全面预算、经营目标设定、绩效考核方案、执行监控、结果评价和激励分配,强化执行力与责任结果导向。"

"过去的成功有可能是你未来失败的原因。在动荡的时代,最大的威胁不是动荡本身,而是延续过去的逻辑。"杜娟告诫总部每个员工,"要敢定高目标,无论企业还是个人,没有标杆就没有奋斗的方向,也无法知道自己到底做得好不好。"

"全球领先"是杜娟现在说得最多的关键词。"我们原来每个月做经管会的报告,每个老总的题目都不一样,甚至有的老总这个月和下个月的题目都不一样。我很恼火,有一次当场就说,今年一年的主题词,就是这 16 个字:技术领先、效率致胜、变革突破、全球领先。这些重要理念,如果不是天天讲,让大家耳濡目染,怎么可能做到 10 多万员工同一条心?"

制定"9205"战略过程中,TCL 开展了多场战略训战和商业领袖培训,统一工作语言,掌握制定战略规划的工具和方法,提升管理团队的战略格局。2020 年 10 月和 12 月,集团对各产业战略规划开展了两轮评审。李东生表示:"从评审情况来看,多数企业敢定高目标、路径清晰,组织阵型也在相应调整,战略规划质量有了较大提高。"

对于"9205"战略,李东生提出了三点明确要求。

首先,战略要有大格局。要从世界看中国,从国家经济发展看所处行业情况;要正确判断宏观经济环境、产业市场趋势,深入分析主要竞争对手的发展和变化,客观评估自身的长项和短板,做出正确的经营发展战略选择。

其次,战略要谋划长远。要坚持以终为始,谋布局、建能力。不仅要关注当期业绩，更要关注长期能力建设，例如智能制造、数字化能力建设。开发核心技术、积累专利能力，这些工作虽然在当期不能体现效益，但对长远发展意义重大。

最后，实现战略目标，关键在于落地执行。要保持战略定力，坚持既定目标就不能轻易摇摆。通过复盘过去几年的经营结果与规划预算的差距，就会发现一些企业缺乏实现经营目标的定力和韧劲儿，一些经营问题久拖不决，关键业务任务无法达成，其主要原因就在于执行力不足。各产业要强化执行力，坚决抓好战略规划落地，不折不扣地交付业绩成果，达成战略目标。

现任TCL实业高级副总裁黄伟对TCL战略规划质量的变迁深有感触。他1998年5月加入TCL，在多个岗位上历练过，现在分管TCL实业新兴业务群中的产业园项目和TCL环保项目。

"大约5年前，我们这些职业经理人，都将更多的目光放在当年的KPI（关键绩效指标）上面。但最近几年，情况发生了明显的变化，至少每个企业的一把手，都已经有比较长远的思路。"黄伟说，TCL每年都要滚动做战略规划，逐步培养了大家的思考习惯，战略投入和战略方向这一块，在考核指标中占相当比重。"像我们这次做规划，我不光做了5年规划，还考虑了10年之后的情况。当然，经济形势会发生变化，我们的规划也要根据情况进行调整和更新，但大的方向是明确的。"

为了制定各自的"9205"战略，各个产业负责人率领团队加班熬了不少通宵，最后一个一个产业、一家一家单位到集团"过会"。个别产业或单位，被打回了两三次才最终过关。全部过关那天，李东生设了家宴，邀请各个产业和单位的负责人参加。

筋酌流行、酒酣耳热时，大家齐声高唱起了电视剧《康熙王朝》片尾曲《大男人》：把江山扛在我肩头的一刻／就已经决定我男儿本色／大男人不好做／再辛苦也不说／躺下自己把忧伤抚摸／

大男人不好做／风险中依然执着／儿女情长都藏在心窝／任它一路坎坷……

坚决不下调经营指标

2020年1月17日，李东生在TCL全球经理人大会上说，未来几年唯一确定的就是不确定性。

话音未落，新冠肺炎疫情骤然暴发。1月23日上午10时，武汉封城，这是新中国成立以来第一次封城，情状之紧急，可见一斑。

李东生首先部署了最迫切的抗疫任务，之后又着手布置整个集团的发展。他和麦肯锡的全球合伙人交流，对方给出两个版本的预测。比较乐观的版本，是中国、美国在第三季度，欧洲在第四季度就能恢复正常的经济和商业生活；比较悲观的版本，是社会正常化要推后至三个季度到一年，或三个季度到一年半，而且欧洲要到2022年才能恢复正常。

综合多方面信息，尤其是中国采取雷霆手段取得抗疫成效后，4月17日，李东生在TCL 2020年第一次协商会扩大会议上判断说："我们应该按照6月能够恢复正常经济活动的情况来做经营计划调整。"

回忆当初的决策，李东生说："当我们蹲下准备起跳的时候遇到了疫情，受疫情影响，第一季度的情况大幅偏离预算。当然，不止我们一家。在这种情况下，我们做的第一件事，就是咬牙挺住，不下修预算目标。高管团队讨论后，在第一季度的工作会议上明确提出了这一点。"

"疫情的影响是突发的，是阶段性事件。不要因此对整个战略规划的执行落地有动摇。今年的经营计划可以做适当调整，但目标不能改变。在不考虑各企业下修经营预算的情况下，我们要更加努力去弥补损失。"

李东生指出："整个大势的影响我们没办法避免，但一定要比对手做得好，比对手跑得快。如何真正达到目标？千万不要说我们自己认为达到了，而实际上并没有，这是最危险的，比'温水煮青蛙'还要危险。相对竞争力这个概念非常重要，今年你可以说在疫情变化下，确实达不到预算，但年底算账，必须要交出合格的成绩单。合格的标准就是相对竞争力提高了，市场份额、品牌指数、效率、效益等指标和同行比、和标杆比要不断提高。"

疫情带来了巨大冲击，也提供了难得的机遇。李东生说："最近显示行业里三星和 LG 都宣布退出 LCD 产业。由于疫情，全球需求量下降，它们退出 LCD 领域的计划提前发布并正式官宣，这对华星来讲就是一个机会。三星、LG 退出 LCD 领域，意味着这个行业的其他企业遇到了更大困难。无论台湾地区的友达、群创，还是日本的夏普，中国大陆的同业京东方、天马、惠科，都会有困难。竞争此消彼长。"

李东生说这番话时，有意无意间，将华星与三星连在一起。4 个月后，TCL 科技宣布收购苏州三星 8.5 代显示工厂和模组工厂。

2021 年 2 月 2 日，李东生接受我们采访时说："2020 年第一季度业绩明显下降时，我敢提出不下调经营目标，核心的核心、基础的基础，就是三年变革转型、浴火重生带来的底气。我们不能断定疫情的拐点何时出现，但行业洗牌、大浪淘沙，我们内部的管理体系、供应链体系一定要提前做好充分准备。如果拐点出现，必须抓住这个机会。"

同时，不下调经营目标，也是因为气可鼓不可泄。"那个时候，无论怎么调整目标，都很难说是合理的。尽管心里并没有多少底，但既然调整多少并没有标准，那就干脆不调。"

李东生给团队讲了第二次世界大战时的斯大林格勒战役。

这一战役的前期，苏军是非常艰难的，长期处于劣势，但斯大林给苏军的目标就是必须守住斯大林格勒，寸土必争。德军攻入斯大林格勒后进行了几个月的巷战，但始终没能成功夺取斯大林格勒。苏军就这样把德国的南方集团军给拖住了，再组织反攻，一场战役就消灭了德军50多万人，成功守住了斯大林格勒。这也是苏德战争中的战略转折点，之后苏联转入反攻。在艰难困苦中咬牙守住，是这场战役最终胜利的基础。

"我们一定要坚持咬牙守住，不能后退。越是艰难的情况下，越要坚守战线。"李东生用这句话激励团队。

不仅不下调指标，李东生在TCL 2020年第二次协商会扩大会议上，明确提出"上坡加油，追赶超越，迈向全球领先"。这时他已经看得比较清楚，"中国逐步控制住疫情，海外疫情在扩散。我们全球化的业务基础比较扎实，是一个难得的战略机会，上坡加油，追赶超越，完全有可能取得意料之外的成果。"

"我们既要有底线思维，做好最困难的准备，制定应急预案，建立'预备队'；同时也要把握机会，敢于上坡加油，追赶超越。我希望各产业制定'9205'战略规划要客观务实，积极进取，超越同行，追赶标杆，实现领先！"这是李东生当时给管理团队的明确要求。

"这些提法，不是简单的口号。"李东生复盘时表示，"因为上坡时该换挡，还是该加油，做法是完全不一样的。正常讲，上坡时该换挡，让速度慢下来，这样可以避免发生风险。但我们有3年变革转型，有强竞争力作为基础，就敢于在上坡的时候加油，而且在大家都很困难的时候，我们踩一下油门，就有更大的机会超越别人。"

企业家面对无法预知的风险时的坚毅和沉着，看见风暴后生成的兴奋与激情，如同奥地利诗人里尔克那句脍炙人口的诗句——"我认出风暴而激动如大海"。

第九章　上坡加油

疫情突袭，武汉华星勇于当责

上坡加油的第一个表现，是在积极做好疫情防控的同时，继续坚持生产。

新冠肺炎疫情风暴中心武汉，是全球最重要的光电显示产业中心之一。华星在武汉有 t3 和 t4 两个工厂，t3 的 LTPS 产量 2019 年占全球 20%，生产柔性 AMOLED 显示屏的 t4，则正在进入量产爬坡的关键阶段。

武汉华星有 1.3 万名员工，在城市最东面，离华南海鲜市场大约 50 多公里。1 月上旬疫情尚不明朗的时候，武汉华星就向员工宣讲，建议不去人员密集区域，并在公司的电梯里装上纸巾，一天四次消毒，在饭桌中间加上了隔板，避免面对面吃饭，对发热员工及密切接触者进行隔离。

1 月 20 日，武汉封城之前三天，t3、t4 工厂的总经理金松和赵勇，与总部开会沟通后，决定放弃春节休假，成立武汉华星疫情应急指挥小组，应对疫情处置和春节假期生产经营。疫情管控体系当天开始运转，全员检测体温、佩戴口罩、取消聚会、分散就餐、严控对外通道。

整个春节假期，在深圳的李东生也没有休息。TCL 科技成立疫情应对小组，每天开会，指挥调度解决各种问题。正月初一，李东生和一众高管从下午一直开会到晚上 10 点。李东生拍板：紧急调用在海外采购的口罩等防疫物资支持武汉工厂；立即向武汉捐款 1000 万元现金，捐助火神山医院建设所需产品、设备，并负责在现场安装调试；写信给当地政府领导，报告防疫和生产情况。正月初二，李东生给武汉华星发出慰问信，强调一定要保障员工的安全，努力维持正常运营。

此后数周时间，武汉华星的近 7000 名留守员工坚持生产。对疫情防控颇为有利的是，面板的厂房内，安全系数极高。半导体的生产车间都是洁净室，洁净室大部分要求比手术室还高。厂房的天花板上满布空气过滤器，病毒的空气飞沫核的直径一般大于 5 微米，而空气过滤器是卡控 0.3 微米的粒子。在日常工作中，员工进入车间都要更换洁净服。除眼睛外，全身处于防护状态。员工洗手后才可以穿洁净服，穿戴好衣服和手套后，再进行二次洗手，才能进车间。

金松和赵勇每天都去食堂吃饭，和员工一起排队。人事以及服务团队的负责人，也提前结束春节休假，返回武汉厂区，全力保障数千人的生活、防疫物资需要，包括照顾一些合作伙伴的员工。在多国武汉撤侨的背景下，华星的几位韩籍技术专家，春节后主动返厂复工，辗转上海、长沙，回到武汉……

武汉封城期间，t3 和 t4 正常运作，保持产能 85% 输出，为全球显示产业供应链的稳定做出了贡献。尤为难得的是，近 7000 名留守武汉华星的员工，没有发生一例厂区内感染病例。

3 月 24 日，国务院常务会议指出，在继续做好科学精准防控的基础上，积极有序推动制造业和流通业复工复产复业，特别要保障在全球产业链中有重要影响的企业和关键产品生产出口。

制造业复工复产，迫切要解决人力问题。怎么开放通道让更多员工从外省返回企业？TCL 向广东省政府提交了一份报告，提出了一些建议。省政府非常重视，由省长召集相关经济管理部门开了专题会。

复工复产以来，TCL 各下属工厂包车包机到务工人员输出大省接人，提高复工率。TCL 总裁办还牵头向各级政府部门提出帮扶供应链企业复工的申请，协调推动 300 多家省内外供应商实现复工复产。

一边推动复工复产，李东生一边思索，面对疫情带来的不确定性，制造业企业如何提升竞争力。"这次疫情必将加速行业洗牌，推动中国产业链迭代升级。企业要进一步强化对现金流、原材料、物流、劳动力等环节的管理能力，更要加快数字化、智能化转型，向产业链高端升级。"

李东生提出，一是要避免业务过度多元化。实体企业要聚焦主业，控制财务杠杆，避免过度负债，保持经营现金流。"如果经营性现金流的增长不足以补偿流出需求，或者新投资项目的现金流达不到预算目标，就容易引发经营危机。"

二是要加强对供应链的风险管理。"企业要储备多家备选供应商，分散采购可以带来更高的质量或者更低的成本，同时也可以规避风险。要进一步提升原材料供应管理、物流管理的柔韧度，提高对于需求变化的弹性适应能力。"

三是要向产业链中高端升级，增强在供应链中的不可替代性。要加速向产业链上游延伸，攻克核心技术、关键器件和材料的研发生产能力，在更高层次的领域展开竞争，成为供应链中不可缺少的一环。

具体到TCL，在半导体显示领域要不断加大新型显示前沿技术的研发攻关力度，在柔性显示、印刷OLED、量子点材料等方面继续保持行业领先。TCL与三安半导体公司达成的战略合作，就是要联合开发Micro-LED显示技术，努力站在新型显示技术的全球最前列。

四是要加快全球化布局，分散经营风险。"企业可以考虑将部分非核心部件的生产能力外移到海外，核心器件保留在国内生产。最近华为宣布将在法国建立其欧洲的首个5G制造工厂，目的就是融入欧洲市场，打破以'国家安全'为理由的贸易壁垒。TCL 2019年以来也在印度、越南、墨西哥等国家新建工厂，同时在当地组建供应链，以扎根当地的方法达到全球化资源调配以应对全球化风险的目的。"

五是要增强数字化运营能力。要在工业生产中应用5G、大数据、工业互联网、智能制造、在线办公等技术，打造数字化工厂。"从长远看，中国的劳动力红利会逐渐消失，企业要更注重推进数字化转型，加大自动化生产线的投入和应用，构建智能工厂，提升供应链的产能柔性和抗风险能力。

2020年四五月间，TCL科技对中环集团的竞标进入最后阶段。初步测算，起码要出价100多亿元。李东生说："第一季度我们的经营是亏损的，预算全部未达标。但就在这种情况下，我们下决心按照原定计划拿下中环集团，这足以证明上坡加油的决心。"

智能终端逆风飞扬

上坡加油的第二个表现，是智能终端积极扩大海外市场份额，将TCL的比较优势转化为更好的经营业绩。

坚决不下调经营指标、上坡加油、追赶超越，不仅是李东生的判断，也是TCL高管团队的共识。

TCL实业每个季度都会搞一次"Kevin直播间"，几千人同时在线，听时任CEO王成讲上个季度的业绩，以及下个季度的安排。2020年2月中旬，疫情仍在缠绕，王成安抚大家的情绪，鼓励大家振作，之后让大家自由提问。

好几个问题都很类似："像今年这种情况，咱们的KPI是不是要修改一下？目标是不是可以下调一部分？"

王成在直播镜头前慷慨激昂地答复："现在才刚刚2月，仗才开始打，就说要'投降'，这能行吗？肯定不行！全年目标坚决不改，就奔着目标去！"

2021年5月，第三次接受我们采访的王成，回忆当时的情况说："如果改了，有第一次就有第二次。而且，你一改，大家心一慌，都不知道该怎么干了。所以我非常坚定，就是不调，就这么干。事实证明，之后我们完成得还可以。"

对局面感到担忧的，不仅仅有提问的高管，还有董事会成员。"当时开 TCL 实业的董事会，我做报告，有董事问我，目标改不改？我说，不改。董事都觉得我是在硬撑。"等下半年业绩起来，大家才明白王成的用心。"不管是变革，还是打仗，就是要拼一口气。大家都一样艰难，只要自己咬牙坚持住，一定能把事情干成。"

当然，扩大海外市场份额、提升公司经营业绩，靠空喊口号没用，只有深刻理解产业变化逻辑，才能让风雨飘摇时刻的坚持不至于变成盲目乐观。

"中国率先控制住了疫情，而海外疫情出现了失控。这导致在工业制造方面，全球对中国有一个极为反常的需求增加，这给了我们的全球化业务一个机会。"李东生说。

TCL 电子控股有限公司 2020 年 4 月 17 日公布的一季度电视机销售量数据显示，首季度电视机销售量为 673 万台，同比下降 20.2%。中国市场方面，2 月至 3 月大部分线下门店未开门营业，品牌电视机销量同比下降 36.1%，至 116 万台。但与此同时，线上销量同比提升 74.2%，带动中国市场品牌销量同比提升 9.8%。海外市场方面，北美市场品牌电视机销量同比下降 52.1%；欧洲市场维持快速增长势头，首季度品牌电视机销售量同比增长 43.9%，新兴市场同比增长 14.3%。

到 2020 年第二季度，在全球电视机销量同比下滑 4.9% 的市场环境下，TCL 品牌电视机销量同比逆势增长 31.6%，达 581 万台。TCL 电子旗下的全球品牌电视机销量市占率，由 2019 年同期的 9.4% 提升了 3.3 个百分点，达到 12.7%，排名由 2019 年全球第三跃升至第二。

2020 年全年，TCL 品牌电视机累计销售量达到 2393 万台，同比增长 15.9%，超额完成全年目标销售量。2020 年全球陷入经济衰退，中国出口仍然保持 4% 的增长，TCL 海外销售收入 734.6 亿元，增幅高达 24.4%。

"中国制造业已形成全球产业比较竞争优势。我们要坚持全球化战略不动摇，加强全球化经营能力和全球产业供应链建设，打破关税壁垒和贸易保护主义，将产业制造优势扩展到全球。同时，这次疫情对我们的全球业务影响不大，主要源于我们的全球化和本地化结合得很好。"李东生说。

半导体显示积极扩张

上坡加油的第三个表现，是按既定计划建设 t7 第二期工程、t4 第二期和第三期工程，并把握时机并购苏州三星，在半导体显示这个核心赛道上积极扩张。

2020 年 9 月 8 日，11 代 TFT-LCD 及 AMOLED 超高清新型显示器件生产线（t7）迎来重要里程碑——首片产品成功点亮。这是华星的第二条 11 代面板生产线，从主设备搬入到产品点亮用时不到 5 个月，较原计划提前近 3 个月。虽然疫情对 t7 生产线的建设影响很大，进口设备的交付延误了不少时间，但总体上还是按照原来的计划建成投产。

t7 项目在 2021 年年初实现量产，弥补了中国大陆在 8K 超高清先进产品的市场空缺。t7 主要生产 65 英寸、75 英寸、85 英寸的 8K 超高清显示屏，设计产能为每月 10.5 万张基板。在 t7 产能释放后，华星大尺寸面板产能将上升到全球第二位。基于 t6 奠定的良好基础，t7 的良率爬坡比 t6 还要快。

t6 是 2019 年一季度开始量产的，当时的良率也比预计要好很多。t6 在 2016 年年底开工，是全球最高世代的 11 代 TFT-LCD 及 AMOLED 新型显示器件生产线，也是华星第一条 11 代面板生产线，主要生产 43 英寸、65 英寸、75 英寸液晶显示屏及超大型公共显示屏，设计产能为每月 9 万张基板。投产后，原来的规划设计产能很快就达到了，当年年底就做到了 9.8 万张基板，实现满产满销。

t6、t7 两条产线项目总投资约 891.83 亿元。截至 2020 年上半年，华星共拥有 8.5 代 TFT-LCD 生产线（t1）、8.5 代 TFT-LCD（含氧化物半导体）生产线（t2）、6 代 LTPS-LCD 显示面板生产线（t3）、6 代柔性 LTPS-AMOLED 显示面板生产线（t4）、11 代 TFT-LCD 新型显示器生产线（t6）、11 代 TFT-LCD 及 AMOLED 超高清新型显示器件生产线（t7）等产线项目。

2021 年 4 月 9 日，TCL 科技发布关于投资建设华星第 8.6 代氧化物半导体新型显示器件生产线（t9）的公告。这意味着华星将构建面向中尺寸市场和客户的工业能力，通过进一步丰富其电竞显示、高端笔电、平板、车载机商用显示等产品，从大尺寸显示产业全球领先，向全尺寸显示产业全球领先升级。

为什么有勇气在行业最困难的时候积极扩张？李东生自问自答："这体现出长周期的战略管理能力。我们不是着眼于短期波动，而是看到这个行业发展的长周期，根据行业发展的规律，通过战略管理最终穿越周期。当然，这也受到全球领先战略的牵引。如果华星不往这个方向走，是不可能做到全球领先的。"

杜娟从经营逻辑和经营能力的角度解释说："全球领先战略，在经营逻辑上有三个题中之义：第一，一定要技术领先，否则就是纸上谈兵；第二，一定要全球化布局，只靠中国市场消化不了这么大产能；第三，一定要达到最佳经济规模，需要不断投入。而从经营能力看，需要有穿越周期的经营能力——既然产业周期长，所以今天就要看到五年后，今天就要为未来五年布局；既然产业周期长，那在产业周期好的时候，要能够赚更多的钱，在产业周期不好的时候，要能够抗风险。只要比自己的竞争对手强，死的那个就永远不是我。经营能力的核心要素是：产品力、运营力、组织力和营销力。"

李东生总结说，战略的牵引、对行业发展和市场趋势的判断，再加上华星在三年变革转型期间打下的扎实基础，所以 TCL 才具备在最困难的时候逆势扩张的能力。

杨安明说，三年变革转型中，华星通过极致运营分析会的运作机制，极大提升了成本竞争力。

在贝恩做完 TCL 集团的战略咨询项目之后，2019 年 2 月，华星邀请贝恩启动了极致成本项目。在这之前一个月，杨安明刚刚来到华星。他访谈了 100 多位管理干部，"大家的普遍感受是，我们的成本控制已经做得很好了，没什么降本空间了"。

一时找不到突破口的杨安明，一天早晨跑步时，发现园区里的路灯还亮着。他拍了一张照片，3 月组织公司大范围研讨时，他把这张亮着路灯的照片放在了 PPT 的第一页，问大家："这盏路灯，应不应该在早晨 6 点半的时候还亮着？"大家纷纷说，应该关掉。

于是，杨安明从这盏路灯着手，开始寻找工作中可以改善的空间。"李董一直跟我们说，一定要假设你的工作中还有改善的空间，只有相信有改善的空间，才会去寻找到底在哪里。就华星而言，生产费用大概可以分为三块，人工、电费、维备耗（维修备品备件耗材），其实这里面每一部分都有改善空间。"

杨安明是从三个层面进行改善的。

第一个层面，打掉浪费。比如很多材料实际上不需要那么复杂的包装，这块过度包装的费用完全可以节省下来。

第二个层面，打掉暴利。有些垄断供应商要赚取 30% 甚至更高的利润，在毛利处于行业周期性低点的半导体显示产业，这显然不合理，杨安明让财务分析供应商成本，并从市场上引入更多供应商，加强竞争。

第三个层面，联合供应商一起降本。最初找到玻璃供应商的时候，对方直言很为难，杨安明动之以情晓之以理，"不降这么多，我们死掉，你也死掉"。在跟旭硝子沟通时，杨安明还请李东生出马，直接跟他们社长谈，讲清楚目前华星面临的严峻局面，最后旭硝子表示:"现在华星有困难,我们咬牙也要支持。"

通过找电厂买直供电,华星的电费比市价低10%。2019年到2020年,维备耗费用每年都在上一年的基础上下降30%。

极致成本最终体现的结果是什么?杨安明用一组数字做了对比:"2018年的时候,我们的两个工厂,在不算折旧的情况下,一年的生产费用是38亿元。2020年,我们有3个工厂满产,一年的生产费用是40亿元。什么概念?我们通过提升人员效率、节能、改善维备耗,整体生产费用下降了三分之一,一年就能节省20亿元。不管面板处于高峰期还是低谷期,这可都是真金白银。"

2020年,华星整体成本下降了30多亿元。"要知道,华星2020年的净利润也只有24.2亿元,如果没有这30多亿元的降本,2020年我们就是亏损的。"杨安明不无后怕地表示。

如今,极致成本是整个华星的新时尚。"现在,我们每周六开极致运营分析会,一起看有没有改善空间。"杨安明很感慨,所有人被发动起来之后,有很多降本的奇思妙想,都是大家想出来的,真是"智慧在民间、高手在一线"。

杨安明统计说,大家已经提出了大大小小1000多条节能措施。为了进一步激发这种氛围,华星管理层根据降本成效设置了一定比例的奖励。"2020年我们光降本项目奖励就发了1000万元左右,这确实不是一个小数目,但对比创造的十亿元甚至几十亿元的效益,这样的奖励完全实至名归。从2019年第四季度一直到现在,极致成本对提升华星竞争力发挥了关键作用。"

2021年5月第二次接受我们采访的时候,杨安明说,他正在华星推进五个山头项目。"为什么叫山头项目?只有难打的才配叫山头。这都是涉及华星的主要材料,要在两到三年的时间跨度内,降本30%以上。对于这些结构性降本项目,只要干成了,就给项目团队重奖,每个项目的奖励金额都是百万元以上的。"

介绍完，杨安明补充了一句话："这些项目，必须干成，也一定能干成。"

杨安明努力打造极致成本的基础，华星高级副总裁吴岚则在夯实人才基础。

吴岚介绍说，三年变革转型，华星在如何培养人才方面，探索积累了自己的独特路径和内容。"所谓路径，即基于企业环境中的人才成长规律而生成的人才培养路径；所谓内容，即基于培养路径的学习内容和资源的配置。随着互联网技术的迅猛发展，企业经营环境发生了巨大变化，商业模式变了，成功要素变了，客户需求变了，员工需求也变了。人力资源要创新思考，为企业营造创新的土壤和机制，激发员工创新的活力与动力。"

在领导力培养方面，华星开发了针对高潜储备和岗位胜任为目标的"星系"领导力发展体系；在专业人才培养方面，摸索和建立了以学习管家队伍为平台，以学习地图为指引，以提升问题解决能力为目标的进阶式专业人才培养体系。针对职员通用的职业能力，逐步建设了基于工作场景的职业能力提升课程体系。

"华星的人才培养体系建设，并不是盖一座已有图纸的大厦，它需要不断伴随组织和业务形态的变化而变化，并在这个动态的过程中逐步完善、优化，找到与组织和业务相适应的节奏。它与组织更像在跳'双人舞'，在互动中跟上业务发展的脚步，找到适合的节拍，前瞻性地培育发展高品质人才队伍，满足业务快速发展的需求。"吴岚说，这应该是华星人才培养体系建设的终极目标。

收购苏州三星台前幕后

在全球领先的战略牵引下，华星确定了 2023 年收入挑战 1000 亿元的目标。

"我们以前的战略，都是延长线思维。今年比去年增长 10%，明年比今年增长 10%。如果是全球领先的终局思维，应该怎么考虑呢？应该是三年后我必须突破 1000 亿元规模，为了实现这个目标，今年我要达到怎样的增速？明年又要如何？"

杜娟说："在做'3074'以及后面'9205'战略规划的时候，华星就发现，要在未来 5 年实现全球领先，营收必须突破 1000 亿元。而要做到这个营收，就必须扩张产能。"

扩张产能有两种方式，一种是自建生产线，这就是华星在疫情期间决定上马 t7 第二期工程、t4 第二期和第三期工程，以及 2021 年 4 月决定启动 t9 项目的逻辑起点。

自建生产线一般需要两年周期，另一种扩张方式就是兼并购。2020 年上半年显示产业的总体情况并不好，华星在第一季度亏损，苏州三星也是亏损。但李东生觉得，上坡加油要有一些有力度的行动去证明，因此拍板收购苏州三星的面板项目。

2020 年 8 月 28 日，TCL 科技公告披露，以约 10.80 亿美元（约合 76.22 亿元人民币）对价获得苏州三星电子液晶显示科技有限公司 60% 的股权及苏州三星显示有限公司 100% 的股权，对苏州三星面板厂的股权由原来的 10% 提升至 70%。同时，三星显示以苏州三星电子液晶显示 60% 股权的对价款 7.39 亿美元（约合 52.13 亿元人民币）对华星进行增资，增资后三星显示占华星 12.33% 的股权。

同花顺 iFinD 金融数据终端提供的数据显示，2020 年上半年上市公司十大并购事件中，TCL 科技独占三席——3 月 31 日首次公告增资华星 50 亿元，持股比例提升至 90.72%；4 月 29 日首次公告，以发行股份、可转债及现金的方式，作价 42.17 亿元收购武汉华星 39.95% 的股权，收购完成后，TCL 科技将直接及间接持有武汉华星超过 85% 的股权；6 月 24 日首次公告收购中环集团 100% 的股权，底价 109.74 亿元，交易金额 125 亿元。

2020年前8个月，TCL科技用于投资和收购的资金约为248亿元，业界一度担心，是否"攻势过猛"？

杜娟为机构投资者做了详细解释。"首先，公司持有随时可使用的自由现金是308亿元，远远覆盖短期债务。我们一直强调，任何时候，假如银行要收缩额度，我们都有足够的资金偿还；第二，公司2020年上半年现金流经营活动73亿元，说明了公司的造血能力；第三，公司在适当增加负债的情况下依然将资产负债率控制在65%以下，这是我们的可控区，并未触及70%以上的红线。虽然公司有息负债比较高，达到845亿元，但其中中长期债务占比达77%，是非常稳健的债务结构。"

对于以10.8亿美元收购苏州三星面板厂，杜娟说："这是比较合理的交易结构。虽然交易对价为10.8亿美元，但三星会将这笔款当中的7.39亿美元重新投入到华星。也就是说，实际TCL科技只需支付3.41亿美元现金，这将极大减轻TCL科技的资金压力，而三星有机会在华星发展中获得更大的收益。"

收购的更大价值，在于业务协同。"过去华星受制于大尺寸产能不够，做商显有一些弱势。这次收购完成后，可以创造更多机会，对华星现有团队的积极性、士气等都有提升。"

成功收购三星苏州8.5代线之后，TCL科技将有三条8.5代线、两条11代线，加上广州建设的8.6代线，在大尺寸面板市场份额方面拉近了和行业头部企业的差距。

机会偏爱有准备和有决心的人，在行业低周期，华星扩产t4、t7，并购苏州三星显示，投资新建t9等一系列项目，在2021年上半年实现了业绩倍增；全球竞争彼消此涨，华星当仁不让。

2020年7月25日，李东生在TCL 2020年第二次协商会扩大会议上，分析了如何"在危机中寻找发展机会"，明确要求华星加快产业兼并重组，"业务整合要达到三个优化：优化产业布局、优化产品

第九章 上坡加油

结构、优化制造和供应链体系。兼并重组不但要规模领先,更重要的是要实现产品、技术、效率、制造和生态建设领先,增强竞争优势。同时要提升 LTPS、柔性 OLED 等中小尺寸业务的竞争力,努力在新型显示技术和新材料开发上取得突破"。

三星苏州 8.5 代线设计产能为 120K/月。2019 年三星苏州工厂约占三星液晶面板产能的 27%,占全球大型面板产能的 2.8%。TCL 科技收购后,液晶面板行业头部集中化的趋势会更显著,TCL 科技也会成为三星电子液晶电视屏幕的重要供应商。

有意思的是,在三星、LGD 两大巨头宣布退出产能后,供需关系回稳,带来了久违的市场需求缺口,继而是价格上涨。从 2020 年 6 月开始,液晶面板价格由跌转涨,7 月持续稳定向上,液晶电视面板报价飙升,高于预期。台湾光电科技工业协进会(PIDA)预计,韩企产能的出清,为 2021 年全球电视用面板带来 6.9% 的需求增量,届时,中国大陆将以 62% 的份额大幅领先于全球其他地区。

LCD 屏依然有着庞大的市场发展空间。长期跟踪全球电子产业发展趋势的 Digitimes Research 预测,全球大尺寸 TFT-LCD 面板的产能将会逐步提升并趋于稳定,由 2018 年的 2.4 亿平方米上升到 2024 年的 3.08 亿平方米。就产品结构而言,2017 年和 2018 年电视占比均为 80% 左右,在全球液晶面板需求中占据首位,其次是电脑显示器,手机显示屏也是重要组成部分。

在电视方面,2019 年全球液晶电视面板平均尺寸为 42.7 英寸,预计至 2024 年全球液晶电视面板平均尺寸将上升至 49 英寸以上。更大的电视尺寸要求更稳定、技术成熟、成本较低的材料,因此 TFT-LCD 面板仍将是大屏显示技术的首选。

市场调研公司 IHS Markit 的数据显示,目前 55 英寸超高清 OLED 面板以 60% 良品率计算,其制造成本是 TFT-LCD 面板的 2.5 倍,即使良品率提高到 90% 以上,其制造成本差距仍然为 1.8 倍,

TFT-LCD 面板在大尺寸面板应用领域仍然具有相当强的成本竞争优势。

在电脑方面，中国电脑出货量占全球比例近三分之二，2017 年中国全年生产微型计算机 3.07 亿台，占全球电脑市场出货量的 64.77%。预计到 2023 年中国台式个人电脑销量将达到约 11 亿台。这将带动国内液晶面板需求的持续增长。

在手机方面，OLED 屏受高端手机追捧，但质优价廉的 TFT-LCD 屏仍将占有一席之地。

2021 年，华星和京东方的 LCD 产能占全球的 40%，考虑行业出清及潜在外延并购机会，这两家"双寡头"有望迈向 50% 以上的市场占有率，逐渐掌握千亿美元面板市场的定价权。全球面板产业的双雄格局正在形成。

华星首席运营官赵军表示，未来面板市场的格局将呈现"两超多强"局面，华星的目标，是要在电视面板市场做到综合竞争力第一，LCD 手机面板整体规模和竞争力进入第一阵营，IT 面板业务加快实现赶超，在柔性 OLED 领域聚焦高端和差异化，做到技术和产品领先，在差异化细分市场中谋求做到份额领先和盈利领先。

李东生在评价收购三星苏州工厂和中环集团的意义时说，"换股收购三星苏州 8.5 代线和模组厂后，我们当期的大屏产能大幅增加 25%，加上 2020 年开始爬坡达产的 t6 线和 t7 产线，华星产能未来 12 个月将增长 1.6 倍。通过并购中环集团，我们则进入了半导体光伏及半导体材料。TCL 科技以半导体显示、半导体光伏及半导体材料、产业金融及投资为主体的三足鼎立局面基本成形。"

"TCL 的发展已经从机会驱动转变为战略牵引，整个发展路径是按照战略一步步去实施的。也许未来还有比较好的机会，但战略发展路径以外的，我们一般不会碰。因为企业的资源总是有限的，所以一定要围绕战略牵引，将资源相对聚焦。"

站在全球液晶面板制高点上

兼并购从来不是一件简单的事。收购只是第一步，真正的问题在于完成收购后能否管好以及如何管好。

李东生说："接管苏州三星，对于我们的管理能力是一个很大的考验。根据此前的评估，如果要实现系统对接，我们需要全面提升我们的管理能力。所以，我们有一个项目组，在苏州待了很长时间，为的就是能够顺利交接。"

从 2020 年 10 月，华星高级副总裁金松带队，华星项目组进驻苏州，在离苏州三星工厂不到两公里的地方办公。最高峰时，现场办公的项目组有 100 多人。项目组在苏州工作了半年时间，一直到 2021 年 3 月底完成交割。

杨安明是项目组主力成员之一，他每个月至少去两次苏州。从做尽调，到最后实地进入，苏州三星工厂让包括杨安明在内的华星团队，有了一次难得的机会，零距离感受作为行业标杆的三星，在管理方面的领先之处。三星在现场管理和系统管控方面的做法，给杨安明留下了深刻印象。

"从投料到出片的整个生产时间周期，华星现在大约需要半个月，而苏州三星只需要 7 天，只有我们的一半。区别在什么地方呢？华星的设备和设备之间留了缓存时间，这样做的好处是前面的设备出状况时，不会影响后面的设备，但这种做法是以牺牲效率为代价的。而苏州三星将设备和设备无缝衔接，生产效率在整个行业中是最高的。"

"苏州三星工厂已经是名副其实的数字工厂，所有流程都是通过系统触发的。所有人员接到的信息，不用发邮件，不用发月度计划，包括给供应商的订单，全部都是通过系统推送的。举个很简单的例子，我们开会的时候，需要把数据整理出来，形成一个报告，而苏州三星开会的时候，直接打开系统就行了，所有人看到的是同一个数据源，管理的一致性非常好。"杨安明感慨，系统能力是华星和三星的差距所在。

三星的系统能力体现在两个方面。一个是生产管理系统（MES），这个系统把所有生产设备管理和物料管理连接在一起。"这个系统是三星的，会继续沿用两年左右，但我们要付两亿元人民币的费用。三星系统与系统之间连接得非常紧密，面板是24小时连续不断生产，而且产能不能出任何状况，所以如果生产管理系统出问题，对生产会产生重大影响。"

在杨安明看来，MES是华星与三星的最大差距，"在这方面，华星的IT比三星至少落后两年"。他举例称，虽然华星的备件耗材价格比三星低20%，但三星通过系统驱动，借助预防性维护等手段，备件耗材的用料只有华星的70%，"综合下来，三星在备件方面的费用，是低于华星的"。

"我们深圳工厂也有MES，交割时进行切换也不是不可以，但为什么我们接受花两亿元使用两年系统的条件？最直接的原因是保证整个苏州工厂生产平稳，效率不至于下降。如果真的在切换过程中，每个月的产能少一点、良率低一点，可能得不偿失。另外一个很重要的原因是，一旦切换，就把三星那些做得好的地方全部抹掉了，现在我们可以在使用过程中揣摩各种原理，可以把好的做法拓展到华星其他工厂里，所以这里面也有一些学费的成分。"

另外一个系统是管理信息系统（MIS），交割当天就进行了切换。"管理信息系统里有最核心的SAP（企业管理解决方案），还有一些其他的外挂系统，三星的SAP不适合华星体系，所以必须切换我们的系统。"

杨安明说，切换那几天，IT同事是最忙碌的。"所有的门禁、吃饭、考勤，以及平常使用的邮箱、视频会议、登录的SAP，都是在这个系统上，如果出问题，后果不堪设想。"3月31日、4月1日，六七十位项目组成员好几个晚上都没睡觉，做了很多推演和压力测试，确保顺利切换。最终，"有一些小故障，但整体来讲，交割还算是很平稳的"。交割后，4月产量还略有上升，第二季度利润明显提高。

4月1日开始运转之后，杨安明最担心的，是到月底财务报表能不能准时出来。4月底，杨安明拉了一个专门的微信群，24小时在线盯财务报表，"连续干了三个通宵之后，财务报表在5月4日晚上终于出来了"。

杨安明说："这次切换虽然不是十全十美，但能够在系统方面实现顺利切换，基本上符合我们的预期。"

当然，三星有三星的长处，华星也有华星的优点。"我们比较强的是行动力和解决问题的能力。三星通过系统管理，能将90%以上的业务管好，但如果出现10%的异常时，他们需要首先将问题反馈到韩国总部，总部研究后再回复，所以处理效率低。而我们遇到问题的时候，同事们可以24小时不休息，直到把问题解决，这种高强度的执行力是我们的优点。"

另外，华星也具有明显的成本竞争力和更高的管理效率。"此前通过极致成本，华星奠定了竞争力基础。这一点在跟苏州三星放在一起的时候，变得特别明显。苏州三星的材料成本和备件耗材，平均要比华星高出15%。我们已经跟几个主要的材料供应商展开谈判，到今年年底之前，基本能把这15%的空间给找出来。"

管理效率也是华星的优势。"苏州三星原本有40多个驻在员，都是从韩国派来的干部。华星派过去了20多位干部，数量上只有他们的一半，但把活给全干了。他们是一个人管一个部门，我们是一个人管几个部门，管理效率上比他们高很多。"

三星的生产效率和系统能力，叠加华星的管理效率、成本竞争力和团队执行力，效果很快体现在经营业绩中。

2021年4月1日，TCL科技发布公告称，公司已于今年3月31日完成了苏州三星电子液晶显示科技有限公司60%股权和苏州三星显示有限公司100%的股权交割及三星显示入股华星的各项工作，系统交接基本完成，管理已全部接管，各方面工作已平稳过渡，更名后的苏州华星技术及苏州华星显示将于2021年第二季度起并入公司合并报表范围，开始为TCL科技贡献利润。

至此，标志着半导体显示产业"国别转移"的里程碑事件画上了圆满句号。4月1日那天，苏州华星举行了简单而庄严的升旗仪式，升起了中国国旗和TCL企业旗。李东生想到收购汤姆逊彩电业务和阿尔卡特手机业务那次国际化大跨步，"当时我们租用了汤姆逊的管理系统，一年的租金要4000多万美元，现在回头来看，那实际上就是一套简单的IT系统，并没有多么复杂。但因为当时我们的能力，包括团队的能力、系统管理的能力，都不匹配，所以并购之后才遇到了那么大的挫折和困难。现在，华星的系统已经可以跟三星的系统实现很好的对接，接管苏州三星工厂之后的业绩，也证明了我们的管理能力。这说明了什么？说明经过近20年发展，尤其是三年的变革转型，我们的管理能力和三星的管理能力至少是匹配的，中国企业的能力取得了长足进步，已经完全可以与全球顶尖企业在同一个层面交流、对话。"

为新型显示产业和集成电路鼓与呼

按照TCL不断向上游挺进的战略逻辑，进军集成电路产业是早晚的事情。这也是TCL上坡加油的第四个重要表现。

TCL其实是中国家电企业中最早进入芯片设计领域的。1999年10月8日，TCL集团和国有独资政策性投资机构——国家开发投资公司共同投资 4000 万元，建立了深圳爱思科微电子有限公司，主要从事集成电路及相关产品的设计、研发、生产及销售工作，是国家"九〇九"工程集成电路设计公司之一。产品包括数码电视系列芯片、遥控器芯片、家电控制用 MCU、LCD 驱动器和信息电视芯片等消费类芯片，采用免提和消侧音技术的单片机芯片和无绳电话毓芯片等通信类芯片，核心控制 MCU 核、16 位 DSP 核等信息类芯片。

很可惜，这家公司没有做起来。

但李东生在技术驱动方面的努力从未停止。

美国当地时间 2021 年 2 月 6 日，总部设在硅谷圣何塞的国际信息显示学会（SID），授予李东生 2021 年"David Sarnoff 产业成就奖"。

颁奖词表示：自 1981 年 TCL 创立以来，李东生凭借精准的行业判断和高瞻远瞩的投资战略，带领 TCL 开启中国品牌的全球化探索，开了中国企业国际化经营的先河。同时，由他主导并建成的中国首条完全依靠自主创新建设的高世代面板线，使 TCL 掌握了自主高端显示技术，并成为全球快速成长的先进半导体显示和信息技术标杆公司。TCL 旗下子公司华星在下一代显示技术开展重点布局，聚焦印刷 OLED/QLED、Mini/Micro-LED 等新型显示技术的开发，经过 11 年的发展，华星现已成为全球第二大电视面板供应商。

David Sarnoff 产业成就奖每年仅授予一位在全球显示产业发挥了卓越领导力，产生了长远影响，被业界广泛认可的杰出个人。这份沉甸甸的大奖，是对 TCL 过去十多年在显示行业积极探索的肯定。

李东生还充分利用自己的影响力建言献策，推动中国高科技产业的发展。

2017 年，作为全国人大代表，李东生在《关于半导体显示／芯片产业加大扶持力度的建议》中提出，希望政府继续出台政策，加大对半导体显示和半导体芯片的产业扶持力度，继续保持国家对项目资本金投入等。

针对新型显示材料研发风险高的问题，李东生建议国家改变重点研发计划新型显示材料项目管理模式，探索完善研发项目管理新机制。他建议，以显示行业国家创新中心为平台，打通新型显示上、下游企业间的技术合作；同时组织高校、科研院所基础研发与企业应用技术研发的合作，以终端应用需求牵引上游关键材料技术的发展，有效加速技术成果的产业化进程，大幅度提升科研项目产业化的转化比例。

同时，在创新中心架构下，可由地方政府和企业共同出资，成立与"十四五重点新材料研发及应用"新型显示有关项目配套的创新基金，定向投资以这方面课题为主的项目，也兼顾投资日本、欧洲等在新型显示领域具有优势的技术创新型项目。

2020年5月22日，李东生在提交的《以科技创新驱动制造业发展》的建议中表示："制造业技术、工艺和新型材料能力往往决定关键核心技术、产品、器件能否实现突破……集成电路开发设计出来，如果制造工艺技术能力不匹配也无法生产；中国高端芯片需要外资代工，美国就能以使用了美国的装备、材料和软件为由进行长臂管制。中国关键技术的突破，必须要在制造工艺技术上突破。"

在另一份《关于支持在新型显示领域建立核心技术竞争力的建议》中，李东生指出，虽然我国半导体显示产业规模已成为全球第一，但面板产业中高、精、尖的关键材料和核心装备仍严重依赖进口。在美国逐步强化对中国的技术限制，中国企业从美国引进新技术的合作途径已基本被阻断的情况下，在关键技术上全球领先的美国公司已经很难与中国公司合作。他建议，加强和日本、欧洲等在新型显示材料和装备领域具有优势的国家和地区的企业开展技术合作。

"日本、欧洲企业在新型显示材料和装备方面，拥有大量领先的关键技术。如OLED材料方面的住友化学、出光兴产、德国默克等公司，QLED 材料的日立化成公司，印刷显示技术的 JOLED 公司，关键装备领域的佳能、尼康和 TEL 等公司。尤其是日本企业在半导体材料领域长期保持着全球绝对优势。全球 70% 的半导体硅材料由日本信越化学提供。日本还拥有一批家族型企业，长期专注于某个特定技术领域进行研发，技术含量高、业内地位领先且公司规模不大，很适合投资并购。"

2021 年 2 月 2 日，李东生在接受我们采访时透露，TCL 科技已经组建了半导体业务团队，寻找集成电路产业的投资机会——TCL 微芯科技公司，作为 TCL 半导体芯片业务投资平台，同时组建了"TCL 摩星"集成电路设计公司，增资重组环晟，发展半导体功率器件。包括新能源汽车在内的大部分制造业，都会涉及半导体功率器件，该产业市场需求稳定增长，TCL 计划扩大半导体功率器件的产能、提升技术，争取在这个领域率先突破。其次是集成电路设计，TCL 将围绕智能终端、半导体显示及材料、新能源三个领域的相关需求，寻找突破。此外，TCL 科技还将发挥公司资本平台优势，包括通过旗下的半导体产业投资基金，在集成电路产业领域寻求一些投资机会，发挥产业协同效应，增强竞争力。

在 2021 年 3 月的全国两会上，李东生在《关于加速新型显示产业生态发展的建议》中表示，中国新型显示产业整体的年产值已超过 4000 亿元，液晶显示面板的产业规模已居全球第一；但是，在新型显示技术方面，要从"显示大国"变成"显示强国"，还需努力。

李东生特别提到了关键材料与核心设备供应存在的"卡脖子"风险。如面板产业中一些关键材料和核心装备仍然高度依赖进口，OLED 核心材料国产化率只有 17%，国内 OLED 终端材料主要被美、日、韩、德等国外企业垄断，TFT-LCD 关键材料中彩色光刻胶国产化率不足 10%，光掩膜版低于 15%，AMOLED 关键材料中有机蒸镀材料国产化率低于 10%。在核心设备方面，曝光机、刻蚀设备、蒸镀机、激光退火设备、激光剥离设备等设备及上游关键零部件均被日本佳能、尼康、荷兰 ASML 等国际巨头垄断，显示设备国产化率仅为 10%。

李东生建议，加强产业链的配套能力，在核心材料和核心装备上取得突破。一是加强产业顶层设计；二是支持产业链延伸拓展，构建完整高效的供应链体系；三是鼓励企业加大研发投入，在下一代显示技术领域，争取和国际先进水平并驾齐驱；四是支持行业开展国际交流。

集成电路直接反映了智能家居的主流技术路线特点和产品性能。李东生对集成电路产业念念不忘，正是因为 TCL 实业正在全力推进 AI×IoT 战略，切入智能家居领域，其重中之重，就是集成电路。

近年来，中国家电企业已经掀起了一轮进军集成电路产业的新高潮。创维数字 2018 年 3 月推出蜂鸟 AI 芯片，8 月发布变色龙 AI 独立画质芯片；深康佳（000016.SZ）2018 年在合肥成立存储芯片研发公司康芯威存储；2019 年 10 月格兰仕发布了两款 AIoT 家电物联网芯片。之前，还有海尔智家在上海成立的上海海尔集成电路公司，以 SoC（系统级芯片）和专用集成电路为方向；四川长虹则致力于传感器模组开发应用、语音识别芯片开发应用等。

"缺芯少屏"是中国制造业多年之痛。"少屏"之困，经由华星、京东方等持续努力，已经"天堑变通途"。接下来，在破局"缺芯"的征途中，需要更多中国企业的努力。李东生说："集成电路是中国科技产业发展的最大瓶颈，而半导体硅片是集成电路的核心基础材料，中环半导体的一个使命就是要抓住中国集成电路产业发展的机遇，为国家解决'缺芯'问题做出贡献。半导体芯片和器件是 TCL 三大产业中最具协同效应的业务，集团将牵头加强三个产业的协作，在集成电路设计芯片、器件领域进一步完善产业和投资布局。"

上坡之路，永无尽头。

第十章　第二曲线

2007年，本书作者之一在上海采访欧洲管理学家查尔斯·汉迪，听这位在1997年出版了《第二曲线》一书的作者讲述第二曲线的究竟。

汉迪有一次外出旅行，向一个当地人问路。当地人告诉他，一直往前走，会看到一个叫Davy的酒吧，在离酒吧还有半里路的地方，往右转，就能找到他要去的地方。指路人离开后，汉迪恍然大悟，指路人说的话一点用都没有。因为当他到达想拐的地方时，已经错过该拐的路口了。

汉迪悟到，当你知道该走向何处时，往往已经没有机会了。

《第二曲线》的要旨是，任何企业和组织的发展都有"生命周期"，任何增长曲线都会达到极限，持续增长的秘密是在第一条曲线消失之前开始一条新的S曲线。并且，第二曲线必须在第一曲线达到顶点前开始增长，以弥补第二曲线投入初期的资源消耗。如果能这样，企业永续增长的愿景就能实现。

李东生是TCL探索第二曲线的引领者。他完全认同汉迪所说的："使你达到现在位置的东西不会使你永远保持现在的位置。"TCL集团从智能终端产业到半导体显示产业，再到半导体光伏及半导体材料产业，就是绘制新曲线的过程。如果说华星是第二曲线的标志，2020年6月底收购天津中环电子信息集团则是"第二曲线基础上的第二曲线"，或者叫第三曲线。

李东生告诉我们："集团的产业有第二曲线，每个产业内部业务也有第二曲线，每一家企业的产品还有第二曲线。第二曲线事实上是不断变革创新的代名词。通过最近几年的变革创新，在TCL，对第二曲线的探索已经成为一种自觉。"

开辟产业新赛道

如果说华星这条曲线，是在战略驱动下有所依托、从头开始的创业，TCL中环这条曲线，则是通过资本运作，收购行业龙头而实现的。

上坡时大多数人会选择减油换挡，因为搞不好会翻车。TCL选择上坡加油，是因为经过三年变革转型，核心竞争力提升了。人家换挡，TCL加油，就更有机会实现超越。在并购中环上，TCL的上坡加油，表现为不被眼前暂时的困难吓倒，按既定战略往前推进。

"中环这个项目，我们是从2019年开始谈的。到2020年，疫情突来，半导体光伏硅片进入低谷期，整个行业的经营状况都不太好。我们内部也有一小部分声音认为，应该暂缓中环项目。但我坚信，开拓产业新赛道是TCL发展战略的选择，不应受短期因素的影响；半导体光伏和半导体材料是战略新兴产业，且和TCL产业有协同，符合TCL发展战略。上坡加油是一种积极进取的精神，虽然当期TCL面临很大的经营压力，但既然已经决定了开辟新赛道，就应该穿越周期来看问题，不必太在意短期波动。是采取谨慎保守的经营风格，还是采取更加积极进取的经营战略，最后的结果大不相同。"

李东生强调，开辟产业新赛道是TCL全球领先战略选择的必然。

企业要保持持续增长，就要开辟新赛道，做好减法后就要做加法。"在哪个领域做加法呢？在高科技、重资产、长周期和国家新兴战略产业领域。通过三年变革转型，我们在半导体显示领域积淀的技术创新能力、经营管理能力、全球化拓展能力，完全可以延伸、拓展、匹配到新兴战略产业领域。"

我们在第八章已经提到了 TCL 在新兴产业投资时，选择具体项目的四条原则，如一定要符合未来 10~20 年全球电子信息产业的发展趋势，并在这个领域具备战略控制点，不是选择一些小公司去培养，而要找到已经在某一个细分领域实现领先的平台级公司，战略投资或并购，等等。根据这些原则，2018 年 10 月，TCL 曾经考虑并购一家在香港上市的国际半导体设备公司，但因为美国对中国技术输出限制的政策而停止。

这桩并购尚在洽谈之中，2019 年上半年，TCL 有一家基金管理公司参与了一家 A 股上市公司的定增，发现其很符合 TCL 对于新兴业务的定位，这就是中环半导体，其控股股东是天津中环集团，而中环集团正计划做国企混改。

TCL 和中环集团还有渊源，2015 年，TCL 科技参与了天津老牌国企七一二通信广播股份有限公司（603712.SH）（以下简称"七一二公司"）的改制重组，投资参股七一二公司 21.91% 的股份，成为该公司的第二大股东。从那之后，TCL 战略投资团队就一直在关注天津中环集团的发展。

以半导体光伏及半导体材料作为核心产业的中环半导体股份有限公司，和通过创建华星光电进入半导体显示业务领域的 TCL，两条原本独立生长的平行线，有了相交的可能。

李东生得知中环集团的相关信息后，仔细做了研究。当时光伏产业和半导体材料产业处于低周期，全行业并不景气。但他认为，这是一个非常有潜力的产业，是正确的新产业战略赛道。

万物生生

"我的依据是什么呢？首先是看到全球和中国光伏产业经过几轮起伏，中国光伏产业已在全球产业市场领先。如果一个行业在中国领先就意味着在全球领先，那就有很好的机会。其次，虽然特朗普宣布从巴黎气候大会'退群'，全球光伏能源产业受到影响，但清洁能源、环境保护是大势所趋。全球可持续发展一定要解决环境保护问题，所以清洁能源领域是很有机会的。中环半导体经营业绩对比标杆有差距，但差距也是机会，如能够通过改制，赋能支持其发展，就能释放出巨大的潜力。"

中环还有半导体硅片业务，能生产6英寸、8英寸、12英寸硅片，这是集成电路最重要的材料。中国的集成电路技术要突破国外封锁，不光要在集成电路制造，也要在关键材料方面突破。而中环半导体硅片是集成电路产业中产业链的重要一环。李东生一直记得工信部领导对他说："国内的硅片，90%要靠进口，而12英寸硅片几乎100%需要进口，必须改变这种被动的局面。"

中环半导体除了生产光伏单晶硅片，还做电子级硅片，一直生产8英寸以下的硅片。2019年开始生产12英寸硅片，在关键技术、产品性能等方面取得重大突破，已量产供应国内主要数字逻辑芯片、存储芯片生产商。李东生说："我们在硅片上和世界先进水平有差距，但反过来看，也说明我们有巨大发展潜力。国外对中国的技术封锁，最大一块体现在集成电路。所有高端产品的技术都会集中到集成电路的芯片里，而半导体硅片恰好是集成电路最核心的原材料。因为这些原因，我下决心投资中环半导体，助力中国芯片产业实现在'卡脖子'技术上的突破，这是TCL转型升级，培育新赛道和新增长曲线的机会，也是我们应该承担的社会责任。"

TCL向天津市表明了收购意愿，并开始实质性尽调和谈判。为方便尽调及促进双方团队深入交流，TCL项目团队到中环集团本部的一间小会议室办公，前后接近一年时间。TCL科技投资经理何嘉斌是项目团队的第一批成员，他说："我们和国企股东在这里设立了现场办公点，平时各自办公，开会的时候就一起讨论，常常都是晚上10点以后才离开办公室。"

经过多轮谈判，TCL和天津方面已经就中环项目并购达成初步意向，确定基本交易架构和对价，天津市国资按国有资产出让的规则，决定以向社会公开竞标的方式，出售中环集团资产和业务。那时光伏和半导体材料已经成为市场的风口，除TCL之外，还有五家企业参与了竞标，四家是产业资本，一家是外资基金。尽调后，四家产业资本纷纷退出，他们认为天津市国资开出的109.7亿元的中环集团股权的底价太高了，按此测算，投资回报率不到2%，远超资金成本（5%上下）；但外资基金似乎志在必得。

109.7亿元的底价，对于当时市值在900亿元左右、2020年第一季度末归属上市公司所有者权益只有304亿元左右的TCL科技来说，是一笔不小的投资。李东生和几位核心高管深入讨论后，决定放弃另外一个不错的投资标的，一定要拿下中环半导体项目。在TCL的投委会上，批准了120亿元的投资上限额度。

2020年6月30日，是提交投资竞买文件的最后一天。TCL将在次日上午提交标书，和一家基金公司竞标中环。当晚，竞标团队根据下午投委会的决策在天津准备竞标文件，李东生晚餐时心里觉得不踏实，又打电话和团队了解情况。

"你们估计对手出价多少，我们出120亿元，你们有把握吗？"被李东生这么一问，竞标团队有点心里没底，说很难准确判断对手的出价，按照评估的对方出价范围和评标规则，120亿元出价有七成把握。李东生说："我是志在必得，一定要拿下，你们要担责决策。"团队那边冷场了片刻，说："那最好再加一点，要多付一点代价。"李东生问："多付一点是多少？"回答是5亿元左右。李东生沉思了一阵，当即拍板出价再加5亿元。

"我的逻辑是，项目成败在于对行业发展的战略分析和企业能力、潜力的评估，不在于加不加这 5 亿元对价。如果战略判断是对的，多加 5 亿元、10 亿元，它照样是对的；如果判断是错的，省这 5 亿元也没用。既然已经做了决策收购中环，就一定确保要拿下，再加 5 亿元就当买个保险。这样就拿了下来，也为 TCL 开辟了新的产业赛道和发展曲线。"李东生这样还原他当时的心路历程。

李东生一锤定音，TCL 竞标团队将投资竞买文件打包封口，交付天津产权交易中心。评标过程超出预期的时间，经过惴惴不安的等待，好消息终于传来：经评议小组综合评议并经转让方确认，TCL 科技成为中环集团 100% 股权公开挂牌的最终受让方。7 月 17 日，在天津产权交易中心，廖骞代表 TCL，在签约协议上郑重签字。

"如果不拍上去那 5 亿元，这事基本上就没戏了。"2021 年 2 月 2 日，李东生接受我们采访时，轻轻拍了一下桌子。"TCL 科技的战略是聚焦在技术密集、资本密集和长周期的国家战略新兴产业。半导体显示和材料正是这样的产业，经过多年耕耘，华星已经成为行业的翘楚。但一棵树长不到天上去，半导体光伏及半导体材料有机会长出另一棵参天大树，对看准了的赛道就敢于下重注。"

TCL 参与中环集团混改时，疫情未散，不少企业都是稳字当头，光伏产业前景不甚明朗，稳健的产业资本都比较谨慎。但李东生认为，关键时刻能杀伐决断，是企业家应该具备的素质。"应该说，三年变革转型，我对企业发展战略更为清晰，对中环半导体的业务前景和发展潜力有客观的判断，所以 125 亿元的投资，我敢于拍板，而且心里是很定的，不像当年的跨国并购，决定了心里还不踏实。"

"根据我们的收购价格推算，对中环的投资回报率大概不到 2%，这是很低的投资回报率。如果 TCL 不具备在高科技、重资产、长周期项目上积淀的技术创新能力、经营管理能力、全球化拓展能力，是不敢并购中环这样的项目的，我们收购后，必须要将企业潜力充分释放,业绩大幅提升;如果不能加快发展,让其价值放大,这样的投资就是不合理的。"并购后通过体制、机制改革,优化发展战略,强长板补短板,中环半导体提出 2021 年业绩倍增计划,上半年营收增长 80%,利润翻番,给这场产业并购的"世纪大战"开了个好局。

李东生总结说,TCL 开辟产业新赛道,是 TCL 发展战略的延展,是三年变革转型、浴火重生的必然结果。

1957 年出生的李东生,1962 年出生的沈浩平,两位在恢复高考后先后踏入大学校园的工业家,因为对中国工业能力、产品技术能力的不懈追求,以及对自主创新、突破关键技术的路径选择,终于殊途同归。

从历史深处走来的中环半导体

天津中环电子集团是一家有着光荣历史的老牌企业。在你方唱罢我登场的闹哄哄的中国光伏企业里,中环是一棵历经风雨愈发彰显生命力的常青树。

在李东生出生后的第二年,也就是 1958 年,天津市半导体材料厂成立。次年,天津市手工业局更名为天津市电机工业局。1969 年,天津又组建了第三半导体器件厂。这些都是中环半导体公司可追溯的前身。

1983 年,从兰州大学物理系毕业的沈浩平,来到天津市半导体材料厂。1984 年,这位以一篇毕业论文博得盛名的高材生,对区熔法硅单晶技术进行创新,开始研制 3 英寸及以上区熔硅单晶、CFZ 硅单晶、变径区熔硅单晶、无旋涡缺陷区熔硅单晶,为后来公司成为该领域国内排名第一、国际排名第三的领军者,并承担国家"极大规模集成电路制造装备及成套工艺"重大专项,在国内首家拉制出 6 英寸和 8 英寸区熔硅单晶,打下了坚实基础。沈浩平为保持国内区熔硅单晶技术与国际先进水平同步做出了突出贡献,是当之无愧的中国晶体生长领域第一人。

1958年开始做半导体锗材料；1969年做直拉硅单晶；1978年做区熔硅法单晶；1981年开始进军光伏领域；2002年在全球范围内首先将多线切割技术应用于硅材料加工……中环半导体的历史，展现了中国半导体在艰苦的、没有可借鉴的标杆的环境中，为了国家基本工业能力的积累和实现做出的艰辛努力。沈浩平为公司的自主创新和突破关键技术，书写了浓墨重彩的篇章。

1985年，国企实施全面深化改革的第一年，很多企业因为观念不能及时转变，不适应市场经济机制，纷纷倒闭。天津市半导体材料厂也一度濒临破产。

这段经历，重塑了沈浩平的世界观和人生观。"1987年，我已经是国内这个行业的顶尖人才，因为我都能找出教科书的错误，要去修改教科书了。可即便我们拥有强大的技术，企业依然难以为继。1991年前后更是差点破产。我们本来被教育的是，你拥有了某项专业技术能力，就可以改变生存环境甚至改变整个世界。但残酷的事实告诉我们，技术并不是唯一的决定因素。那种幻灭感对我产生了巨大的影响，我看待整个世界的角度都变了。"

1991年，因为发不出工资，天津半导体材料厂实在没办法，被迫开始搞承包。但通过改革，沈浩平发现，绝大多数跟在自己身边的人，是没有能力跳槽谋生的。当时他完全有机会跳槽去其他公司，可一想到自己走了之后，这些大哥、大姐就要饿肚子，他实在不忍心。

1998年被提拔为天津半导体材料厂厂长时，沈浩平发了一个愿："一定要把300个大哥、大姐全部安全送到退休。"此后的故事，实际就是他发了愿之后挣扎着还愿的故事。2020年12月23日，沈浩平在他的办公室告诉我们，已经把这件事情干成了，把300个大哥、大姐都送到退休，"还是很自豪的"。

1998年，公司迎来转折，天津市半导体材料厂和美国ASIMI签订了多晶硅来料加工的长期合同。1999年,中环集团正式成立。从1999年到2002年,中环集团先后投入3000多万元,更新设备、扩大生产规模,硅堆产量达到3亿支,销售额突破1亿元,国内市场占有率达到43%,位居第一。

中环集团的车间内,随处张贴着美国得克萨斯仪器公司1987年1月发布的《工艺技术黄金守则》,其中有这么一条:工艺工程师一定要在晶片生产厂内投入大量的时间精力,不去观察研究现场情况就在办公室做出工艺决定是极不明智的。沈浩平说,这些守则是他对团队的要求,也是对自己的要求。

从1985年到2001年,沈浩平始终坚持在一线倒班,此时他已经当了三年厂长。他认为,这是技术创新至关重要的因素,"实验室里只能搞基础理论研究,对于技术创新或者产品创新来说,不到一线去,是根本没办法做出来的"。

2000年后,液晶显示替代CRT的重大技术变革悄然发生。这一变革对中国彩电业有着"降维打击"的影响,出人意料又顺理成章的是,中环半导体也备受摧残。

中环半导体当时的核心业务,高压硅堆、硅整流二极管、硅桥式整流器三大类高压器件,主要用于CRT电视机和显示器。CRT技术令人猝不及防的没落,让中环半导体在2007年的年报中直接警示"相关产品存在生命周期风险"。

当时,沈浩平刚刚接任中环半导体总经理。幸运的是,此时另一个朝阳产业太阳能光伏开始异军突起。他带领中环半导体把握住了这次机遇,在随后的近十年间,单晶光伏巨头是中环最亮眼的标签。

2004年,当中环半导体高压硅堆产销量跃居世界第一时,以尚德电力强势上市为标志,全球光伏产业全面爆发。沈浩平和中环半导体几乎与所有光伏龙头公司建立了合作关系:与施正荣创立的无锡尚德太阳能电力有限公司合作硅料供应;英利集团创始人苗连生的第一炉浇筑硅原料来自中环；靳保芳创办的晶龙实业集团有限公司，许多技术人员到中环受训过；隆基股份总裁李振国是沈浩平的师弟，沈浩平帮助他解决拉单晶所需的多晶硅料……

行业大爆发，引发了众多手握重金的资本玩家蜂拥而入。作为行业的"黄埔军校"，中环半导体晶片事业部的人员几乎被挖空。"晶片事业部的负责人，跟我一起创业，他比我大1岁。当时我要去美国处理跟ASIMI的长单，而他已经肺癌晚期，我到天津市胸科医院去看他，那场景至今仍然历历在目。我说，等我出国回来不一定看得到你了。他说，这帮兄弟姐妹就交给你了。"沈浩平在西雅图时，晚上正跟老外喝酒，接到同事电话，说他去世了。沈浩平当即默然，一个人跑到海边，对着阵阵波涛，想哭却怎么也哭不出来。

回忆完这段往事，沈浩平沉默了很久，整个办公室没有任何声响，只有鱼池里的水滴声，滴答滴答，就像时间缓慢而决绝地流逝。大约过了五分钟，也许是八分钟，平复好自己情绪的沈浩平，轻声地说："这件事情，让我对生命的意义和价值，有了更深刻的理解。每当我快扛不住的时候，我就会想起那个家伙，和他跟我说的话。"

在中国光伏产业造富运动最疯狂的时候，2007年4月20日，中环半导体登陆深圳证券交易所，成为天津市第一家中小板上市公司，股票代码002129。但随即，2008年美国次贷危机爆发，加上欧美祭出反补贴、反倾销"双反"重拳，尚德、赛维等数百家风光一时的光伏公司轰然倒地。

一片哀鸿之中，沈浩平率领中环半导体，从2012年开始大举扩张：联手法国石油巨头道达尔集团，与后者旗下拥有30年光伏发展业务的子公司美国SunPower、内蒙古电力集团合资组建华夏聚光（内蒙古）光伏电力有限公司；与苏州协鑫科技发展有限公司共同投资组建内蒙古中环协鑫光伏材料有限公司；与苹果公司联手开发在中国投资的首个可再生能源项目；与东方电气集团开展太阳能电池片及太阳能组件业务……

以 2007 年上市作为分水岭,最早从事光伏行业的绝大多数企业已经成为历史,但中环半导体凭借在单晶光伏领域强大的技术创新实力,以及沈浩平的掌舵能力,一跃成为中国光伏单晶技术路线的杰出代表。

截至 2019 年年底,中环半导体的总资产、营收、净利润分别为 491 亿元、169 亿元、9 亿元,是 2007 年的 32 倍、24 倍、9 倍。在业务结构方面,新能源行业的比重已高达 91.43%,半导体行业的比重为 7.33%。

启动新动能引擎

"今天对 TCL 意义重大,标志着 TCL 开始启动'半导体与新能源材料'的新动能引擎。我们有信心、有决心更好地支持中环半导体追赶超越、迈向全球领先,也相信我们能携手成就这一领域高科技国产化的时代使命。"2020 年 8 月 17 日晚,李东生在微博上分享道。

这一天,TCL 刚刚在天津举办完新动能战略发布会。继布局智能终端和半导体显示两大业务板块后,公司借着收购中环集团的契机,进军半导体光伏及半导体材料业务。

"为什么我们选择中环集团?TCL 科技的业务和中环半导体业务是高度契合和互补的,经营业务的逻辑、流程和商业模式也高度相似,行业协同性很高。"李东生在新动能战略发布会上说,"我们看好中环半导体的管理基础和实力,特别是看好企业的经营管理团队。在过往行业内的激烈竞争中,中环半导体一直保持着强劲的竞争力,在原有的地方国有体制下,能够在和其他各种所有制企业的竞争中保持竞争力,这是非常难得的。"

在中国半导体技术整体上还落后于西方的情况下,中环半导体找到了一个风险较小的路径。工程师出身的沈浩平说，在8英寸单晶的制程方面，目前只有中国能做，而中环是其中之一，不需要拷贝德国、日本的技术。他强调，中环的优势是原始的产业基础和技术创新与积累。

沈浩平坦言，光伏、半导体产业是大竞争领域，而中环半导体的地方国企体制存在"约束"，这让其在全球竞争中并不占优势，"如何获得更充足的资源成为难题"。他透露，中环内部早在两年前就曾讨论，"要活下去，就要靠与外部的融合"。

机制体制是沈浩平最希望改变的地方。"我们在半导体方面，投入的资本并不少，投入也不可谓不及时，员工们不能说不努力，但我们确实被日本、美国企业甩在后面。体制机制是个大问题。无论做半导体材料还是做光伏产业，创新都是很重要的，要鼓励创新，也要容忍创新失败。我们有很多创新成果，但给不到创造者足够的奖励。因为在我们的传统管理体系里面，绝不允许创新失败，那是要追责的。希望在李东生董事长的带领下，我们更多、更敢于、更努力地创新。"

"未来的中环半导体，TCL将赋能。赋什么能，我想最重要的是赋体制机制的能。"沈浩平说。

对于如何借助TCL的核心能力和资源，助力中环提速健康发展，李东生认为至少有三个方面可以快速切入。

第一，共用TCL金融及产业投资平台，推动中环业务全球行业地位快速提升，在加快实现规模领先的同时，进一步优化资本结构，降低财务费用率；同时，借鉴TCL的管理能力和效率提升经验，推动技术优势转换为商业产出优势，加快实现效益领先，为中环现有核心业务上坡加油。

第二，借助TCL在产业链一体化方面的丰富经验和产业投资合作能力，强化产业协同，推动完善产业链生态。

第三，TCL在全球化方面有丰富经验，拥有全球在地化制造和销售业务体系，无论北美、欧洲、南美或印度，TCL 海外制造体系与光伏发展重点市场高度重叠，TCL 将赋能并加速中环"全球本土化"的业务布局。同时，中环半导体在前沿技术研发、智能制造等方面，可以反哺提升 TCL 母体的综合竞争力。

目前世界上领先的面板企业，如三星、LG、夏普，均是半导体、显示、光伏三大产业协同发展。从产业链角度看，半导体光伏和半导体显示产业并不是相互孤立的，上游的半导体材料、器件，和半导体显示有着极强的联动性和互补性。TCL 科技收购中环集团后，资本市场给予了积极反映。西部证券（002673.SZ）研报指出，TCL 科技近期不断加大半导体领域布局，从联合三安光电成立 Micro-LED 实验室到 20 亿元战略入股 JOLED，再到成功竞购中环集团，TCL 科技在高科技、重资产、长周期产业积累了丰富的发展经验，有能力将这些经验和资源赋能给显示、光伏等类似产业。

2020 年 10 月 23 日，中环集团召开了一次特别的员工大会，项目组撤掉了主席台上的座位，像每次在 TCL 内部开会时一样，把公司高管与员工们的座位安排到了一起。在这次全员大会上，向全体员工宣布了中环集团的组织机构调整方案及相关领导分工，确立了 TCL 与中环之间"管控有道、授权得法、将皆可战、事无不明"的经营方针。TCL 项目组第一阶段的调整与融合初见成效。

在此之前，TCL 资金团队已全面介入。"我们的资金团队很擅长打硬仗，看了中环的报表之后就说，我们接下来要做的事情，是把第四季度的财务费用降下来，同时跟中环沟通如何有效使用银行额度，如何缩减合作银行数量等。"杜娟说。果然，在第四季度，将中环的财务费用降低了 0.8%，以前需要交一定保证金的项目降低到零，一下子释放了 20 亿元现金流出来，相当于中环日常现金流的四分之一以上。双方团队迅速建立了信任感。

11 月 5 日，杜娟带领乔诺商学院的资深讲师团，给中环的 100

多位高管进行了一场训战，题目是"让每一个经营单元都成为业务增长的发动机"。为期三天两晚的训战，此前已在TCL科技和TCL实业举行过，取得了很好的效果。

告别"国字头"时代，中环半导体正式踏上民企之路。在训战最后一天做总结发言时，杜娟以极为感性的话语跟中环年轻的新同事们说："你们真是生逢盛世，没有比今天更好的时候了。第一，你们的年龄在35岁左右，这是人生中的黄金期。第二，如今整个国家对半导体的重视，前所未有。第三，连老天都帮助你们，混改完成，体制变了。你们现在是资本、技术、前景全都有了，再不拼命干，怎么对得起自己？"

2021年5月接受我们采访的时候，杜娟露出了略带羞涩的笑容："我这个人，别的本事没有，熬鸡汤的本事还是有的。"在她奉上这些养分十足的鸡汤之后，中环团队的热情"像着了火一样"。

与李东生要求TCL全球领先不谋而合，中环半导体在其十四五总体战略规划中明确要求，力争在中国制造2025的路线图中占据两到三个前三份额，实施全国化产业布局，全球化商业布局。

其中，新能源板块，在硅片领域"实施全球领先战略"，在太阳能电池及模组领域"与全球顶尖公司合作"，实现综合实力全球第一；半导体板块，"实施国内领先、全球追赶战略"，力争实现8英寸全球前三，12英寸全球前五；科技创新领域，"实施联合创新、集约创新战略"，推动中环股份制造业向工业4.0迈进；制造领域，推动工业4.0，向自动化、智能化转型。

志合者，不以山海为远。沈浩平总结过自己在中环半导体的最深刻感受：第一，再好的技术也要有正确的经营思想为指导；第二，这个行业有自己的特殊性，除了太阳能之外，很难转型到其他领域，所以要做好长跑的准备，从长远发展看待问题，不争一时一地之得失；第三，要吸取国际先进技术经验，多与国际领先企业合作交流，不断提高进步；第四，要与强者联手，强者不独行。

细细品味沈浩平的这些感受，与李东生一直强调的"工程师商人思维""产业聚焦""国际化""开放生态"等理念，异曲同工，不谋而合。

"不断刷新中环速度"

中环的技术优势，叠加 TCL 的灵活机制和管理效率，以及双方都明确的全球领先战略，会发生怎样的化学反应？

从 2020 年 8 月完成交接，到 2021 年 6 月不足一年的时间里，中环至少在以下几个方面，发生了一些明显的变化。

首先是战略能力的提升。跟 TCL 合作顺畅的贝恩，被引荐到中环。从最开始的尽职调查到投后的战略梳理，再到后续的组织变革，确保双方能有统一的战略思维和管理工具，并在这一基础上进一步拓展新的赛道。

其次是在业绩指标规划上，体现上坡加油的特点。中环半导体 2020 年营业收入 190.6 亿元，同比增长 12.8%，净利润 14.8 亿元。开始编制 2021 年预算时，中环团队按照此前的求稳风格，比较保守。李东生和团队反复传递灌输"更加积极寻找市场机会、以更小的代价立刻行动起来"等理念，经过几轮调整，中环团队提出 2021 年预算目标确定为"销售增长一倍，利润增长一倍"的极具挑战的目标。从上半年情况看，完成得很不错。

最后表现在业务扩张方面。2021 年 2 月 1 日，中环宁夏 50GW（G12）晶体、晶棒智慧工厂项目签约落地，该项目全部围绕中环主导的颠覆性技术"G12"光伏产品展开，同时通过智慧工厂设计及制造、组织、管理模式优化，进一步加速推进公司 G12 单晶硅产品量产规模化应用，与上下游产业链协同、共享发展。该项目预计年底前开始投产，2022年年底全部投产。从项目决策到选址签约，总投资127亿元的项目，只用了三个月时间。这在原有体制下是不可想象的。沈浩平跟李东生说了好几次，"我们正在不断刷新中环速度"。

为什么要这么快做决定？李东生回答："因为我们是把全球领先作为目标。这个项目做下来，我们在单晶硅和单晶硅片上，就能做到全球领先，至少先要在数量上、规模上做到领先。当然，产品的质量、竞争力、技术能力，也要做到领先，但如果连基本的规模都没达到，何来领先？"

在太阳能光伏领域，中环正在拓展上下游产业链。李东生说："太阳能光伏这个产业链，可以分为几段业务。最上游是多晶硅，这一段我们没有涉及。第二段是我们在做的，而且要成为全球领先的，就是单晶硅和硅片。第三段是电池。第四段是组件。组件这块我们有一个新技术，即叠瓦技术，会重点发展电网技术的组件。现在我们把整个产业链打通，但不是去做重复的扩张，会把主要资源放在单晶硅和硅片上。"

在半导体材料方面，中环也有非常积极的拓展计划。李东生说："中环的硅片占国产硅片的比例，2020年排名第二，2021年会有一个比较大的增长。我们有信心超过沪硅产业（688126.SH），在规模上与它展开竞争。"

中环半导体集成电路硅片的最终目标，是助力解决中国集成电路被"卡脖子"的问题。"半导体集成电路硅片，目前中国企业所占的市场份额很小，产品的技术档次也比较低，中国企业现在还做不了28纳米的硅片。现在人家在设备方面卡我们脖子，下一步必定会在材料方面卡我们脖子，这是我们有责任去突破的一个产业。"李东生说。

业务扩张方面的明显变化，还表现在国际化上。"中环半导体有一个合资公司，但海外业务不是很多。太阳能光伏是中国企业的相对优势产业，所以未来中环太阳能光伏的发展，会更多瞄准全球市场，必须在全球取得更大的市场份额。"

终局思维下的三大战略

所谓终局思维，是指在面对很多选择时，从终点出发考虑问题，来决定当下的选择。经过三年变革转型、浴火重生，实现业务聚焦后，李东生和TCL擅长通过这种思维，决定企业哪些事情该做，哪些事情不该做。坚定推进全球化布局、打造自主可控产业链、向数字化智能化升级，是最为明显的三大战略。

TCL对全球化和全球布局有深切的理解。如何规避国别间的贸易保护措施？最有效的方式就是把产业链、供应链深入到全球。针对北美市场，TCL在墨西哥设有产业基地；针对欧盟市场，TCL在波兰设有产业基地。印度也建了规模很大的工业园，越南的工业园也有所扩建。把生产落在当地，有关国家就不能通过贸易壁垒来阻挡了。

经过多年实践，TCL的海外管理体系越来越完善。在新冠肺炎疫情中，出于风险管控需要，中国出口信用保险公司在很多地区都不愿意再保，但TCL是一个例外。在印度，TCL几乎是中国唯一一家能继续获得出口信用保险的公司。过去十年，TCL的出口信用保险业务赔付率逐步降低，反映出企业全球化管理能力的提高。

生产基地往外延伸，产品设计也要随之延伸。美国市场对电视机的要求就和中国不一样，中国消费者很追求电视机厚度要薄，美国市场更关注画面质量，所以TCL针对美国专门加强了画质设计，产品虽然做得比较厚，却特别好卖。

印度市场则更加关注高性价比，对产品的可靠性、信号接收的灵敏度要求很高。因为印度的宽带网络铺设远远达不到中国水平，所以接收系统要做得很好。

欧洲用户对产品的美观性要求较高,所以工业设计要做得很前卫……

打造自主可控产业链,是 TCL 坚定推进全球化布局过程中,实现风险管控的有效手段。相比传统的制成品出口贸易,在地生产、在地销售与在地服务的全球化布局,能实现更加通畅的"双循环"战略,同时也能够培育所在国的当地供应链,进一步优化全球产业结构和供应链体系。

向数字化智能化升级,是 TCL 实现高质量发展的必由之路。李东生这些年一直在强调,新一轮工业革命与中国加快转变经济发展方式、建设制造强国形成了历史性交会,这对中国企业是极大的挑战与机遇。智能经济会从增长动能、发展模式、产业创新等多方面促进中国经济的转型升级。

"数字化转型是全球领先战略的重要支点。智能终端产品如果缺乏数字化支撑,整个产业的竞争力都不足,谈何全球领先?"在李东生的推动下,TCL 不但将技术创新战略锁定在人工智能及大数据、新型半导体显示技术和材料、5G 应用技术、智能制造和工业互联网领域,还将华星打造成智能工厂样本,构建了行业内首个工业互联整体解决方案,向用户输出"AI×制造"的智能解决方案,推动企业实现数字化、智能化转型升级。

TCL 智能终端业务群所在的家电、通信等智能终端领域,正面临着产业升级——5G 和 AI 同时到来。几年前,TCL 率先在业内推出了智能电视产品,并联合谷歌、亚马逊等全球互联网服务巨头,在欧美、东南亚等市场探索全新的软硬件服务一体化模式。

2018 年,王成在 TCL 实业控股提出,要实现三个转变:从卖单一的电视产品向多品类发展;从卖一个硬件向创造一个用户发展,硬件关系是一次性的,用户关系是长远的,可以源源不断地为他提供产品和服务;从传统的管控模式,向跟用户打交道的数字化管理方向发展。基于这些转变，王成后来将TCL电子研发中心做软件的团队独立出来，因为"在智能终端时代，需要有新的用户理解，创造新的用户体验"。

在王成看来，用户是这个时代的新决定要素。"怎样对用户洞察和理解，怎样把用户需要的东西做出来，组织架构是否支持这样的调整，已经成为决定企业生存还是死亡的问题。原来的生产能力、品质管控、供应链管控、成本管理等，这些重要不重要？重要，但没有以前那么重要了，因为有更重要的东西出来了。有了用户才能有数据，有了数据才能产生新价值，这个新价值是更大的——事实上，这个价值转移的过程早已经在发生了。"

王成将TCL实业的数字化转型，简单总结为"员工在线、产品在线、客户在线、用户在线、管理在线"。他反思说："小米为什么能够快速崛起？人家是用平台性的能力去做赋能，而且边际效应越来越强。我们过去是做功能性产品的传统企业，就是老老实实今天做一个，明天再做一个，没有什么积累，跟用户没有什么连接，因此也就没有什么边际效应。我们现在首先要把软的东西变成平台化的能力，反过来再让软的东西去定义硬的东西。"王成说，这就是实业控股现在在做的事。"目前只做了百分之二三十，但这是统一认知、统一思维的阶段，是最难的，接下来肯定会加速。"

由于万物互联，传统被视为机械工业而非电子工业的白色电器也在网联化，电器变成网器，"黑白通吃"变得可能。2021年5月10日晚间，奥马电器（002668.SZ）公告称，公司控股股东变更为TCL家电集团。奥马电器2002年11月成立，主营业务为冰箱的制造和销售，2012年4月登陆资本市场。奥马电器的冰箱业务多年占据国内冰箱出口量第一，2010年奥马冰箱营业收入83.37亿元，归属于上市公司净利润4.58亿元。TCL从二级市场入手，只用了几个月就成为奥马电器的控股股东。

在 TCL 的上市公司版图中，有 TCL 科技（000100.SZ）、TCL 电子（1070.HK）、华显光电（0334.HK）和中环股份（002129.SZ），以及 2021 年 3 月 8 日通过私有化从港交所退市的通力电子和新三板公司翰林汇（835281.NQ）。奥马电器归入 TCL 大旗之下，让市场对其是否将成为 TCL 家电的资本平台，充满了猜想。

坚定推进全球化布局、打造自主可控产业链、向数字化智能化升级，这些重大战略举措，无不体现了对变化世界的理解与把握。

开启数字化 1.0 时代

新冠肺炎疫情造成的物理空间隔离和社会隔离，让提升数字化运营能力，变得更加重要且十万火急。

TCL 旗下的格创东智科技有限公司（以下简称"格创东智"），以"格物智、创兴邦"命名，2018 年成立。李东生交给格创东智 CEO 何军的任务，一是帮助 TCL 集团实现数字化转型，二是以全产业链视角，帮助行业解决智能制造转型过程中的难题。简单说，就是对内赋能、对外输出。

何军说，无论对内对外，要推进数字化，仅靠某一方的力量都无法胜任，必须由业务部门、数字化转型组织、格创东智三方合力才能实现，这个三角形中的每一方都不可缺少。

"数字化不是一个技术目标，而是一个业务目标。"技术是为业务服务的，如果单纯提技术目标，比如希望整个系统的数字化覆盖率达到多少，要上线多少个系统，怎么打通数据等，而不以业务为导向，这种技术投资的效益一定是有问题的。

在何军看来，数字化包括三个阶段，第一阶段是优化运营效率，第二阶段是让数字化成为企业的核心竞争力，第三阶段是引导业务模式创新。"要实现存货周转率比别人更高，推出新品比同行更快，背后一定是管理和技术相互融合，所有数字化投资都必须服务于业务策略。"

格创东智最终选择了公司化经营方式，来解决数字化投资必然会面对的资金壁垒、人才壁垒和机制壁垒。何军说："格创东智是一个技术、交付、创新和人才的平台。采用公司化经营，这是在TCL分散多元化资源管控模式下的必然选择。"

TCL现在是格创东智的大股东、客户和战略合作伙伴。"TCL更重要的身份是客户，而不是母公司。格创东智成立后，TCL各个产业和业务板块的IT投资可以集中到这个平台上，共建一个高水平的大平台，各产业分摊技术投资成本。如果各干各的，各自单独投资，会产生很多不必要的重复支出，而且也无法把Know-How（技术诀窍）留存好。有了格创东智，就能产生'整体大于部分之和'的效应。"

何军以华星为例，2018年给他们做IT平台时，投资了上千万元。2019年帮TCL电子上这个平台，投资了200万元。2020年给通力电子用的时候，只收了30万元。"后面再给空调等产业服务，甚至可以免费让他们用。通过扩大客户群，整个平台的成本就被拉低了。"

数字化转型之初，一些没看明白何军到底想干什么的管理者，向分管数字化的杜娟提了不少意见。2018年年底，杜娟把核心IT人员召集起来吃了一顿饭。席间，她说一定要喝点酒。借着酒劲，杜娟对何军说："我无条件地信任你们，谁过来跟我讲你们的缺点，我都不信。但丑话说在前头，如果有一天发现你在这个位置上不作为，我先拎刀把你给砍了。"

在杜娟的概念中，企业的数字化转型，最关键的因素有三条。"第一条，团队有没有理解数字化的重要性。第二条，如何建立数字化转型的结构和机制。数字化转型涉及不同的利益主体。企业有业务团队，格创有交付团队，中间怎么搭建桥梁，前中后台模式如何设立，如何搭建业务经理、产品经理、开发经理这种'铁三角'，都需要磨合。第三条，要敢于投入，而且是盲投。这就涉及信任问题，真的要找对人，这些人能用一个个小的胜利来告诉你，他是值得被投资的。但在没有被验证之前，你只能选择盲投，只能信任团队。"

2019年，TCL集团的数字化推进还是不太顺利。2020年元旦，杜娟给何军写了一封长信。在这封名为《今日长缨在手，定能缚住苍龙！——致集团数字化转型团队的新年感悟》中，她没有直接批评何军团队，而是首先自责，"2019年我确实太少关注数字化转型，每个月和大家一起开会，都只是希望见到你们，而没有跟踪所有的进度；听到你们的解释，我也表示相信而没有质疑，更没有提出高目标和严要求，这是我的错"。

在信中，杜娟以休眠之人、苏醒之人、有志之人三种人的划分，像连珠炮般发问："2020年已经来了，我诚挚地希望各位好好想想，我们每个人属于哪个层次？我们苏醒了吗？我们看到客户迫切的眼神感受到他们焦急的心情了吗？我们看到团队没有成长士气低落了吗？我们看到竞争对手更快成长甚至几乎要成为我们的标杆了吗？我们看到了这些问题我们有行动了吗？我们要做什么改变，才能把集团的数字化转型真正带上一个高度，才能得到团队的认可，才能实现成就客户、成就企业，从而成就自己？"

"这封长信，我看了好多遍，不知道该怎么回答，除了努力将我们的工作做到最好。"何军说，杜娟对于团队的高度信任，给了团队极大的激励，"她觉得我们这帮人是可以成事的，她希望我们新的一年一定要挺起胸膛，让所有人为数字化团队自豪。"

何军和他的团队做到了。

2020年年初，新冠肺炎疫情的暴发让很多企业的生产交付面临诸多问题，特别是高度依赖于工业机器人生产的工业企业。由于大量工业机器人需要及时做维保，疫情又导致设备服务商无法到达现场，企业更不可能开放生产网络权限给设备服务商，远程维护设备，直接导致生产线上的工业机器人处于"裸奔"状态，给生产带来极大风险。

面对困境，格创东智的研发团队通过快速开发"工业机器人远程实时运维 App"系统，来解决工业机器人的运维突发性难题，实现工业机器人全生命周期智能化的在线运维。基于东智工业应用智能平台，App 通过低代码、拖拉拽图形化开发方式，仅以行业平均开发周期 40% 的时间就上线了。通过 App 提供服务功能，不用考虑工业网络等底层复杂的接入环境，数据安全得到极大的保障。

在 2020 中国（天津）工业 App 创新应用大赛颁奖仪式上，格创东智凭借"工业机器人远程实时运维 App 的快速开发和应用解决方案"一举夺魁，拿下助力疫情防控与复工复产专题赛的冠军奖杯。

如今，格创东智已经拥有晶圆制造、芯片封测、液晶显示、3C 电子、5G 通信、新能源等行业的成功案例，在半导体和泛半导体行业具有明显优势。据统计，从 2019 年年中至今，格创东智不仅推出了东智工业应用智能平台，还基于该平台开发了品质分析、设备管理、视觉检测、多因子分析、虚拟量测等 300 多个工业智能应用，极大地满足了企业提升品质、降低能耗等指标需求，在高端制造业领域备受关注。

"制造业行业众多且工艺流程复杂，不同行业和规模的企业在运营模式、生产工艺和人才水平上千差万别，格创东智要做的是把企业数字化应用现状、需求和能力统一抽象出来，提供标准的具有较高共性的功能模块，让企业能通过调用模块快速开发 App，满足行业对敏捷制造的转型需求。要达成这一目标，除了需要制造行业专家提供丰富的行业实践经验外，具有资深数字化研发背景和经验的 IT 专业人才更不可或缺。"

格创东智的员工现有 800 人左右，其中既有思科、华为、IBM、阿里、微软等高科技公司背景的 IT 专业人才，也吸纳了西门子、通用电气、美的等具有工业背景的专家加盟。

"我们通过超常规手段夯实了数字化基础，把很多企业需要八九年才能实现的集中化、补短板等工作，在两三年内解决。2020年的总结会上，不管李董还是杜总，都将2020年定义为TCL真正数字化的1.0时代。有了这个坚实的基础，我们有信心在2023年将TCL做成国内一流的数字化企业。"

何军透露，格创东智将以加入百万工业App生态培育计划为契机，进一步深化与行业龙头企业的合作，持续深化"对内赋能＋对外输出"战略，实实在在帮助企业解决问题。

雷鸟科技为硬件赋能

TCL电子旗下互联网公司雷鸟科技，在TCL硬件变软方面，扮演了非常重要的角色。成立于2017年的雷鸟科技，负责TCL全球智能电视的系统开发及运营，通过OTT大屏服务，提升智能电视终端平台的综合运营价值。

所谓OTT，即Over The Top，来源于篮球比赛中的过顶传球，后在通信行业被广泛使用，指互联网公司越过运营商，发展基于开放互联网的各种视频及数据服务业务。

雷鸟科技中国市场总经理孙冰介绍说："我们携手腾讯、爱奇艺、学而思和Keep等近百家合作方共建内容平台，为用户提供影视、会员、教育等各种家庭场景下的大屏服务。"

雷鸟科技CEO李宏伟，同时担任TCL工业研究院副院长，他将雷鸟的创新归结为产品和交互层面的创新、用户体验的创新、商业模式的创新以及海外业务的创新四个层面，它们覆盖了现有OTT产业几乎所有的重要节点。

李宏伟认为，"智能电视是家庭互联网入口"正日渐成为现实。"电视产业经历了三个发展阶段，过去100多年解决了显示问题，智能电视到现在差不多10年时间，今后是流态社会、智屏时代，智屏电视是趋势，智屏时代对OTT服务会有极大需求。"

一个越来越明显的迹象是，在智能设备去中心化的趋势下，用户终将迎来"泛智屏"时代：不必拘泥于手机屏幕、电视屏、冰箱屏幕，所有的内容与信息可以在所有屏幕之间自由流转。

为此，雷鸟科技为智屏系统UI5.0提供了更轻盈、无感、舒适的设计语言，系统级智能推荐能够减少用户的操作层级，隔空手势提供了全新的无介质操控方式，雷鸟与vivo联手打造的通信助手，将实现在智屏上同步发出电话通知，并降低视频音量，展示了面向未来的万物互联、深度融合的设计思路。

雷鸟科技还负责冰箱、集成灶等多品类TCL智慧家庭终端的运营，并吸引了20多家品牌企业，共同将终端范围拓展到OTT盒子、投影等领域，建立AI×IoT服务平台，覆盖更多家庭使用场景。

在软件为硬件赋能方面，李宏伟认为，可以分为三个层面。第一个层面，是产品的逻辑发生了颠覆式变化，用户选择的标准发生了变化。"大家原来选硬件，是看电视分辨率高不高、屏幕大不大、色彩鲜艳不鲜艳。选软件的时候，大家首先要看的是在线内容丰富不丰富、收费贵不贵。"

雷鸟科技的职责，就是把产品中软的部分的价值体现出来。为此，雷鸟科技的重中之重，是做好用户核心体验，"用户对长视频的核心需求，就是丰富、易用、流畅、清晰，我们花了比较多的力气做好这件事情。"易用包含两个意思，一是简单可依赖，二是内容易发现，所以雷鸟投入很大精力做了推荐系统。

软件为硬件赋能的第二个层面，是商业模式的转变。"从原来卖硬件赚钱，到现在卖软件赚钱。卖硬件赚钱，有点像一锤子买卖，卖完就结束了。而卖软件赚钱，实际上就需要跟用户持续打交道，而要想让这件事真正变得可持续，就倒逼我们要把用户服务好。这是最大的区别"。

基于商业模式的转变，软件为硬件赋能的第三个层面，就是企业文化、思维方式等深层次问题了。"真正从用户出发来做好服务，归根到底就是用数据驱动增长的方式去管理企业，所谓'用户思维''互联网思维'，说的就是这个问题"。

通过用户洞察、数据驱动增长和数据智能、精益创业三大运营方法论，雷鸟科技实现了快速增长：从2017年到2020年这三年，雷鸟每户平均收入的复合增长率达43.0%，中国区月活的复合增长率为25.9%。2020年雷鸟科技全年收入达7.87亿元人民币，同比增长74%，毛利同比增长56.8%，ARPU（average revenue per user，每用户平均收入）同比增长50.7%。收入增速是行业整体增速的三倍以上。

对于雷鸟科技的未来发展，信奉第二曲线理论的李宏伟将通过两种方式创造新的增长点："一种是战略驱动的创新业务，一种是创新驱动的创新业务。所谓战略驱动的创新业务，是说那些我们没做过但别人已经做过的业务，比如云游戏、少儿产业等。这一类业务，只要我们把事情想清楚，成功概率是比较大的。所谓创新驱动的创新业务，是那些大家都没怎么做过，成功率比较低的业务，比如AR/VR（增强现实/虚拟现实）的探索。"

让硬件变软的鸿鹄之志

2020年9月3日，在2020 IDC中国数字化转型颁奖典礼上，TCL实业凭借在行业率先推出的"4T"AI×IoT全场景智能解决方案，一举夺得"全方位体验领军者""制造行业技术应用场景创新奖"两项大奖。

所谓"4T",即 T-Home(智慧家居)、T-Life(智慧生活)、T-Lodge(智慧旅宿)和 T-Park(智慧园区)。在"AI×IoT"战略中,AI 与 IoT 的关系被描述为 ×,而非 +,代表该战略并非两项技术的简单相加,而是创新力的融合。

全场景智能生活需要的不是某个环节或某几个环节的变革,而是通过产品 + 技术双轮驱动、单品类智能化 + 多品类间互联互通,拥抱 5G 时代,通过边缘计算网关联智慧家电和智能硬件,实现硬件 + 软件 + 万物连接和全场景的融合,自下而上达成硬件到生态融合的整体变革。

项目实施以来,TCL 实业的设备智能互联比例提升了 34%,智能设备用户数增加了 29%,业务创新效率提升超过了 50%。智能终端业务群信心大增,定下了到 2023 年营收突破 2000 亿元的目标。

在 TCL,除了雷鸟科技,还有一个负责利用 AIoT 技术,把电器变得更加聪明的部门,叫鸿鹄实验室。2019 年年初,随着 TCL 集团战略重组,各终端事业部合并成了智能终端事业群。王成担任 TCL 实业兼智能终端事业群 CEO,为了将其公布的 AI×IoT 战略进行技术落地,2019 年 9 月,鸿鹄实验室正式成立。

鸿是指大雁,鹄则是天鹅。在《吕氏春秋》和《史记》中,都以鸿鹄之志比喻远大志向。新成立的实验室以"鸿鹄"命名,其用意一目了然。

"鸿鹄志在云端。这是一个研发技术团队,统筹了 TCL 各智能终端事业部的 AI、IoT 及云平台研发力量,一方面为技术落地产业赋能,让 TCL 各类产品在云端成为一个整体,使用户体验得以'无缝连接';另一方面,鸿鹄实验室还承担了前沿技术的预研工作,对 TCL 各品类产品的未来技术路径进行研判和规划。"鸿鹄实验室首任总经理孙力说。

除了担任鸿鹄实验室总经理,孙力还有另外两个角色,一个是

TCL 实业 CTO，一个是工业研究院副院长。"CTO 负责实业的所有终端产品的技术问题，包括手机、电视机、路由器、空调、洗衣机、冰箱等。鸿鹄实验室是打通所有这些终端产品的技术平台。工业研究院那边，我分管人工智能，不光服务于 TCL 实业，还服务于 TCL 科技，尤其是显示技术、材料、半导体等方面。"

在孙力看来，TCL 在打造智慧空间方面有两大优势，一是品类全，二是显示屏。品类全就意味着与用户的触点多，能分发的服务和生态多。显示屏更是其他多品类家电企业无法企及的战略控制点，显示屏是智能时代用户与电器互动最多的界面，也是最具想象力的部件。

孙力将连接模组/协议、云平台和手机 App 称为"平台底座三件套"。目前三件套已完成初步搭建，接下来要"增厚"AI×IoT 的平台底座，关键是开发更多的应用。

这里的应用，指的不是单体应用，而是"场景应用"。比如烧菜时，在抽油烟机上设置了一个定时器，时间一到，用户在客厅的电视机上也能看到提醒，甚至能通过抽油烟机上的摄像头实时观察灶台的情况。再比如，家庭主妇正在客厅看一部电视剧，做饭时间一到，她就能轻易在冰箱的屏幕上断点续追，一边做些简单的烹饪准备。

"这些体验在技术实现上都不难，用户不关心账号或云，他们能感受到的就是由硬件、软件、云和信息流转带来的体验，所以要大力进行场景开发应用。"孙力说，未来 TCL 智能终端业务群将致力于把产品做得更加智能化，导入更多生态服务，结合 TCL 触点多的优势，叠加千人千面的用户识别功能，向用户随送更多精准化服务。

IDC 的数据显示，到 2021 年年底，75% 的数字化转型举措会提供 AI 服务，40% 的产品可实现互联。这使得连接各种智能设备、数据驱动的 IoT 平台充满了想象力。

2021 年 3 月 18 日，杭州的 IoT 平台涂鸦智能在纽交所上市，收盘时市值达到 140 亿美元。OPPO 推出了子品牌"智美心品"，加快建立开放性 IoT 平台。小米的 AIoT 业务已经成为营收增长的主力军。凡此种种，让鸿鹄实验室既看到了风口的机遇，也感受到竞争的升温。

"过去一年，鸿鹄实验室交付了 200 多个项目。时不我待！"2021 年 1 月 13 日晚上 10 点多，孙力在接受完我们的采访后，匆匆赶回实验室加班。

湖北姑娘荣希是鸿鹄实验室 AI 研发部中级工程师。她在法国巴黎留学时，因为身边很多朋友使用阿尔卡特手机，进而知道了 TCL。大学毕业后决定回国，荣希向 TCL 投了简历，经过几轮面试，被顺利录用。

AI 研发部大约 70 个人，内部又分了自然语言处理（NLP）、语音识别（ASR）、计算机视觉（CV）等不同的小组。荣希所在的小组是负责 NLP 的，差不多有十个人，其中一半是女生，年龄最大的是高级工程师，他是领导者，1985 年出生的。其他组员大部分都是 90 后，很多是 95 后。

荣希在法国读书时的同学，有的去了微软，有的去了谷歌，有的去了科大讯飞。大家平时一直有交流，她说自己最有成就感的事情，是做的东西立刻就能应用到产品上，产品化的过程很快，"立刻做完，立刻上线，立刻就能看到，爽极了"。

荣希的妈妈已经退休，爸爸也马上要到退休年龄，父母本来希望荣希能当老师，没想到她后来去企业了。亲戚朋友问起荣希在做什么工作，爸爸妈妈说不太清楚。于是，荣希领到第一个月的工资后，给远在武汉的爸爸妈妈买了一台 TCL 电视，每当亲戚朋友问起来，荣希的妈妈就会对着电视机喊："小 T 小 T，我要看电视。"

"妈妈对着电视一喊，我感觉她就知道我在做什么了。"那一刻，这个 95 后的姑娘，眼中有光芒，心里有梦想。

第十一章　企业家跃变

一部近现代经济发展史，也是一部企业家精神的发扬史。用经济学家伊斯雷尔·柯兹纳的话来说，"经济增长经济学在很大程度上就是企业家发现经济学"。

经济学家吴敬琏指出，改革开放"为有创业能力的人从事生产性活动提供了广泛的可能性"，"正是大量企业家才能转而配置到了生产性活动上面，中国的民营经济部门得到了迅速的发展，中国经济才实现了较长时间的一次高速增长"。

与其说企业家是一种身份，不如说是一种信念、能力和精神气质。

1997年，李东生担任TCL集团董事长第二年，广东省委组织部考察他作为副市长候选人。李东生考虑再三，婉言谢绝："我更适合做企业，我的理想是成为中国的松下幸之助。"

此话或有些托大，李东生后来再没说过。但在精神气质上，当代优秀中国企业家和当年以松下幸之助为代表的日本"经营四圣"那一代企业家，确有几分相似之处，这一代中国企业家也很想成长为松下幸之助那一代日本企业家。

松下幸之助在其自传的自序中，引述了师父立花大龟对他的评价："松下幸之助简直是一个阿修罗（战争之神），不管白天或夜晚，总是不停地战斗……他是抱着崇高理想的一个人，对于任何困难险阻，都能泰然处之，并以积极坚强的忍耐力，加以克服解决。"

在近现代中国企业家群落中，有出生于19世纪90年代的周叔弢、胡厥文、胡子昂一代，出生于20世纪第一个十年的刘靖基、唐君远一代，出生于20世纪10年代的荣毅仁、袁庚一代，出生于20世纪20年代的霍英东、褚时健一代，出生于20世纪30年代的冯根生、张静章一代，出生于20世纪40年代的任正非、柳传志、倪润峰、张瑞敏一代，出生于20世纪50年代的李东生、马明哲、董明珠一代，出生于20世纪60年代的马云、李彦宏、雷军一代，出生于20世纪70年代的马化腾、刘强东、王兴一代，出生于20世纪80年代的张一鸣、黄峥、汪滔、程维一代，出生于20世纪90年代的聂云宸、贺羽、陈安妮一代，千禧年后出生的创业者也已涌现。

一个世纪，10多个代际，代代接续，生生不息。李东生是他们中的一员，转眼之间，已在茫茫商海拼搏了近40年。这些向上和向前的身影，与这个国家的发展，同频共振，恰成对应。

40年风雨，洗尽铅华。早有凌云志，不负揽月心。信念引领，责任在肩，品格护航，李东生没有辜负这个时代，他把自己献给了这个时代。

"改革先锋"

静中细思，古今亿万年无有穷期，人生其间，数十寒暑，仅须臾耳；

大地数万里不可纪极，人于其中，寝处游息，昼仅一室耳，夜仅一榻耳；

万物生生

古人书籍，近人著述，浩如烟海，人生目光之所能及者，不过九牛之一毛耳；

　　事变万端，美名百途，人生才力之能办者，不过太仓之一粒耳。

　　知天之长而吾所历者短，则遇忧患横逆之来，当少忍以待其定；

　　知地之大而吾所居者小，则遇荣利争夺之境，当退让以守其雌。

　　深圳南山区中山园路1001号，TCL深圳总部大厦10楼办公室。李东生对着墙上的一幅书法，用略带广东味的普通话一字一句地念着。

　　书法没有标点，但他的断句非常准确。

　　这是曾国藩日记中的一段，写于清同治元年，即1862年的4月11日。此前两年，英法联军攻入北京，火烧圆明园，是为第二次鸦片战争。1861年清廷设立总理各国事务衙门，曾国藩创立安庆内军械所，洋务运动浮出水面，但列强环伺、民族积弱，以及太平天国运动的冲击，注定了大清王朝将无可避免地走向风雨飘摇。作为晚清重臣的曾国藩，纵然有"知其不可为而为之"的坚韧，也常对人生发出"不过太仓之一粒"的感慨。

　　书法挂在李东生办公桌对面的墙上，时时可见。

　　李东生说："我拿这段话是提醒自己，从历史的角度，个人是很渺小的，要自知和自谦；时间、空间、知识很浩瀚，人生苦短，真正能做成几件事很不容易，要努力奋争；个人的成功是建立在能支持你成功的环境和条件中，要珍惜。所以像曾国藩说的，不敢'以一得自喜''以功名自矜'。要经常内省，争取每一个下一次能做得更好。"

　　李东生所坐办公桌后面的墙上还有一幅书法，上书四个字：顺势明道。

势是时代大势、产业趋势，道是规律，是思想，是共同目标。

"40年间，我见证着中国经济从弱到强，工业和科技实力快速提升，国家从封闭状态走向全面开放。TCL也从一家作坊式的地方小企业，发展成具有国际竞争力的跨国公司，TCL的成长历程，与国家改革开放同步。我深深感恩这个时代，时代成就了李东生，时代造就了TCL。"

这是李东生理解的时势。其出处是2018年12月18日他获得"改革先锋"称号后，接受记者采访时所说。

那一日的北京，阳光灿烂，晴空万里。人民大会堂内，气氛庄严而热烈，庆祝改革开放40周年大会隆重举行。李东生身着中山装，神情庄重。他是作为"电子产业打开国际市场的开拓者"而获得"改革先锋"称号，获颁授改革先锋奖章的。

100名"改革先锋"，每人均有介绍，在《人民日报》刊登。对李东生的介绍是——

> 他主导TCL开展重大跨国并购，开创了中国企业全球化经营的先河，在全球设有28个研发机构和22个制造基地、产品行销160个国家和地区；曾创下我国第一台按键免提电话、第一代大屏幕彩电等多个第一，带领团队建成完全依靠自主创新、自主团队、自主建设的高世代面板线，实现我国视像行业显示技术的历史性突破，中国继日韩之后成为掌握自主研制高端显示科技的国家，曾荣获"全国劳动模范"等称号。

对李东生来说，被授予"改革先锋"称号是国家和社会对自己的最高褒奖，在这一刻，他感到至高的荣誉和鞭策，感到自己所有的付出和努力都值了。

一起获誉的还有长虹的倪润峰。他出生于 1944 年，和任正非、柳传志同年，李东生比他们小 13 岁。20 世纪 90 年代中期的彩电大战，群雄竞争，年轻的李东生带领 TCL 王牌彩电向业内霸主长虹发起冲击，共同演绎了一段精彩的商战故事。

战场上，他们是对手。战场外，他们颇多交流。

1996 年年中，TCL 规划建设新的彩电产业园，李东生带队到长虹参观学习，倪润峰很热情地接待了李东生一行，安排他参观工厂，参观研发中心和培训学校，晚上还喝了一顿酒，谈了很多管理经营心得。李东生感到获益良多。回到 TCL，他在经营会上讲："长虹的产业基地和研发中心很值得我们学习，长虹培训学校占地 3 万多平方米，环境相当好，倪总能拿出这样的资源进行员工培训，说明了他的眼光和魄力，说明了他领导企业的水平，也能反证出为什么长虹在这几年的竞争中跑得比别人快。"此时，虽然已经过去了 20 多年，但李东生一直保持对倪润峰的感谢和尊重，对此次能在这样的场合见面感到特别高兴。

在获得"改革先锋"称号的企业家群体中，有何享健、柳传志、倪润峰、张瑞敏这样的 40 后，有刘永好、李东生这样的 50 后，有南存辉、李书福、马云、李彦宏这样的 60 后。马化腾是企业家中唯一的 70 后。李东生和这些企业家都很熟悉。中国企业家的贡献能够得到党和国家的认同和褒奖，他内心特别激动和感动。回想当年穿着凉鞋过香港，回想早年在欧美商旅活动中的卑微地位，看到今天中国企业已经赶上或超越了许多当年的跨国巨头，作为中国经济崛起的参与者，在人民大会堂庄重的大会现场接受奖章，李东生激动的心情久久不能平复。

在惠州 TCL 总部大厦 24 楼李东生办公桌后面的墙上，是一幅跟随他已经 25 年的隶书书法，写着"天地正气"四个庄重有力的大字，这是李东生担任 TCL 董事长后一直挂在自己办公室的。传统文化的

第十一章　企业家跃变

家庭熏陶,民族振兴的家国教育,产业报国的赤诚情怀,诚信营商、担责、创新的价值理念,都融在这四个字之中。

不为人知的跃变

深圳宝安国际机场候机楼。从 2020 年到 2021 年春天,TCL 白底红字、一连四幅的广告牌,一直矗立在候机大厅里。

走最难的路抵最美好的风景　TCL 让世界共享中国"智"造
走最难的路凭最笃定的坚守　TCL 科技创新挺进无人区
走最难的路依最热诚的初心　TCL 一步一脚印做硬"核"实业
走最难的路寻最独特的风景　TCL 全球化没有"暂停键"

每一句广告语下面都有具体介绍,说明 TCL 在半导体显示、智能制造、全球化等方面的努力与成绩。

和讲求创意的时尚产品广告相比,全是文字的 TCL 广告显得不够摩登、不够酷。而 TCL 已经发生的很多深刻变化,更是鲜为人知——全球化,很多人记忆中的 TCL,还是收购汤姆逊彩电业务和阿尔卡特手机业务后遇挫的 TCL。当年接收的汤姆逊和阿尔卡特很多业务确实已经消失,留下的只是断壁残垣。TCL 人在此基础上,坚韧图强,誓不罢休,以创造性的努力,开辟出了全新天地。这是一个在全球拥有 42 个研发中心、32 个制造基地、业务遍及 160 多个国家和地区的产业链体系;是一个 2020 年海外营收达 700 多亿元的跨国公司。在全球市场,汤姆逊彩电和阿尔卡特手机品牌日渐式微,而 TCL 品牌如日方生,在给全球消费者提供 TCL 产品的同时,也将中国的影响力传播出去。

21 世纪中国企业的全球化,不仅表现为产品对外出口,更表现为在全球进行产业链布局，在地生产、在地销售、在地服务、在地进行产品开发。如此不仅可以摆脱贸易壁垒的限制，还可以带动源自中国的核心器件、材料、装备等出口。以 TCL 为例，目前在所在国当地每销售 100 美元产品，可以带动 60 美元的中国部品、器件、材料出口，另外 40 美元的价值则在当地产生，服务当地的就业、供应链等发展。海外业务的蛋糕越大，从中国进口的器件、材料、装备，特别是重资产、高投入的核心器件（如液晶面板）也越多，这就是用国际循环带动国内循环，创出中国经济大循环。

半导体显示。华星已形成全球领先的产业规模和竞争力，在技术领域也不断追赶超越，2018 年建立了业内唯一的"国家印刷及柔性显示创新中心"。

半导体光伏及半导体材料。中环在半导体光伏材料（单晶硅）领域规模全球第二，正努力做到综合竞争力全球第一，在半导体硅片领域的竞争力要争取做到国内领先，并力争进入全球产业第一阵营。

成绩属于每一个 TCL 人。2021 年 1 月 22 日，李东生在 TCL 全球经理人大会上说："面临危机，全体将士以敢战、善战、胜战的激情和热血，赢得了一场来之不易的胜利！每一个 TCL 人都了不起！"

"目前 TCL（集团）已经形成智能终端、半导体显示、半导体光伏及半导体材料三大产业群以及产业金融、资本平台的战略布局，为实现全球领先战略奠定了坚实基础。我们必须抓住全球经济格局调整和中国制造业发展的黄金时期，以全球领先为目标加快发展。"在 TCL 步入创立 40 周年之际，李东生为所有 TCL 人加油。

TCL 已经发生了惊人的跃变！跃是产业跃进、技术跃升、能力跃动。"跃"来自"变"，来自 40 年的不断变革，包括体制变革、战略变革、组织变革、文化变革，等等。

对外把握时代的变化、全球化的变化、技术的变化、政策的变化、消费者的变化；对内持续推动变革，TCL 一次次打破路径依赖，跳出平庸陷阱，一次次突围，一次次跃升。TCL 的故事，就是因变而跃、万物生生的故事。这也是我们在本书中最希望展示给读者的内涵。

TCL 成长于惠州，当时的惠州经济总量不大，在珠三角经济圈并不起眼。李东生自认为并非天赋异禀。但在他的领导下，TCL 勇于尝试，不怕挫折，一变再变，在"干中学"的过程中，成长起来、强大起来，在全球产业的影响力越来越大，这是李东生和他的团队用业绩和市场表现展示的 TCL 强大的生命力和血性。用他在 2020 TCL 全球经理人大会上的话说，"弱者只会未战先怯，强者却因磨炼而更加强大"，这就是 TCL 的精神。

长周期、多赛道、全球化

惠州鹅岭南路 12 号，紧邻马路的一个院子，走进去可见一栋四层的工业厂房，每层 600 平方米左右。厂房很旧，里面空空如也，有些窗户的玻璃已经脱落，也没有换新。多年前就说要拆，但一直没动。我们上到最上一层，在斑斑驳驳的墙上还能看到"用心做事，每天进步"的字样，以及"今天的努力是为了明天的更好"的标语。

这就是 TCL 的前身——1981 年成立的 TTK 家庭电器有限公司，也是全国首批 13 家中外合资企业之一，是惠州地区引进的首家合资企业。当时港台流行歌曲风靡，录音磁带供不应求，TTK 通过合资站在了风口上。

我们从这里开始，对 TCL 走过的 40 年，做了前后耗时一年的探访。

随着探访的深入，我们对于这项工作的价值有了越来越多的体认。

在我们看来，TCL不只是一个案例，还是一个长周期、多赛道、全球化的案例库，是一个前前后后由成百上千家各种各样的创业企业所组成的生生不息的创造过程，包括合资企业、地方国有企业、多元化公众企业、企业家的企业等各种形态，也充满了无畏的开拓、胜利的喜悦、失败的痛苦、等待的煎熬。在某种意义上，它就是一所每年都在更新课程的商学院教学案例，一部微缩的永远写不完的商战百科全书。

之所以如此，是因为TCL探索过的行业，从消费类电子、通信、泛家电、互联网到半导体显示、半导体光伏及半导体材料，全都是充分竞争行业，而且中国国内市场竞争就代表了产业全球竞争的水平。在制造型的中国企业中，TCL不是最大的、最出名的、最惊艳的，但却是做过最多探索的，几乎和所有机会都握过手，有的抓住了，有的抓住过但没抓牢又溜走了，有的还在抓，有的不得不放弃，有的反反复复，有的胜败未明，然而脚步永不停，不断地追求更高、更好。

TCL的40年，和中国最为活跃的电子、通信、家电等产业中的中外领先企业都曾是对手，或合作伙伴。今天，在TCL的三大产业赛道上，依然强手如云、高手林立。

在智能终端赛道，对手包括三星、LG、索尼、华为、小米、海信、创维、美的、格力等；在半导体显示产业赛道，对手包括三星、京东方、LG、友达、群创光电、天马等；挺进半导体光伏及半导体材料赛道，对手是隆基股份、通威股份、晶澳科技、晶科能源等。TCL正在部署进入集成电路产业，一旦真正进入，还将直面更多的国际巨头。

TCL曾经做过低压电器，当年的对手是飞利浦、欧司朗、佛照明等；做过笔记本电脑，对手是联想、方正、戴尔、康柏等。

TCL，能让我们勾连起太多回忆。

与其说 TCL 是凭借在各项业务中的出类拔萃吸引了我们，不如说是其巨大的丰富性、起起伏伏、有起有落、矢志不移的探索性，吸引了我们。而这种探索的方向，在 TCL 创业初成，李东生能力初显后即已明确，那就是"创建具有国际竞争力的世界级企业，实业强国"，完成"历史赋予我们的责任和使命"。

　　1999 年，李东生在 TCL 集团高级管理干部会上讲道："中国是一个经济大国，但不是一个经济强国，其中一个主要原因就在于中国缺少一批有国际竞争力的世界级企业，来支撑共和国的经济大厦。因此，从国家要振兴、民族要强盛的需要出发，中国必须要尽快成长起一批世界级企业，这应该是我们 TCL 发展的目标。"

　　至少从那时起，成为世界级企业就是李东生的生命自觉。此后曲曲折折、风雨兼程，至今仍走在迈向全球领先的道路上。有过高峰，有过低迷，有过停滞，不断变革，而追求实业强国、志在世界巅峰的精神，"虽九死其犹未悔"的探索旋律，一直在回响，荡气回肠。

　　我们为这种精神着迷。

　　关于 TCL 历 40 年激烈竞争而长青的战略、战法和结构性创新的 Know-How，本书中一一做了呈现，如"小马拉大车""有计划的市场推广""先建市场、再建工厂""用速度冲击规模""提质增效，追求有质量的增长""深刻自我剖析，真正灵魂拷问""口号不是写在墙上的，而是实际在做什么""从延长线思维到用战略目标倒逼加快提高核心能力""极致成本效率""对标行业领先标杆""冒计算过的风险""在危机中寻找发展机会""蹲下蹬实、上坡加油""以客户为中心的流程驱动型组织""干部是打出来的""每个产业都要找到第二曲线"，等等。

　　但这些都是珠子，把它们串在一起的，是生生不息的中国工业精神和永不止息的中国企业家精神。

万物生生

TCL 跃变背后，是企业家的跃变

TCL 的跃变 40 年，其背后的关键驱动力，是李东生本人的跃变。

李东生的跃变，来自深刻的使命感，对环境变化的洞察力，自我反省与变革的精神，以及开放学习、不断自我超越的态度。数十年如一日，未曾动摇。

接受我们采访的大部分 TCL 高管和中层管理干部都认为，TCL 最大的创新动力就是李东生。

入职 20 年、现任 TCL 通讯执行副总裁的郭爱平认为："企业创新的动力，来自组织追求进步的愿望。而组织最重要的肯定是领头人。有的组织领头人是一个，有的是一个群体。TCL 的领头人毫无疑问是李董。"

曾在国内同行头部企业工作超过 20 年，2019 年 9 月起担任华星副总裁、商显事业部总经理的李志生认为："李董追求很高的目标，他选的干部也是想一起干大事的人，人带人，组织自然就有一种强大的驱动力。大胆尝试，敢于试错，冒经过计算的风险，同时结合市场需求进行创新。"

现任 TCL 实业 CEO 杜娟认为："创新的动力来源是发展。如果没有发展诉求，可能不会创新。创新都是倒逼的，不创新就得死。李董提出'全球领先'，实际也是创新的动员令，只不过现在的创新，更多来自产品和技术层面，管理方面的创新相对还少。"

TCL 科技高级副总裁、参谋长廖骞表示，以李董为代表的历届高层管理团队，有持续的自我反思和快速学习能力，这是 TCL 能不断变革创新的前提。"在一些机会和战略转折点还比较远的时候，他往往就有比较敏锐的感知。战略团队很重要的工作，一方面是协助他将感知中有价值的部分转化为支撑商业判断的系统性思考和行动路线图；另一方面是从公司的愿景和资源禀赋出发，通过自上而下的洞察和分析体系发掘增长机会,而对一个多次验证了自身商业直觉有效性的成功企业家,却反复要求用战略驱动代替机会驱动并自我践行,这本身就需要强大的自我反思和自我否定。"

李东生说,企业的变革创新在不同的领域、不同的维度、不同的产业中都在发生。公司战略格局和发展驱动力,主要来自企业家,企业家要成为企业发展的发动机。要做到这一点,企业家必须要有持续学习、不断提高的能力,让自己能力的提升能够带领企业走得更远、更高。企业技术方面的创新驱动力,要来自专业技术团队;商业模式创新的驱动力,要来自业务团队。

2020年年底,李东生找各产业、各单位的高阶主管做交流,听取他们对企业发展的建议和要求。在跟工业研究院院长闫晓林谈完后,他习惯性地问:"你对我有什么要求吗?"闫晓林说:"李董你需要学习技术,得提高技术能力。你一定要拿出时间来学技术,我来给你当老师。"李东生连说了几个"好",并让闫晓林将这个计划拓展到各产业集团领导。不久,闫晓林发了一封长长的邮件,并抄送给TCL所有高管:"我和李董谈过了,李董也同意,我给他当老师,帮他提高技术能力。我建议,所有的业务高管都要学习技术,往提高技术能力的方向上走,我给你们每个人找老师。"他还在邮件里直接列出来,杜娟的老师是谁,王成的老师是谁……

下一次开会,闫晓林盯着李东生:"半导体显示这一块内容,你得拿出30节课,每节课半小时,总共15个小时来学习。"李东生本以为是用30节课学习所有相关技术,没想到30节课只是学习半导体显示,赶紧"求饶":"晓林,每一块内容都要我拿出30节课的时间来,我没那么多时间,你再合理安排一下。"

李东生讲这个故事,是想说明,TCL要不断跃进和创新,归根结底在于团队能力的刷新,团队领导人是不是能适应竞争的新要求。"只有突破自身发展瓶颈,才能突破企业发展瓶颈。企业领导人和团队能力的提高，一定要快于整个行业的变化，快于行业竞争力的提升。"

企业家的驱动力有多强，企业的创新跃变能力就有多强。乔治·吉拉德在《重塑企业精神》中指出，"经济的复苏，取决于企业家的复活"。TCL的跃变与李东生作为企业家的跃变，启示人们，只要企业家永葆追求，不断反思、学习与变革，企业的发展就不会有天花板，即使一时浮沉，终能开辟新天。

性情中人，至情至性

从深圳到惠州，距离大约为120公里，自驾的话，单程差不多需要两个小时。

每到周末，只要不出差，李东生必定开车从深圳到惠州探望父母和奶奶。有时候夫人魏雪看他风尘仆仆出差回来，心疼他太累，跟他说要么下周再回去。他总是回答："没事，我不累。"一直专注于事业，对家庭和长辈没能尽责尽孝，李东生总感内心歉疚。前几年李东生的母亲去世，对他打击特别大，母亲是将一切都无私奉献给自己的人，而自己并没有尽孝道，这种愧疚的感觉，让李东生有将近一年都没有从母亲去世的影响中缓过劲来。

李东生的奶奶张柿花2020年去世，享年110岁，是惠州当地最长寿的老人之一。奶奶是从小带自己长大的亲人。奶奶健在时，李东生每次回到惠州家里，奶奶见到他总是特别开心，她为这个孙子感到骄傲。

曾国藩曾经归纳过人生"至浅至要之道，不可须臾离者"的"八本"，其中之一便是"事亲以得欢心为本"。

每年2月14日，情人节这天，李东生都会给魏雪送上999朵玫瑰。年年如此，从不忘记。

魏雪说，她第一次收到的时候，简直惊呆了，那么大一团玫瑰花，都不知道该放在哪里。等第二次收到、第三次收到，魏雪明白了，"这就是直男表达感情的方式"。

我们问魏雪，你觉得在李东生心目中，家庭和事业如何排序，魏雪说："他想得最多的肯定是事业。这话不用问我，连两个孩子也知道。"作为妻子，魏雪总是设法给李东生减压，帮助他适应环境的变化，改变自己。

做事业就有伙伴。李东生对伙伴一向重情重义。金旴植的太太患有癌症，母亲年纪大了也身体不好，孩子当时在加拿大读书。2017年前后，作为家中长子的金旴植提交辞呈，想回去照顾母亲。李东生很理解他的感受，给他批了一个很长的假期处理家里的事情，还答应他随时可以回韩国照顾和探望老人。

2019年，感到自己已到退休年龄，金旴植又以母亲和太太的身体为由，写了一封辞职报告。这次李东生还是没批，但安排他休了两个月的假，还跟他说："想回去探望家人的时候，随时可以回去，但华星还需要你，你不能离开。"

金旴植说，他从不知道还有这种挽留的方式，李东生不是在跟他商量，而是为他考虑好了各种可能性。他最后选择留下，因为"我们之间有互相信赖的关系，有这种心心相印的感觉"。

吕忠丽曾经叮嘱李东生，任何人你都可以放走，就是不能放黄旭斌走。如今，黄旭斌已离开TCL，李东生之所以忍痛放他走，也是因为自古有之的"忠孝不能两全"。黄旭斌家里有三个亲人都需要他照顾，他早就有回广州工作的考虑，但从2016年拖到2019年，他一直在惠州工作，家人住在广州，无法照顾，在万般纠结中再次提出辞职。李东生虽万般不舍，但也知道强留有点强人所难，在和黄旭斌太太一起坦诚交流后，同意让黄旭斌辞职回广州，黄旭斌在广州也找到了很好的平台，见此李东生感到特别欣慰。

薄连明离职时，跟李东生差不多磨了七八个月，光辞职报告就写过四回。每写一次，李东生就请他吃饭，用诚意挽留。最后一次，薄连明没有写辞职报告，直接找到李东生说："我不写辞职信了，搞得好像我总是用辞职信骗饭吃一样。"他陈述了离开的理由："于公，年轻人在成长，我带个头，年纪大的先退下来；于私，我要去开启自己事业的第二曲线，实现更大的自我价值，再晚几年也许真的就没什么机会了。"

听了这番话，李东生沉思片刻说："你说出这些话，要是再不放你走，好像就是我对不起你了。"李东生心念感激，亲自主持欢送会。在薄连明离职公告中，称赞薄连明为公司做出的贡献。

1990年入职TCL的黄晖，是TCL在职司龄最长的干部之一。每年过生日，黄晖都会收到李东生亲手写给他的贺卡。

聚是一团火，散是满天星。曾国藩家书中说过："兄弟和，虽穷氓小户必兴；兄弟不和，虽世家宦族必败。"从金旴植到黄晖，从黄旭斌到薄连明，只要在TCL一日，就兄弟齐心、其利断金。

吕忠丽的先生李洪志，因病不幸于2016年7月去世。下葬时间选在上午10点，火辣辣的太阳照着，吕忠丽和家人忽然发现，李东生来了。三伏天最热的时候，他长袖衬衫扣得紧紧的，长裤子、皮鞋穿得整整齐齐。一个人，没说一句话，径直到墓碑边，跪下磕头……

吕忠丽和家人愣住了。"我们没有通知任何人，也不知道他是从哪里知道的消息。那么热的天，我们都穿着短衣短袖打着太阳伞，他长衣长裤行那么大的大礼。我先生不过是跟他共事过一段时间而已。"

吕忠丽没有单独到李东生家里拜过一次年，没有送过一次礼。倒是李东生，每年总会把副总裁们聚在一起吃一顿饭，还可以带上家属。20世纪90年代，李东生去香港出差，曾给吕忠丽夫妇每人送了一块手表，后来还请吕忠丽夫妇去泰国游玩。

"他也不说什么，但是他用这些行动告诉我们，我们对他很重要。"吕忠丽说。

在采访TCL通讯产品线总经理邹传勇的时候，我们问他："这么多年，肯定有过很多外部的诱惑，为什么一直没有离开？"

邹传勇老家是湖北农村的，家里有两个大学生，他大学四年，只交了第一年的学费，后面三年的学费都没交。那时候的助学贷款还不像现在这么完备，邹传勇每年的学费是2800元，三年学费总共8400元。

2001年毕业，他看了很多家公司的招聘要求，也跟每家公司都说"我去你们公司没问题，但你得先帮我把学费给交了，否则我没办法毕业"。TCL是当时唯一一家答应了邹传勇这个要求的公司。

跟我们分享了这个故事后，邹传勇说："我在内心对TCL非常感恩，这是一家具备强烈社会责任感的公司。"

邹传勇的故事，并非孤案。从2007年开始，李东生和夫人魏雪在中国青少年发展基金会下设立华萌专项基金。华萌班专注于帮助贫困地区品学兼优的初中应届毕业生顺利完成高中学业。

2019年，华萌专项基金又与中央音乐学院共同发起"音乐·梦想·交换"项目，帮助缺乏国际交流机会的优秀学生实现音乐梦想。目前该项目已帮助12名学生（包括1名意大利学生）交换学习。

14年间，华萌专项基金各类资金投入超过8000万元，奖学金资助金额近4000万元，已累计资助1145名学生。

华萌学子也用优异的成绩回报了这份关爱，1000余名学子中，总体本科率达91.6%，重本率为53.4%，其中364名同学得以进入985/211等重点大学深造，更有34名同学考入清华、北大等知名高校。

曾获得诺贝尔文学奖的罗曼·罗兰说："爱是生命的火焰，没有它，一切变成黑夜。"李东生和魏雪，用他们的爱，点燃了1000多个孩子生命的火焰。

信念、责任、品格

2021年2月2日下午接受采访时，李东生说，今天上午在忙着写贺卡，"我们聘请了享誉全球的专家、学者、教授、研究员，包括一些院士，当TCL的技术顾问。春节马上要到了，我给他们每人写了一份新年贺卡"。

为什么要聘请这么多技术顾问？"随着TCL逐渐逼近无人区，没有人能说清楚下一步到底该往哪里走。大家都在探索，往前走就需要借助这些最聪明的外脑来帮助我们。"

中国平安董事长马明哲喜欢找顾问公司和咨询公司，同时开多个窗口，帮自己梳理产业前沿趋势，勾画行业未来图景。华为创始人任正非也有著名的"一杯咖啡吸收宇宙能量"的思想。这些成功的企业家，都善于借助外脑来帮助自己超越。

李东生用一张中国的春节贺卡触达全球顶尖技术人才，是因为中国企业要争雄全球，必须继续保持开放的胸襟、开放的思维，吸收世界的文明精华。

攀越一座高峰，又向更高的山峰进军，李东生和TCL扎根制造业的40年历程，循环往复，无穷匮焉，像极了古希腊神话中被罚不断往山顶推石头的西西弗斯。

在哲学家阿尔贝·加缪笔下，西西弗斯下山推石，某些天是痛苦地进行，某些天是欢乐中进行，尽管看起来他永远"以沉重而均匀的脚步走向无尽苦难"，但是，"西西弗斯无声的全部快乐就在于：他的命运是属于他的。他的岩石是他的事情"。

明知山有虎，偏向虎山行。李东生何尝不知，通向理想的台阶，没有一级不意味着艰难。但他同样深知，只有披荆斩棘，才能尽览彼岸风景。

回顾40年，李东生说，在所有做过的决定中，最明智的是大学

第十一章　企业家跃变

一毕业就去了开放前沿的企业，实实在在地造东西；我选定做企业这条路，让我有今天的成就。从中国经济发展前景来看，高精尖制造能力的"软硬一体"的公司会很有价值，制造业将继续承担中国经济竞争力提升的角色。"所以自己选制造业这条路，虽然难，但是很喜欢，也很有意义。"

"过去所做的决定，最没底的是并购汤姆逊彩电业务那次。最大胆的是投资华星。但这两个决定都让今天的我和TCL受益匪浅。跨国并购之后，企业真的到了破产边缘，如何破局、如何重生，这种内心的煎熬和思想的升华，对我是一次极大的历练。从那之后，我的内心就更加强大了。2016年，看到企业业绩不断下滑，好像要再次跌入深渊，压力也是非常大的，内心也非常痛苦。如何把困难解决，重回到好的状态？通过三年变革转型、浴火重生，让企业重新焕发生机，再上一个台阶。"

李东生评价企业家和高层管理人员，有三个关键维度：信念、责任、品格。这也是他对自己的要求。

"一个人要有信念，有超越金钱以外的追求。这样，在最艰难甚至最绝望的情况下，因为是我的理想，是我的信念，是我愿意用毕生精力去达成的目标，也就能继续往前走，做到不放弃，不抛弃，不趴下。"

"在困难的时候，走投无路的时候，支撑我扛下去的是责任感。从小的方面说，我对自己、对员工以及员工的家庭有责任；从大的方面说，我对社会有责任。这种责任感，也会规范我的很多行为，给我很多约束，也是一种自我激励和自我驱动。"

"还有一个很重要的品格，就是坚韧。很多人够聪明，格局也看得明白，为什么没有走到最后？就是不够坚韧。最困难的时候，能不能坚持？那时的坚守，是不确定能够成功的。但如果不坚持，放弃了，就一定不能成功。"

"我是一个船长，在船真的要触礁下沉的时候，怎么办？首先我要全力以赴，把船从暗礁中驶出来。如果真的驶不出来，我也是最后一个离开船的。信念、责任、品格，企业家要成功，三种品质缺一不可。"

如果说信念、责任、品格三个维度藏于内心，那么亲朋、团队两个维度就是向外的。

"要和各种各样的人交朋友，特别是充满正能量的人。他们是时代的弄潮儿，他们的想法非常积极，多和这些人交往，就会潜移默化受到积极因素的影响，从他们的成功经历和进取思想中得到启发和借鉴。"

"团队非常重要，有一个自己可以信赖的团队，在最困难的时候，大家一起来想办法，就一定能够突破。从国际化'鹰的重生'阶段，到这次变革转型、浴火重生的阶段，我们都有类似的经历，我的想法一定要得到团队支持，大家一起来推动实施，才能跨过困难，拥抱明天。"

不管向内的维度还是向外的维度，最后的落脚点还是个人修养。

李东生办公室挂着曾国藩的"静中细思"，在个人修身方面，李东生独服每日静坐自省、数十年如一日潜心修为的曾国藩。

"我为什么那么喜欢曾国藩？其实曾国藩没有左宗棠聪明，没有李鸿章圆滑，但曾国藩的内心修炼是很强的，这是他给我影响最大的地方。这种修炼，不是一朝一夕的事，要日积月累，修身做好了就会具备很强大的力量，所以不管面对多么艰难困苦的局面，都能找到方式超脱出来。"李东生之所以把曾国藩的"静中细思"放在随时可见的地方，就是要以此为镜，照见内心。

"这条路是我自己选的，没有人强迫我非要这样做。既然选择这条路，就必须承受走这条路的所有结果。困难挫折不可避免，要坚韧和坚持，矢志不渝地达成目标，当然也有很多高光时刻，花团锦簇、礼兵奏乐、国家领导人颁奖,对我来说,这也是很大的激励动力。"

在2021年新年献词中,李东生发出了豪迈宣言:"没有伟大的梦想,就没有伟大的事业;没有勇敢的进取,就没有顶天立地的作为。中华民族伟大复兴的中国梦赋予我们更多的担当和使命,世界和中国经济的发展给我们提出更高的要求。国家的竞争,就是经济的竞争,经济强则国家强。TCL作为实体经济的代表,作为中国企业国际化的先驱,必须要在我们所处行业中成为全球领先者。唯此,才能无愧于国家,无愧于时代!"

不畏山高路远的跋涉者,山川回馈以最奇绝的秀色;不惧风高浪急的弄潮儿,大海回报以最壮丽的日出。

草木蔓发,春山可望。山高路远,行则必至。在新的时代,李东生和TCL,正一笔一画、踏踏实实地开始书写下一个40年的"春天的故事"。

"每一次变革,都让我们走得更远"

TCL四十不惑,李东生依然"弄潮儿在潮头立"。

他们的40年,刚好是中国改革开放的40年。无论辉煌、波折,还是变革、超越,TCL在不同历史背景下,所实现的机会、能力与企业家精神的组合,折射的也是中国经济的演进、变革与创新。

时间是最好的尺子,在其度量下,我们发现中国已有一批像TCL这样的基石企业——

它们在国家和国民所不可或缺的基础消费品、基础关键零部件、基础关键材料领域,在充分竞争的市场环境中,从无到有、从小到大、从国内到国外、从单一国有制到多元混合制、从模仿跟随到局部超越、从地方企业到世界级企业,为利益相关者持续创造价值,同时,坚持良好的公司治理,做有益于社会的企业公民。

李东生一直坚信，中国经济竞争力的基础，是中国制造，一批优秀的制造企业就是大国基石。中国制造为全世界提供了最多的产品，没有中国制造的竞争力，整个中国竞争力的基础就会动摇。而这种竞争力的建立，不可能一蹴而就，需要持续积累。比如中央电视台最近发布了8K高清频道，背后就有显示技术的支撑，这些技术正是由包括TCL在内的一批中国制造企业创新而来的。

在李东生看来，作为制造业的中国基石企业，在中国市场赢得优势后，还应将中国制造优势拓展到全球。中国已经形成的制造业比较优势，已经积累的巨大产能，一定要在全球市场释放，才能发挥出更大价值。

作为TCL的灵魂，李东生从一个普普通通的大学生，一路走来，从经理人到企业家，到攀登世界工业高峰、产业报国的产业家。他和华为任正非、海尔张瑞敏等人一样，是名副其实的中国基石企业家，是新时期中国工业精神的人格化体现，也是全球商业舞台上中国企业家的代表。

本书的作者之一在1997年担任《南风窗》总编辑时采访过TCL。印象最深的两个细节，一个是一位TCL高管说，有一年春节，李东生约几个同事在家吃饭，说大家劳苦一年，放松一下，席间不准谈工作。结果不到三分钟，李东生就破了戒。作者感叹，"成功是需要付出代价的。成功者的常态往往是普通人眼里的'变态'"。

另一个细节来自李东生本人在20多年前的讲述。他说："TCL就是我的生命。我们平常喜欢说要走向国际市场，而如今'外国兵团'已经冲到我们院里来了，国际市场就在家门口，此时不战，更待何时？再说，不战行吗？总不能眼睁睁地看着民族工业就这样败下阵来。TCL电子集团公司要做产业报国的'敢死队'，我李东生就是'敢死队长'！"

从那时起，尽管和李东生本人见面不多，但我们一直在关注

TCL 的发展。

我们见证了 1998 年 2 月 TCL 首次导入企业变革，在亚洲金融危机冲击下，通过经营变革、管理创新，建立起现代企业经营管理体系，从一个地方企业变成全国性经营的企业，进入中国电子信息产业 10 强；

我们见证了 2002 年 7 月 TCL 提出"创建具有国际竞争力的新企业文化"，确立了国际化战略方向的第二次变革；

我们见证了 2004 年、2005 年 TCL 并购汤姆逊彩电业务和阿尔卡特手机业务遭遇重大挫折，面临生死危机，2006 年 6 月李东生写下以《鹰的重生》为主题的五篇文章，反思开展国际化经营的成败得失，最终艰难走出了至暗时刻；

我们见证了 2008 年全球金融危机，TCL 激流勇进，2009 年启动华星光电项目，从终端产品制造进入核心基础技术产业，实现了重大的产业升级；

我们见证了 TCL 在 2014 年推进"双+"战略转型变革，将业务重心转向"智能+互联网"，业务形态从传统硬件转向"产品+服务"，以及此后由于变革不彻底，数年之间困于"千亿收入魔咒"的过程；

我们见证了 2017 年 4 月 12 日，李东生在集团执委会扩大会议上做《逆水行舟不进则退，改变自己才能把握未来》的报告，拉开了为期三年变革转型、浴火重生的帷幕，剥离、出售、关闭非核心业务企业 110 家；推动"双子座"重大资产重组计划，组建 TCL 科技和 TCL 实业两大业务板块，分别聚焦于半导体显示产业和智能终端业务……今天的 TCL，就是这一轮变革的产物；

我们见证了 2020 年 TCL 收购天津中环，进军半导体光伏及半导体材料；收购三星苏州液晶面板工厂；布局下一代印刷显示技术。

……

凡是过去，皆为序章。TCL以变革求发展，没有完成时，只有进行时。

TCL的40年，是中国制造从贫瘠状态起步，到追赶并跑，再到局部超越的拼搏历程；是从初级的"三来一补"，到模仿加微创新，到逐渐掌握核心技术，再到开始挺进"无人区"的奋斗历程。

穿越40年来之不易，40年后仍在蓬勃向上，弥足珍贵。

"你们有意愿写这个题材，我们也愿意敞开TCL，但我有一个希望，千万不要写成TCL的成功史，因为事实不是这样，我们还在路上，这条路还很长。如果说40年可以做一个阶段性的总结，那核心就是变革。每一次变革，都让我们走得更远。40年，不是为了活着而活着，是为了活出一份精彩而不断变革和创新。"李东生告诉我们。

后发经济体的追赶之路，实体经济的强国之路，企业一次次寻求新生的变革之路，企业家终其一生追求的全球领先之路，这就是TCL的道路。

"他超越了他的命运，他比他推的石头更坚强"（加缪《西西弗斯神话》）。

第十一章　企业家跃变

结语

试图用一本书囊括 TCL 的 40 年历史，是一件不可能的任务。

我们希望做到的，是呈现给读者一幅 TCL 真实的变革全卷。

本书的主体部分，分为出发、攀登、全球化、再造、领先之战五部分，记述了 TCL 40 年的发展历程。其主线有三，一是产业升级、技术创新与核心能力的提高，二是国际化和全球化的探索，三是贯穿 TCL 发展始终的企业变革。三条线相互交织，相互支持。第一条线是向上跃变之道，探索精深之道；第二条线是向外扩展之道，通往世界之道；第三条线是向内变革之道，建立一个强大而富有生机的组织之道。

无论哪一条道路，TCL 都是中国企业中最具代表性的企业之一。TCL 也是在全球化浪潮中，从新兴大市场开始，一步步迈向全球市场的新一代跨国公司的亮丽样本、鲜活力量。

以 40 年为纵轴，以全球化为横轴，以 1981 年那一盘简单的录音磁带为原点，40 年来，在 TCL 大旗之下，一群侠肝义胆、智勇双全的侠客，痴迷于看不到尽头的风景的诱惑，一直沿着斜上的丛林、砾石和陡坡攀登。有过停滞，摔过跟头，甚至摔得人仰马翻、血肉模糊，但从未选择过撤退。他们永无可能再退回熟悉的界限之内。这注定了他们的命运，将与安稳、安逸无缘。就像孔子所说，"君子无终食之间违仁，造次必于是，颠沛必于是"。

而在驱动他们前进的所有原因中，排列最前也最为深刻的，还是在改革开放年代所激发出的真挚的家国情怀。精忠报国是中国的文化传统，对李东生这一代企业家来说，矢志不渝地提升全球产业竞争力，就是今天对精忠二字的最好诠释，这也是TCL变革背后始终不变的价值。

我们被李东生领导的TCL这种精忠报国、创新兴国、制造强国的精神所感染，于是就有了这本写得长长的书。

我们也把它献给40年来，为着中国经济的全球竞争力，为了中国消费者和全球消费者的美好生活而奋斗的所有中国企业。

对我们来说，创作亦如苦修，然而，融入TCL 40年的世界，充实而快乐。

因为这里有梦想的力量，有全球化浪潮中的中国力量，有万物生生的创造力量。

附录

李东生：我和我的 40 年

在《万物生生》初稿完成后，2021 年 5 月 31 日，在上海，作者与李东生进行了一次比较放松，也非常全面的对话，回顾 TCL 的 40 年，探讨企业家与时代、社会、财富、家庭的关系，企业变革、核心能力提升与第二曲线、企业管理、领导力，以及企业家的自我修炼。

一、关于企业家精神

作者： 今年是 TCL 创立 40 周年，您带领 TCL 在中国经济的不同时期，有过很多尝试。关于企业家，有人说商学院教不出，是天生的。也有人说，天上怎么可能掉下一个没有实践经验的企业家？你觉得企业家是天生的（by nature）还是后天习来的（by learning）？

李东生： 我觉得主要还是后天学习的，很多人有成功的潜力，但不是每个人都能实现成功，要靠后天的学习和历练。还有一个很重要的就是机遇。

作者： 有人说企业家是创新的驱动者，有人说企业家是对敏感机会的把握者，有人说企业家是风险和不确定性的承担者，有人说企业家要用愿景、使命去凝聚团队，带领大家共同奔向远方。您如何定义企业家的特质，或者说您觉得企业家素质最重要的内涵是什么？

李东生： 大格局观、战略前瞻、学习力、决断力、利他思维，这些都是企业家要具备的素质。但如果要说最重要的内涵，首先是担责，企业家应该是企业的发动机，要不断给企业的发展输送正能量。其次，企业家要把握战略机遇，方向一定不能错，他像一个船长，要看清方向，带领企业走在正确的轨道上。最后，企业家也是一个领袖（leader），能凝聚团队的精神和力量，大家愿意跟着走。

作者： 企业家是一个人，不是一台机器，要一直保持很强的内驱力很不容易。有的企业家说自己的驱动力是责任，因为有这么多员工，对大家有一份责任。有的说是成就，改革开放几十年，企业家从方方面面得到的认可是比较高的。也有人说是兴趣。您内心的驱动力是什么？驱动力是不是不断变化的？

李东生： 我的驱动力主要来自几个方面：一是愿景和目标。企业家一定要有超越金钱物质以外的追求，要有理想。

我记得20世纪70年代下乡时，我在自己住的草屋里挂了一个条幅，"达则兼济天下，穷则独善其身"。那时候就觉得，人在世上，一定要为社会做出更大的贡献，人生才有意义。如果人生只是追求享受，意义是不大的。这可能是受中国传统儒家思想的影响比较深。对我来说，这个信念一直都有。

但是，我也不是一个空想主义者，所以每个阶段给自己的目标是不一样的。我也不是大学毕业出来，就想着要做一个千亿元的企业，我不敢有这样的梦想。我是每个阶段都给自己一个小目标，然后不断努力去实现。在这个过程中，自己不断成长，企业也不断成长。

作者： 你的第一个小目标是什么？

李东生： 要当车间主任，管理一个组织和团队，这个目标工作一年半就实现了，然后有第二个、第三个目标。

年轻的时候我特别喜欢一首歌，好像是邓丽君唱的，歌词有一段是，"越过高峰，另一峰却又见，目标推远，让理想永远在前面"。做企业就是要不断有理想目标的牵引，让理想目标成为支持企业成长的动力。

我的第二个驱动力是成就感和愉悦感。做制造业这条路是自己选的，不但要有信念和毅力坚持，也要能享受这个过程。一件事坚持30多年下来，光有理想、责任也是不够的，也要在实现目标的过程中，能感觉到一种成功、一种愉悦。

我的第三个驱动力就是责任和坚韧。所谓责任，就是在企业遇到困难，压力很大，好像已经不可能成功的时候，怎么坚持下来？这就是一种责任，对社会、对员工、对自己的责任。企业家要有坚韧的品格，永不言弃，当遇到山穷水尽的时候，也坚信问题是一定能够解决的，只是现在还没有找到解决问题的办法。由此，从内心激励自己坚持下去。

最后我想说的是，企业家的驱动力也来自团队的凝聚力，大家能相互信任、鼓励和分享。企业发展会遇到很多困难，有些困难靠自己的力量是解决不了的，所以你一定要凝聚一个团队，核心团队一定要和你想在一起，团队的力量才是真正的"洪荒之力"。

作者： 我们过去总是讲，企业家哪怕是在黑暗的隧道里，也能拿着火炬去照亮前方，带领大家往前走。而您讲，企业家也需要被周围的人所激励。

李东生： 对。他也要被别人激励。周围人一起来努力。当然，企业家要带头，举着火炬走在隧道最前边。在很多情况下，你是看不到这个隧道有多长的，这时就是一种责任、一种信念、一种坚韧的精神在支持。虽然我没有看到隧道的尽头在哪里，但我相信是一定能够走出这段隧道的。

二、关于政企关系

作者： TCL从一个政府并没有资本金投入的地方国有企业，发展到今天。我这几十年观察，看到不少企业家处理不好和政府、社会的关系，掉了下来。有的过于自我膨胀，如禹作敏，他所在的大邱庄曾是"中国第一庄"，但没有控制好自己。还有很多企业，很快从明星变成流星。而您虽然也遇到了一些挫折，但总体好像是"福大命大造化大"，都过来了。您怎么理解政商关系？有什么心得？

李东生： 我觉得最重要的是，企业要正道经营，要做对的事情。成功能带来自身的价值，但成功应该建立在利他的基础上，建立在为社会创造价值的基础上，建立在对员工的承诺的基础上。在这个过程中，企业家一定要有自我约束。

改革开放40多年，中国企业无不是在这个大背景下成长起来的。企业成长要借助社会经济发展的大势。处理好和政府的关系，企业就能更好地发展。但一定要坚持用正道经营的理念约束自己，不要追求非分的利益，甚至去做违规违法的事。基础是守本分。做企业就是做企业，该做什么、不该做什么，界限一定要清楚。要避免和政府官员有过度的、超越工作的关系。

我本人对于交友很慎重。在政府圈子里，除了工作关系，当然也有一些朋友，但这种友谊是建立在大家有共同的价值观，对中国经济社会发展有担当的基础上的，在价值观和信念方面相一致。这使我们能建立起工作以外的信任。有这种信任，在对一些可能有风险的项目进行决策的时候，他相信你决不会做有悖于社会利益的事情，就敢于拍板支持。当然，这些信任都是在很长时间里，看到了你怎么做人、做企业，从而逐步建立起来的。

作者：我在有的城市看到，某位市领导出了问题，一些房地产开发商就到外面躲上一阵。能不能说，因为制造业的竞争比较充分，不像房地产和政府部门关系太多，所以制造业企业家相对来说比较容易守身如玉？

李东生：我只谈制造业。改革开放40多年，制造业一直是受地方政府鼓励的产业。制造业对地方经济的贡献比较能持续，能带来税收和就业。我们在每个地方规划制造业项目，地方政府都很愿意支持。制造业企业家牵扯到某些官员的腐败案中，确实很少。

从另外一个角度看，制造业要发展得好，和政府、社区的关系处理又非常重要，要建立政府对你的信任，要充分利用当地的资源和经济政策的优势。

我认为主要是把握好度，有一个界限。不要去寻租，获取什么额外利益。同时争取让政府对你有更多认识，建立起理解和信任。有什么问题需要政府审批、给予协调支持的时候，政府敢决策、承担责任去支持。

我做企业将近40年，和各种各样的人打交道，包括不同的政府官员。大部分人我觉得都是非常好的，如果有机会深度交流，都能建立起相互的理解和信任。当然，你也会觉得个别人不正，这种人就一定只能保持工作关系。

三、关于性格与"情、理、法"

作者：我和一些政府官员交流时，他们往往会说，某某企业做大了就膨胀了。这个问题，我觉得跟性格有关。一个人的性格，会影响跟别人的相处，人际关系在中国非常重要。同时，企业内部的管理，情、理、法的处理，也和领导者的性格相关。TCL 在 20 世纪 90 年代中后期已经发展得相当不错了，但您几十年来在方方面面的关系处理上一直有谦和之气。这个性格是天然的，还是说后天发现它很重要，所以您克制和隐忍？

李东生： 可能和我的个性比较内敛有关吧。我一直很认同中国的传统思想，上大学前看得最多的都是和传统文化相关的著作，儒家思想对我影响很大。儒家思想很重要的一点就是经世济民，另外就是中和，即中庸谦和。我个人的脾气其实并不太好，但在关键时候我总能收敛比较急躁的情绪，这就是儒家思想的影响。企业家要能够倾听和包容，不能偏执。

说到情、理、法，这确实是企业管理中经常会遇到的问题。我认为法为先，理是基础，情要合理。"法"是第一位的，做所有事，对外来讲，都要遵循法律法规，不能过红线。对内来讲，企业管理一定要有规则，无论谁都要遵守。

第二个才是"理"。是不是合理？做事情的动机是怎样的？这都要考虑。

最后才是"情"。但实际做事的时候，经常"情"的影响会更大一些，也会让你犯一些错，有一些偏颇。

在中国做企业，和西方有很大不一样。无论是企业管理，还是对外关系的维护，往往是"情"和"理"的作用更大。中国企业家的实际决策顺序，有可能是"情、理、法"。就是你很容易首先从感情、从道理这方面去想，只要不碰法律红线就行。

作者： 那您觉得，我们会越来越像西方那样更加注重制度化、法治化，还是说也许有一天，西方在中国的企业也要学习中国的这些东西？

李东生： 我认为企业的规则是一样的，未来的发展方向一定会是"法、理、情"。法是制度，是大前提；"理"也特别重要，因为一定要从道理上真正明是非，明趋势；"情"要建立在"法"和"理"的框架之下。

作者： 您想把这么多价值集于一身、融为一体，有的时候也挺矛盾的，也要艰难修炼吧？

李东生： 是，要修炼。另外就是在处理事情的时候，要做恰当的选择。该杀伐决断，你就得拍板。很多事永远是机会和风险叠加在一起，你要做决断，就得有冒险精神。当然，也要考虑平衡的一面。最好是把中庸和谐与杀伐决断相结合，把稳健谨慎与冒险进取相结合。

四、关于成功的主客观因素

作者： 有一句话说"三分天注定，七分靠打拼"，您觉得TCL成功的主客观因素的权重是怎样的？

李东生： 首先要说客观因素非常重要，就是这40多年中国政治清明、社会安定和经济发展的大环境。但客观因素对所有人都是一样的。所以，我们一定要靠自身的努力，内因是最重要的。

作者： TCL历史上进入了很多产品品类，有些非常成功，有些交了学费。现在来看，成功和挫折，乃至失败，背后的核心原因究竟是什么？

李东生： 我觉得成败背后的因素有这样几个。第一，你的选择方向是不是对？如果方向不对，那就不可能成功。第二，你的能力是不是匹配？很多时候，方向是对的，但能力不匹配，也不能成功。第三，在重大经营决策中，能不能不犯或者少犯错误、只犯小错误？如果犯大的错误，就没有机会了。成功就是这几点都做到了。

第一说的是选择正确的赛道，发展战略要符合整个市场的大趋势。然后是能力匹配问题，这很有讲究，因为很多能力不是你做这个项目时就有的，但是你必须先要有支持项目启动的能力，然后快速补充建立其他能力。这个过程要管理好。譬如说 TCL 做电脑，1998 年选择做，方向并没有错，电脑是新兴产业。当时我选了一个负责人，并没有电脑产业的背景，但人很聪明，我相信他的学习能力。开局是好的，第一个阶段发展是比较快的。但整个团队的能力，后续并没有跟上，再加上几次重要的经营决策失误，企业就垮了。

如果当时团队能力能够建立，资源能力能够匹配，整个发展就会进入良性循环，这个项目也许就会成功。

我们也有一开始方向就没把握对的例子。譬如说在 2000 年，当时有一波互联网热。我们作为制造业企业，自己的根基也不是很深，就和很多企业一样跳到这个行业里，去赶一波浪潮。当时的方向和时点都不对。大家实际上没看明白方向，进入的时点有点早，那一波进去的企业大部分都没有活下来。我们当时敲锣打鼓进去，也投入很多资源，搞了 3 年最后偃旗息鼓。

作者：说到能力，这是您近年经常强调的一个关键词。从机会导向到能力导向，也是很多中国企业的选择。您怎么定义能力？能力的要素究竟是什么？

李东生：能力的构成，首先是组织能力、团队能力，因为所有的事都是人做的。人要有能力，组织也要有能力，一批很能干的人在一起工作并不一定很有效率，这也很难成功。所以，企业的组织和流程也是一种能力。

其次，要有核心能力。对制造企业来讲，生产制造能力、产品技术能力、经营管理能力、品牌市场能力，都非常重要。我们要迈向全球化，还需要全球化的能力。

最后，能力是需要时间锻炼积累的。要坚守、坚韧、坚持，能够不被其他东西诱惑。最近，我们并购了奥马电器。它原来属于制造业，是做冰箱的，后来被一个投资公司收购了，去做互联网金融，做 P2P 了。它的转型并不成功。所以，一定不要被时髦的伪创新所诱惑。

总之，方向正确了，坚守、坚持才有意义，才能最终获得应有的效果。同时，方向正确了，还要不断提升经营管理能力。管理一个 100 人的企业和管理一个 1 万人的企业、管理一个 10 万人的企业，对企业家的要求是完全不一样的。要与时俱进，不断学习提高。我自己的体会，就是要做到老、学到老。一直到今天，我还在参加学习，最近就在清华大学经济管理学院上一个 3 年到 4 年的企业管理博士班，我是班长，也是班里年纪最大的。我有时自己都不好意思，但大家很尊重我，觉得这个李同学很难得，这样的年纪还来学习！

五、关于华星与三星显示

作者： 我从外围观察者的角度，觉得您最突出的能力是洞察大势、把握产业机遇的能力。有的企业家告诉我，要做决策的时候往往睡不着觉。想到那么多钱要投进去，千军万马要进去，万一有个闪失怎么办？就睡不着。但企业家又必须做一些冒险。您做决策时有没有睡不着觉？有没有这种纠结？

李东生： 这当然是有了。投资华星的时候，我是做了很多尝试和准备的。我们 2009 年年底签约华星项目，2007 年先做了液晶模组工厂，就是在积累能力。然后，我们对这个行业的发展也做了更深度的调研。即使如此，最后做决策的时候，我真的有两三个月没有睡好觉。因为决策过程比较长，需要提出各种方案去论证。开始我们想做成中外合资，和夏普谈。夏普退出后，单靠我们自己做不下来，就得和政府再谈。此外，我们自有资金不够，还要做资本市场的融资。具体的事情都挺困扰，都要花费精力。

最重要的是，当时做这个项目，从资本来讲已经是我们企业能力的极限。虽然有政府承诺的投资支持，但我们在投资中占55%的比例，55亿元资本金再加上120亿元银团贷款已经超越了我们的极限。项目如果做砸了，TCL前30年的努力就可能都付之东流了。决策的压力是非常大的。

但我又从另外一个角度看，不做这个项目，是不是就没有风险了？我不做，风险其实也挺大。如果按照原来的业务继续往前发展，可能搞个10年、8年还是可以的。但是再往前走就不行了。我必须要开一个新赛道，而且这个新赛道能够支撑我们现有业务的发展，并能形成第二发展曲线。当时电视机是我们的核心业务，如果做显示屏，就有利于电视机业务的发展，原来的核心业务就能走得更远，竞争力更强。虽然投入这个业务有很大风险，但未来的发展前景也是可期的。所以权衡利弊，最后我下了决心。

作者：商界有一种说法，"小赌小赢、大赌大赢"，是说风险和收益相匹配。华星光电有没有一点赌的成分？

李东生：大家说我是赌，实际上真的不是赌。这个过程有两三个月，我一直反复思考、纠结、推演，把可能的问题想清楚了、揉碎了，找到解决问题的方法，这个决定才敢下。譬如说钱的问题，做决定之前，我先把融资方案和投资银行沟通，和监管机构沟通，得到认同，它们认为融资方案从规则上讲是允许的。

还有，当时和政府谈融资，政府出资本金的45%，但有一个前提，融资它不担保，等于融资是我们单方的责任。那么银行有没有可能给我们这笔融资？这些都要先基本确定下来，才敢决策。否则，你动了之后，银行的钱融不到，或者资本金的定增完不成，那项目也做不下去。

作者：听您这样讲，感觉华星除了和电视产业匹配，投资风险其实您也计算过，对吧？

李东生：计算过。这个项目失败了，我们是承受不起的。但如果不做这个项目，风险我们依然承受不起。不解决企业长期发展的方向问题，就是维持现状，耗下去，这个风险是我不愿意承担的。的确，失败我们承受不起，但我们为什么要失败呢？为什么不能把成功的因素想明白，避免失败和风险的发生呢？

如果华星项目做下来，我们企业就上了一个台阶，TCL集团就实现了转型升级，我们就从终端产品制造转型到高科技、重资产、长周期的核心基础技术产业，而且这还是中国经济的战略性新兴产业的赛道。我们为什么不为这种目标去努力，全力争取成功呢？

作者：但其实您2009年做这个决策的时候，还没有今天所说的战略性新兴产业、供给侧结构性改革、高质量发展等提法。

李东生：对，当时决策是有一定的超前性，所以洞察未来很重要。但也不是空洞地去猜想未来。同时，借鉴标杆也能让你清晰地看到未来。成功的企业，如三星、索尼、LG，都是往这个方向发展的。索尼很早就进入了芯片领域，三星是芯片和显示产业都发展，LG也很早进入到显示领域。这些企业发展到一定规模，要在全球形成竞争优势，一定要有自己的核心技术。而终端产品的核心技术是比较浅的。一定要进入上游的关键技术、器件领域，核心能力才能打造得比较深厚。

作者：华星经过10多年的努力，2020年也收购了三星显示的苏州工厂，TCL跟您心目中一直作为标杆的三星比，现在处于一个什么样的水准？

李东生：以整体的企业规模和竞争力来讲，当下的 TCL 和三星还有巨大的差距。但在细分领域，比如半导体显示领域，我们已经快速追赶。在液晶显示领域，我们已经超越了三星，三星已经宣布战略性退出。这说明，我们进入液晶显示产业领域，用 12 年左右的时间超越了它。这一超越，也帮助我们的电视机在快速追赶。2020 年，我们电视机的产销量，已经在全球排第二位，仅次于三星。

目前在半导体显示领域和三星显示比，我们的差距依然很大。我们以全球领先作为目标，希望再用 5 年时间，能够在综合竞争力上赶上三星显示，在规模上超越它。我有信心，依托中国经济发展的大环境和市场优势，TCL 未来的发展速度一定会比三星快。

六、关于至暗时刻

作者：以出货量计算，TCL 已是全球第二大电视机厂商，也是美国市场第二大电视机品牌。这让人回想起 2004 年收购汤姆逊彩电业务和阿尔卡特手机业务的重大挫折。从那时的至暗时刻到今天的全球化发展，最根本的原因是什么？

李东生：首先，这个方向是对的。中国 2001 年"入世"之后，经济全球化的过程就已经启动。随着全球经济格局的重构，中国经济在全球经济中的比重越来越大，中国经济的全球化也要靠中国企业的全球化来支撑。这个大趋势看准了，方向选对了，尽管前期遭受了很大困难和挫折，但我们坚持下来，后期就给我们带来了发展的机遇。过去几年，TCL 终端业务的成长主要来自海外业务的增长，海外的经营效益现在也超过国内业务的效益。从全球化布局看，我们是比较早做全球产业链和供应链布局，来规避关税和贸易保护主义的。

所以，当初的战略选择是对的。但企业的能力和战略目标不匹配，在具体操作过程中又犯了很多错，连续两年巨亏，差一点倒下了。企业竞争只能以成败论英雄，对当初并购的评价，留给商学院就好了。现在很多商学院依然将此作为失败的案例，我并不在意。

作者：我记得以前看一些资料，说您在至暗时刻那一段，瘦了多少斤，是吧？

李东生：对。现在已经长回来了。最瘦的时候比正常少了20多斤，腰围少了差不多3寸。那是至暗的时刻，企业差一点就没有迈过去。由于亏损，大量流失现金，2005年年底公司真的是没钱了，如果未来几个月银行又要收贷，这个坎儿就很难过得去。天无绝人之路，当时我把TCL国际电工那个资产给卖了，卖给一家法国公司罗格朗，收回了将近20亿元的现金。那20亿元现金让我们度过了最困难的时候，资金流没有断，而且保持了经营信用。

当时和银行谈，有的银行把我们的大部分授信额度都给收了，多数银行还是支持的，继续保留了一部分额度。但不管怎么算，我们突然少了上百亿元的授信。这个资金缺口只能靠自己补上，所以那20亿元的资金回来，让我们能继续履行和银行的协议与信用，所有利息都按期支付。

那是公司最危险的时候，现在回想起来都觉得后怕。如果当时不是完成了这个交易，我们那一年可能熬不过去了。当年收购两家法国企业的业务，造成巨额亏损和大量现金流损失，而在最危急的时候又成功将一项业务卖给另外一家法国企业，获得很高的利润和现金收入，保住了企业，难怪有人说我"命硬"。

七、关于变革

作者：您在TCL内部隔几年就发动一次变革，是什么样的原因促使你不断变革？是问题倒逼，还是您有先见之明？

李东生：我觉得还是基于对整个企业发展规律的认识。20世纪80年代、90年代，21世纪前10年、接下来10年，不同时代对企业的要求都是不一样的。所以企业得适应不同阶段的竞争要求。经营观念、组织文化、能力建设都要相应改变。

我们第一次变革是在1998年。TCL是从一个很小的作坊式工厂发展起来的。在20世纪80年代乃至90年代初期，企业是机会牵引的。那时是短缺经济，只要你认真做，几乎做什么都有机会成功。1992年邓小平视察南方，新一轮经济体制改革启动，对企业的竞争力要求就不一样了。1992年以后创立的企业，都带有现代企业的一些因素。我们毕竟是在偏小的一个地方做起来的企业，很多观念、组织文化都不能适应成为一家现代大企业的要求。所以，1997年我们开始改制。1998年在企业观念和组织文化上做变革，为下一步发展奠定基础。

其实1998年那时我们的经营效益还是不错的，企业也处于高速发展期。但我从企业发展的规律，从我们与对标的标杆的差距来看，觉得必须走得更快一点。我们主动进行了变革，主要是给企业注入新的观念，让组织更加有效，清晰地看到自己的短板，并尽快提升。加上企业制度的改革，大家感受到了激励，所以内生的动力特别强。

作者：2017年到2019年是最新一轮的变革，通过产业聚焦、管理精益化、极致成本效率的进一步落实等，带动了TCL方方面面能力的提高。这一轮变革甚至把整个公司大的业务都分成两块了。它是怎么启动的？

李东生：这一轮变革是倒逼的。我们在2014年就想推进"双+转型"。智能互联网应用在快速发展，原来的终端产品制造模式很难持续。我们希望构建起一个"智能+互联网""产品+服务"的模式，但这轮转型并没有成功。最重要的原因是整个组织和团队能力不支持这样的变革。所以 2014 年到 2016 年，营业收入徘徊，利润下降。2016 年，我感到企业往下走的趋势非常明显。

我们必须扭转这个局面。这一坎儿如果不过去，企业就可能转向衰落。在 2010 年和我们一个 level（层面）的企业，因为没有转型，一直在走下坡路。虽然我们通过华星，把自己向上拉了一段，但到 2015 年、2016 年，又开始走平，而且利润开始向下走，因此必须建立新的能力。

2016 年年中，看到当年预算又无法达成，我认真思考为什么企业会变成这种样子？到底哪些事情没做对？我和核心团队一块儿讨论，大家觉得现在经营的方式、组织、观念、能力，都需要有一个大的变革和提高。大家形成共识，然后就推进新一轮的变革。

当然，变革往哪个方向走，是逐步形成的。首先，减员降本增效，这肯定不会错。因为那时我们看到，和标杆企业比，我们的人均效率明显比较低。所以我们要求所有企业都要提出一个有效的、极致的减员降本增效措施。总部率先垂范，两个多月就减了 30% 的干部，包括很多中高层管理干部。下面的企业也做了瘦身，并注重提高经营的效率。

然后，从整个业务组织和资源配置看，整个 TCL 过于庞大，二级公司太多，业务不聚焦。当时我决定要聚焦于核心业务，核心业务就是两个，智能终端和华星。和这两个核心业务不相关的产业，如果没有达到行业领先水平的潜力，没有达到相应的规模，都要重组剥离。即便有些企业、项目是赚钱的，也要剥离。因为从长远来看，在我们的业务体系里，它们的发展空间并不大。

变革持续了将近 3 年，中间最重要的一步，就是把以华星和智能终端为主的业务分拆成两个产业集团。因为两个业务的管理逻辑完全不一样。分开之后，管理效率大幅提高，而且减少了一个层级。集团这个层级在经营虚化了,经营责任就下到两个产业集团。两年多来的运作表明,这一轮重组是非常成功的。

作者: 所以衡量变革成功与否的标准,要看是不是真正提升了核心竞争能力。

李东生: 是。一个企业的核心能力的形成,是动态的。以前可能适应外部环境,现在就不适应了,必须要提高。这不是一日之功,要持续通过变革把竞争能力不断提高。2019年年底,我感觉企业已经恢复到较佳的状态,2017年到2019年虽然销售收入增长不大,但核心能力的改善是非常扎实的。所以2020年遇到疫情的时候,尽管第一季度受到很大影响,但第二季度看到疫情受控之后,我就敢提出"上坡加油、追赶超越"的经营策略。

作者: 外部压力那么大,还要上坡。

李东生: 对,因为压力对所有人都是一样的。如果这时你能奋力加油,反而是追赶超越的机会。2020年下半年,这个策略带来了非常明显的效果,我们比大部分同行走得都快。

作者: 而且这种趋势已经延续到了2021年。

李东生: 对。我相信TCL在2021年的业绩表现也会非常突出。

八、关于中环

作者: 这一轮变革剥离了110家企业,但也有加法,最突出的就是参与中环集团混改,进入半导体光伏及半导体材料业务,这个领域是不是TCL新的比较大的增长曲线?

李东生: 一定是这样。我们做中环这个项目,就是要开一个新赛道，建立一个新的增长曲线。华星的经验和能力的积累，使 TCL 科技集团在高科技、重资产、长周期产业的经营管理能力得到了建立和强化。所以我们在战略新兴产业中，寻找类似的产业机会，作为未来新的产业赛道，这是一个战略选择。

中环的并购带有偶然性，是一个机会事件。2019 年，由于天津的国企要混改，中环股份的母公司中环集团的股权要出让，我们就做了深入研究。我们认为中环的业务和华星的业务有一定相关性，整个经营模式又很相似，同时中环半导体所处的产业是战略新兴产业，未来发展的前景非常好。虽然当时那个时点的经营业绩并不太好，2019 年到 2020 年年初光伏产业是一个低谷，但我们的投资理念也是在低谷的时候做投资、做并购。在低谷时，你就有机会以比较低的成本获得资产。如果确认战略判断是对的，低谷时介入是最好的。我们不是炒股票，是长期经营和创造价值。所以那时我下决心，一定要把这个项目拿下来。

九、关于如何管理与如何领导

作者： 从我们整个调研看，TCL 的确是一个活生生的案例库。如果让您在商学院课堂上，向学生们总结自己几十年经营管理中的几条主要经验，会是什么？假如可以把企业家能力分为管理能力和领导能力，您如何评价自己在两方面的表现，您是通过什么方式管理企业和领导企业的？

李东生： TCL 是以制造业为基础的产业集团，在智能终端、半导体显示、半导体光伏及半导体材料三大产业领域布局发展，并形成产业金融支持平台。作为一个企业乃至行业的领头人，我总结主要有三个方面的经验，可以和大家分享。第一格局要大，第二战略清晰，第三经营落地。

格局决定人生，格局决定结局。格局大，才能看长远、不限当下，才能看全局、不拘小节；格局高，目标才会高。这个由眼界、胸襟、胆识等构成的内在因素，是一个领导者终生的修炼，也是我在挑选管理者时高度看重的。好的领导者必须要有做企业利国利民的初心、做全球第一的决心，这样才有勇气去攻城略地，超越和战胜对手。过去40年，我秉承"实业报国"的初心，坚信实业才能挺起中国经济的脊梁，这一点支撑着我坚守实业。我坚信"大不一定强，但不大一定不强"的目标和商业逻辑，并据此在20年前开始全球化，目前全球化已成为TCL的竞争优势之一；企业在发展的不同阶段会遇到不同的困难，企业是在不断发现和解决问题中螺旋式上升的。任何企业和企业家都不会是完美的，要通过不断自省不断变革，才能克服困难、度过危机、持续发展。

其次是战略清晰。选择正确的业务战略方向是商业成功的前提。回顾过去TCL的发展，基本都在正确的时候做了正确的选择。有些项目没有跑出来，不是赛道或环境有问题，而是团队能力出现了短板。如何选择正确的战略方向呢？要顺势明道。我经常关注和分析全球和中国的政治、经济走向，评判对产业、技术、市场发展的趋势、机会和风险。在企业经营上，一些管理者会关注对手的不足，但我更关注行业领先者和竞争对手的优势和成功路径。这些做法在企业发展的每一个关键决策阶段都发挥了重要作用。参与中环集团混改，是看到了全球清洁能源的发展前景和中国半导体产业的未来机会。方向对了，择机而动，胜算就会大很多。

最后是企业的组织和团队能力要支撑经营战略，要有执行力。"想清楚、说明白、做到位"，是业务成功不可缺少的因素。"想清楚"是战略方向，"说明白"是经营规划，"做到位"是企业决胜的关键。在过去40年发展中，TCL也有很多"起大早赶晚集"的业务，最后没成功大多是组织和能力不足。所以一定要将经营战略落地，经营战略能否落地取决于组织能力，而组织能力的打造很大程度上依赖于优秀的管理者团队。

目前很多商学院在探讨"领导和管理"的区别，比如认为管理是把事情做对，领导是做对的事；管理侧重于靠职权指挥，而领导靠个人威信影响；管理侧重于控制，领导侧重于赋能，等等。这些我觉得有道理，但作为一个理工科出身的企业家，我更看重和强调实际运用和实际结果。如果一定要我来区别管理力和领导力，我认为在企业发展规模不大时，企业领导者可以"带领大家做事"，这时可能更多体现的是管理力；但一旦企业上了规模或者进入复杂赛道，领导者一般就要"动员或者授权大家做事"，这个时候领导力可能就更多一些了。

我评价我自己，目前发挥更多的是领导力。一个企业家是不可能面面俱到的，所以如何更有效地组建高管团队、建立规则制度、明确激励机制使众人行，是我现在考虑比较多的地方。但个人理工科出身和较为内向的性格，让我不太善于发表激情洋溢的讲话，过于平实；评判企业或项目，更习惯看问题、提批评意见，不太善于激励人和表扬人；关注做事多于关注人性，严以律己但不能宽以待人，这些可能是我个性的缺陷。

十、关于优秀经营管理者的特质

作者：您刚才说，战略落地靠组织，组织的打造依赖于优秀的管理者团队。那么，优秀的经营管理者有哪些特质呢？

李东生：何为一个优秀的经营管理者？我自己总结，有几个特质。

第一，管理者首先应该有清晰的商业逻辑。管理者要胸中有丘壑，在脑海中有一个清晰完整的商业画布，对商业模式是否有竞争力、用户及市场未被满足的需求在哪里、经营决策的关键点、数据信息的敏感度、资源如何协调整合等如数家珍。这些信息要和团队充分讨论交流，形成规划和方案，不断修正完善。真正想清楚，才能说明白，落到文字的规划。当公司面临重大决策时，我都会亲自写报告文件材料。

第二，果断决策、快速行动。我经常看到一些管理者侃侃而谈但经营效益不佳，很重要的原因就是多谋寡断，不敢决策拍板，对业务内在逻辑的理解和对关键资源的掌握不足，同时也没有敢于当责的勇气和信心。当要做一些重大决策时，我经常会先冥思或者去球场独自打球，按商业逻辑过几遍，再拿出意见和方案跟大家讨论。大方向看清楚了，就不要再纠结细节，小道理服从大道理就好。形成决策就要坚定执行，要给团队明确的目标和充分授权。

第三，坚持坚韧，复盘反省。我经常说，有了清晰的商业逻辑，做选择其实是不难的，难的是选择后的坚持。因为做一件事不是马上就能看到效果的，黎明前的黑暗是最难熬的。熬过去了，业务和能力就大幅提升，勇气和胆量也随之增加，无论是当年的国际化并购还是华星行业低谷期，都让我体会到坚持不易。而经常的复盘内省，则是提升自我的最佳途径。我不是一个特别聪明的人，但是一个善于学习和自省、特别坚韧和坚毅的人。

第四，正直真诚，有合作共赢思维。管理者要尊重和信赖与你并肩战斗的团队，同时现在是一个追求"资源为我所用而不一定为我所有"的年代，要主动协调整合资源，关注合作伙伴，单打独斗是不可能赢得商战的。

十一、关于家庭

作者： 作为企业家，非常忙碌，而且 TCL 的业务全球化，可能您出差也很多。怎么平衡好工作与家庭、生活的关系呢？

李东生：首先，我对于家庭一直是挺愧疚的，从时间上来讲是很难平衡的。一个全球化的大企业，你的大量时间必须投入到工作上去。别的不说，就是在外面出差的时间就非常多。但我要有这种意识，就是作为父亲、作为丈夫、作为儿子的责任，要对家庭尽量尽好责。

我非常感动的是，无论父亲、太太，还是母亲在世的时候，对我都很理解。这两年我也尽量多拿一点时间陪孩子，孩子到这个阶段，父爱还是很重要的。我特别感谢我太太魏雪，她一人担起了家庭的责任，并给我精神上和工作上很大的支持和帮助。我也很感谢我妹妹，这些年都是她在照顾父母和奶奶，使我能专注于工作，回家有个温暖的港湾。

关于生活，自己要有一些爱好。我比较喜欢打高尔夫球，打高尔夫球不仅是一项运动，也让我身心愉悦。我偶尔还去唱唱歌，舒缓压力。

作者：做企业家，很多人说是苦行僧，但也得苦中找一些乐。

李东生：我一直不太同意"企业家就是苦行僧"这个说法。确实，这个工作压力很大，但你一定不能给自己当苦行僧的感觉。如果你觉得40年都在当苦行僧，没有人能受得了的，所以你一定要在这个过程中找到快乐，找到很多让你愉悦的东西。包括和朋友喝喝酒，也是挺愉悦的。

十二、关于曾国藩

作者：您身上有中国传统文化的痕迹，我知道您特别喜欢曾国藩，我也很喜欢，还让书法界的朋友写了一个扇面，就是曾国藩说的"慎独而心安，主敬则身强，求仁则人悦，习劳则神钦"。您为什么这么喜欢曾国藩？

李东生： 曾国藩是中国近代人物中特别让我敬佩的。他所处的时代是变革的时代，遇到了很多变局和压力。他靠自己的人格和努力，获得了展示自己的舞台。他的个人特质让我尤其推崇。他秉承儒家的思想，有坚定的信念，就是以天下为己任，在一个动荡的时代一直把责任放在肩上。这种情怀，让他能够度过他的至暗时刻。曾国藩的历程其实是很坎坷的。书上说他有两次兵败要自杀，但最终坚持了下来。

另外，曾国藩非常好学，他出身于士大夫，但对中国的变局、世界的变局，努力去感悟。在他的晚年，这种感悟越来越强烈。他处理天津教案的故事，很多人不太知道，如果处理不好，八国联军那时就打进来了。曾国藩是清朝重臣中第一个向朝廷上折子，提议送留学生出国的人。虽然真正送留学生出国是在十几年、二十年以后，但曾国藩能想到天朝大国需要向世界学习，这是非常难得的。

最后，曾国藩个性当中，一是自省，二是坚韧，三是格局，都让我非常感动。所以他对我的人格的形成，影响很大。

十三、关于财富

作者： 我和长三角特别是浙江的民营企业家接触很多，不少企业是通过 20 世纪 90 年代的集体企业改制变成民企的，在股权上，个人持有的也比较多。相比起来，您在 TCL 的持股比例是比较低的，10% 可能都不到。您内心是平衡，还是觉得应该更多？

李东生： 在财富方面，我是非常满足的。中国民营企业家是改革开放最大的受益群体，脱离这样的判断看问题，我认为是不对的，也是不客观的。人要有自知之明，我们作为民营企业家，能够取得今天的成就，首先得益于改革开放的大环境，没有这个大趋势和中国经济发展的大背景，企业成长不起来，也不可能创造那么多财富，中国企业家也不会在全球产业中有这样的地位。

在创造财富之后的分配中，我们是不是得的少呢？我认为企业家这个阶层得到的是最大的那一块。有人说中国企业家是弱势群体，我绝对不同意。从物质上看，我们是最有条件满足的，社会上很多其他群体，譬如说我们企业的员工，他们还在为一个更好的生活努力，他们努力获得的财富，可能就是我们举手之劳可得的。我们得到的财富，可能是很多员工一辈子都得不到的。所以，企业家要在社会利益分配、财富分配上，有客观的认知和满足。

当然，从另外一个角度看，企业家又是一个特殊的群体。比如很多企业都是白手起家，一开始资本很少，主要靠企业家把握机会，带领企业创造价值。这一代企业家更多是靠自己的能力创造财富，而不是靠资本。拿传统的资本家的概念去评价他们，也不合理、不公平。他们这代人的付出超出别人的想象，承受的压力是非常大的。而且，如果你看一下历次党代会的报告，从十五大提出"把按劳分配与按生产要素分配结合起来"，到十八大首次提出"要完善劳动、资本、技术、管理等生产要素按贡献参与分配的初次分配机制"，可见资本也是一种生产要素，所以国家一直也在发展资本市场、风险投资。真正要用好资本，也需要专业知识和风险承受能力。把"资本家"等同于不劳而获、"玩钱"的人，这是一种理解的偏差。

回归到根本，就是两点。做企业家这条路是自己选的，自己获得的回报是足够的，企业家不应该去抱怨。同时，社会也应该以一种客观的、公平的评价来看待企业家的贡献。

作者：企业家也分很多类型。我觉得坚守实业，进行"生产性创新"（productive innovation），能创造就业和税收，这样的企业的价值更能得到社会认同。社会对企业家的评价，还是看你用什么方式做了什么事情。

李东生： 所以你踏踏实实做事，做更多对社会有价值的事，能够创造价值，能够尽社会责任，能有更多利他思维，别人对你的评价就会更正面。这些年我获得过很多荣誉，感到必须更努力回馈社会。

十四、关于企业形象

李东生： 我们认识差不多 25 年了。你是做财经媒体的，从你这个角度观察，外部是怎么看待 TCL 的？

作者： 我觉得时代的变化很大。最近十几年，由于互联网和新代际（new generation）的形成，对企业和企业家的价值判断跟以前不完全一样。我作为 60 后，更多关注企业对中国经济的基石作用、对国家战略方向的作用，更关注价值。而这十几年，大家对于偏向 C 端的酷的公司，跟自身生活方式更接近的互联网公司，更加网红、更多社会化分享的公司，更多和热点关联的公司，会更加认可和追捧。表现在 TCL 身上，就是不少人觉得这是一个昨天的故事。所以其价值还没有真正回归。

但事实上，TCL 已经发生了革命性的、结构性的变化，它不仅是昨天的故事，也是今天的故事，更是未来的故事。只是这种变化被社会所认知的程度，还不够。

至于李董本人，20 多年来我在社会上没有听到过"恶声"，仅此一点就是很少见的。当然有批评，如当年的国际收购，但没有在人品方面的恶评。我觉得这主要是因为李董走正道，在大道上行走。走正道就是在攒人品。而且社会也很公平，"改革先锋"的荣誉就是很高的评价。

李东生： 你提到互联网，确实，中国的新经济在全球做得非常好。在智能互联网和相关应用这一块，能够和美国比肩的就是中国。中国已经超越了欧洲，超越了日本。制造业是中国竞争力的基础。既然是基础，就是埋在下面的部分，你就别老想露出来，是吧？

作者： 但没有基础，上面的东西建不起来。TCL 的几个产业增长曲线都已经形成，这些曲线的重要性会得到越来越多的认知。

李东生： 我们其实也一直在研究消费者的认知和偏好。比如智能终端产品，我看到从全球来说，有一家很成功的公司是戴森，把很传统的吹风筒做成很时尚的产品，颠覆了原来的设计。如果 TCL 做出这样的产品，让消费者觉得眼前一亮，特别是这些产品能够让年轻人喜欢，那就能重塑对 TCL 的认知。像 2020 年我们推出的智屏就是很酷的，它的屏幕可以旋转。接下来在应用方面，我们会不断完善，做出新潮的、让年轻消费者有更好参与感和更好体验的产品。

十五、关于自我评价

作者： 回顾您在 TCL 的整个过程，作为掌舵人，一步一步带领企业发展，如果让您给自己做一个评价，您会怎样总结？

李东生： 这个评价，还是留给别人去做吧。我就从自己的个性，也是曾国藩对我特别有启发的地方谈一下。

第一，我不是天赋异禀的人，要勤奋守拙。很多人比我聪明，和现在的互联网创业者比，和很多"海龟"比，我真的感觉自己的智商不是特别高，所以就更多依靠努力。我做事的方式，不太会走捷径。当然，走捷径不等于不好，只是说我不太会，所以只能靠勤奋努力。

第二，就是要经常自省。我很早就当企业的最高领导，别人给你提意见是比较谨慎的。所以如果没有自省的能力，就很容易自我膨胀，很容易犯错，而且犯了错你自己都不知道。

第三，要能够坚守。持续努力、坚持，才能成功。你不是很聪明，就得坚持一件事做下去，把它做到极致。

作者： 在几十年的过程中，您不断用新的愿景、目标激励整个团队迈向未来。如果说在 TCL 40 周年这个时候，跟您的员工、团队描绘一下 TCL 的未来，奔向一个更有想象力的企业，您会怎么说？

李东生： 我们的目标很清晰，就是要在我们所处的行业成为全球领先，为中华民族复兴做贡献。中国未来发展的目标，就是我们的奋斗目标，我们把企业做得更好一些，就会离目标更近一些。

参考文献

1. 马丁·威纳.英国文化与工业精神的衰落：1850—1980[M].北京：北京大学出版社，2013.
2. 理查德·S.泰德罗.创新者：影响历史的商业七巨头[M].北京：中国人民大学出版社，即出.
3. 郭继兰.企业家精神与英国经济兴衰[N].光明日报.2018年9月3日.
4. 严鹏.简明中国工业史（1815—2015）[M].北京：电子工业出版社，2018.
5. W.大卫·马克斯.原宿牛仔：日本街头时尚五十年[M].吴纬疆，译.上海：上海人民出版社，2019.
6. 巴巴拉·弗里兹.黑石头的爱与恨：煤的故事[M].北京：中信出版集团，2017.
7. 阿瑟·赫尔曼.拼实业：美国是怎样赢得二战的[M].李永学，译.上海：上海社会科学院出版社，2017.
8. 严锋、朱晟、徐扬.德国"隐形冠军"牢牢把控全球细分市场[N].经济参考报，2018年4月24日.
9. Thomas A. Stewart, Alex Taylor III, Peter Petre, Brent Schlender.20世纪企业家.郭铭，译.财富中文网，2000年2月3日.
10. 余炳雕.战后日本新型企业家的形成[J].世界经济，1981年09期.
11. 加里·皮萨诺，威利·史.制造繁荣：美国为什么需要制造业复兴[M].机械工业信息研究院战略与规划研究所，译.北京：机械工业出版社，2014.
12. 阿尔贝·加缪.西西弗斯神话[M].北京：人民文学出版社，2012.
13. 陈博君.中国光电之星[M].北京：中国经济出版社，2020.
14. 刘汉元，刘建生.重构大格局——能源革命：中国引领世界[M].北京：中国言实出版社，2017.
15. 蓝狮子.鹰的重生——TCL追梦三十年1981—2011[M].北京：中信出版社，2012.

16. 凌志军.联想风云 [M].北京：中信出版社，2005.
17. 艾伦·格林斯潘，阿德里安·伍尔德里奇.繁荣与衰退——一部美国经济发展史 [M].北京：中信出版集团，2019.
18. 韩博天.红天鹅——中国独特的治理和制度创新 [M].北京：中信出版集团，2018.
19. 路风.光变——一个企业及其工业史 [M].北京：当代中国出版社，2016.
20. 文一.伟大的中国工业革命 [M].北京：清华大学出版社，2016.
21. 施展.溢出——中国制造未来史 [M].北京：中信出版集团，2020.
22. 乔治·吉尔德.财富与贫困——国民财富的创造和企业家精神 [M].北京：中信出版集团，2019.
23. 曾鸣，彼得 J. 威廉姆斯.龙行天下——中国制造未来十年新格局 [M].北京：机械工业出版社，2007.
24. 施展.枢纽——3000 年的中国 [M].桂林：广西师范大学出版社，2018.
25. 斯蒂芬·茨威格.人类群星闪耀时 [M].上海：上海文艺出版社，2019.
26. 当代中国的电子工业 [M].北京：中国社会科学出版社，1987.
27. 亨利·基辛格.大外交 [M].海口：海南出版社，2012.
28. 李东生管理文集 [G].深圳：内刊，2006，2013.
29. 星曜——TCL 华星十周年特刊 [J].深圳：内刊，2019.
30. TCL 动态 [J].深圳：内刊，2010（1）—2021（3）.
31. 显示技术升级的中国时刻 [EB/OL].（2020-10-26）.https://mp.weixin.qq.com/s/E1h8QnBOcpnpxUWuKeRHXw.
32. 中国工厂，越南江湖 [EB/OL].（2020-07-19）.https://mp.weixin.qq.com/s/Hj2MZLZ01h25cogQfRtOyQ.
33. TCL 美国征战记 ‖ 大视野 [EB/OL].（2021-03-09）.https://mp.weixin.qq.com/s/B3GxzYNDfHXV-U16zVtKyw.
34. TCL 风光背后：李东生"豪赌"十年，三星、LG 不得不防 [EB/OL].（2021-01-25）.https://baijiahao.baidu.com/s?id=1689833977507591569&wfr=spider&for=pc.
35. 对话李东生：企业家没有暂停键，产业不变革就是死路一条 | 深网 [EB/OL].（2020-03-21）.https://baijiahao.baidu.com/s?id=1661741571414530990&wfr=spider&for=pc.
36. 全球液晶领域领先后，中国离显示强国还有多远？ [EB/OL].（2021-03-10）.https://mp.weixin.qq.com/s/5x4xBiLEvf1iIaTHO8S2cw.
37. 罗振宇第五场跨年演讲：我辈正处于一个持续上升的通道中 [EB/OL].（2020-01-01）.https://www.jiemian.com/article/3831788_qq.html.
38. 李东生：坚守实业打造全球化企业 [EB/OL].（2019-01-30）.http://www.cinic.org.cn/zgzz/rw/470471.html.
39. 李东生的全球领先战 [EB/OL].（2020-09-18）.http://magazine.tcl.com/article.aspx?id=11495.

40. 李东生：打翻身仗，必须集中火力 [EB/OL].（2020-11-28）. https://cj.sina.com.cn/articles/view/2323006342/8a76438601900ptsx?from=finance.

41. TCL创投十年，硬科技"独角兽捕手"是怎么炼成的 [EB/OL].（2019-04-26）. http://capital.tcl.com/news_view.aspx?TypeId=4&Id=395&Fid=t2:4:2.

42. 家电企业造芯新进展 [EB/OL].（2021-02-13）. https://mp.weixin.qq.com/s/40HpunCBZYW66C7Oz2ap7g.

43. 中国集成电路产业发展史 [EB/OL].（2018-04-24）. http://news.eeworld.com.cn/manufacture/article_2018042424738.html.

44. 中环简史：一家国营老厂的60年"嬗变" [EB/OL].（2020-07-23）. http://guangfu.bjx.com.cn/news/20200723/1091556.shtml

45. 三星半导体往事：天降大任于谁？ [EB/OL].（2018-04-27）. https://mp.weixin.qq.com/s/s4V2fgtOjzp0FEN7LJzhiw.

46. 制造业能不能去西部？ [EB/OL].（2020-12-10）. https://mp.weixin.qq.com/s/ISe60zj9CaqxQKCMdz8OoQ.

47. 内卷与血酬：中日韩电子产业搏命史 [EB/OL].（2020-10-29）. https://mp.weixin.qq.com/s/_bbnj9AGXm-pqwM60he-Gw.

48. 深圳，为什么是深圳？ [EB/OL].（2020-10-14）. https://mp.weixin.qq.com/s/-V_IzeRZQa2Rj4hANak6Dg.

49. 柔性超车：显示技术的第三次革命 [EB/OL].（2020-09-03）. https://mp.weixin.qq.com/s/IsqCWQx3nagFc23h4Wtg-A.

50. 谁扼住了华为：美日半导体霸权的三张牌 [EB/OL].（2020-08-09）. https://mp.weixin.qq.com/s/X-3R3gw_O-cRnJYxaSMNaA.

51. 极客与管家：深圳凭什么成功？ [EB/OL].（2020-07-30）. https://mp.weixin.qq.com/s/1_mvhpJLQRUY8XbCGui__Q.

52. 大国隐痛：做一个操作系统有多难？ [EB/OL].（2020-07-16）. https://mp.weixin.qq.com/s/1YJH1qQmJU-eUsk6WiVytw.

53. 历史潮头上的台积电：两堵高墙，一柄尖刀 [EB/OL].（2020-05-30）. https://mp.weixin.qq.com/s/7XCbozldbrp2ieZBQq3xyQ.

54. 深圳制造：历史进程中的华为和富士康 [EB/OL].（2019-07-09）. https://mp.weixin.qq.com/s/4tqUQrsO1KoyFSdjtgv-yQ.

55. 中国家电迁移越南第三波：赚钱何须在故乡 [EB/OL].（2020-12-16）. https://m.yicai.com/news/100879852.html.